有限元法基础与程序设计

李亚智　赵美英　万小朋 编著

科学出版社
北　京

内 容 简 介

本书讲述结构分析中有限元法的基本原理、程序设计方法和航空结构有限元分析建模技术. 基础理论部分主要介绍杆系结构、平面问题、空间问题和等参数单元，重点是有限元法的基本原理及表达格式的建立途径，单元插值函数和特性矩阵的构造及不同单元特性的比较；程序部分结合二维问题静力分析算例，讨论了有限元结构分析的流程、数据结构、算法及其C语言程序设计，同时也给出了相同结构的FORTRAN语言程序，供不同编程语言偏好的人员选择；应用部分介绍了当前国内外有限元软件的功能、现状、发展趋势和复杂组合航空结构建模技术.

本书可以作为高等工科院校固体力学、飞行器设计专业学生有限元法结构分析的教材，也适合各行业从事结构工程的技术人员、有关学科的研究生在学习和研究工作中参考.

图书在版编目（CIP）数据

有限元法基础与程序设计/李亚智，赵美英，万小朋编著. —北京：科学出版社，2004.1

ISBN 978-7-03-012418-0

Ⅰ. 有… Ⅱ. ①李…②赵…③万… Ⅲ. ①有限元法-高等学校-教材 ②有限元分析-应用软件-程序设计-高等学校-教材 Ⅳ. O241.82

中国版本图书馆CIP数据核字（2003）第106757号

责任编辑：杨 波 王 静 张中兴/责任校对：赵 燕
责任印制：张 伟 /封面设计：陈 敬

科 学 出 版 社 出版
北京东黄城根北街16号
邮政编码：100717
http://www.sciencep.com
北京虎彩文化传播有限公司 印刷
科学出版社发行 各地新华书店经销
*
2004年1月第 一 版 开本：B5（720×1000）
2023年11月第二十次印刷 印张：18 3/4
字数：355 000
定价：59.00元
（如有印装质量问题，我社负责调换）

前　　言

本书内容分成三个组成部分．基础理论部分主要介绍杆系结构、平面问题、空间问题和等参数单元，重点是有限元法的基本原理及表达格式的建立途径，单元插值函数和特性矩阵的构造及不同单元特性的比较；程序部分结合二维问题静力分析算例，讨论了有限元结构分析的流程、数据结构、算法及其C语言程序设计，同时也给出了相同结构的FORTRAN语言程序，供不同编程语言偏好的人员选择；应用部分介绍了当前国内外有限元软件的功能、现状、发展趋势和复杂组合航空结构建模技术．将程序设计部分放在有限元基础理论后讨论，两部分内容均能保持自身体系结构的完整性，相对独立且各有侧重，便于分别组织教学和参考．

本书共分12章．第一章是有限元法引论和概述，第二章讨论杆梁类单元有限元法，第三章介绍有限元分析的一般步骤，第四章讨论平面问题有限元的推导，第五章介绍空间问题有限元法，第六章讨论高次元和等参元的推导，第七章介绍有限元程序设计算例和几种常用单元刚度矩阵程序段的设计，第八章讨论总刚度矩阵的组集及刚度方程的建立方法，第九章是结构刚度方程的求解算法及其程序设计，第十章结合具体算例讨论平面薄壁结构、平面应力问题的程序设计问题，第十一章概要介绍现有大型有限元结构分析程序系统特点，第十二章介绍航空结构建模技术和大型结构有限元分析范例．

全书力图将理论与应用相结合、简明性与完整性相结合，内容编排上由简到繁，循序渐进，注重有限元分析思路的建立和有限元分析整体轮廓的明晰．基础部分的主要章节后附有习题，供学员作为巩固知识练习之用．程序部分通过对C语言和FORTRAN语言分别编写的两套计算机程序的算法、结构和流程的了解以及计算机操作练习，巩固和加深理论概念，进而更容易地理解和掌握常用通用结构分析软件系统的特点、功能和使用原理，建立实际结构简化和建模的思路和方法．

本书编写分工为，第一章由赵美英、李亚智编写，第三章由万小朋编写，第二、四、五、六章由赵美英编写，第七章至第十章由李亚智编写，第十一章由万小朋、李亚智编写，第十二章由万小朋、赵美英编写，最后由李亚智统一修订．

本书可作为高等工科院校固体力学、飞行器设计专业学生学习有限元课程的教材，也适合从事结构工程的技术人员、相关学科的研究生在学习和研究工作中参考．

西安交通大学建筑工程与力学学院张陵教授在百忙中抽出时间，详细审阅了本书全稿，指出了多处谬误，提出了许多很好的建议．对此，作者谨致以深深的谢意，并已经根据审阅意见进行了重要的修改．

本书编写中部分得到黄玉珊先生基金会经费资助．

对本书尚存在的不妥和需改进之处，诚恳地希望读者提出批评和改进意见．

编　者

2001 年 12 月

目　　录

第一章　有限元方法引论

§1.1　有限元法简介

有限元法的基本思想是将一个连续域离散化为有限个单元并通过有限个结点相连接的等效集合体. 由于单元能按不同的联结方式进行组合，且单元本身又可以有不同形状，因此可以模型化几何形状复杂的求解域. 有限元法利用在每一个单元内假设的近似函数来分片地表示全求解域上待求的未知场函数. 单元内的近似函数由未知场函数在单元的各个结点的数值和其插值函数来表达. 这样一来，一个问题的有限元分析中，未知场函数在各个结点上的数值就成为新的未知量，从而使一个连续的无限自由度问题变成离散的有限自由度问题. 一经求解出这些未知量，就可以通过插值函数计算出各个单元内场函数的近似值，从而得到整个求解域上的近似解. 显然，随着单元数目的增加，也即单元尺寸的缩小，或者随着单元自由度的增加及插值函数精度的提高，解的近似程度将不断改进. 如果单元是满足收敛要求的，近似解最后将收敛于精确解.

虽然近些年才采用了有限元这个名字，但有限元的概念在几个世纪以前就已经用过了. 例如古代数学家用多边形逼近圆的办法求出圆周长. 现代有限元法第一个成功的尝试，是将刚架位移法推广应用于弹性力学平面问题，这是 Turner，clough 等人在分析飞机结构时于 1956 年得到的成果，他们第一次给出了用三角形单元求得平面应力问题的正确解答. 随着高速计算机的发展，有限元的应用也以十分惊人的速度发展. 现在有限元法已被工程师和科学家们公认是一种完善的和方便的分析工具. 40 多年来，有限元法的应用已由弹性力学平面问题扩展到空间问题、板壳问题，由静力平衡问题扩展到稳定问题、动力问题. 分析的对象从弹性材料扩展到塑性、黏弹性、黏塑性和复合材料等，从固体力学扩展到流体力学、传热学等连续介质力学领域. 在工程分析中的作用已从分析和校核扩展到优化设计并和计算机辅助设计技术相结合. 鉴于本书是大学生教科书，其重点是介绍线性静力分析内容.

§1.2　有限元分析的一般过程

采用有限元法时，先把连续体或结构划分为若干个有限大小的单元，这就叫“有限单元”或简称为“有限元”，它们的形状随所选的模型不同而异，如面元可以是三角形、矩形或四边形等. 各个单元的大小可以不同,排列方式也没有严格的要求. 每个单元通过一些特定的"结点"与周围其他单元联结,例如图 1-1 所示.

有限元法解题的整个过程扼要叙述如下:

步骤 1:结构的离散化. 有限元法的第一步,是把结构或连续体分割成许多单元,因而在着手分析时,必须用适当的单元把结构模型化,并确定单元的数量、类型、大小和布置.

步骤 2:从区域或结构中取出其中一个单元来研究. 选择适当的插值模式或位移模式近似地描述单元的位移场. 由于在任意给定的载荷作用下,复杂结构的位移解不可能预先准确地知道,因此,通常把插值模式取为多项式形式. 从计算的观点看多项式简单,而且满足一定的收敛要求. 单元位移函数用多项式来近似后,问题就转化为如何求出结点位移. 结点位移确定后,位移场也就确定了.

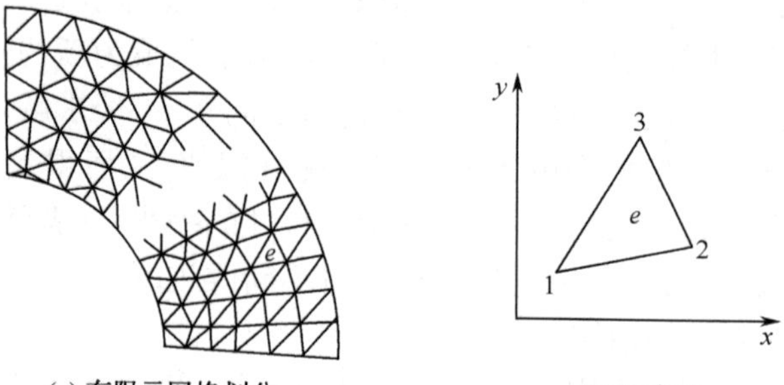

(a) 有限元网格划分　　(b) 三角元

图 1-1　有限元网格划分

步骤 3:单元刚度矩阵和载荷向量的推导. 根据假设的位移模式,利用平衡条件或适当的变分原理可以推导出单元 e 的刚度矩阵$[K]^{(e)}$和载荷向量 $\boldsymbol{p}^{(e)}$.

步骤 4:集合单元方程得到总的平衡方程组. 连续体或结构是由许多个有限单元组合而成,因此,对整个连续体或结构进行有限元分析时,就需进行组合. 把各个单元刚度矩阵和载荷向量按适当方式进行组合,从而建立如下形式的方程组:

$$[K]\{\delta\} = \{P\} \tag{1-1}$$

式(1-1)是结点上内力与外力的平衡方程,称为总体刚度平衡方程或简称总刚度方程. 其中,$[K]$称为总刚度矩阵;$\{\delta\}$是整体结构的结点位移;$\{P\}$是作用在整个结构的有限元结点上的外力.

步骤 5:求解未知结点位移. 按问题的边界条件修改总的平衡方程,使结构不可刚体移动,对于线性问题可以很容易地从代数方程组中解出结点位移$\{\delta\}$.

步骤 6:单元应变和应力的计算. 可根据已知的结点位移利用固体力学或结构力学的有关方程算出单元的应变和应力.

§1.3 有限元法在结构分析中的地位

经典的弹性力学方法在处理复杂的结构问题时，尽管人们做了极大努力，但真正解决的问题却为数不多. 而做过某些简化的结构力学方法，在以往的结构设计和计算中是可行的，也广泛地得到应用，但所需人员之多，计算周期之长也是不可讳言的. 有限元法是在力学原理基础上，以电子计算机为工具，简便而有效的对复杂工程结构问题进行数值分析的方法. 随着有限元法的数值分析理论和计算机技术的发展，使越来越复杂的工程问题和大型结构的分析用有限元法求解成为现实，各类专用、通用有限元结构分析软件已经成为力学理论工作者和从事结构工程的技术人员不可或缺的分析工具，结构分析工作所耗人力、时间大大减小. 所以说对于从事结构设计与分析的工程人员来说，掌握和运用有限元法是必不可少的. 通过学习有限元基础理论和编程实践，一方面能有效地利用现有的成果和计算程序，掌握正确的建模技术，很好地解决工程实际问题，另一方面也具有改进现有方法和计算程序并发展新的单元、算法以及计算程序的能力.

为了很好地求解一个工程结构，除了拥有大容量高速度的计算机和高级计算软件外，还有十分重要的一条就是要建立一个好的有限元分析模型. 未经系统训练或只听过有限元引论讲座的人使用功能很强的有限元程序解题是不太适宜的，他们不能对计算机所提供的结果进行正确的判断，从而无法对计算模型做必要的修改. 盲目地相信计算机提供的结果是相当危险的. 要知道，尽管计算程序已经过严格鉴定，但你的有限元模型中可能会有潜在的危险. 只有当模型能如实地反映结构的几何形状、材料特性、传力路线、承载方式及边界约束条件等因素时才有可能取得一个接近真实的分析结果. 要建立一个好的模型，必须有丰富的经验和良好的工程直感. 因此，本书不仅介绍有限元法的基本理论，也重点介绍结构建模技术. 在掌握有限元基本原理基础上，进一步掌握建模技术，将为学员今后从事像航空结构这类复杂组合结构的分析，提供更实际、更有效的帮助.

有限元程序设计是学习有限元法的实践性环节. 在科学技术发展的今天，有限元法取得了巨大的进展，很多通用程序和专用程序投入了实际应用，成功地解决了大批有重大意义的问题. 但是，有限元程序设计仍有存在的必要. 因为，了解有限元法的理论，与在实际工作中理解或应用有限元程序之间，仍有很大距离. 首先，进行科学研究和解决某些特殊的工程问题时仍可能借助于自行编制的各种专用有限元分析程序. 其次，学习有限元程序设计原理，能够帮助学员进一步巩固有限元法的概念，熟悉结构分析的过程，使得在使用各种大型结构分析软件时做到心中有数. 另一方面，以有限元法为媒介进行基本的编程训练，也对学员掌握一般的程序设计方法有实际的帮助. 这对于今后从事更为复杂庞大的程序设计工作或从事其他工程领域的工作是不无裨益的.学习有限元程序设计的重点是掌握数据的表达方式、数据结构和算法.所以,在理解有限元法的基本原理、建模技术的基础上,进一步掌握有限元程序设计的方法,一方面能有效地利用现有的成果和计算程序,另一方面能具有改进现有方法和计算程序、发展新的单元和数值方法以及计算程序的能力.

第二章　杆系结构有限元法

杆系结构的共同点是它们本身含有有限个自然结点.对于桁架结构,这些结点就是二力杆端部的铰接点,对于刚架结构,这些自然结点或是结构的转折点,或者是集中载荷作用点.全结构被这些自然结点离散化为有限个单元,桁架可以视为仅能承受轴向拉压的杆单元的集合,刚架可视为既承受弯、剪,又承受轴力及扭转的梁单元的集合.

杆单元和梁单元是有限元法中最简单的单元,对这些单元进行分析,有较清晰的物理意义,其结论在很大意义上反映了有限元法的本质.本着先简后繁,先易后难的原则,先从杆元、梁元进行分析,其目的是得出有限元法共同的、规律性的东西.

§2.1　杆　单　元

2.1.1　一般规定

图 2-1 表示某一杆单元 ij,现约定附属于该单元的局部坐标系为 xyz,i 点为原点,x 轴沿着杆轴线,其正方向为由 i 指向 j,其余各轴按右手螺旋规则确定.设 u_i,v_i,w_i,u_j,v_j,w_j 为杆元结点位移分量,U_i,V_i,W_i,U_j,V_j,W_j 为结点力分量,上述分量一律规定和坐标轴正向一致时为正.设杆的长度为 l,弹性模量为 E,横截面积为 A.

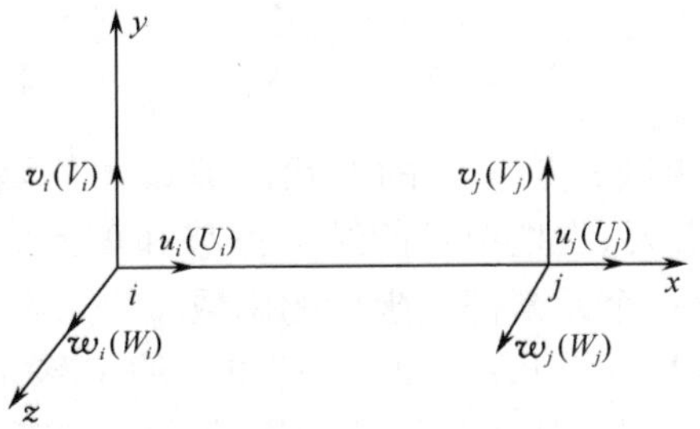

图 2-1　杆单元结点位移、结点力分量

2.1.2　位移函数(形状函数)

对于铰接杆单元,在小变形假设的前提下,与杆垂直方向的位移并不使杆产生应变和应力. 于是,对每一个结点只需考虑一个结点位移及结点力,因而只需研究如图 2-2 所示的杆单元即可.

单元在结点力作用下各点的位移叫内位移,描绘内位移的函数叫位移函数. 由材料力学知道:仅受轴向作用的二力杆,其应力及应变在轴线各点处均是恒定常数,因而位移沿杆子轴线呈线性变化,即

$$u(x) = a_1 + a_2 x \tag{2-1}$$

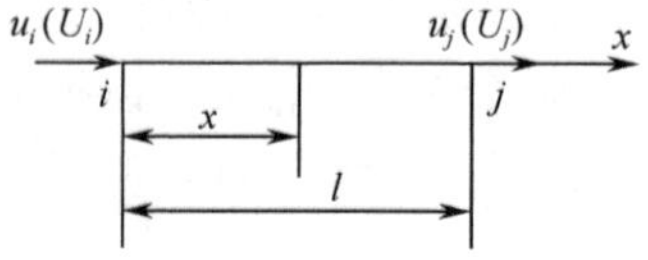

图 2-2　二力杆单元

这就是二力杆单元的位移函数. 式中 a_1, a_2 是两个待定常数,可由 i, j 两结点的位移惟一确定. 当

$$\begin{aligned} x = 0, \quad u(0) = u_i \\ x = l, \quad u(l) = u_j \end{aligned} \tag{2-2}$$

将式(2-2)代入式(2-1)有:$u_i = a_1, u_j = a_1 + a_2 l$,从而可得

$$\begin{aligned} a_1 &= u_i \\ a_2 &= \frac{u_j - u_i}{l} \end{aligned} \tag{2-3}$$

将式(2-3)中的 a_1, a_2 值代入式(2-1)得

$$u(x) = u_i + \frac{u_j - u_i}{l} x = \left(1 - \frac{x}{l}\right) u_i + \frac{x}{l} u_j$$

或写成

$$u(x) = \left[1 - \frac{x}{l}, \frac{x}{l}\right] \begin{Bmatrix} u_i \\ u_j \end{Bmatrix} = [N_i, N_j] \begin{Bmatrix} u_i \\ u_j \end{Bmatrix} = [N]\{\delta\}^e$$

通常用$\{u\}$代表单元内位移

$$\{u\} = [N]\{\delta\}^e = N_i u_i + N_j u_j \tag{2-4}$$

其中

$$N_i = 1 - \frac{x}{l}, N_j = \frac{x}{l}$$

在有限元法中,N_i、N_j 叫做 i 点、j 点的形状函数或插值函数,$[N]$叫形状函数矩阵. 形状函数矩阵十分重要,它把单元的结点位移和单元的内位移连接起来了. 显然形状函数矩阵中的每一个元素都是坐标的函数.

下面分析式(2-4):当 $u_i = 1, u_j = 0$ 时,杆单元的位移 $u(x)$就是 N_i,当 $u_j = 1$,$u_i = 0$ 时杆单元的位移分布就是 N_j,所以形状函数的力学含义是当单元的一个结点位移为单位值,其他结点的位移为零时,单元内位移的分布规律. 杆单元形状函数 N_i, N_j 如图 2-3 所示. 当结构变形之后,i、j 点的位移通常都不为零,这时单元内位移按式(2-4)由结点位移和相应的形状函数线性组合求得,正因为形状函数反映了单元的位移分布形态,矩阵$[N]$及其元素 N_i, N_j 也由此而得名为形状函数

矩阵和形状函数.

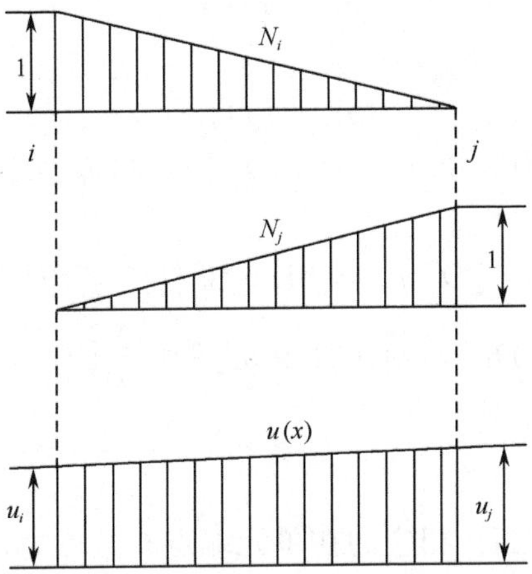

图 2-3 形状函数和位移函数

再分析式(2-4)可以看出:通过形状函数把两孤立的常值位移 u_i、u_j 化为连续函数 $u(x)$,数学上讲,就是已知函数在闭区间两个端点上的值 u_i、u_j,构成一个连续函数 $u(x)$,它在端点应保证等于 u_i, u_j,这样的计算步骤就是内插,形状函数 N_i, N_j 就是实现内插的两个函数,所以 $N_i(x)$, $N_j(x)$ 又叫内插函数,形状函数矩阵 $[N]$ 又叫内插函数矩阵,而式 $u(x)=N_iu_i+N_ju_j$ 又叫内插多项式.

形状函数除上面所谈的力学意义之外,还有更重要的数学意义.如果说结构被自然结点离散化为有限元的集合,实现了结构模型离散化,那么,形状函数完成了数学模型离散化,这两个离散化的步骤构成了有限元法的理论基础.在用有限元法解连续介质问题时,这个离散化就显得格外重要.

2.1.3 几何关系及物理关系

有了位移函数,就可分析单元的应变及应力,根据应变定义

$$\varepsilon_x = \frac{\mathrm{d}u}{\mathrm{d}x}$$

将位移函数(2-4)式代入有

$$\{\varepsilon\} = \{\varepsilon_x\} = \frac{\mathrm{d}}{\mathrm{d}x}[N]\{\delta\}^e = \left[\frac{\mathrm{d}}{\mathrm{d}x}\left(1-\frac{x}{l}\right),\frac{\mathrm{d}}{\mathrm{d}x}\left(\frac{x}{l}\right)\right]\{\delta\}^e = \frac{1}{l}[-1,1]\{\delta\}^e$$

或写成

$$\{\varepsilon\} = [B]\{\delta\}^e \tag{2-5}$$

其中,$[B]=\dfrac{1}{l}[-1,1]$ 叫做几何矩阵.几何矩阵 $[B]$ 把单元的结点位移 $\{\delta\}^e$ 和应

变列阵$\{\varepsilon\}$联系起来. 对于拉(压)杆,应力与应变之间的关系有

$$\sigma_x = E \cdot \varepsilon_x$$

用矩阵表示为

$$\{\sigma\} = [D]\{\varepsilon\} \tag{2-6}$$

在杆单元中$\{\sigma\}$是应力列阵,只有一个元素,$[D]$叫弹性矩阵,是1×1阶的. 将式(2-5)代入式(2-6)得

$$\{\sigma\} = [D]\{\varepsilon\} = [D][B]\{\delta\}^e = [S]\{\delta\}^e$$

其中$[S]=[D][B]$叫应力矩阵,对于杆单元$[S]=\dfrac{E}{l}[-1,1]$.

2.1.4 平衡关系

单元产生结点位移之后,相应的在单元端点有结点力作用,结点力列阵以$\{F\}^e$表示,对于杆单元,$\{F\}^e=\{U_i,U_j\}$,单元在外力和内力作用下处于平衡,反映单元平衡状态的关系式就是刚度方程,现利用最小势能原理推导单元的刚度方程.

最小势能原理是说:在满足连续条件和边界条件的位移中,满足平衡条件的位移其总势能最小,反之亦然. 单元总势能Π^e为

$$\Pi^e = U^e + V^e \tag{2-7}$$

其中,U^e为单元的应变能;V^e为单元的外力势.

$$\begin{aligned} U^e &= \frac{1}{2}\int_V \{\varepsilon\}^{\mathrm{T}}\{\sigma\}\mathrm{d}V = \frac{1}{2}\int_V ([B]\{\delta\}^e)^{\mathrm{T}}[D][B]\{\delta\}^e \mathrm{d}V \\ &= \frac{1}{2}(\{\delta\}^e)^{\mathrm{T}}\int_V [B]^{\mathrm{T}}[D][B]\mathrm{d}V \cdot \{\delta\}^e \end{aligned}$$

令$[K]^e = \int_V [B]^{\mathrm{T}}[D][B]\mathrm{d}V$,故

$$U^e = \frac{1}{2}(\{\delta\}^e)^{\mathrm{T}} \cdot [K]^e \cdot \{\delta\}^e \tag{2-8}$$

外力势$V^e=-(\{\delta\}^e)^{\mathrm{T}}\{F\}^e$,则总势能:

$$\Pi^e = U^e + V^e = \frac{1}{2}(\{\delta\}^e)^{\mathrm{T}}[K]^e \cdot \{\delta\}^e - (\{\delta\}^e)^{\mathrm{T}} \cdot \{F\}^e$$

使$\dfrac{\partial \Pi^e}{\partial\{\delta\}^e}=0$,则

$$\frac{\partial \Pi^e}{\partial\{\delta\}^e} = [K]^e \cdot \{\delta\}^e - \{F\}^e = 0$$

故

$$[K]^e \cdot \{\delta\}^e = \{F\}^e \tag{2-9}$$

式(2-9)即杆单元的平衡方程. 其中杆单元在局部坐标系下单元刚度矩阵的显式为

$$[K]^e = \int_V [B]^{\mathrm{T}}[D][B]\mathrm{d}V = \int_0^l \frac{1}{l}\begin{bmatrix} -1 \\ 1 \end{bmatrix} \cdot E \cdot \frac{1}{l}[-1,1]A\mathrm{d}x$$
$$= \frac{AE}{l}\begin{bmatrix} 1 & -1 \\ -1 & 1 \end{bmatrix} \tag{2-10}$$

2.1.5 坐标变换

上面的分析均是建立在单元的局部坐标系上，这样得出的刚度矩阵简单一些. 但是在研究结点的平衡时，由于每个结点通常总是连接两个以上的单元，与之有关的结点力分别属于不同的单元，这时如果采用单元专有的局部坐标就很不方便. 另外结点位移的量度也应沿着统一的坐标轴才易体现位移的协调条件，因而要把局部坐标系的刚度矩阵转换到各单元统一的总体坐标系中.

设 $\overline{x}\,\overline{O}\,\overline{y}$ 为总体坐标系，xOy 为局部坐标系，如图 2-4 所示，规定由总体坐标系 $\overline{x}$ 轴到局部坐标系 x 轴的夹角 α 逆时针为正. 平面杆单元总体坐标系下的结点位移分量用 $\overline{u}_i$，$\overline{v}_i$ 表示，局部坐标系下的位移分量用 u_i，v_i 表示. 平面杆单元结点 i 总体坐标系结点位移在局部坐标系下的位移分量有

$$u_i = \overline{u}_i\cos\alpha + \overline{v}_i\sin\alpha$$
$$v_i = -\overline{u}_i\sin\alpha + \overline{v}_i\cos\alpha$$

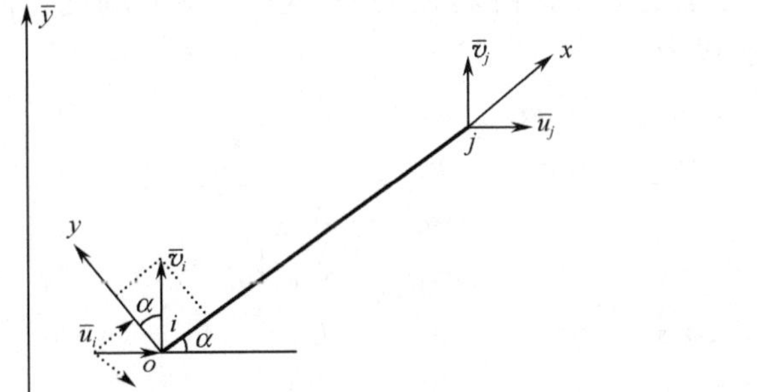

图 2-4 平面杆单元总体坐标系位移在局部轴方向分量

同样对于 j 点有

$$u_j = \overline{u}_j\cos\alpha + \overline{v}_j\sin\alpha$$
$$v_j = -\overline{u}_j\sin\alpha + \overline{v}_j\cos\alpha$$

用矩阵表示为

$$\{\delta_l\} = \begin{Bmatrix} u_l \\ v_l \end{Bmatrix} = \begin{bmatrix} \cos\alpha & \sin\alpha \\ -\sin\alpha & \cos\alpha \end{bmatrix}\begin{Bmatrix} \overline{u}_l \\ \overline{v}_l \end{Bmatrix} = [\lambda]\{\overline{\delta}_l\} \quad (l = i,j)$$

式中$\{\delta_l\}$，$\{\overline{\delta}_l\}$分别表示 l 结点位移在局部坐标系和总体坐标系中的位移列阵，$[\lambda]$矩阵是方向余弦矩阵. 对两结点杆单元，当用总体坐标系位移$\{\overline{\delta}\}^e$表示局部坐标系中的位移$\{\delta\}^e$时有转换关系

$$\{\delta\}^e=\begin{Bmatrix}u_i\\v_i\\u_j\\v_j\end{Bmatrix}=\begin{bmatrix}[\lambda] & [0]\\ [0] & [\lambda]\end{bmatrix}\begin{Bmatrix}\overline{u}_i\\\overline{v}_i\\\overline{u}_j\\\overline{v}_j\end{Bmatrix}=[T]\{\overline{\delta}\}^e \tag{2-11}$$

式中$[T]$矩阵叫坐标变换矩阵. $[T]$矩阵是以$[\lambda]$阵为子阵的对角方阵. 因$[T]$是正交矩阵，所以$[T]^{-1}=[T]^{\mathrm{T}}$，当用局部坐标系位移表示总体坐标系中的位移时有

$$\{\overline{\delta}\}^e=[T]^{\mathrm{T}}\{\delta\}^e$$

利用类似的办法，可以建立起总体坐标系与局部坐标系间结点力的关系式

$$\{\overline{F}\}^e=[T]^{\mathrm{T}}\{F\}^e \tag{2-12}$$

最后，把式(2-9)代入式(2-12)，再把式(2-11)代入得

$$\{\overline{F}\}^e=[T]^{\mathrm{T}}\{F\}^e=[T]^{\mathrm{T}}[K]^e\{\delta\}^e=[T]^{\mathrm{T}}[K]^e[T]\{\overline{\delta}\}^e$$

令$[\overline{K}]^e=[T]^{\mathrm{T}}[K]^e[T]$，则

$$[\overline{F}]^e=[\overline{K}]^e\{\overline{\delta}\}^e \tag{2-13}$$

式(2-11)，(2-12)，(2-13)就是两种坐标系中的全部转换关系，利用式(2-13)就可很容易地将局部坐标系的刚度矩阵转换为总体坐标系的刚度矩阵. 对于图 2-4 所示的杆单元，其表示式为

$$[\overline{K}]^e=\begin{bmatrix}\cos\alpha & -\sin\alpha & 0 & 0\\ \sin\alpha & \cos\alpha & 0 & 0\\ 0 & 0 & \cos\alpha & -\sin\alpha\\ 0 & 0 & \sin\alpha & \cos\alpha\end{bmatrix}\frac{AE}{l}\begin{bmatrix}1 & 0 & -1 & 0\\ 0 & 0 & 0 & 0\\ -1 & 0 & 1 & 0\\ 0 & 0 & 0 & 0\end{bmatrix}$$

$$\begin{bmatrix}\cos\alpha & \sin\alpha & 0 & 0\\ -\sin\alpha & \cos\alpha & 0 & 0\\ 0 & 0 & \cos\alpha & \sin\alpha\\ 0 & 0 & -\sin\alpha & \cos\alpha\end{bmatrix} \tag{2-14}$$

$$=\frac{AE}{l}\begin{bmatrix}\cos^2\alpha & & \text{对} & \\ \cos\alpha\sin\alpha & \sin^2\alpha & & \text{称}\\ -\cos^2\alpha & -\cos\alpha\sin\alpha & \cos^2\alpha & \\ -\cos\alpha\sin\alpha & -\sin^2\alpha & \cos\alpha\sin\alpha & \sin^2\alpha\end{bmatrix}$$

依照同样道理,在空间桁架的计算中,也可以进行方便的转换. 设局部坐标的 x,y,z 轴与总体坐标轴 $\overline{x}$,$\overline{y}$,$\overline{z}$ 之间夹角方向余弦为 $\cos(x,\overline{x})$,$\cos(x,\overline{y})$,$\cos(x,\overline{z})$,$\cos(y,\overline{x})$,$\cos(y,\overline{y})$,$\cos(y,\overline{z})$,$\cos(z,\overline{x})$,$\cos(z,\overline{y})$,$\cos(z,\overline{z})$,则相应的位移关系为

$$
\begin{aligned}
u_i &= \overline{u}_i\cos(x,\overline{x}) + \overline{v}_i\cos(x,\overline{y}) + \overline{w}_i\cos(x,\overline{z}) \\
v_i &= \overline{u}_i\cos(y,\overline{x}) + \overline{v}_i\cos(y,\overline{y}) + \overline{w}_i\cos(y,\overline{z}) \\
w_i &= \overline{u}_i\cos(z,\overline{x}) + \overline{v}_i\cos(z,\overline{y}) + \overline{w}_i\cos(z,\overline{z})
\end{aligned}
$$

方向余弦矩阵$[\lambda]$为

$$
[\lambda] = \begin{bmatrix} \cos(x,\overline{x}) & \cos(x,\overline{y}) & \cos(x,\overline{z}) \\ \cos(y,\overline{x}) & \cos(y,\overline{y}) & \cos(y,\overline{z}) \\ \cos(z,\overline{x}) & \cos(z,\overline{y}) & \cos(z,\overline{z}) \end{bmatrix}
$$

于是空间杆单元坐标变换矩阵$[T]$为

$$
[T] = \begin{bmatrix} [\lambda] & [0] \\ [0] & [\lambda] \end{bmatrix}
$$

单元在两个坐标系中刚度矩阵转换关系同样有

$$
[\overline{K}]^e = [T]^{\mathrm{T}}[K]^e[T] \tag{2-15}
$$

总结以上坐标变换矩阵,需要指出,由于$[T]$矩阵中仅仅包含有坐标的倾角,可见当坐标轴平移时,$[T]$矩阵变成单位矩阵$[I]$,对刚度矩阵没有影响,因而如果仅平行地移动坐标轴,刚度矩阵中元素值不变,矩阵的阶数也不改变.

2.1.6 全结构的平衡

一旦在公共的总体坐标系中求得了单元刚度矩阵,下一步的工作是将全部单元的刚度矩阵叠加起来,得到整个结构的刚度矩阵. 集合单元矩阵和向量的方法是以单元结点处的“协调性”要求为基础. 这意味着在结点处各单元是连在一起的. 在统一的坐标系内,与任一结点 i 相连的各单元,在此结点处的位移是相同的,它们对 i 结点的作用力,与 i 结点上的外载荷是互相平衡的. 因此,可在统一的坐标系内,将全部单元的刚度矩阵叠加起来,就得到整个结构的刚度矩阵

$$
[\overline{K}] = \sum_{e=1}^{m}[\overline{K}]^e \tag{2-16}
$$

具体做法是把各单元刚度矩阵中的元素值按全结构位移排列顺序,逐个装入相应的位置上. $[\overline{K}]$为对称、奇异、带状的稀疏阵. 有了$[\overline{K}]$之后,即可得到全结构全部结点载荷列阵$\{\overline{P}\}$与全部结点位移列阵$\{\overline{\delta}\}$间的关系,即全结构的平衡方程

$$
[\overline{K}]\{\overline{\delta}\} = \{\overline{P}\} \tag{2-17}
$$

应注意到,结点载荷与结点力是不相同的,前者是结构在结点处受到的外载荷,后者是单元结点处受到的内力. 本书中用$\{P_i\}$表示结点外载荷,用$\{F_i\}$表示结点

内力.

2.1.7 边界条件的处理

集合成的结构总刚度矩阵是奇异的,因而它的逆不存在,所以从方程(2-17)不能解出结点位移$[\overline{\delta}]$. 这种情况的物理意义是,除非提供某些支承约束来保持物体或结构在载荷作用下的平衡,否则承载物体或结构就会自由地做不受限制的刚体运动. 因而在求解$\{\overline{\delta}\}$以前,必须把某些边界条件或支承条件引入方程(2-17). 如果结构平衡成立,对于平面结构,它必须满足$\sum\overline{X}=0$, $\sum\overline{Y}=0$, $\sum M_{\overline{z}}=0$;对于空间结构,它必须满足$\sum\overline{X}=0$, $\sum\overline{Y}=0$, $\sum\overline{Z}=0$, $\sum M_{\overline{x}}=0$, $\sum M_{\overline{y}}=0$, $\sum M_{\overline{z}}=0$. 由于结构满足上述三个或六个平衡条件,而结构刚度方程是按各结点力平衡方程列出,因而自由结构中按结点列出的平衡方程组必有三个或六个是线性相关的,致使自由结构刚度矩阵呈现奇异性,例如图 2-5 所示的桁架装配好之后的总刚度矩阵为

$$[\overline{K}]=\frac{AE}{\sqrt{2}l}\begin{bmatrix}2 & 0 & -1 & -1 & 0 & 0 & -1 & 1\\ 0 & 2+\sqrt{2} & -1 & -1 & 0 & -\sqrt{2} & 1 & -1\\ -1 & -1 & 1 & 1 & 0 & 0 & 0 & 0\\ -1 & -1 & 1 & 1 & 0 & 0 & 0 & 0\\ 0 & 0 & 0 & 0 & 0 & 0 & 0 & 0\\ 0 & -\sqrt{2} & 0 & 0 & 0 & \sqrt{2} & 0 & 0\\ -1 & 1 & 0 & 0 & 0 & 0 & 1 & -1\\ 1 & -1 & 0 & 0 & 0 & 0 & -1 & 1\end{bmatrix}\begin{matrix}\overline{u}_1\\ \overline{v}_1\\ \overline{u}_2\\ \overline{v}_2\\ \overline{u}_3\\ \overline{v}_3\\ \overline{u}_4\\ \overline{v}_4\end{matrix}$$

很显然一、三、五、七行是线性相关的,用三、五、七行元素乘-1叠加即得第一行中元素值. 同理二、四、六、八行;一、四、八行也是线性相关的. 如果线性相关行列不处理.$[\overline{K}]$是奇异矩阵,不能求逆. 在结构分析中,采用引入边界条件的办法删去相关的行(列). 本例中,结点 2,3,4 的 $\overline{x}$, $\overline{y}$ 方向不能发生位移,所以位移边界条件是

$$\overline{u}_2=\overline{v}_2=\overline{u}_3=\overline{v}_3=\overline{u}_4=\overline{v}_4=0$$

用删行删列办法处理,将三至八行和三至八列删除,这样结构刚度方程简化为

$$[\overline{K}]=\frac{AE}{\sqrt{2}l}\begin{bmatrix}2 & 0\\ 0 & 2+\sqrt{2}\end{bmatrix}\begin{matrix}\overline{u}_1\\ \overline{v}_1\end{matrix}$$

处理边界条件的具体办法通常有三种:删行删列法,“置大数法”,“置 1 法”. 详细介绍见第三章.

2.1.8 算例

如图 2-5 所示三根杆子组成的简单桁架结构，结点编号及单元的几何、物理参数见图 2-5，求结点 1 的位移、各杆内力、支座反力.

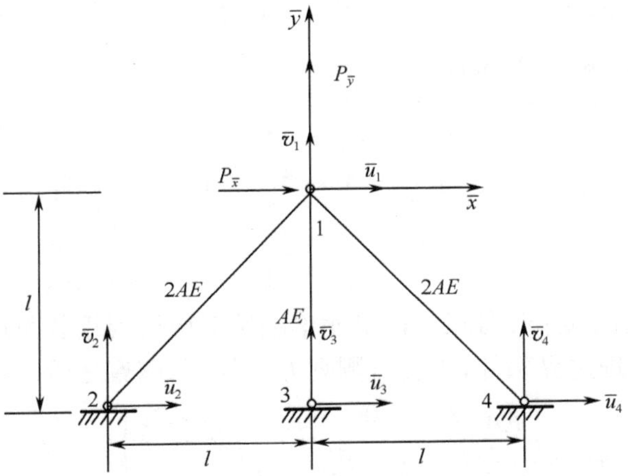

图 2-5 算例

解：先计算各单元相对总体坐标系的刚度矩阵.

杆 1—2，取 1 为局部坐标系原点，由 1 指向 2 为 x 轴正向，由 $\bar{x}$ 轴到 x 轴按逆时针为正，则 $\alpha=225°$，$\cos\alpha=-\dfrac{1}{\sqrt{2}}$，$\sin\alpha=-\dfrac{1}{\sqrt{2}}$，按式(2-10)有局部坐标系下的单刚为

$$[K]_{1-2}=\frac{2AE}{\sqrt{2}l}\begin{bmatrix}1 & -1\\ -1 & 1\end{bmatrix}$$

$$[\lambda]_{1-2}=\begin{bmatrix}\cos\alpha & \sin\alpha\\ -\sin\alpha & \cos\alpha\end{bmatrix}=\begin{bmatrix}-\dfrac{1}{\sqrt{2}} & -\dfrac{1}{\sqrt{2}}\\ \dfrac{1}{\sqrt{2}} & -\dfrac{1}{\sqrt{2}}\end{bmatrix}$$

$$[T]_{1-2}=\begin{bmatrix}[\lambda] & \\ & [\lambda]\end{bmatrix}$$

按式(2-15)有

$$[\bar{K}]_{1-2}=[T]^{\mathrm{T}}[K]^{e}[T]=\frac{EA}{\sqrt{2}l}\begin{bmatrix}1 & 1 & -1 & -1\\ 1 & 1 & -1 & -1\\ -1 & -1 & 1 & 1\\ -1 & -1 & 1 & 1\end{bmatrix}\begin{matrix}\bar{u}_1\\ \bar{v}_1\\ \bar{u}_2\\ \bar{v}_2\end{matrix}$$

杆 1—3，$\alpha=270°$，$\cos\alpha=0$，$\sin\alpha=-1$，故

$$[\overline{K}]_{1-3}=\frac{EA}{l}\begin{bmatrix}0&0&0&0\\0&1&0&-1\\0&0&0&0\\0&-1&0&1\end{bmatrix}\begin{matrix}\overline{u}_1\\\overline{v}_1\\\overline{u}_3\\\overline{v}_3\end{matrix}$$

杆 1—4，$\alpha=315°$，$\cos\alpha=\frac{1}{\sqrt{2}}$，$\sin\alpha=-\frac{1}{\sqrt{2}}$

$$[\overline{K}]_{1-4}=\frac{EA}{\sqrt{2}l}\begin{bmatrix}1&-1&-1&1\\-1&1&1&-1\\-1&1&1&-1\\1&-1&-1&1\end{bmatrix}\begin{matrix}\overline{u}_1\\\overline{v}_1\\\overline{u}_4\\\overline{v}_4\end{matrix}$$

组成全结构刚度矩阵，对三个杆单元单刚按对应行列组装叠加成结构总刚，总刚度矩阵见前. 处理边界条件，用删行删列办法处理，缩聚之后的结构刚度方程为

$$\frac{EA}{\sqrt{2}l}\begin{bmatrix}2&0\\0&2+\sqrt{2}\end{bmatrix}\begin{Bmatrix}\overline{u}_1\\\overline{v}_1\end{Bmatrix}=\begin{Bmatrix}P_{\overline{x}}\\P_{\overline{y}}\end{Bmatrix}$$

其中，$P_{\overline{x}}$ 和 $P_{\overline{y}}$ 为作用在结点 1 的 $\overline{x}$ 和 $\overline{y}$ 方向的载荷，求解上面方程得

$$\begin{Bmatrix}\overline{u}_1\\\overline{v}_1\end{Bmatrix}=\frac{l}{EA}\begin{bmatrix}\frac{1}{\sqrt{2}}&0\\0&\frac{1}{1+\sqrt{2}}\end{bmatrix}\begin{Bmatrix}P_{\overline{x}}\\P_{\overline{y}}\end{Bmatrix}=\begin{Bmatrix}\frac{P_{\overline{x}}l}{\sqrt{2}EA}\\\frac{P_{\overline{y}}l}{(1+\sqrt{2})EA}\end{Bmatrix}$$

结构位移求得之后，可求单元结点力

$$\{\overline{F}\}^e=[\overline{K}]^e\{\overline{\delta}\}^e$$

例如对于杆 1—2 有

$$\begin{Bmatrix}\overline{U}_1\\\overline{V}_1\\\overline{U}_2\\\overline{V}_2\end{Bmatrix}=\frac{EA}{l}\cdot\frac{1}{\sqrt{2}}\begin{bmatrix}1&1&-1&-1\\1&1&-1&-1\\-1&-1&1&1\\-1&-1&1&1\end{bmatrix}\begin{Bmatrix}\overline{u}_1\\\overline{v}_1\\\overline{u}_2\\\overline{v}_2\end{Bmatrix}$$

$$=\frac{EA}{\sqrt{2}l}\begin{bmatrix}1&1&-1&-1\\1&1&-1&-1\\-1&-1&1&1\\-1&-1&1&1\end{bmatrix}\begin{Bmatrix}\frac{P_{\overline{x}}l}{\sqrt{2}EA}\\\frac{P_{\overline{y}}l}{(1+\sqrt{2})EA}\\0\\0\end{Bmatrix}$$

因

$$\{F\}^e = [T]\{\overline{F}\}^e$$

故

$$\{F\}^e_{1-2} = \begin{Bmatrix} U_1 \\ V_1 \\ U_2 \\ V_2 \end{Bmatrix} = \begin{bmatrix} -\dfrac{1}{\sqrt{2}} & -\dfrac{1}{\sqrt{2}} & 0 & 0 \\ \dfrac{1}{\sqrt{2}} & -\dfrac{1}{\sqrt{2}} & 0 & 0 \\ 0 & 0 & -\dfrac{1}{\sqrt{2}} & -\dfrac{1}{\sqrt{2}} \\ 0 & 0 & \dfrac{1}{\sqrt{2}} & -\dfrac{1}{\sqrt{2}} \end{bmatrix} \begin{Bmatrix} \overline{U}_1 \\ \overline{V}_1 \\ \overline{U}_2 \\ \overline{V}_2 \end{Bmatrix}$$

同理可计算出杆 1—3，杆 1—4 的结点力.

当然，以上计算出的结点力，如杆 1—2 必有 $V_1=0, V_2=0, U_1=U_2$，U_1 或 U_2 为杆 1—2 的内力，如果为正，表示与局部坐标系 x 轴正向一致，反之为负. 根据已计算的单元结点力，单元内力及支座反力不难求得.

由以上各节的分析可知，不论对什么样的杆件结构，其分析过程都是一样的，一般分析步骤为：

（1）单元刚度矩阵分析，必要时先在局部坐标系内建立单元刚度矩阵，再变换到统一坐标系；

（2）叠加形成结构的整体刚度矩阵，建立结构平衡方程$[\overline{K}]\{\overline{\delta}\}=\{\overline{P}\}$；

（3）加入位移约束条件，求解全结构平衡方程；

（4）求解各单元的内力及应力.

§2.2 平面直梁单元

平面直梁是指变形前轴线为直线、载荷位于其主形心惯性平面内的能承弯的杆件. 现取一单元，结点为 i, j. 坐标选取如图 2-6 所示，结点力列阵为$\{F\}^e$，相应位移为$\{\delta\}^e$.

$$\{F\}^e = [N_i \quad Q_i \quad M_i \quad N_j \quad Q_j \quad M_j]^{\mathrm{T}}$$
$$\{\delta\}^e = [u_i \quad v_i \quad \theta_i \quad u_j \quad v_j \quad \theta_j]^{\mathrm{T}}$$

2.2.1 位移函数

我们先将轴力与剪力、弯矩分开考虑. 先回顾一下直梁弯曲时的变形情况，根据平面假设，原来垂直轴线的平面，变形后仍垂直轴线. 若梁中面挠度为 v，则因弯曲而引起的轴向位移为

$$u(x,y)=-y\left(\frac{\mathrm{d}v}{\mathrm{d}x}\right)$$

其中 y 是所讨论点离中面的距离. 应变

$$\varepsilon_x=\frac{\mathrm{d}u}{\mathrm{d}x}=-y\frac{\mathrm{d}^2v}{\mathrm{d}x^2}$$

又根据平衡关系有

$$\sigma_x=\frac{yM}{I}$$

其中 I 是切面惯性矩，$I=\int_A y^2\mathrm{d}A$. 根据胡克定律，$\sigma_x=E\varepsilon_x$，有

$$\frac{yM}{I}=E\left(-y\frac{\mathrm{d}^2v}{\mathrm{d}x^2}\right)$$

因

$$M=-EI\frac{\mathrm{d}^2v}{\mathrm{d}x^2}$$

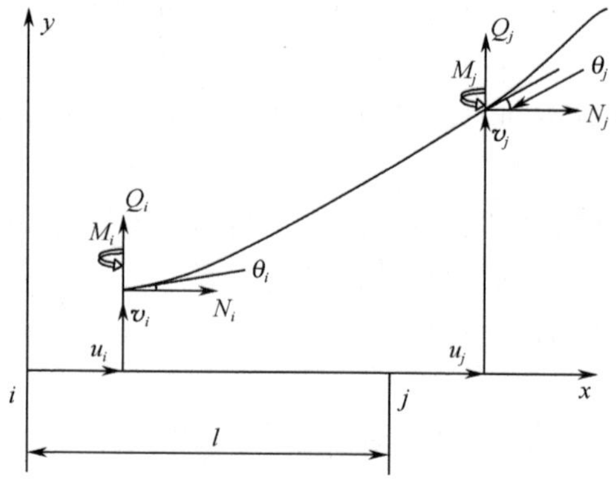

图 2-6　平面直梁单元

又根据剪力与弯矩的关系：$Q=\dfrac{\mathrm{d}M}{\mathrm{d}x}$，有

$$\frac{\mathrm{d}^2M}{\mathrm{d}x^2}=-q=\frac{\mathrm{d}^2}{\mathrm{d}x^2}\left(-EI\frac{\mathrm{d}^2v}{\mathrm{d}x^2}\right)$$

现讨论的梁 E, I 为常数，故

$$EI\frac{\mathrm{d}^4v}{\mathrm{d}x^4}=q$$

若梁上无分布剪力，即 $q=0$，则 $EI\dfrac{\mathrm{d}^4v}{\mathrm{d}x^4}=0$，由此可以判断 v 是 x 的三次函数. 设

$$v(x)=b_0+b_1x+b_2x^2+b_3x^3 \tag{2-18}$$

则梁的转角

$$\theta(x)=\frac{\mathrm{d}v}{\mathrm{d}x}=b_1+2b_2x+3b_3x^2 \tag{2-19}$$

将 i,j 结点位移代入式(2-18),(2-19)

$$v_i=b_0,\qquad \theta_i=b_1$$
$$v_j=b_0+b_1l+b_2l^2+b_3l^3,\quad \theta_j=b_1+2b_2l+3b_3l^2$$

用矩阵表示

$$\begin{Bmatrix}v_i\\\theta_i\\v_j\\\theta_j\end{Bmatrix}=\begin{bmatrix}1&0&0&0\\0&1&0&0\\1&l&l^2&l^3\\0&1&2l&3l^2\end{bmatrix}\begin{Bmatrix}b_0\\b_1\\b_2\\b_3\end{Bmatrix}$$

从而得

$$\begin{Bmatrix}b_0\\b_1\\b_2\\b_3\end{Bmatrix}=\begin{bmatrix}1&0&0&0\\0&1&0&0\\-\frac{3}{l^2}&-\frac{2}{l}&\frac{3}{l^2}&-\frac{1}{l}\\\frac{2}{l^3}&\frac{1}{l^2}&-\frac{2}{l^3}&\frac{1}{l^2}\end{bmatrix}\begin{Bmatrix}v_i\\\theta_i\\v_j\\\theta_j\end{Bmatrix}$$

$$v(x)=[1,x,x^2,x^3]\begin{bmatrix}1&0&0&0\\0&1&0&0\\-\frac{3}{l^2}&-\frac{2}{l}&\frac{3}{l^2}&-\frac{1}{l}\\\frac{2}{l^3}&\frac{1}{l^2}&-\frac{2}{l^3}&\frac{1}{l^2}\end{bmatrix}\begin{Bmatrix}v_i\\\theta_i\\v_j\\\theta_j\end{Bmatrix}=[N_v]\begin{Bmatrix}v_i\\\theta_i\\v_j\\\theta_j\end{Bmatrix}$$

单元的形状函数矩阵$[N_v]$为

$$\begin{aligned}[N_v]&=\left[1-\frac{3x^2}{l^2}+\frac{2x^3}{l^3},x-\frac{2x^2}{l}+\frac{x^3}{l^2},\frac{3x^2}{l^2}-\frac{2x^3}{l^3},-\frac{x^2}{l}+\frac{x^3}{l^2}\right]\\&=[H_{0i}\quad H_{1i}\quad H_{0j}\quad H_{1j}]\end{aligned} \tag{2-20}$$

其中

$$\begin{aligned}&H_{0i}=1-\frac{3x^2}{l^2}+\frac{2x^3}{l^3},\quad H_{1i}=x-\frac{2x^2}{l}+\frac{x^3}{l^2}\\&H_{0j}=\frac{3x^2}{l^2}-\frac{2x^3}{l^3},\qquad H_{1j}=-\frac{x^2}{l}+\frac{x^3}{l^2}\end{aligned} \tag{2-21}$$

设 $\xi=\frac{x}{l}$，则式(2-21)可写成

$$\begin{aligned} H_{0i} &= 1-3\xi^2+2\xi^3, \quad & H_{1i} &= l(\xi-2\xi^2+\xi^3) \\ H_{0j} &= 3\xi^2-2\xi^3, \quad & H_{1j} &= l(\xi^3-\xi^2) \end{aligned} \tag{2-22}$$

以上四个函数即是二结点梁单元的形状函数. 由于每结点有两个位移参数，则每结点有两个形状函数. H_{0i}是指 i 结点零阶导数(即 i 点位移)对应的形函数，H_{1i}指 i 结点一阶导数(即 i 结点转角)对应的形函数，位移函数用内插多项式表示为

$$v(x)=H_{0i}v_i+H_{1i}\theta_i+H_{0j}v_j+H_{1j}\theta_j=[N_v]\begin{Bmatrix} v_i \\ \theta_i \\ v_j \\ \theta_j \end{Bmatrix}$$

现在分析形状函数的性质，当 $x=0$，即 $\xi=0$，$H_{0i}(0)=1-3\xi^2+2\xi^3=1$；当 $x=l$，即 $\xi=1$，$H_{0i}(1)=0$，其图像如图 2-7(a)所示. 它表示当 i 点垂直位移 $v_i=1$，单元其他位移等于零时梁元的挠曲形状. 又有：$\frac{\mathrm{d}H_{0i}}{\mathrm{d}x}=-\frac{6x}{l^2}+\frac{6x^2}{l^3}$，当 $x=0$，$\frac{\mathrm{d}H_{0i}}{\mathrm{d}x}\Big|_{x=0}=0$；$x=l$ 时$\frac{\mathrm{d}H_{0i}}{\mathrm{d}x}\Big|_{x=l}=0$，这说明 H_{0i}曲线在 i，j 点切线平行 x 轴，即 H_{0i}不引起结点转角值的改变.

$H_{1i}(\xi)=l(\xi-2\xi^2+\xi^3)$，当 $x=0$，即 $\xi=0$，$H_{1i}(0)=0$；$x=l$，即 $\xi=1$，$H_{1i}(1)=0$，这表示当 i 点产生单位转角 $\theta_i=1$，其他位移是零值时的挠曲线. 又 $\frac{\mathrm{d}H_{1i}}{\mathrm{d}x}=1-\frac{4x}{l}+\frac{3x^2}{l^2}$，当 $x=0$，$\frac{\mathrm{d}H_{1i}}{\mathrm{d}x}\Big|_{x=0}=1$；$x=l$ 时$\frac{\mathrm{d}H_{1i}}{\mathrm{d}x}\Big|_{x=l}=0$，这说明 H_{1i}它不引起 i，j 结点位移值的改变，其图像如图 2-7(b)所示. 同样对于 H_{0j}，H_{1j}也可作类似分析，其变化如图 2-7(c)、(d)所示. 上述形函数的性质列表如下：

	H_{0i}	$\frac{\mathrm{d}H_{0i}}{\mathrm{d}x}$	H_{1i}	$\frac{\mathrm{d}H_{1i}}{\mathrm{d}x}$
i	1	0	0	0
j	0	0	0	1

这样保证了在 i 点 $v=v_i$，$\frac{\mathrm{d}v}{\mathrm{d}x}=\theta=\theta_i$.

轴力 N 引起的位移 $u(x)$ 仍设为线性，$u(x)=a_0+a_1x$，将结点位移代入可求得

$$\begin{Bmatrix} a_0 \\ a_1 \end{Bmatrix}=\begin{bmatrix} 1 & 0 \\ -1/l & 1/l \end{bmatrix}\begin{Bmatrix} u_i \\ u_j \end{Bmatrix}$$

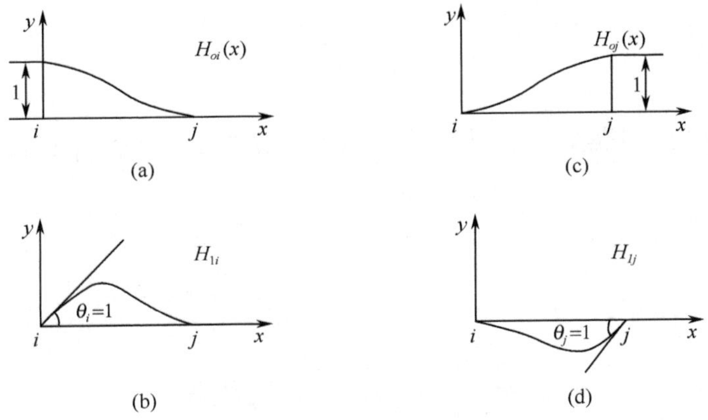

图 2-7　梁单元形状函数

由此得

$$u(x)=[1,x]\begin{Bmatrix}a_0\\a_1\end{Bmatrix}=[1,x]\begin{bmatrix}1&0\\-1/l&1/l\end{bmatrix}\begin{Bmatrix}u_i\\u_j\end{Bmatrix}=[N_u]\begin{Bmatrix}u_i\\u_j\end{Bmatrix}$$

其中，$[N_u]=\left[1-\dfrac{x}{l},\dfrac{x}{l}\right]=[1-\xi\quad\xi]$.

现将结点位移列阵合并为

$$\{\delta\}^e=[u_i\quad v_i\quad \theta_i\quad u_j\quad v_j\quad \theta_j]^{\mathrm{T}}$$

位移函数改写为

$$\begin{Bmatrix}u(x)\\v(x)\end{Bmatrix}=[N]\{\delta\}^e$$

则形状函数$[N]$为

$$[N]=\begin{bmatrix}N_u\\N_v\end{bmatrix}=\begin{bmatrix}1-\xi&0&0&\xi&0&0\\0&H_{0i}&H_{1i}&0&H_{0j}&H_{1j}\end{bmatrix}\tag{2-23}$$

位移函数求得后，可得到应变和应力的表达式：若忽略剪切影响，ε_N 是拉力引起的应变，ε_b 是弯曲引起的应变

$$\{\varepsilon\}=\begin{Bmatrix}\varepsilon_N\\\varepsilon_b\end{Bmatrix}=\begin{Bmatrix}\dfrac{\mathrm{d}u}{\mathrm{d}x}\\-y\dfrac{\mathrm{d}^2v}{\mathrm{d}x^2}\end{Bmatrix}=\begin{Bmatrix}\dfrac{\mathrm{d}[N_u]}{\mathrm{d}x}\begin{Bmatrix}u_i\\u_j\end{Bmatrix}\\-y\dfrac{\mathrm{d}^2}{\mathrm{d}x^2}[N_v]\begin{Bmatrix}v_i\\\theta_i\\v_j\\\theta_j\end{Bmatrix}\end{Bmatrix}$$

$$
=\begin{bmatrix} -\frac{1}{l} & 0 & 0 & \frac{1}{l} & 0 & 0 \\ 0 & y\left(\frac{6}{l^2}-\frac{12x}{l^3}\right) & -y\left(\frac{4}{l}+\frac{6x}{l^2}\right) & 0 & -y\left(\frac{6}{l^2}-\frac{12x}{l^3}\right) & y\left(\frac{2}{l}-\frac{6x}{l^2}\right) \end{bmatrix}\begin{Bmatrix} u_i \\ v_i \\ \theta_i \\ u_j \\ v_j \\ \theta_j \end{Bmatrix} \tag{2-24}
$$

应力为

$$
\{\sigma\} = \begin{Bmatrix} \sigma_N \\ \sigma_b \end{Bmatrix} = E\{\varepsilon\} = E[B]\{\delta\}^e \tag{2-25}
$$

最后,梁的应力应是 σ_N 和 σ_b 的代数和.

2.2.2 梁元的刚度矩阵

现根据最小势能原理求梁元的刚度矩阵.梁的应变能 U_0

$$
\begin{aligned}
U_0 &= \frac{1}{2}\int_V \{\varepsilon\}^{\mathrm{T}}\{\sigma\}\mathrm{d}V = \frac{1}{2}\int_V \{\delta\}^{e\mathrm{T}}[B]^{\mathrm{T}}E[B]\{\delta\}^e\mathrm{d}V \\
&= \frac{1}{2}\{\delta\}^{e\mathrm{T}}\int_V [B]^{\mathrm{T}}E[B]\mathrm{d}V\{\delta\}^e = \frac{1}{2}\{\delta\}^{e\mathrm{T}}[K]^e\{\delta\}^e
\end{aligned}
$$

梁上的结点力 $\{F\}^e=[N_i,Q_i,M_i,N_j,Q_j,M_j]^{\mathrm{T}}$,并有分布力 $q(x)$ 作用.在选位移函数时虽然假设了 $q=0$,若作用有分布载荷 $q(x)$,位移函数仍可用三次幂函数近似,分析过程完全同前.只是外力势中增加 $-\int_0^l \{v\}^{\mathrm{T}}\{q(x)\}\mathrm{d}x$ 项,这时外力势 V 为

$$
V = -\{\delta\}^{e\mathrm{T}}\{F\}^e - \int_0^l \{v\}^{\mathrm{T}}\{q(x)\}\mathrm{d}x
$$

总势能

$$
\begin{aligned}
\Pi^e &= U_0 + V \\
&= \frac{1}{2}\{\delta\}^{e\mathrm{T}}[K]\{\delta\}^e - \{\delta\}^{e\mathrm{T}}\{F\}^e - \{\delta\}^{e\mathrm{T}}\int_0^l [N]^{\mathrm{T}}\cdot\{q(x)\}\mathrm{d}x \\
&= \frac{1}{2}\{\delta\}^{e\mathrm{T}}[K]\{\delta\}^e - \{\delta\}^{e\mathrm{T}}\{F\}^e - \{\delta\}^{e\mathrm{T}}[Q]^e
\end{aligned}
$$

式中, $\{Q\}^e = \int_0^l [N]^{\mathrm{T}}\cdot\{q(x)\}\mathrm{d}x$ 是分布载荷的等效结点力.

Π^e 取驻值时有: $\frac{\partial \Pi^e}{\partial\{\delta\}^e}=0$,得

$$
[K]^e\{\delta\}^e = \{F\}^e + \{Q\}^e
$$

上式就是刚度方程. 现分别计算其中各项：

刚度矩阵

$$[K]^e = E\int_V [B]^{\mathrm{T}}[B]\mathrm{d}V \tag{2-26}$$

将式(2-24)中$[B]$代入，并进行积分，得

$$[K]^e = \begin{bmatrix} \frac{EA}{l} & 0 & 0 & -\frac{EA}{l} & 0 & 0 \\ & \frac{12EI_z}{l^3} & -\frac{6EI_z}{l^2} & 0 & -\frac{12EI_z}{l^3} & \frac{6EI_z}{l^2} \\ & & \frac{4EI_z}{l} & 0 & \frac{6EI_z}{l^2} & \frac{2EI_z}{l} \\ & & & \frac{EA}{l} & 0 & 0 \\ & & & & \frac{12EI_z}{l^3} & -\frac{6EI_z}{l^2} \\ & & & & & \frac{4EI_z}{l} \end{bmatrix} \tag{2-27}$$

式中，A 为梁截面积，$I_z = \iint y^2 \mathrm{d}A$ 是截面对主轴的惯矩.

对薄壁短梁，高度 $H > \frac{l}{5}$(l 是跨度)时，应计及剪切影响. 这时可对刚度矩阵做如下修正：

$$[K]^e = \begin{bmatrix} \frac{EA}{l} & 0 & 0 & -\frac{EA}{l} & 0 & 0 \\ & \frac{12EI_z}{(1+\varphi)l^3} & \frac{6EI_z}{(1+\varphi)l^2} & 0 & -\frac{12EI_z}{(1+\varphi)l^3} & \frac{6EI_z}{(1+\varphi)l^2} \\ & & \frac{(4+\varphi)EI_z}{(1+\varphi)l} & 0 & -\frac{6EI_z}{(1+\varphi)l^2} & -\frac{(4+\varphi)EI_z}{(1+\varphi)l} \\ & & & \frac{EA}{l} & 0 & 0 \\ & & & & \frac{12EI_z}{(1+\varphi)l^3} & -\frac{6EI_z}{(1+\varphi)l^2} \\ & & & & & \frac{(4+\varphi)EI_z}{(1+\varphi)l} \end{bmatrix}$$

式中，$\varphi = 12EI_z/GA_s l^2$ 是剪切影响系数，A_s 是有效抗剪面积.

2.2.3　等效结点力

等效结点力是根据功互等原理，将分布载荷转移到结点上所得到的载荷，这样

的变更，对全结构的计算不会带来明显的误差. 但对载荷区域单元的应力分布，将有较大影响. 根据虚功原理，当单元发生虚位移$\{r^*\}=[N]\{\delta^*\}^e$时，分布力$q(x)$所做的功为

$$\int_0^l \{r^*\}^{\mathrm{T}}\{q(x)\}\mathrm{d}x = (\{\delta^*\}^e)^{\mathrm{T}}\int_0^l [N]^{\mathrm{T}}\{q(x)\}\mathrm{d}x$$

它必须等于等效结点载荷所做的功，由此得到

$$(\{\delta^*\}^e)^{\mathrm{T}}\{P\}_q^e = (\{\delta^*\}^e)^{\mathrm{T}}\int_0^l [N]^{\mathrm{T}}\{q(x)\}\mathrm{d}x$$

从而得到分布载荷的等效结点力计算公式

$$\{P\}_q^e = \int_0^l [N]^{\mathrm{T}}\{q(x)\}\mathrm{d}x \tag{2-28}$$

(1) 分布轴力$p(x)$的等效结点力(图 2-8(a))

$$\{P\} = \begin{Bmatrix} N_i^p \\ N_j^p \end{Bmatrix} = \int_0^l p(x)[N_u]^{\mathrm{T}}\mathrm{d}x$$

$[N_u]$是轴向位移形函数，线位移时

$$[N_u] = \begin{bmatrix} 1-\dfrac{x}{l} & \dfrac{x}{l} \end{bmatrix},\quad \{P\} = \begin{Bmatrix} \displaystyle\int_0^l p(x)\left(1-\dfrac{x}{l}\right)\mathrm{d}x \\ \displaystyle\int_0^l p(x)\,\dfrac{x}{l}\mathrm{d}x \end{Bmatrix}$$

当$p(x)$为均布载荷时$p(x)=p$，则$N_i^p=N_j^p=\dfrac{1}{2}pl$，即两结点各半.

(2) 分布剪力$q(x)$的等效结点力(图 2-8(b))

$$\{Q\} = \begin{Bmatrix} Q_i^q \\ M_i^q \\ Q_j^q \\ M_j^q \end{Bmatrix} = \int_0^l q(x)[N_v]^{\mathrm{T}}\mathrm{d}x$$

$[N_v]$是对应挠度的形状函数. 当挠度选为x的三次式时

$$[N_v] = \begin{bmatrix} 1-\dfrac{3x^2}{l^2}+\dfrac{2x^3}{l^3} & x-\dfrac{2x^2}{l}+\dfrac{x^3}{l^2} & \dfrac{3x^2}{l^2}-\dfrac{2x^3}{l^3} & -\dfrac{x^2}{l}+\dfrac{x^3}{l^2} \end{bmatrix}$$

$$\{Q\} = \begin{Bmatrix} Q_i^q \\ M_i^q \\ Q_j^q \\ M_j^q \end{Bmatrix} = \begin{Bmatrix} \displaystyle\int_0^l q(x)\left(1-\dfrac{3x^2}{l^2}+\dfrac{2x^3}{l^3}\right)\mathrm{d}x \\ \displaystyle\int_0^l q(x)\left(x-\dfrac{2x^2}{l}+\dfrac{x^3}{l^2}\right)\mathrm{d}x \\ \displaystyle\int_0^l q(x)\left(\dfrac{3x^2}{l^2}-\dfrac{2x^3}{l^3}\right)\mathrm{d}x \\ \displaystyle\int_0^l q(x)\left(-\dfrac{x^2}{l}+\dfrac{x^3}{l^2}\right)\mathrm{d}x \end{Bmatrix}$$

$$
=\begin{bmatrix}1 & 0 & -3/l^2 & 2/l^3\\0 & 1 & -2/l & 1/l^2\\0 & 0 & 3/l^2 & -2/l^3\\0 & 0 & -1/l & 1/l^2\end{bmatrix}\begin{Bmatrix}Q_0\\Q_1\\Q_2\\Q_3\end{Bmatrix}
$$

式中

$$
Q_0=\int_0^l q(x)\mathrm{d}x,\qquad Q_1=\int_0^l q(x)x\mathrm{d}x
$$

$$
Q_2=\int_0^l q(x)x^2\mathrm{d}x,\quad Q_3=\int_0^l q(x)x^3\mathrm{d}x
$$

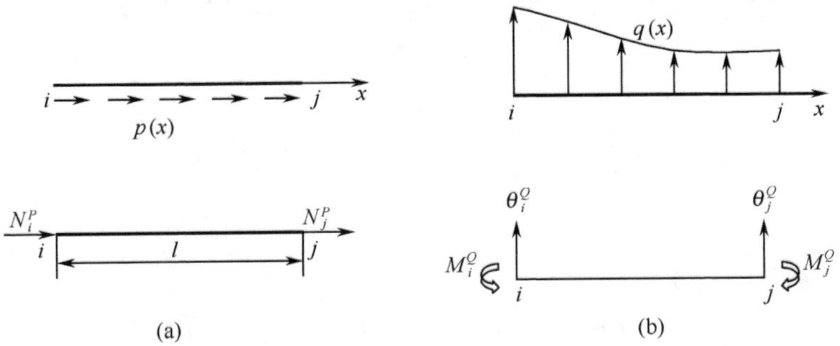

图 2-8

对不同的 $q(x)$,积分后的等效结点力见表 2-1.

表 2-1

分布力 $q(x)$	Q_i^q	M_i^q	Q_j^q	M_j^q
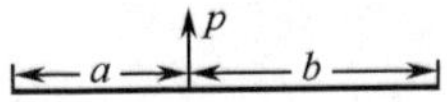	$\dfrac{pb^2(3a+b)}{l^3}$	$\dfrac{pab^2}{l^2}$	$\dfrac{pa^2(a+3b)}{l^3}$	$\dfrac{-pa^2b}{l^2}$
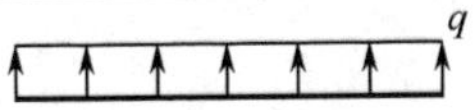	$\dfrac{ql}{2}$	$\dfrac{ql^2}{12}$	$\dfrac{ql}{2}$	$-\dfrac{ql^2}{12}$
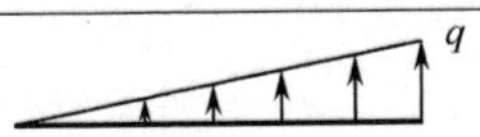	$0.15ql$	$\dfrac{ql^2}{30}$	$0.35ql$	$-\dfrac{ql^2}{20}$
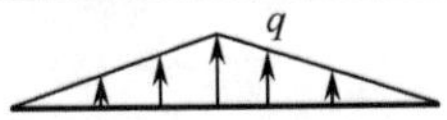	$0.25ql$	$5ql^2/96$	$0.25ql$	$-\dfrac{5pl^2}{96}$

l:梁单元的长度

(3)分布力矩 $m_z(x)$的等效结点力(图 2-9)

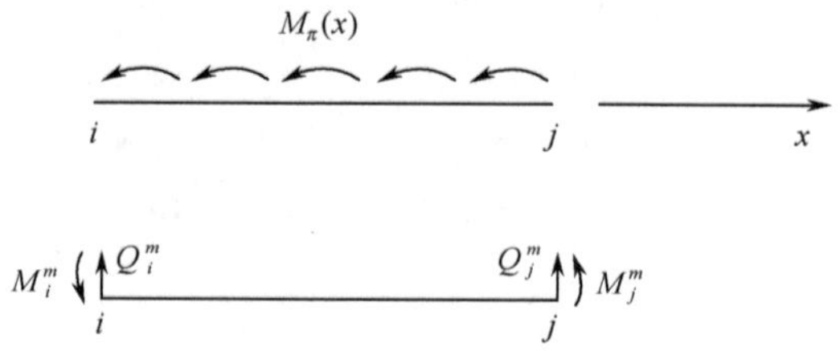

图 2-9

对应 m_z 的位移是转角 $\theta=\dfrac{\mathrm{d}v}{\mathrm{d}x}$,因此相应的形状函数矩阵为$[N'_v]$

$$\{Q\}=\begin{Bmatrix} Q_i^m \\ M_i^m \\ Q_j^m \\ M_j^m \end{Bmatrix}=\int_0^l m_z(x)[N'_v]^{\mathrm{T}}\mathrm{d}x$$

当挠度为 x 的三次式时

$$\{Q\}=\begin{Bmatrix} Q_i^m \\ M_i^m \\ Q_j^m \\ M_j^m \end{Bmatrix}=\begin{bmatrix} 0 & 0 & -3/l^2 & 2/l^3 \\ 0 & 1 & -2/l & 1/l^2 \\ 0 & 0 & 3/l^2 & -2/l^3 \\ 0 & 0 & -1/l & 1/l^2 \end{bmatrix}\begin{Bmatrix} Q'_0 \\ Q'_1 \\ Q'_2 \\ Q'_3 \end{Bmatrix}$$

式中,$Q'_0=0$,$Q'_1=\int_0^l m_z(x)\mathrm{d}x$,$Q'_2=\int_0^l 2m_z(x)x\mathrm{d}x$,$Q'_3=\int_0^l 3m_z(x)x^2\mathrm{d}x$.

当 $m_z(x)=m_z$ 为均匀分布情况时

$$[Q_i^m \quad M_i^m \quad Q_j^m \quad M_j^m]^{\mathrm{T}}=[-m_z \quad 0 \quad m_z \quad 0]^{\mathrm{T}}$$

习　题

2-1　写出平面桁架中杆单元的刚度矩阵$[K]^e$,并说明

(1)$[K]^e$ 矩阵是对称矩阵;

(2)任意一行(列)的元素之和等于零;

(3)刚度矩阵的行列式等于零.

2-2　习题图 2-2 所示平面三角形桁架,结点坐标为:1(0,0),2($L/\sqrt{2}$,$L/\sqrt{2}$),3($\sqrt{2}L$,0),E、A 为弹性模量及截面积. 用有限元法求

(1)结点位移;

(2)单元内力;

(3)支座反力.

2-3　平面桁架如图 2-3 所示，$E=2\times10^6\,kg/cm^2$，$A=1.0cm^2$.
求结点位移和单元内力，并利用结点 1 的平衡检验计算结果.

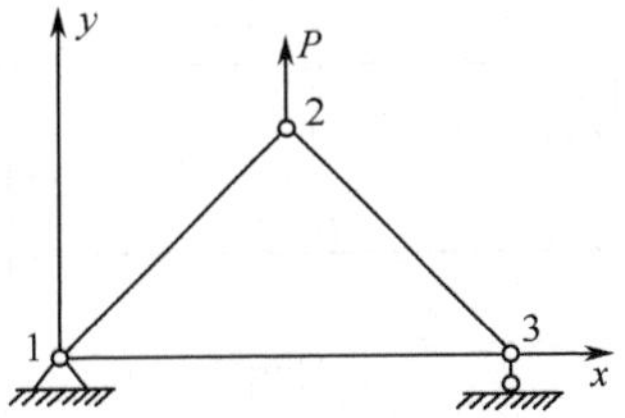

习题图 2-2

2-4　习题图 2-4 所示正方形桁架，周边长 a，桁架由五条杆单元组成，弹性模量为 E，截面积为 A，求 P 载荷作用下 2、3 点的位移.

2-5　用有限元法对结构问题进行静力分析中，协调条件、平衡条件、以及物理关系是如何体现的?

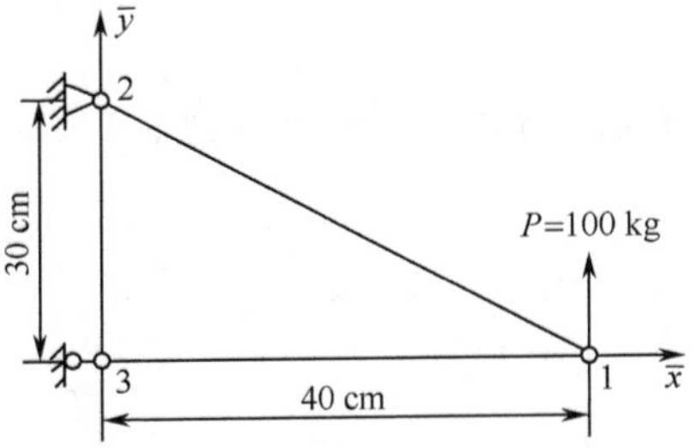

习题图 2-3

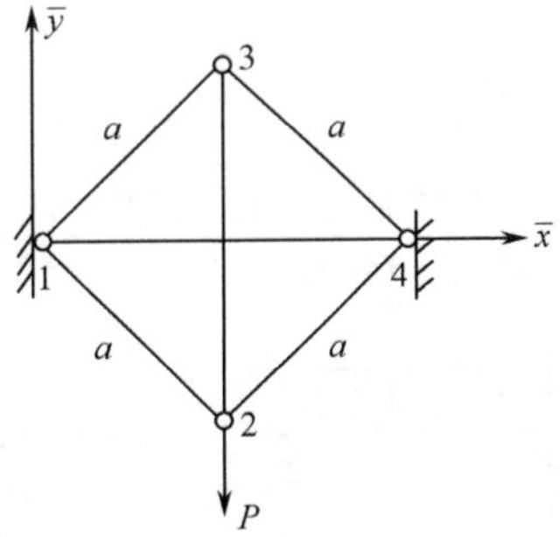

习题图 2-4

2-6　习题图 2-6 所示的二结点杆单元 ij，沿杆轴线分别作用一均布载荷 q_0(图 2-6(a))和分布载荷(习题图 2-6(b)). 求 i,j 两点的等效结点载荷.

2-7　已知图 2-7 所示柱的原始数据为：弹性模量 $E=1000kg/cm^2$，单元长度 $l=10cm$，横截面积 $A=1.0cm^2$，表面力 $T_y=1.0kg/cm$，体积力 $Y=0.5kg/cm^3$，边界位移 $V_4=0$. 试离散化为三个单元之后，计算结点位移，单元内力，绘出位移、内力分布图并和精确解比较.

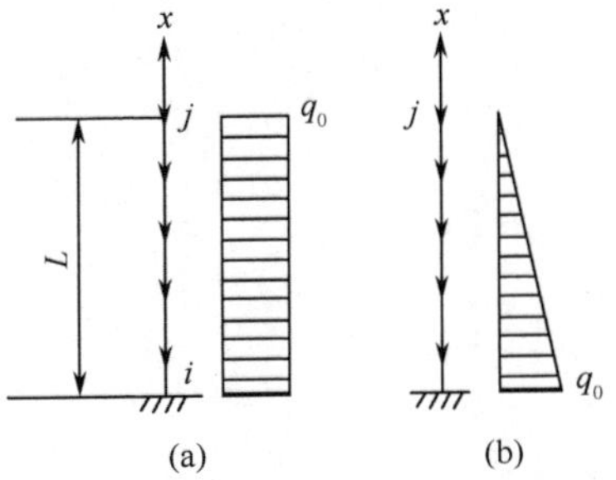

习题图 2-6

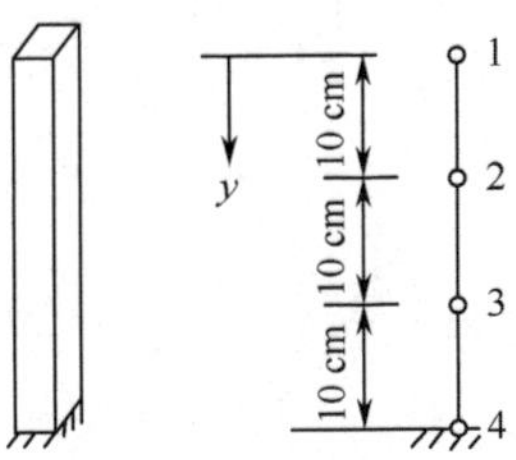

习题图 2-7

2-8　习题图 2-7 所示的柱上顶点加集中载荷 $P=10kg$(向下)，计算结点位移及内力，并绘出位移和内力分布图，与精确解比较.

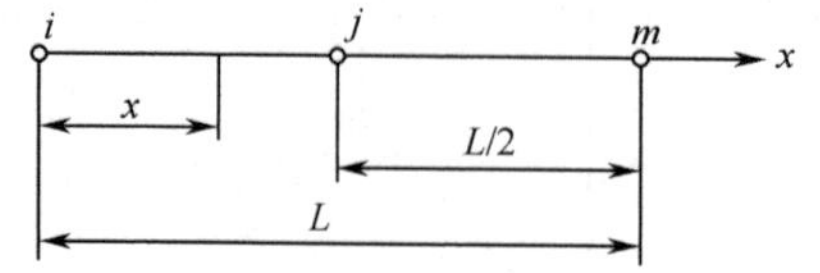

习题图 2-9

2-9　习题图 2-9 所示的三结点杆单元 ijm，A、E 为单元的截面积和材料弹性模量，单元的位移函数为：$u(x)=a_0+a_1x+a_2x^2$. 试分析

(1)求单元的形状函数矩阵$[N]$；

(2)求单元的几何矩阵$[B]$，应力矩阵$[S]$；

(3)求单元的刚度矩阵$[K]^e$.

2-10　用内插法对上述单元插值，求内插(形状)函数矩阵$[N]$，并画出位移图形.

2-11　习题图 2-11 所示的等剖面梁，弯曲刚度为 EI，承受分布载荷 q_0 及 $q(x)$作用，求

(1)各梁的等效结点载荷；

(2)结点位移；

(3)单元的结点力；

(4)支座反力.

2-12　一悬臂梁的一端由弹簧支持，弹簧的刚度系数为 k，在载荷 P 作用下，求端点 2 的位移及转角(习题图 2-12).

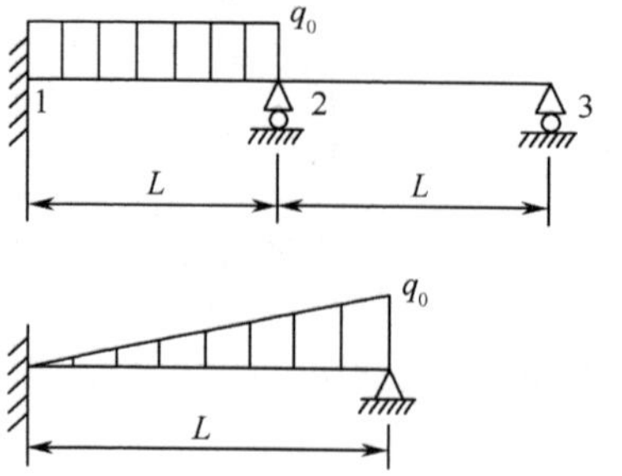

习题图 2-11

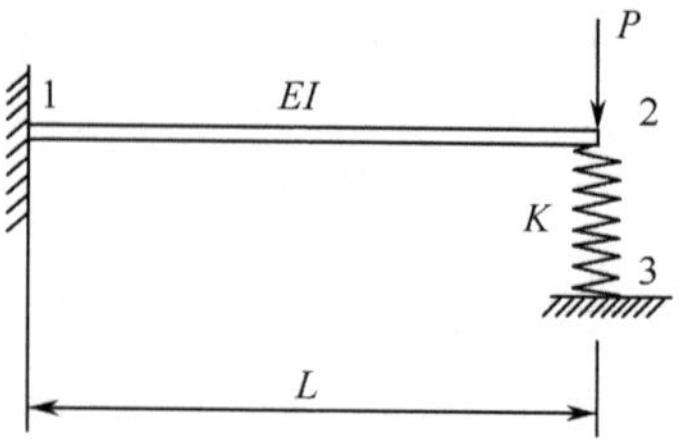

习题图 2-12

2-13　习题图 2-13 所示桁架结构，各元件的 E,A,L 均相同，1-4 杆做短了 Δ. 试求

(1)结点位移；

(2)1-4 杆应力.

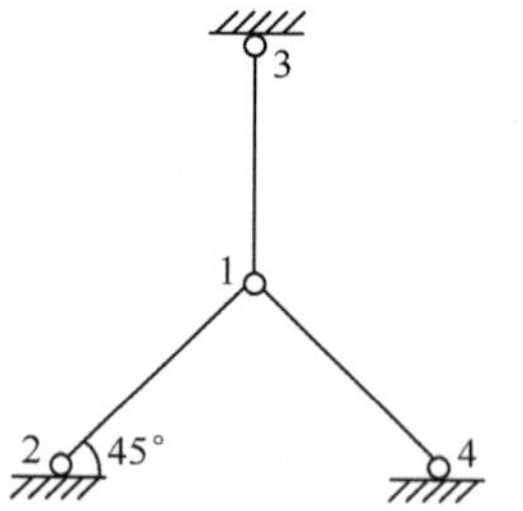

习题图 2-13

第三章　有限元方法的一般步骤

如第一章所述，有限元分析包含的基本步骤是：(1)结构的离散化；(2)选择位移函数；(3)单元刚度矩阵的建立；(4)单刚投放形成全结构总体刚度矩阵；(5)全结构平衡方程求解；(6)算出单元的各种结果. 本章将概述有限元法的各阶段所采用的一般步骤.

§3.1　结构的离散化

把分析结构离散为子块(有限元)是有限元法的第一步，这相当于用一个具有有限自由度数目的系统来代替具有无限自由度数目的系统. 离散的实施基本上是靠工程判断力. 在选择单元的形状、尺寸、数量和排列时必须谨慎，以便尽可能精确地模拟原物体，而又不增加求解的计算工作量.

3.1.1　基本单元形状

对任一个给定的物体，必须靠工程判断力来选择适当的单元进行离散化. 在大多数情况下，单元类型的选择取决于物体的几何形状以及描述系统所需要的独立的空间坐标数. 图 3-1、图 3-2、图 3-3 分别示出了某些常用的一维、二维和三维单元.

当几何形状、材料性质和其他参数(如应力、位移)仅需用一个空间坐标描述时，我们就可以采用如图 3-1 所示的一维单元. 虽然这种单元有横截面面积，但一般在示意图中都用线段来表示. 在某些问题中，单元的横截面面积可沿长度变化. 当问题的几何形状和其他参数可以用二个独立的空间变量来描述时，我们就可以采用图 3-2 所示的二维单元. 二维分析中常用的基本单元是三角形单元. 虽然四边形(或其特殊形式矩形或平行四边形)单元可以用二个或四个三角形单元集合而成(如图 3-4 所示)，但在某些情况下用四边形(或矩形，平行四边形)单元仍然是有利的. 如果物体的几何形状，材料性质和其他参数可以用三个独立的空间坐标来描述，我们就可以采用图 3-3 所示的三维单元来离散物体. 与二维问题中的三角形单元类似，基本三维单元是四面体单元. 在某些情况下用六面

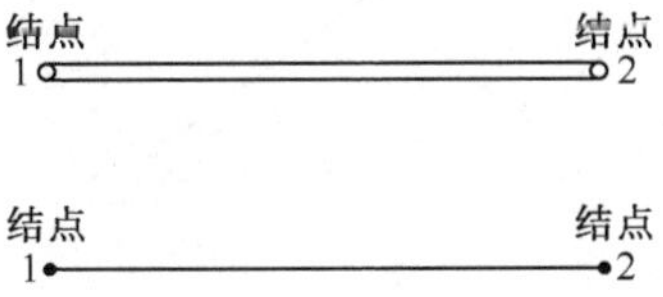

图 3-1　一维单元

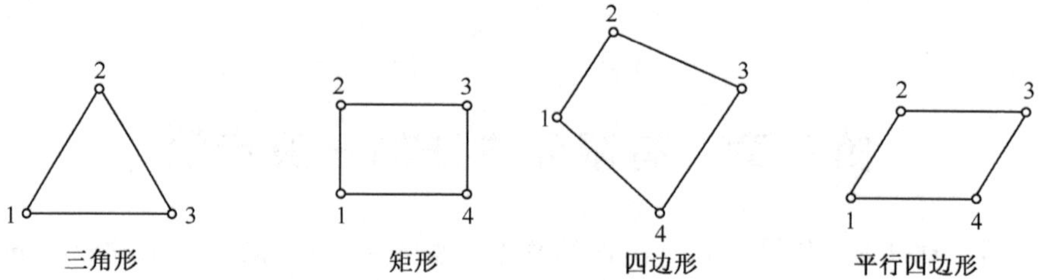

图 3-2　二维单元

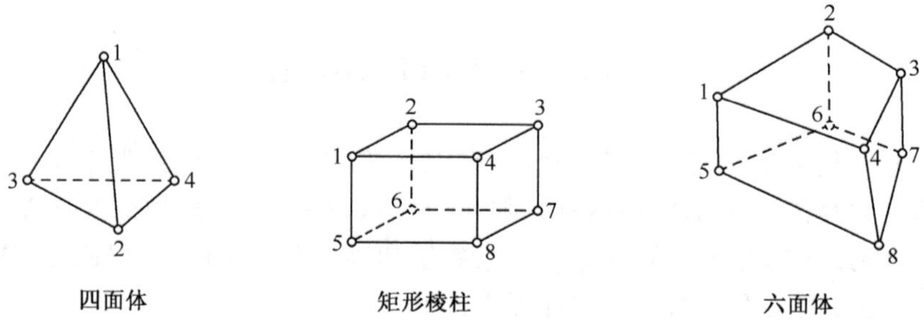

图 3-3　三维单元

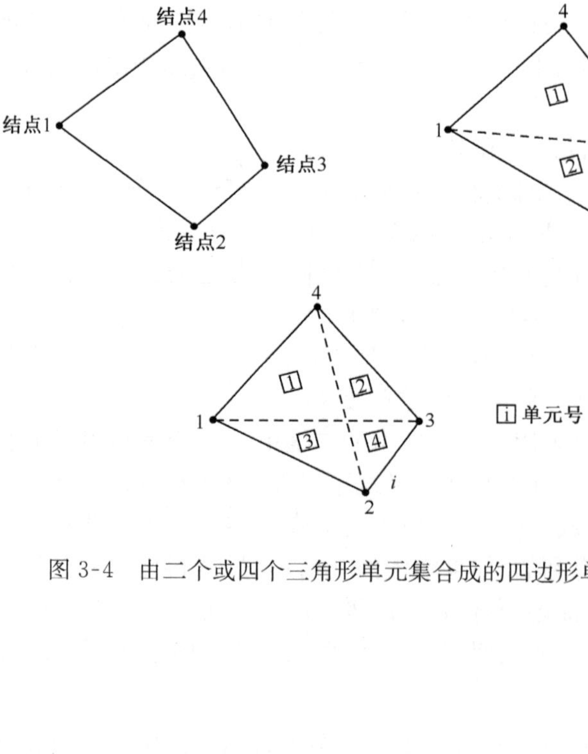

图 3-4　由二个或四个三角形单元集合成的四边形单元

体单元更有利.

对于某些实际上是三维的问题,可以仅用一个或两个独立坐标来描述. 对这种问题可以采用图 3-5 所示的轴对称型或环型单元来理想化各类属于轴对称的问题.

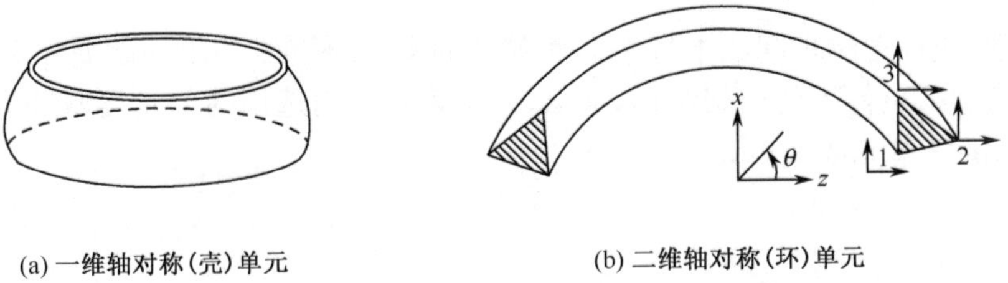

图 3-5 轴对称单元

对涉及曲线几何形状的问题进行离散时,具有曲边的单元是有用的. 具有曲边的典型单元如图 3-6 所示. 通过增加中间结点数可以提高模拟曲边的能力. 具有直边的有限元称为线性元,而具有曲边的有限元称为高次元.

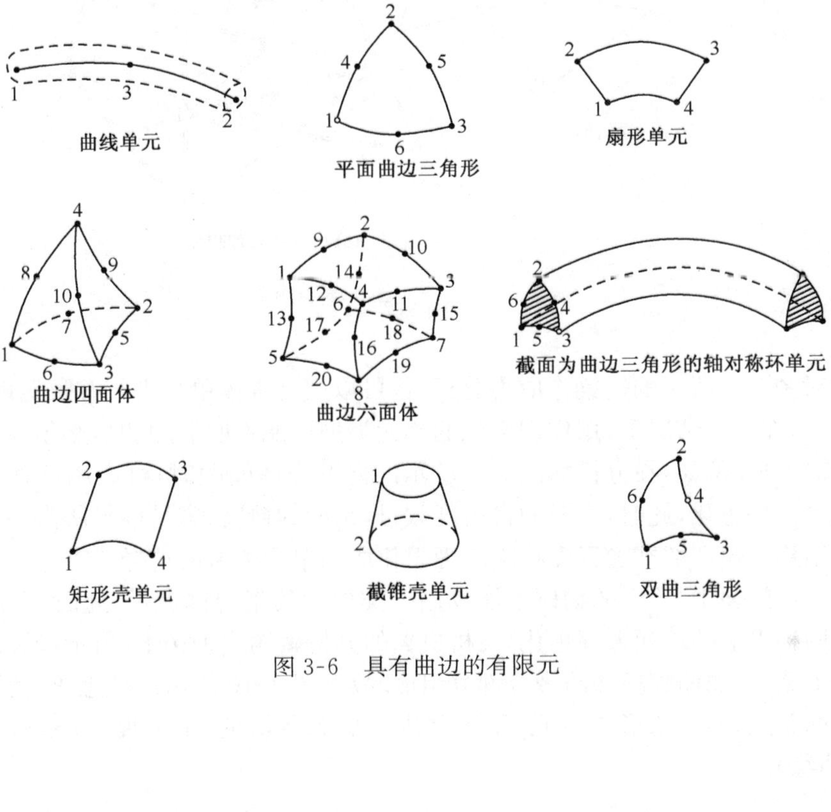

图 3-6 具有曲边的有限元

3.1.2 离散过程

下面给出在离散过程中应有的各种考虑.

1. 单元的类型

通常,应根据物理问题本身来选择单元的类型. 例如,如果问题属于分析在给定的一组载荷条件下的桁架结构,那么,为了理想化而选用的单元类型显然是如图 3-7 所示的杆单元或线单元.

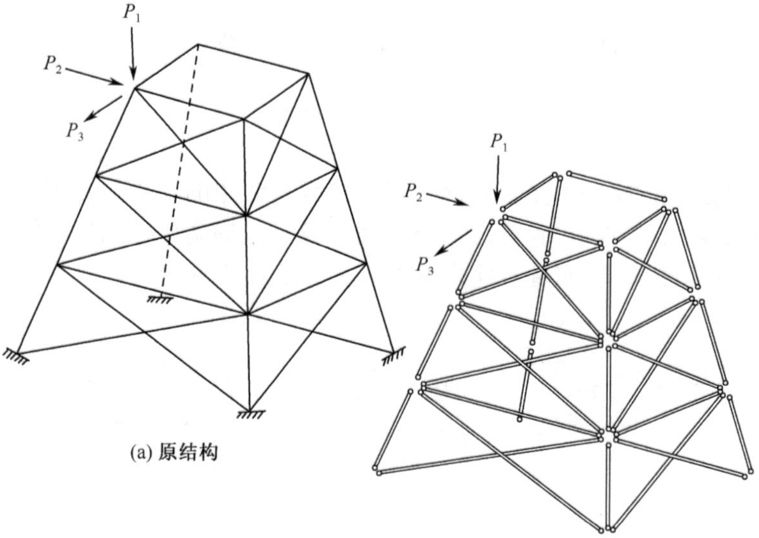

(a) 原结构

(b) 用杆单元理想化

图 3-7

在对图 3-8 所示的短梁作应力分析时,可以用三维体单元进行有限元理想化.

但是,在某些情况下,用作理想化的单元类型可能不明显. 此时,必须谨慎地选择单元的类型. 例如,在分析如图 3-9 所示的薄壁壳体问题时,可以用几种类型的单元把壳体理想化,此时,需要的自由度数目,预期的精度,容易推导所需的方程以及实际结构可模拟的准确程度将决定理想化所用单元类型的选择.

在某些问题中,给定的物体不能仅用一类单元的集合体表示,此时,可能要用两种或两种以上的单元来理想化,飞机机翼的分析就属这种例子. 由于机翼是由上蒙皮和下蒙皮,加筋腹板和凸缘等部分组成. 故按图 3-10 所示的理想化,使用了三种类型的单元,即三角形板单元(用于蒙皮),矩形剪切板(用于腹板)和刚架单元(用于凸缘).

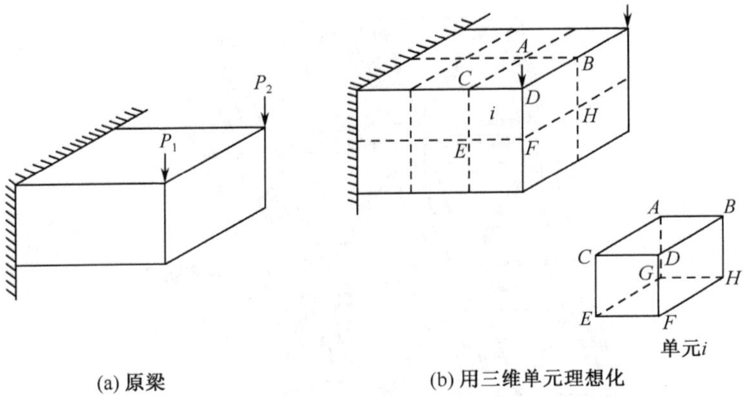

图 3-8

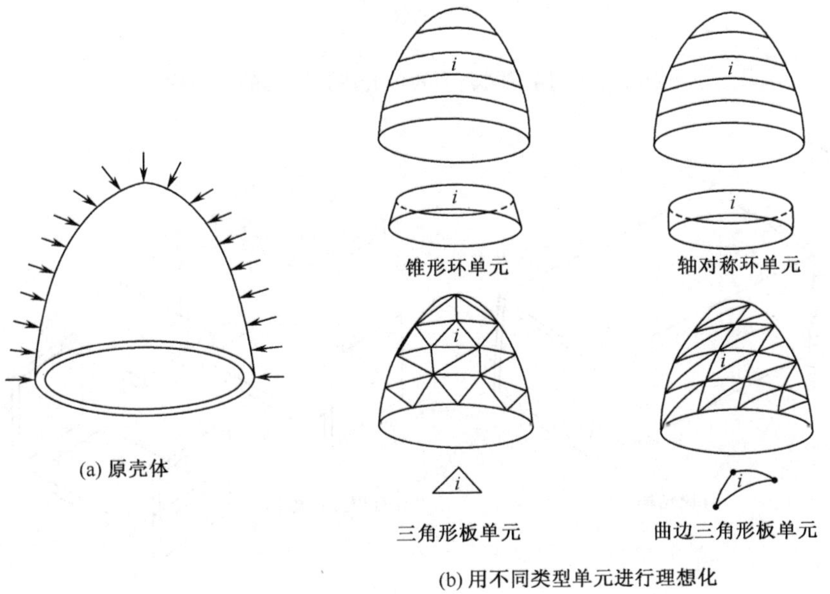

图 3-9 承受压力的薄壁壳体

2. 单元的尺寸

由于单元的尺寸直接影响解的收敛性，因而必须小心地加以选择. 单元尺寸越小，最后的解就越精确. 但应当记住，采用小尺寸的单元也就意味着需要更长的计算时间. 有时，对同一物体可能要使用不同尺寸的单元. 例如，对如图 3-11 所示的箱形梁做应力分析时，全部单元的尺寸可以几乎相同.

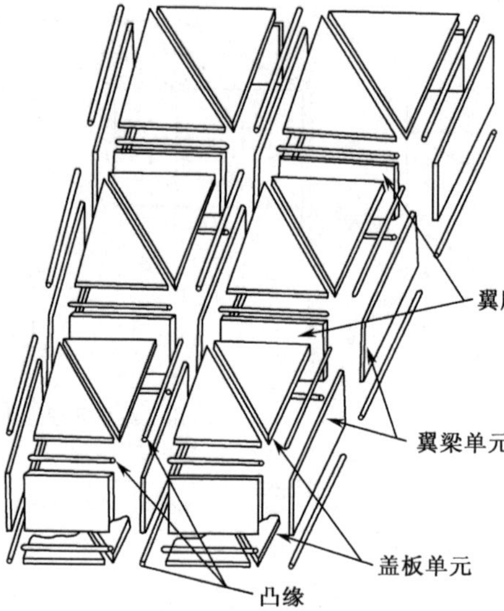

图 3-10　用不同类型的单元进行机翼的理想化

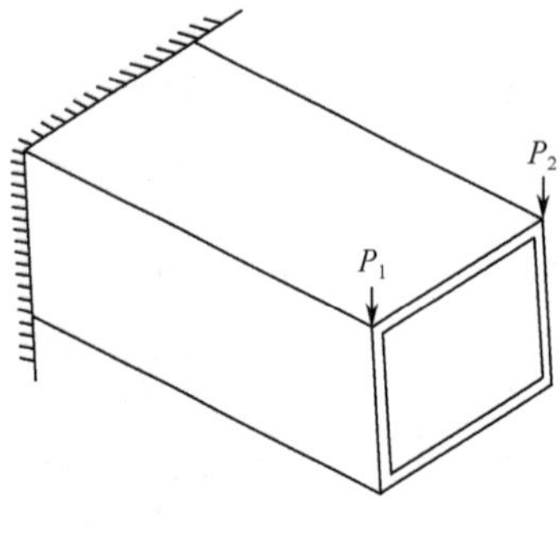

(a) 原结构

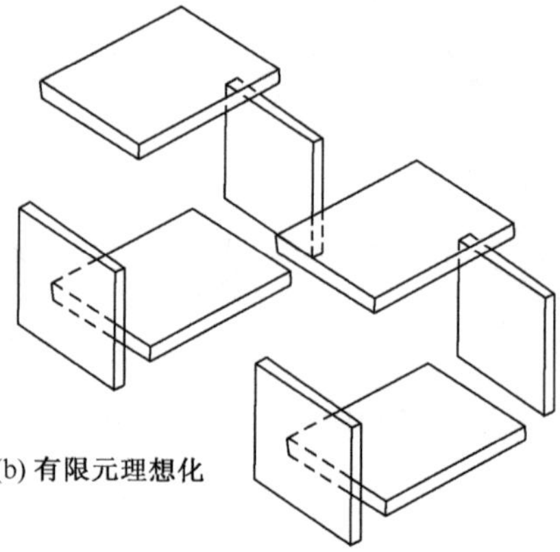

(b) 有限元理想化

图 3-11

但对如图 3-12 所示带孔板进行应力分析时就必须用不同尺寸的单元，见图 3-12.

孔洞附近（此处存在应力集中）的单元尺寸应远小于远离孔洞的单元尺寸. 通常，每当预料会有陡的应力梯度时，在这些区域总是要采用更密的网格.

另一个影响有限元解的与单元尺寸有关的性质是单元的纵横比. 纵横比描述了单元在单元集合中的形状，对一个二维单元来说，纵横比取为单元的最长尺寸与

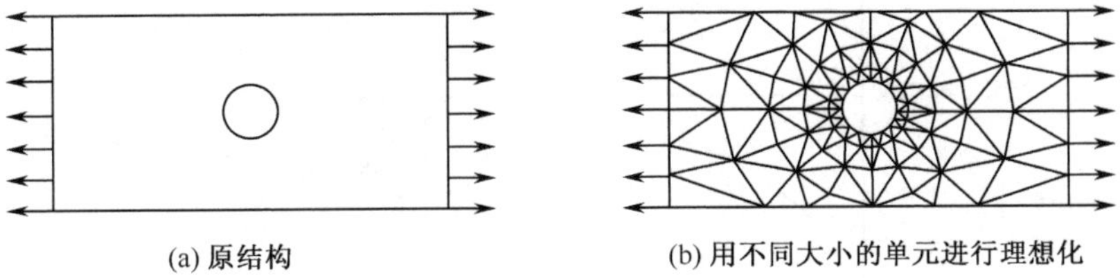

图 3-12

最短尺寸之比. 纵横比几乎等于 1 的单元往往能得出最好的结果.

3. 结点的设置

如果物体在几何形状、材料性质和外部条件(如载荷、温度)方面没有突然变化,则可把物体分为相等的小部分,从而可使结点的间距均匀. 另一方面,如果问题存在有任何间断,则显然应当在这些间断处设置结点,见图 3-13.

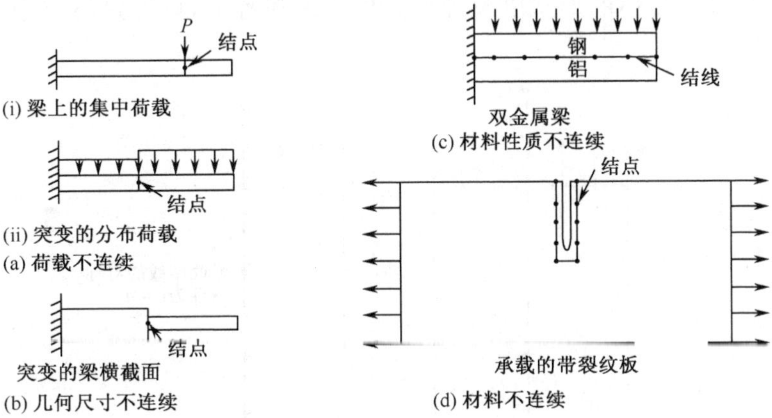

图 3-13 间断处设置的结点

4. 单元的数量

为了理想化而选择的单元数量,与所要求的精度,单元尺寸以及所涉及的自由度数目有关. 虽然增加单元数量通常意味着有更精确的结果,但对某一个给定的问题来说,存在着某个单元数,超过了这个数目,再也不会在有效数上增加精度,图 3-14 中曲线示出了这种特点. 此外,由于采用大量单元包含了大量的自由度,因此,在可用的计算机内存中可能没有能力来存放由此产生的矩阵.

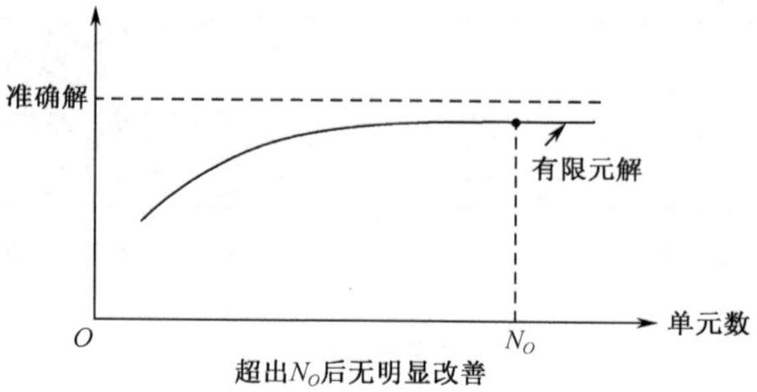

图 3-14　改变单元数量的效果

5. 利用物体的物理条件进行简化

工程实际中,很多结构具有对称性.如能恰当地加以利用,可以使结构的有限元计算模型以及相应的计算规模得到减缩,从而使数据准备工作和计算工作量大幅度地降低.如果物体的形状以及外加条件都是对称的,则在进行有限元理想化

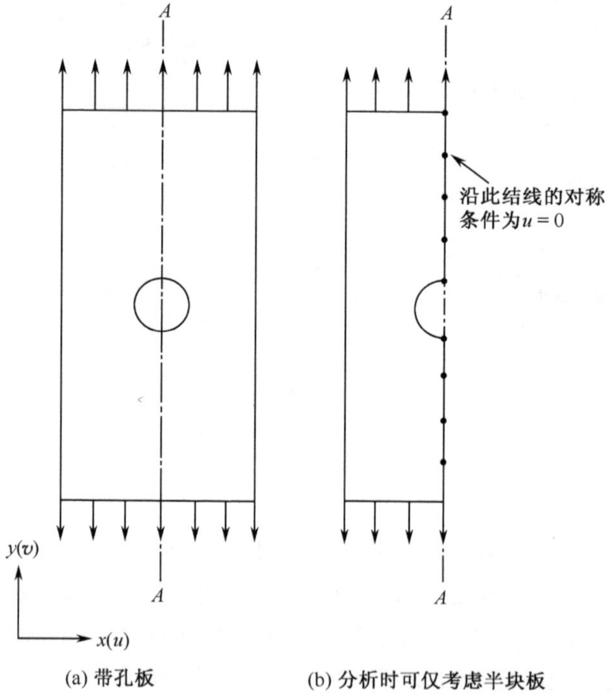

图 3-15　具有对称的几何形状和载荷作用的带孔板

时，就可以只考虑物体的一半. 但是在求解过程中，必须加入对称条件，如图 3-15 所示为一具有中心圆孔的矩形板. 由于板不可能在对称线 A-A 有水平位移，所以在求解时必须在对称线上引入 $u=0$ 这一条件.

对称面上的边界条件可以按以下规则确定：

(1)在不同的对称面上，将位移分量区分为对称分量和反对称分量. 例如在 Ox 面上，u 是对称分量，v 是反对称分量；而在 Oy 面上，v 是对称分量，而 u 是反对称分量.

(2)将载荷也按不同的对称面，分别区分为对称分量和反对称分量.

(3)对于同一个对称面，如载荷是对称的，则位移的反对称分量为 0；如载荷是反对称的，则位移的对称分量为 0.

上述规则表示：一个结构若外载及结构相对于某轴(面)对称，则对称面上自由结点相对于对称轴(面)作为反对称移动的位移为零. 反之，若结构对称，载荷反对称，则相对于对称轴(面)作为对称移动的位移分量为零. 利用这个性质，可以确定对称轴(面)上结点的支持情况，只需计算结构的一部分.

如图 3-16(a)所示的桁架，全结构四个结点，五个杆单元，但杆元 1-3 的轴线是对称线，而且载荷 P 也是对称的. 对称线上的结点为 1、3，利用上述性质，在对称线上(即结点 1、3) $\overline{u}_1$，$\overline{u}_3$ 为反对称位移，它必等于零. 这也相当于在 $\overline{x}$ 方向，在 1,3 结点处加了刚性支座，于是计算简化为图 3-16(b)所示结构.

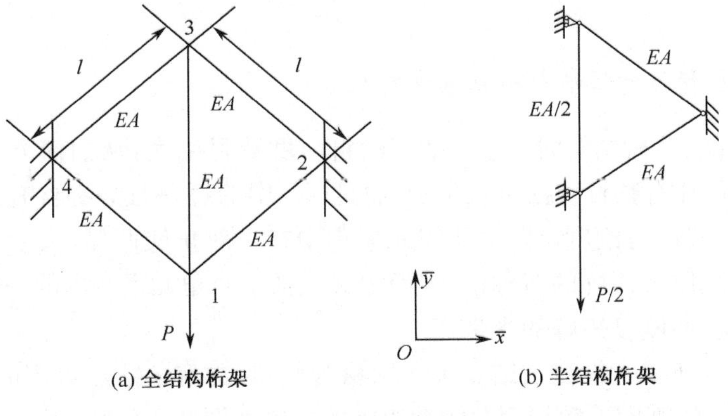

图 3-16 具有对称的几何形状和载荷作用的桁架结构

图 3-17 为机身结构，若机身隔框为垂直于 $\overline{z}$ 轴平面框，纵向元素为长桁，机身上每个结点有四个位移分量 $\overline{u}_i$，$\overline{v}_i$，$\overline{w}_i$，$\overline{\theta}_{zi}$，在对称载荷作用下，对称面上结点边界条件为反对称位移为零

$$\overline{u}_i = 0, \quad \overline{\theta}_{zi} = 0 \qquad (i\text{ 为对称面上结点序号})$$

在反对称载荷作用下，边界条件为对称位移为零

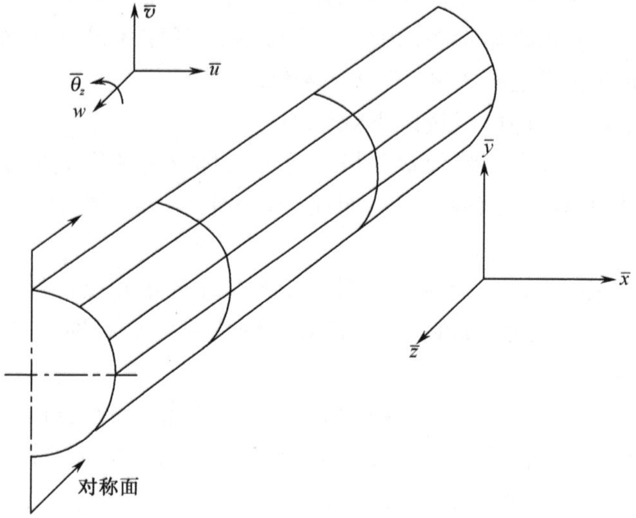

图 3-17　机身结构

$$\overline{v}_i = 0, \quad \overline{w}_i = 0 \qquad (i\text{ 为对称面上结点序号})$$

如果结构是对称的，载荷是任意的，这时根据叠加原理可把载荷分为对称载荷加反对称载荷，去分别计算对称情况和非对称情况，然后将计算结果相加，即得真实解.

6. *总刚度矩阵的性质与结点编号方案*

用有限元法分析结构时，通常结点的自由度数目巨大，从而使方程组有大型的特点，$[K]$往往有数百阶甚至几千阶，而且$[K]$中的每一行势必含有大量的零元素，叫做稀疏矩阵. 总刚度矩阵中非零元素集中在主对角线两侧，又使总刚度矩阵呈带状. 考虑到刚度矩阵的对称性，因而定义包括主对角元素在内的一侧非零元素最大延伸长度，叫刚度矩阵的半带宽.

以图 3-18 所示常应变三结点单元网格为例，考虑和 i 结点对应的刚度系数. 对单元 ijm，它的刚度系数加到总刚度矩阵的位置如图 3-18，和 i 结点对应的子矩阵$[K_{ii}]$位于主对角线上，i 结点和 j、m 结点的交叉刚度系数子阵位于主对角线两侧. 对和 i 结点相关的其他单元也是如此. 如果 i 和相邻结点编号比较接近，则第 i 行的非零元素不会离主对角线太远. 显然，每一行带宽的计算，要视相邻结点的最大差值而定，相差越大则带宽越大. 仍以图 3-18 为例，i 结点的相邻结点为阴影线周围的结点，若和 i 结点最大差值的点是 m 结点，则两结点的最大序号差为 $m-i$，又因为每个结点有两个自由度，那么$[K_{ii}]$和$[K_{im}]$相距最远，二者相差

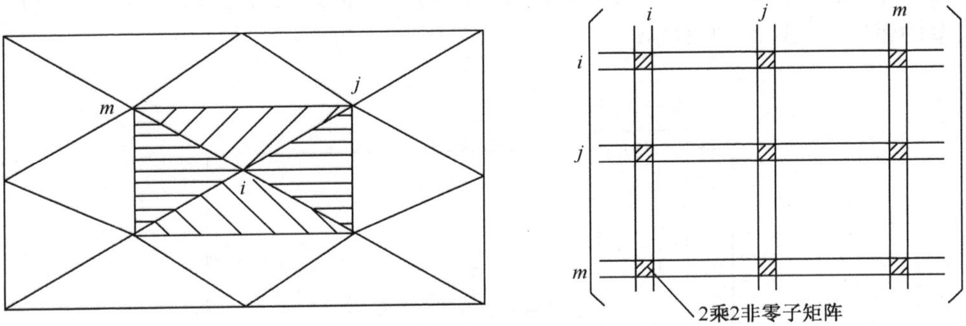

图 3-18 刚度系数在总刚度矩阵中的位置

$(m-i)$个 2×2 子矩阵，于是 i 行的最大半带宽为

$$B=2\times(m-i+1)$$

一般说来，计算最大半带宽的公式为

$$B=(D+1)\times f \tag{3-1}$$

其中，B 是最大半带宽，D 是从全部单元集合中得到的单元结点编号差值的最大值，f 是每个结点的自由度数.

由于有限元法中线性代数方程组的系数矩阵是稀疏、带状的，这样就有可能只存储矩阵带宽内的元素. 而且，由于所涉及的刚度矩阵都是对称的，所以，只需存储半带宽中的元素而不必存储整个矩阵，从而降低对计算机存储空间的要求. 显然，总刚度矩阵采用带宽存储时，带宽越窄，存储效率越高. 以下将会看到，总刚的带宽和结构网格的结点编号方式有密切关系.

考虑图 3-19 所示的 20 层高的三跨刚接框架. 假设框架的每个结点有三个自由度，则在最后的方程中，就有 240 个未知数（相应于固定结点的自由度除外），如全部存储整个刚度矩阵中的元素，就需 $240\times240=57600$ 个存储单元，总刚度矩阵的带宽（严格说应为半带宽）是 15，因而上半带所要求的存储单元只需 $15\times240=3600$ 个（见图 3-20）.

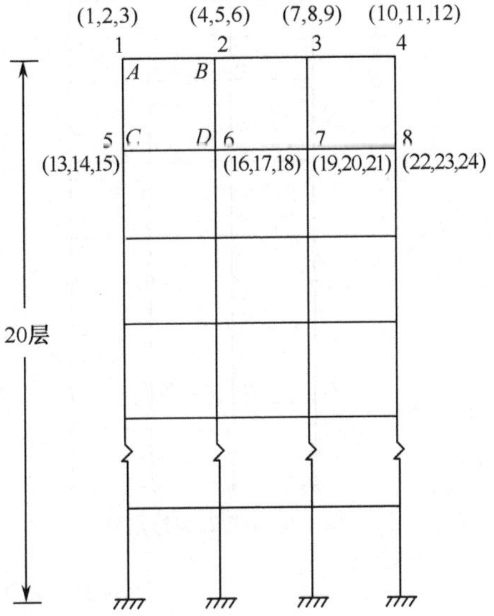

图 3-19 刚框架结构

根据半带宽计算公式(3-1)，为了使

带宽最小，必须使 D 最小，因此，只要沿物体的最窄向进行结点编号，就可以得到较窄的带宽，如图 3-21 所示.

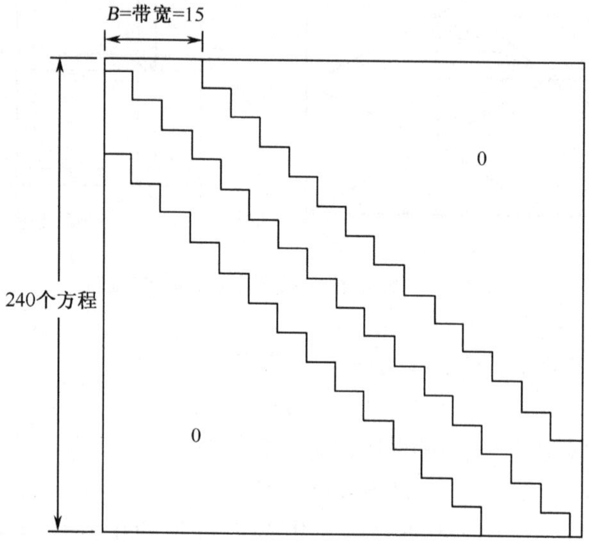

图 3-20　图 3-19 中框架刚度矩阵的带状特性

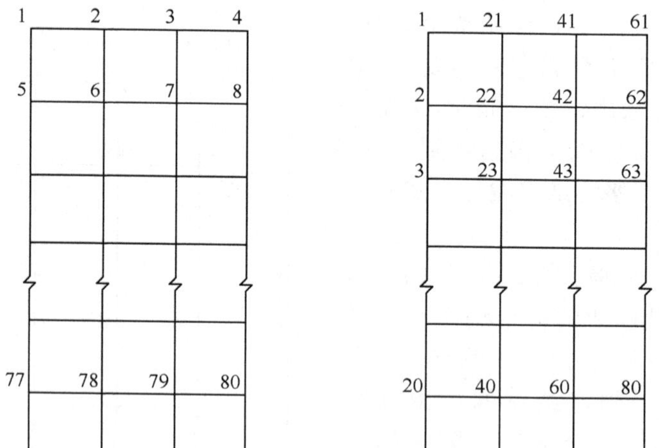

图 3-21　不同的结点编号方案

§ 3.2　选择位移函数

有限元法的基本思想是分段逼近，即把感兴趣的区域分为许多小区域（有限元）后再对每个子域用简单函数近似求解，最后得到复杂问题的解. 因此，最必要的步骤是为每一个单元的解选择一个简单的函数，用以表示单元内位移形状的这种函数称为位移函数，由于以下原因，多项式形式的位移函数用得最为广泛.

（1）用多项式形式的插值函数来建立和计算有限元方程比较容易，特别是易于进行微分和积分.

（2）如图 3-22 所示，增加多项式的阶数可以改善结果的精度. 在理论上，无限次多项式就相当于准确解. 但在实际中，我们只取有限次的多项式作为近似解.

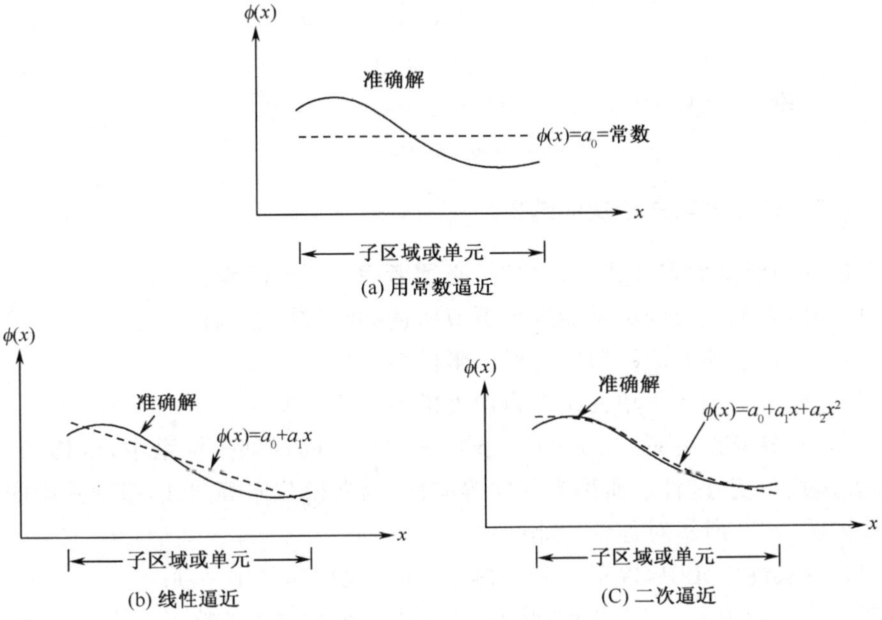

图 3-22　一维多项式近似

3.2.1　位移函数的多项式形式

一维单元中，位移函数的多项式形式表示为

$$u(x) = a_1 + a_2 x + a_3 x^2 + \cdots + a_{n+1} x^n$$

二维单元中，表示为

$$u(x,y) = a_1 + a_2 x + a_3 y + a_4 x^2 + a_5 y^2 + a_6 xy + \cdots + a_m y^n$$

三维单元中

$$u(x,y,z)=a_1+a_2x+a_3y+a_4z+a_5x^2+a_6y^2 \\ +a_7z^2+a_8xy+a_9yz+a_{10}zx+\cdots+a_mz^n$$

在大多数实际应用中，插值函数的多项式的阶数都取为一次、二次或三次，因此，上述方程对于实际情况简化为

$n=1$　一维　$u(x)=a_1+a_2x$

　　　二维　$u(x,y)=a_1+a_2x+a_3y$

　　　三维　$u(x,y,z)=a_1+a_2x+a_3y+a_4z$

$n=2$　一维　$u(x)=a_1+a_2x+a_3x^2$

　　　二维　$u(x,y)=a_1+a_2x+a_3y+a_4x^2+a_5y^2+a_6xy$

　　　三维　$u(x,y,z)=a_1+a_2x+a_3y+a_4z+a_5x^2+a_6y^2+a_7z^2$

　　　　　　$+a_8xy+a_9yz+a_{10}zx$

$n=3$　一维　$u(x)=a_1+a_2x+a_3x^2+a_4x^3$

　　　二维　$u(x,y)=a_1+a_2x+a_3y+a_4x^2+a_5y^2+a_6xy$

　　　　　　$+a_7x^3+a_8y^3+a_9x^2y+a_{10}xy^2$

3.2.2　插值多项式阶次的选择

在选择插值函数多项式的阶次时，必须考虑到下列因素：

(1)插值多项式应当尽可能满足下节所述的收敛性要求；

(2)多项式描述的位移形式与局部坐标系无关；

(3)a_i 的数目应等于单元结点自由度的数目.

第(1)条要求在后面讨论. 第(2)条要求即在不同局部坐标系中，位移函数(多项式)表达式不变，这种性质称为几何等向性，为获得几何等向性，多项式中应含有不违反如图 3-23 所示对称性的那些项.

如二维线性单元中，含有 x 和 y 两项，而不仅仅是其中一项.

在二维高阶单元(三角形)情况下，如果由于种种原因忽略了 x^3(或 x^2y)项，则为了保持模式的几何等向性，也不应包括 y^3(或 xy^2)项.

选择插值多项式阶次的最后一个要求，是使多项式中所含的总项数等于单元的结点自由度数目. 如三结点三角形平面单元，插值多项式选为

$$u(x,y)=a_1+a_2x+a_3y$$
$$v(x,y)=a_4+a_5x+a_6y$$

因为单元结点自由度$=3\times2=6$，插值多项式系数包含 $a_1,\cdots,a_6$，从而可以用单元结点未知数来表示多项式系数.

又如六结点三角形平面单元，插值多项式可选为：

$$u(x,y)=a_1+a_2x+a_3y+a_4x^2+a_5y^2+a_6xy$$
$$v(x,y)=a_7+a_8x+a_9y+a_{10}x^2+a_{11}y^2+a_{12}xy$$

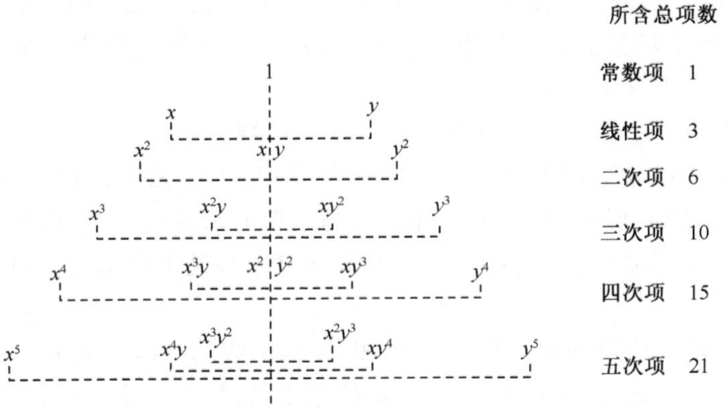

(a) 二维情况的帕斯卡三角形

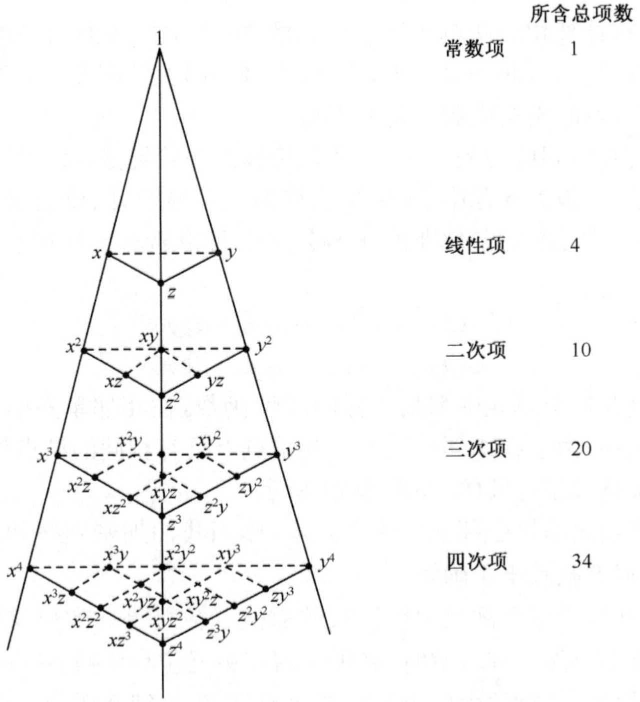

(b) 三维情况的帕斯卡四面体

图 3-23 位移函数多项式选择

3.2.3 收敛性要求

由于有限元法是一种数值方法,故当单元的尺寸逐渐缩小时,就得到一系列近似解.如果插值多项式满足下列收敛性要求,这一系列解就收敛于准确解,位移函数收敛准则归纳起来有三条:

(1) 位移函数中必须含有反映刚体运动的项数.

多项式形式的常数项即体现这一刚体位移.每个单元的位移一般总是包含两部分,一是由本单元形变引起,另一部分是与本单元形变无关的,即刚体位移,它是由其他单元发生形变而连带引起的,如悬臂梁自由端处本身形变小,位移主要是连带引起.

(2) 位移函数应反映单元的常应变,即位移函数的导数中必须有常数项存在.

当单元尺寸无限缩小时,单元应变将趋近于常量,因此单元位移函数中应包括常应变项.平面应力和空间应力中,应变是位移的一阶导数,常应变即要求位移函数含有一次项.

(3) 位移函数必须保证在相邻单元的接触面上应变是有限的.

在有限单元法中,按位移(即按最小势能原理)求解时,只计算了各单元内部的功(应变能),没有计算相邻两单元接触面上的功,由于接触面的厚度是零,当接触面上的应变是有限值时,此功等于零,反之,当接触面上的应变不是有限值时,此功就可能不等于零,忽略它会引起一定的误差.

在平面应力和空间应力问题中,应变是位移的一阶导数,接触面上应变有限即意味着位移连续.在板壳问题中,应变是位移的二阶导数,因此要求在接触面上位移及其一阶导数都连续.此条件即保证不会发生两相邻部分互相脱离或互相侵入现象.如由

$$u(x,y) = a_1 + a_2 x + a_3 y$$
$$v(x,y) = a_4 + a_5 x + a_6 y$$

表示的位移分量在每个单元中都是坐标的线性函数,在相邻单元的公共边界上当然也是线性变化的,由于在相邻单元的公共结点上具有相同的结点位移,所以在整个公共边界上位移都是连续的.如图 3-24 所示.

如果插值多项式满足全部三个收敛要求,则当我们加密网格和增加更小单元的数量时,近似解就收敛于正确解.

在结构问题中,满足全部收敛性要求的插值函数总是导致位移解从下向上收敛.原因是:按最小势能原理求解时,必须先假定单元位移函数,这些位移函数是连续的,但却是近似的,从物体中取出的一个单元,作为连续介质的一部分,本来具有无限个自由度,在采用位移函数后,只有以结点位移表示的有限个自由度,位移函数对单元的变形能力有所限制,使单元的刚度增加了,物体的整体刚度也随之增加

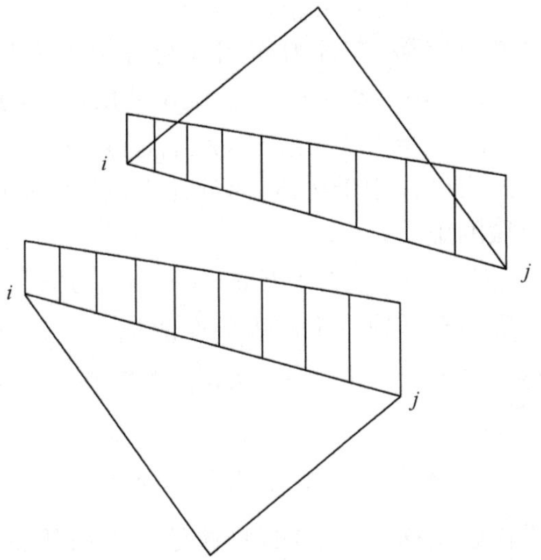

图 3-24 相邻单元变形一致

了，因此计算的位移近似解将小于精确解.

而不满足第(3)条的单元(即非协调元)则可能从下向上或从上向下收敛.

§3.3 单元刚度矩阵的建立

从前面介绍可以看出，有限元法的核心是建立单元刚度矩阵，有了单元刚度矩阵，加以适当组合，可以得到平衡方程组，这以后剩下的就是一些代数运算了.

我们首先介绍虚位移原理及其在单元分析中的应用. 在各种能量原理中，虚位移原理应用最为方便，因而得到广泛的应用.

3.3.1 虚位移原理

所谓虚位移可以是任何无限小的位移，它在结构内部必须是连续的，在结构的边界上必须满足运动学边界条件，例如对于悬臂梁来说，在固定端处，虚位移及其斜率必须等于零.

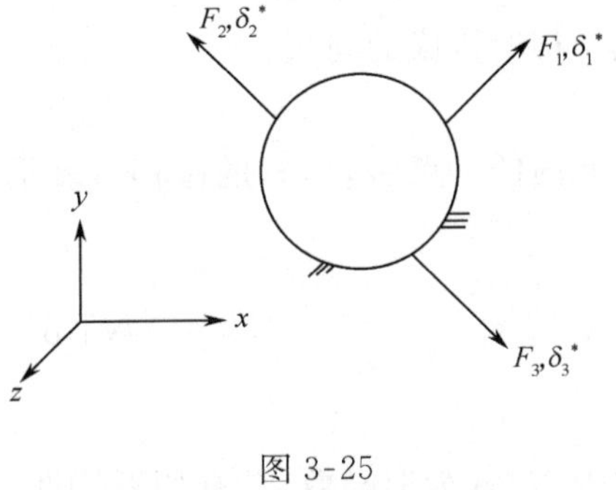

图 3-25

今考虑如图 3-25 所示的物体，它受到外力 $F_1, F_2, \cdots$ 等的作用. 记 $\{F\}=[F_1, F_2, F_3, \cdots]^{\mathrm{T}}$，在这些外力作用下，物体的应力为

$$\{\sigma\} = [\sigma_x, \sigma_y, \sigma_z, \tau_{xy}, \tau_{yz}, \tau_{zx}]^{\mathrm{T}}$$

现假设物体发生了虚位移，在外力作用处与各个外力相应方向的虚位移为 $\delta_1^*, \delta_2^*, \delta_3^*, \cdots$. 记 $\{\delta^*\} = [\delta_1^*, \delta_2^*, \delta_3^*, \cdots]^{\mathrm{T}}$，由虚位移所产生的虚应变为

$$\{\varepsilon^*\} = [\varepsilon_x^*, \varepsilon_y^*, \varepsilon_z^*, \gamma_{xy}^*, \gamma_{yz}^*, \gamma_{zx}^*]^{\mathrm{T}}$$

在产生虚位移时，外力已作用于物体，而且在虚位移过程中，外力保持不变，因此，外力在虚位移上所做的虚功是

$$\delta V = F_1\delta_1^* + F_2\delta_2^* + F_3\delta_3^* + \cdots = \{\delta^*\}^{\mathrm{T}}\{F\}$$

在物体的单位体积内，应力在虚应变上的虚应变能是

$$\sigma_x\varepsilon_x^* + \sigma_y\varepsilon_y^* + \sigma_z\varepsilon_z^* + \tau_{xy}\gamma_{xy}^* + \tau_{yz}\gamma_{yz}^* + \tau_{zx}\gamma_{zx}^* = \{\varepsilon^*\}^{\mathrm{T}}\{\sigma\}$$

整个物体的虚应变能是

$$\delta U = \iiint \{\varepsilon^*\}^{\mathrm{T}}\{\sigma\}\mathrm{d}x\mathrm{d}y\mathrm{d}z$$

虚位移原理表明，如果在虚位移发生之前，物体处于平衡状态，那末在虚位移发生时，外力所做虚功等于物体的虚应变能，即

$$\{\delta^*\}^{\mathrm{T}}\{F\} = \iiint \{\varepsilon^*\}^{\mathrm{T}}\{\sigma\}\mathrm{d}x\mathrm{d}y\mathrm{d}z$$

3.3.2　单元位移

在图 3-26 中表示了求解平面应力的三角形单元，求解空间应力的四面体单元. 用 $\{\delta_i\}$ 表示结点 i 的位移，例如，对于平面应力问题

$$\{\delta_i\} = \begin{Bmatrix} u_i \\ v_i \end{Bmatrix}$$

对于空间应力问题

$$\{\delta_i\} = \begin{Bmatrix} u_i \\ v_i \\ w_i \end{Bmatrix}$$

其中 u_i, v_i, w_i 分别是结点 i 沿 x, y, z 方向的位移分量. 用 $\{\delta\}^e$ 表示单元 e 全部结点位移所构成的向量：

$$\{\delta\}^e = [\delta_i, \delta_j, \delta_m \cdots]^{\mathrm{T}}$$

单元内任一点(x, y, z)的位移可表示如下：

$$\{r\} = [N]\{\delta\}^e = [N_i, N_j, N_m \cdots]\begin{Bmatrix} \delta_i \\ \delta_j \\ \delta_m \\ \vdots \end{Bmatrix}$$

式中 N_i 等为形函数，具有如下特性：

在结点 i：　　　$N_i(x_i, y_i, z_i) = I$　（单位阵）

在其他结点：　　$N_i(x_j, y_j, z_j) = N_i(x_m, y_m, z_m) = \cdots = 0$（矩阵）

N_i 为坐标的函数，其具体形式将在以后各章中给出.

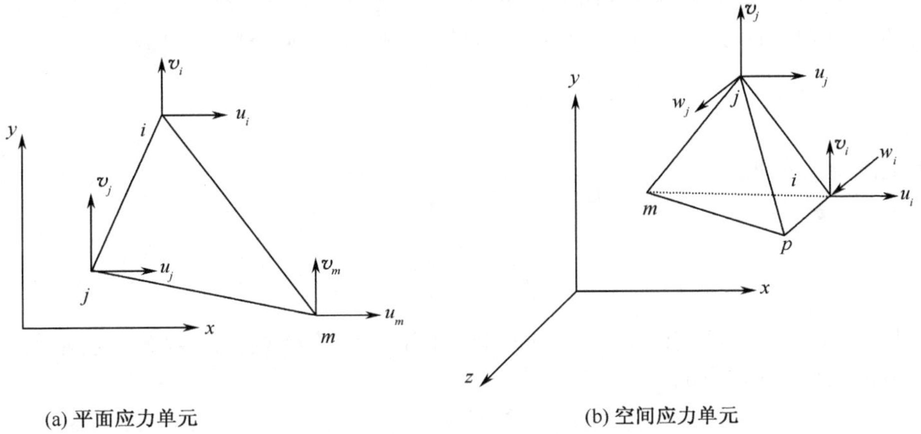

图 3-26

3.3.3　单元应变与应力

当单元内任一点的位移已知时，通过适当的微分运算可求出单元内任一点的应变，一般可表示如下：

$$\{\varepsilon\} = [B]\{\delta\}^e$$

例如对于平面应力问题

$$\{\varepsilon\} = \begin{bmatrix} \dfrac{\partial N_i}{\partial x} & 0 & \dfrac{\partial N_j}{\partial x} & 0 & \dfrac{\partial N_m}{\partial x} & 0 \\ 0 & \dfrac{\partial N_i}{\partial y} & 0 & \dfrac{\partial N_j}{\partial y} & 0 & \dfrac{\partial N_m}{\partial y} \\ \dfrac{\partial N_i}{\partial y} & \dfrac{\partial N_i}{\partial x} & \dfrac{\partial N_j}{\partial y} & \dfrac{\partial N_j}{\partial x} & \dfrac{\partial N_m}{\partial y} & \dfrac{\partial N_m}{\partial x} \end{bmatrix} \begin{Bmatrix} u_i \\ v_i \\ u_j \\ v_j \\ u_m \\ v_m \end{Bmatrix}$$

根据广义胡克定理，单元应力可表示如下：

$$\{\sigma\} = [D]\{\varepsilon\}$$

其中[D]为弹性矩阵，将应变表达式代入上式得

$$\{\sigma\} = [D][B]\{\delta\}^e = [S]\{\delta\}^e$$

式中[S]=[D][B]是应力矩阵.

3.3.4 结点力与单元刚度矩阵

为了能用结构力学方法求解连续介质的应力，以作用于单元结点上的等效集中力代替分布于单元边界上的应力，并称为结点力. 用$\{F_i\}$表示 i 点的结点力. 结点力的个数和方向必须与结点位移$\{\delta_i\}$保持一致，对于平面应力问题

$$\{F_i\} = \begin{Bmatrix} U_i \\ V_i \end{Bmatrix}$$

对于空间应力问题

$$\{F_i\} = \begin{Bmatrix} U_i \\ V_i \\ W_i \end{Bmatrix}$$

其中 U_i, V_i, W_i 分别是沿 x, y, z 方向作用于结点 i 的结点力. 用$\{F\}^e$ 表示单元 e 全部结点力所组成的向量

$$\{F\}^e = [F_i, F_j, F_m \cdots]^{\mathrm{T}}$$

今用虚功原理推导结点力的表达式. 假想在单元 e 中发出了虚位移$\{r^*\}$，相应的结点虚位移为$\{\delta^*\}^e$，则有

$$\{r^*\} = [N]\{\delta^*\}^e$$

单元内发生的虚应变为

$$\{\varepsilon^*\} = [B]\{\delta^*\}^e$$

结点力所做的虚功等于每个结点力分量与相应的结点位移分量的乘积之和：

$$\delta V = u_i^* U_i + v_i^* V_i + w_i^* W_i + \cdots$$

用矩阵表示，即为

$$\delta V = (\{\delta^*\}^e)^{\mathrm{T}}\{F\}^e$$

在整个单元内，应力在虚应变$\{\varepsilon^*\}$上的虚应变能是

$$\delta U = \iiint \{\varepsilon^*\}^{\mathrm{T}}\{\sigma\}\mathrm{d}x\mathrm{d}y\mathrm{d}z$$

把$\{\varepsilon^*\}=[B]\{\delta^*\}^e$ 代入上式，得到

$$\delta U = (\{\delta^*\}^e)^{\mathrm{T}}\iiint [B]^{\mathrm{T}}\{\sigma\}\mathrm{d}x\mathrm{d}y\mathrm{d}z$$

根据虚功原理 $\delta U=\delta V$ 故

$$(\{\delta^*\}^e)^{\mathrm{T}}\{F\}^e = (\{\delta^*\}^e)^{\mathrm{T}}\iiint [B]^{\mathrm{T}}\{\sigma\}\mathrm{d}x\mathrm{d}y\mathrm{d}z$$

上式对于任何虚位移都必须成立. 由于虚位移可以是任意的，所以矩阵$(\{\delta^*\}^e)^{\mathrm{T}}$ 也是任意的. 上式两边与它相乘的矩阵应当相等，于是得到

$$\{F\}^e = \iiint [B]^{\mathrm{T}}\{\sigma\}\mathrm{d}x\mathrm{d}y\mathrm{d}z$$

将应力表达式代入得

$$\{F\}^e = \iiint [B]^{\mathrm{T}}[D][B]\mathrm{d}x\mathrm{d}y\mathrm{d}z\{\delta\}^e$$

令

$$[K]^e = \iiint [B]^{\mathrm{T}}[D][B]\mathrm{d}x\mathrm{d}y\mathrm{d}z$$

于是

$$\{F\}^e = [K]^e\{\delta\}^e$$

上式建立了结点力与结点位移之间的关系. 矩阵$[K]^e$称为单元刚度矩阵，它的元素表示当该单元e发生一定的结点位移时，所对应的结点力. 单元刚度矩阵$[K]^e$决定于该单元的形状、大小、方向和弹性常数，而与单元的位置无关，即不随单元或坐标轴的平移而改变.

3.3.5 结点载荷

为了能用结构力学方法求解连续介质的应力，所有分布载荷都必须代换以等效的结点载荷. 今用$\{P_i\}$表示结点i的等效结点载荷. 例如，对于平面应力问题

$$\{P_i\} = \begin{Bmatrix} X_i \\ Y_i \end{Bmatrix}$$

对于空间应力问题

$$\{P_i\} = \begin{Bmatrix} X_i \\ Y_i \\ Z_i \end{Bmatrix}$$

其中X_i, Y_i, Z_i分别是沿x, y, z方向作用于i点的集中载荷.

用$\{P\}^e$表示单元e全部结点载荷所组成的向量

$$\{P\}^e = [P_i, P_j, P_m \cdots]^{\mathrm{T}}$$

下面用虚位移原理推导各种结点载荷算式.

1. 分布体积力

设单位体积内承受的体积力为

$$\{q\} = \begin{Bmatrix} q_x \\ q_y \\ q_z \end{Bmatrix}$$

当单元中发生虚位移$\{r^*\}$时，体积力$\{q\}$所做的功为

$$\iiint \{r^*\}^{\mathrm{T}}\{q\}\mathrm{d}x\mathrm{d}y\mathrm{d}z = (\{\delta^*\}^e)^{\mathrm{T}}\iiint [N]^{\mathrm{T}}\{q\}\mathrm{d}x\mathrm{d}y\mathrm{d}z$$

这应当等于等效结点载荷所做的功，即

$$(\{\delta^*\}^e)^{\mathrm{T}}\{P\}_q^e = (\{\delta^*\}^e)^{\mathrm{T}}\iiint[N]^{\mathrm{T}}\{q\}\mathrm{d}x\mathrm{d}y\mathrm{d}z$$

由上式可得体积力$\{q\}$的等效结点载荷如下：

$$\{P\}_q^e = \iiint[N]^{\mathrm{T}}\{q\}\mathrm{d}x\mathrm{d}y\mathrm{d}z$$

上式右边的重积分应当在单元 e 的整个体积内进行.

2. 分布面力

设单元 e 是靠近边界的单元，在其边界 S 上作用着分布的面力$\{p\}$

$$\{p\} = \begin{Bmatrix} p_x \\ p_y \\ p_z \end{Bmatrix}$$

当单元发生虚位移$\{r^*\}=[N]\{\delta^*\}^e$时，面力$\{p\}$所做的功为

$$\iint_s\{r^*\}^{\mathrm{T}}\{p\}\mathrm{d}s = (\{\delta\}^e)^{\mathrm{T}}\iint_s[N]^{\mathrm{T}}\{p\}\mathrm{d}s$$

它必须等于等效结点荷载所做的功，由此得到

$$\{P\}_p^e = \iint_s[N]^{\mathrm{T}}\{p\}\mathrm{d}s$$

上式右边的面积分是在分布荷载所作用的表面 S 上进行的.

上述各公式在本书以后各章经常要用到，在实际工作中也是常用的，为便于查阅，汇总如下：

$$\{r\} = \begin{Bmatrix} u \\ v \\ w \end{Bmatrix} = [N]\{\delta\}^e = [N_i, N_j, N_m, \cdots]\begin{Bmatrix} \delta_i \\ \delta_j \\ \delta_m \\ \vdots \end{Bmatrix} \tag{3-2}$$

$$\{\varepsilon\} = [B]\{\delta\}^e \tag{3-3}$$

$$\{\sigma\} = [D]\{\varepsilon\} = [D][B]\{\delta\}^e = [S]\{\delta\}^e \tag{3-4}$$

$$[K]^e = \iiint[B]^{\mathrm{T}}[D][B]\mathrm{d}x\mathrm{d}y\mathrm{d}z \tag{3-5}$$

$$\{F\}^e = [K]^e\{\delta\}^e \tag{3-6}$$

$$\{P\}_q^e = \iiint[N]^{\mathrm{T}}\{q\}\mathrm{d}x\mathrm{d}y\mathrm{d}z \tag{3-7}$$

$$\{P\}_p^e = \iint_s[N]^{\mathrm{T}}\{p\}\mathrm{d}s \tag{3-8}$$

§3.4　单元刚度矩阵组装及整体分析

3.4.1　单刚组装形成总刚

根据全结构的平衡方程$[K]\{\delta\}=\{P\}$可知，总体刚度矩阵是由单元刚度矩阵集合而成的. 如果一个结构的计算模型分成 n 个单元，那么总体刚度矩阵可由各个单元的刚度矩阵$[K]^e$ 组装而成，即

$$[K]=\sum_{i}^{n}[K]^e$$

$[K]$是由每个单元的刚度矩阵$[K]^e$ 的每个系数按其脚标编号“对号入座”叠加而成的. 这种叠加要求在同一总体坐标系下进行. 如果各单元的刚度矩阵是在单元局部坐标下建立的，就必须要把它们转换到统一的结构(总体)坐标系. 将总体坐标轴分别用 $\overline{X},\overline{Y},\overline{Z}$ 表示，对某单元有

$$\{\delta\}^e=[T]\{\overline{\delta}\}^e$$

式中，$\{\delta\}^e$ 和$\{\overline{\delta}\}^e$ 分别是局部坐标系和总体坐标系下的单元结点位移向量；$[T]$为坐标转换阵，仅与两个坐标系的夹角有关，这样就有

$$[\overline{K}]^e=[T]^{\mathrm{T}}[K]^e[T]$$

$[\overline{K}]^e$ 是该单元在总体坐标系下的单元刚度矩阵. 以后如不特别强调，总体坐标系下的各种物理参数均不加顶上的横杠.

下面就通过简单的例子来说明如何形成总体刚度矩阵. 设有一个简单的平面结构，选取 6 个结点，划分为 4 个单元. 单元及结点编号如图 3-27 所示. 每个结点有两个自由度. 总体刚度矩阵的组装过程可分为下面几步：

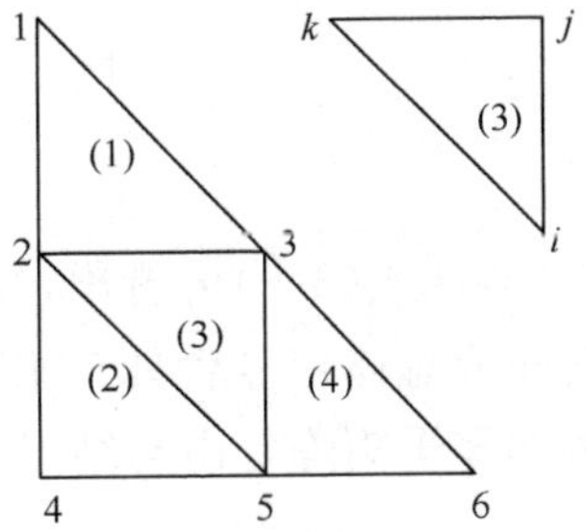

图 3-27

(1)按单元局部编号顺序形成单元刚度矩阵. 图 3-27 中所示的单元③，结点的局部编号顺序为 i,j,k. 形成的单元刚度矩阵以子矩阵的形式给出是

$$[K]^3=\begin{array}{c} \begin{array}{ccc} i & j & k \end{array} \\ \begin{bmatrix} K_{ii} & K_{ij} & K_{ik} \\ K_{ji} & K_{jj} & K_{jk} \\ K_{ki} & K_{kj} & K_{kk} \end{bmatrix} \end{array} \begin{array}{c} \\ i \\ j \\ k \end{array}$$

(2)将单元结点的局部编号(i,j,k)换成总体编号，相应的把单元刚度矩阵中的子矩阵的下标也换成总体编号. 对于图 3-27 所示单元③的刚度矩阵转换成总

体编号后为

$$
\begin{array}{c} \\ [K]^3 = \end{array}
\begin{array}{c}
\begin{matrix} i(5) & j(3) & k(2) \end{matrix} \\
\begin{bmatrix} K_{55} & K_{53} & K_{52} \\ K_{35} & K_{33} & K_{32} \\ K_{25} & K_{23} & K_{22} \end{bmatrix}
\end{array}
\begin{array}{l} \\ i(5) \\ j(3) \\ k(2) \end{array}
$$

(3)将转换后的单元刚度矩阵的各子矩阵，投放到总体刚度矩阵的对应位置上．单元③的各子矩阵投放后情况如下：

$$
\begin{array}{c}
\begin{matrix} 1 & 2 & 3 & 4 & 5 & 6 \end{matrix} \\
\begin{bmatrix} & & & & & \\ & K_{22} & K_{23} & \cdots & K_{25} & \\ & K_{32} & K_{33} & \cdots & K_{35} & \\ & \vdots & \vdots & \ddots & \vdots & \\ & K_{52} & K_{53} & \cdots & K_{55} & \\ & & & & & \end{bmatrix}
\end{array}
\begin{array}{l} \\ 1 \\ 2 \\ 3 \\ 4 \\ 5 \\ 6 \end{array}
$$

(4)将所有的单元都执行上述的 1，2，3 步．便可得到总体刚度矩阵，如式(3-9)．其中 K_{ij} 右上角的上标 s 表示第 s 单元所累加上的子矩阵．

$$
[K] = \begin{bmatrix}
K_{11}^{1} & K_{12}^{1} & K_{13}^{1} & & & \\
K_{21}^{1} & K_{22}^{1+2+3} & K_{23}^{1+3} & K_{24}^{2} & K_{25}^{2+3} & \\
K_{31}^{1} & K_{32}^{1+3} & K_{33}^{1+3+4} & & K_{35}^{3+4} & K_{36}^{4} \\
 & K_{42}^{2} & & K_{44}^{2} & K_{45}^{2} & \\
 & K_{52}^{2+3} & K_{53}^{3+4} & K_{54}^{2} & K_{55}^{2+3+4} & K_{56}^{4} \\
 & & K_{63}^{4} & & K_{65}^{4} & K_{66}^{4}
\end{bmatrix} \tag{3-9}
$$

(5)从式(3-9)可看出，总体刚度矩阵中的子矩阵 K_{ij} 是单元刚度矩阵的子矩阵转换成总体编号后具有相同的下标 i，j 的那些子矩阵的累加．总体刚度矩阵第 i 行的非零子矩阵是由与结点 i 相联系的那些单元的子矩阵向这行投放所构成的．

3.4.2　结点平衡方程

我们首先用结构力学方法建立结点平衡方程．连续介质用有限元法离散以后，取出其中任意一个结点 i，从环绕 i 点各单元移置而来的结点载荷为

$$
\{P_i\} = \sum_e \{P_i\}^e
$$

式中 $\sum\limits_e$ 表示对环绕结点 i 的所有单元求和，环绕结点 i 的各单元施加于结点 i 的结点力为 $\sum\limits_e \{F_i\}$．因此，结点 i 的平衡方程可表示为

$$\sum_{e} \{F_i\}^e = \{P_i\} \tag{3-10}$$

以$[K]$代入平衡方程，得到以结点位移表示的结点 i 的平衡方程，对于每个结点，都可列出平衡方程，于是得到整个结构的平衡方程组如下：

$$[K]\{\delta\} = \{P\}$$

式中，$[K]$为整体刚度矩阵，$\{\delta\}$为全部结点位移组成的向量，$\{P\}$为全部结点载荷组成的向量.

当然，如果各点的载荷向量也是在单元局部坐标下建立的，在合成以前，也应把它们转换到统一的结构（总体）坐标系下，即

$$\{\overline{P}_i\}^e = [\lambda]\{P_i\}^e$$

式中，$\{\overline{P}_i\}^e$ 是总体坐标系下的结点载荷向量，$[\lambda]$为坐标转换阵.

3.4.3 位移边界条件

在有限元法对结构进行整体分析时，建立了整体刚度矩阵$[K]$，也得到了结构的刚度平衡方程，即$[K]\{\delta\}=\{P\}$. 结构刚度方程的求解相当于总刚$[K]$求逆的过程. 但是，从数学上看，未经处理的总刚是对称、半正定的奇异矩阵，它的行列式值为零，不能立即求逆. 从物理意义看，在进行整体分析时，结构是处于自由状态，在结点载荷$\{P\}$的作用下，结构可以产生任意的刚体位移. 所以，在已知结点载荷$\{P\}$的条件下，仍不能通过平衡方程惟一地解出结点位移$\{\delta\}$. 为了使问题可解，必须对结构加以足够的位移约束，也就是应用位移边界条件. 首先要通过施加适当的约束，消除结构的刚体位移，再根据问题要求设定其他已知位移. 所以，处理位移边界条件在有限元分析步骤中十分重要.

约束的种类包括使某些自由度上位移为零，$\delta_i=0$，或给定其位移值，$\delta_i=\delta^*$，还有给定支承刚度等，本书涉及前两种. 处理约束的方法，常用的有删行删列法、分块法、置大数法和置“1”法等，下面分别予以介绍.

1. 删行删列法

若结构的某些结点位移值为零时（即与刚性支座连接点的位移），则可将总体刚度矩阵中相应的行列、删行删列划掉，然后将矩阵压缩即可求解. 这种方法的优点是道理简单. 如果删去的行列很多，则总体刚度矩阵的阶数可大大缩小. 通常用人工计算时常采用该方法. 若用计算机算题，在程序编制上必带来麻烦，因为刚度矩阵压缩以后，刚度矩阵中各元素的下标必全改变. 因而一般计算机算题不太采用.

2. 分块法

为了理解这个方法，我们把方程$[K]\{\delta\}=\{P\}$分块如下：

$$\begin{bmatrix} [K_{11}] & [K_{12}] \\ [K_{21}] & [K_{22}] \end{bmatrix} \begin{Bmatrix} \delta_1 \\ \delta_2 \end{Bmatrix} = \begin{Bmatrix} P_1 \\ P_2 \end{Bmatrix} \tag{3-11}$$

其中，δ_2 假设是给定的结点位移；δ_1 是无约束的（自由）结点位移. 因而 P_1 是已知的结点力；P_2 是未知的结点力. 方程(3-11)可以写为

$$[K_{11}]\delta_1 + [K_{12}]\delta_2^* = P_1$$

即

$$[K_{11}]\delta_1 = P_1 - [K_{12}]\delta_2^* \tag{3-12}$$

和

$$[K_{12}]^{\mathrm{T}}\delta_1 + [K_{22}]\delta_2^* = P_2 \tag{3-13}$$

其中，$[K_{11}]$不是奇异的，因而可以解方程(3-12)得出

$$\delta_1 = [K_{11}]^{-1}(P_1 - [K_{12}]\delta_2^*) \tag{3-14}$$

一旦知道了 δ_1，就可以由方程(3-13)求得未知结点力 P_2. 在全部给定的结点自由度都等于零的特殊情况下，我们可以删除对应于 δ_2 的各行和各列（即删行删列法），故可把方程简写为

$$[K_{11}]\delta_1 = P_1 \tag{3-15}$$

3. 置“1”法

由于全部给定的结点位移通常都不能在位移向量 δ 的开始或终了，故分块法的编号方法是很麻烦的. 因此，为了引入给定的边界条件 δ_2^*，可以采用下述等价的方法 .

可以把方程(3-12)和(3-13)合在一起写为

$$\begin{bmatrix} [K_{11}] & [0] \\ [0] & [I] \end{bmatrix} \begin{Bmatrix} \delta_1 \\ \delta_2 \end{Bmatrix} = \begin{Bmatrix} P_1 - [K_{12}]\delta_2^* \\ \delta_2^* \end{Bmatrix} \tag{3-16}$$

在实际计算中，方程(3-16)所示的过程可以在不重新排列所述方程的情况下用下述分块的方法来进行.

步骤(1) 如果把 δ_j 给定为 δ_j^*，则载荷向量 P 可以修改为

$$P_i = P_i - K_{ij}\delta_j^*, \quad i = 1,2,\cdots,n$$

n 为结点自由度总数.

步骤(2) 除对角线元素以外，使$[K]$中对应于 δ_j 的行和列为零，而对角线元素为 1，即

$$K_{ji} = K_{ij} = 0, \quad i = 1,2,\cdots,n$$
$$K_{jj} = 1$$

步骤(3) 在载荷向量中引入规定的 δ_j^* 值，即

$$P_j = \delta_j^*$$

对全部规定的结点位移 δ_j 均应反复运用上述过程(步骤(1)到(3)).应当指出,由于这个过程保持了方程的对称性,因此,$[K]$可以按带状存储,而且几乎不会增加编制程序的工作量.

4. 置大数法

置大数法的思路是:在总体刚度矩阵中,把指定位移所对应的行和列的对角元素 K_{ii} 乘上一个很大的数,如 10^{15},此行其他元素保持不变,同时把该行对应的载荷项也相应地用 $10^{15}K_{ii}\delta_i^*$ 来代替,这里 δ_i^* 为指定位移,于是原平衡方程组变为

$$\begin{bmatrix} K_{11} & K_{12} & \cdots & K_{1n} \\ K_{21} & K_{22} & \cdots & K_{2n} \\ \vdots & \vdots & & \vdots \\ K_{i1} & K_{i2} & 10^{15}K_{ii} & K_{in} \\ \vdots & \vdots & & \vdots \\ K_{n1} & K_{n2} & \cdots & K_{nn} \end{bmatrix} \begin{Bmatrix} \delta_1 \\ \delta_2 \\ \vdots \\ \delta_i \\ \vdots \\ \delta_n \end{Bmatrix} = \begin{Bmatrix} P_1 \\ P_2 \\ \vdots \\ 10^{15}K_{ii}\delta_i^* \\ \vdots \\ P_n \end{Bmatrix}$$

除第 i 行外,其他各行仍保持原来的平衡特性,而第 i 个方程式展开为

$$K_{i1}\delta_1 + K_{i2}\delta_2 + \cdots + 10^{15}K_{ii}\delta_i + \cdots + K_{in}\delta_n = 10^{15}K_{ii}\delta_i^*$$

由于上式中的 $10^{15}K_{ii}$ 比其他项的系数大得多,求和后可略去其小量,则上式变为

$$10^{15}K_{ii}\delta_i = 10^{15}K_{ii}\delta_i^*$$

即 $\delta_i = \delta_i^*$.

这样就用近似方程组代替原方程组,得到近似满足边界条件的解.当指定位移为零时,只要将对角元素乘上一个大数,而相应的载荷项经证明可以不置零.删行删列法适用于指定零位移点,而置大数法适用于给定位移(包括零位移).

5. 斜支座的处理

对于简单的约束情况(如限定某些结点位移为零或取得给定数值),可以用前述置大数法处理.有的结构在直角坐标系内建立了位移方程组,但在某个斜边上受有法向约束.如图 3-28 所示的正方形固支板,受均布横向载荷,对此,可利用对称性而只计算其 1/8,如图中 ABC 部分,其中 AC 为固支边,按对称性,AB 边上有 $\theta_y=0$,但在 BC 边上应限定绕 BC 的转角等于零.为处理此类斜边上的约束,须对斜边上的结点做坐标变换.

若结构的总体坐标系为 xy,$x'y'$为斜支座的局部坐标系(见图 3-29).

对于边界结点 i,须限定 y'方向位移 $v'=0$,为此,将边界结点 i 的位移及载荷都变换到局部坐标 $x'y'$轴系.设 x 轴与斜支座的 x'轴夹角为 α,α 逆时针为正,则

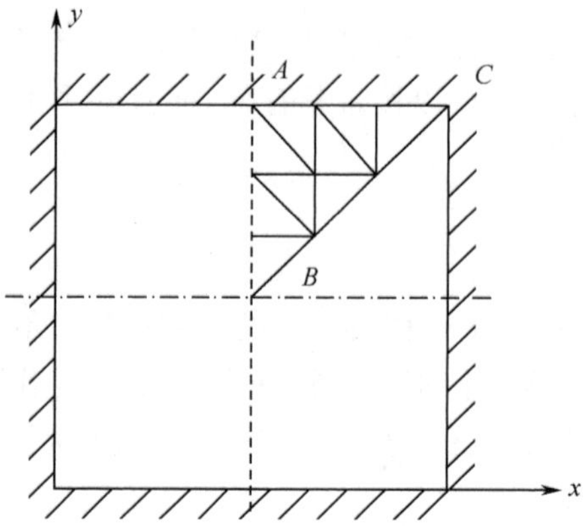

图 3-28

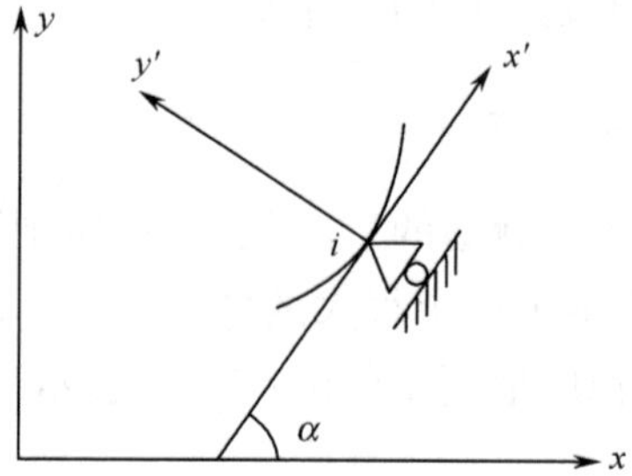

图 3-29

依据第二章中坐标转换关系有

$$\begin{Bmatrix} u'_i \\ v'_i \end{Bmatrix} = \begin{bmatrix} \cos\alpha & \sin\alpha \\ -\sin\alpha & \cos\alpha \end{bmatrix} \begin{Bmatrix} u_i \\ v_i \end{Bmatrix}$$

其中，$[\lambda]=\begin{bmatrix} \cos\alpha & \sin\alpha \\ -\sin\alpha & \cos\alpha \end{bmatrix}$. 或写成

$$\{\delta_i\} = [\lambda]^{\mathrm{T}}\{\delta'_i\} \tag{3-17}$$

与位移关系相同有

$$\{R_i\} = [\lambda]^{\mathrm{T}}\{R'_i\} \tag{3-18}$$

将上两式带入结构刚度方程有

$$\begin{bmatrix} K_{11} & K_{12} & \cdots & K_{1i}[\lambda]^{\mathrm{T}} & \cdots & K_{1n} \\ \vdots & \vdots & & \vdots & & \vdots \\ K_{i1} & K_{i2} & \cdots & K_{ii}[\lambda]^{\mathrm{T}} & \cdots & K_{in} \\ \vdots & \vdots & & \vdots & & \vdots \\ K_{n1} & K_{n2} & \cdots & K_{ni}[\lambda]^{\mathrm{T}} & \cdots & K_{nn} \end{bmatrix} \begin{Bmatrix} \delta_1 \\ \vdots \\ \delta'_i \\ \vdots \\ \delta_n \end{Bmatrix} = \begin{Bmatrix} R_1 \\ \vdots \\ [\lambda]^{\mathrm{T}} R'_i \\ \vdots \\ R_n \end{Bmatrix} \tag{3-19}$$

这样把位移列阵中凡是斜支座的结点位移矢量都用局部坐标表示了.

将式(3-19)中第 i 行左右两边前乘以$[\lambda]$

$$\begin{bmatrix} K_{11} & K_{12} & \cdots & K_{1i}[\lambda]^{\mathrm{T}} & \cdots & K_{1n} \\ \vdots & \vdots & & \vdots & & \vdots \\ [\lambda]K_{i1} & [\lambda]K_{i2} & \cdots & [\lambda]K_{ii}[\lambda]^{\mathrm{T}} & \cdots & [\lambda]K_{in} \\ \vdots & \vdots & & \vdots & & \vdots \\ K_{n1} & K_{n2} & \cdots & K_{ni}[\lambda]^{\mathrm{T}} & \cdots & K_{nn} \end{bmatrix} \begin{Bmatrix} \delta_1 \\ \vdots \\ \delta'_i \\ \vdots \\ \delta_n \end{Bmatrix} = \begin{Bmatrix} R_1 \\ R'_i \\ R_n \end{Bmatrix} \tag{3-20}$$

由上式可见：凡是边界点的斜支座，在刚度方程中对应于斜支座的位移和载荷向量均可直接用斜支座的局部坐标值，总刚度矩阵中的相应行列需作相应的变换.

上式的系数矩阵仍然是对称的，而且此方程中 i 结点位移沿 $x'y'$ 轴表示，这样，限定 y' 方向的位移就很方便了.

实际计算中，并不需要建立结构总的位移方程组后再进行坐标变换. 而可以在形成单元刚度矩阵和结点载荷之后，就对斜支座点进行坐标变换，把变换后的单元刚度矩阵和结点载荷叠加入总刚度矩阵和总载荷的相应位置，最后叠加形成的也就是方程组(3-20)，即需要处理的结点，应该在单元计算中完成坐标变换后再叠加，当结构有不同的斜边约束时，都可以这样处理，只不过对不同边上的结点，应按不同的方向余弦矩阵变换就是了.

3.4.4 总刚度平衡方程的求解

应用有限元法，最终都是归结为解总体刚度平衡方程，它实际上是以总体刚度矩阵为系数矩阵的大型线性代数方程组. 通过对结构施加位移边界条件，消除了结构的刚体位移，从而消除总体刚度矩阵的奇异性，解这个线性代数方程组可求出结点位移$\{\delta\}$.

我们已知，总体刚度矩阵具有大型、对称、稀疏、带状分布、正定、主元占优势的特点，稀疏表示刚度矩阵含有大量的零元素，带状表示非零元素集中在主对角线两侧. 求解方程组应抓住上述特点，才能提高效率.

首先，要为总刚度矩阵选择适当的存储方式，常用的有：

(1)整体存储总刚. 总刚的全部元素以二维数组形式存放在计算机内存中，存储效率最低，适用于小型问题的分析.

(2)等带宽二维存储总刚. 总刚的下三角或上三角的带内元素取最大半带宽以二维数组形式存放在计算机内存中. 其行数同整体总刚，列数等于最大半带宽.

(3)一维变带宽存储总刚. 将总刚下三角实际半带宽内元素逐行存放在一个一维数组内.

其次，根据总刚度矩阵的存储方式，选择适当的求解刚度方程的方法：

线性代数方程组的解法分直接解法(如高斯消去法、三角分解法)和迭代解法(如高斯-赛德尔迭代、超松弛迭代)，本书主要讨论几种常用的直接解法.

(1)高斯消去法

适合整体存储总刚. 由于需要集合完整总刚，内存利用和计算效率都比较低. 但高斯消去法原理和程序简单，作为初学便于理解.

(2)对称消元法

利用刚度矩阵对称，且每次消元的子阵均对称的性质，对高斯消去法稍加改进形成. 这样就只需组装总刚的上三角或下三角部分.

(3)带消元法

将对称消元法进一步改造,使之适合总刚的等带宽二维存储.

(4)因子化法(三角分解)

又称 Cholesky 分解,适合一维变带宽存储总刚.这种方法存储效率高,计算速度快,应用较为普遍.

此外,还有一种方法,叫做波前法.波前法实际上也是一种改进的高斯消去法.它建立一个称为“波前”的空间,各单元刚度系数依次进入波前.一旦与某自由度有关的所有单元的刚度系数全部装入,便可将相应的变量消去.经过消元的方程的系数随即退出波前,存放在计算机的外存中.这样就可腾出空间装入新的刚度系数.所以,波前法不需要生成完整的总刚,而是边组装边消元,“成熟”一个消去一个.消元完成后,全部系数都已存储在计算机的外存或缓冲区中.回代时将各方程的系数按“先出后入”的顺序调入内存求解.由此可见,这种方法是利用计算机充裕的外存资源,以多耗取机时来缓解内存不足的矛盾,以便适应较大规模的问题.随着计算机技术的发展,内存资源不断扩大,对具有稀疏、带状性质的有限元刚度方程,这种以时间换取空间的办法得不偿失.另一方面,波前法的阐述和程序设计比较复杂,且对多种单元并存的结构使用不便.所以,本书不拟介绍波前法.

本书第九章将详细讨论适合整体存储总刚的高斯消去法和适合一维变带宽存储的因子化法以及有关的程序设计问题,以下仅列出这两种方法的梗概.

1. 高斯消去法

高斯循序消去法的一般公式:

对于 n 阶线性代数方程$[K]\{\delta\}=\{P\}$,需进行 $n-1$ 次消元.采用循序消去时,第 m 次消元以 $m-1$ 次消元后的第 m 行元素作为主元行,$K_{mm}^{(m-1)}$ 为主元,对第 i 行元素($i>m$)的消元公式为

$$K_{ij}^{(m)} = K_{ij}^{(m-1)} - \frac{K_{im}^{(m-1)}}{K_{mm}^{(m-1)}} K_{mj}^{(m-1)}$$

$$P_{i}^{(m)} = P_{i}^{(m-1)} - \frac{K_{im}^{(m-1)}}{K_{mm}^{(m-1)}} P_{m}^{(m-1)} \tag{3-21}$$

$$(m=1,2,\cdots,n-1) \qquad (i,j=m+1,m+2,\cdots,n)$$

式中 $K_{ij}^{(m)}$,$P_{i}^{(m)}$,…等的上角码(m),表示该元素是经过第 m 次消元后得到的结果.同样,可以把经过 m 次消元后的系数矩阵和载荷阵分别记为$[K]^{(m)}$及$\{P\}^{(m)}$.式(3-21)表明第 m 次消元是在第 $m-1$ 次消元的基础上进行的.

消元过程中,主元及被消元素的位置可见图 3-30(a).图中阴影部分为已完成消元过程的元素,主元行以下的矩阵为待消部分.在进行第 m 次消元时,$1\sim m$ 行元素的消元过程已经完成,其中的元素就是消元最后得到的上三角阵中的元素.m

行以下的元素消元过程尚未结束，连同 m 行元素在内构成一个待消的方阵. 消元共需进行 $n-1$ 次.

消元完成后，即可回代求解. 我们把消元最后结果记为 $[K]^{(n-1)}=[S]$，$\{P\}^{(n-1)}=\{V\}$，$[S]$为上三角阵，回代公式可写作

$$\delta_n=\frac{P_n^{(n-1)}}{K_{nn}^{(n-1)}}=\frac{V_n}{S_{nn}}$$

$$\delta_i=\left(P_i^{(n-1)}-\sum_{j=i+1}^{n}K_{ij}^{(n-1)}\delta_j\right)\Big/K_{ii}^{(n-1)}=\left(V_i-\sum_{j=i+1}^{n}S_{ij}\delta_j\right)\Big/S_{ii}\qquad(3\text{-}22)$$

$$(i=n-1,n-2,\cdots,3,2,1)$$

回代过程自后向前进行. 当回代求解 δ_i 时，$\delta_{i+1}\sim\delta_n$ 已经解得. 回代示意图见图 3-30(b)，阴影部分为已求得解答的部分.

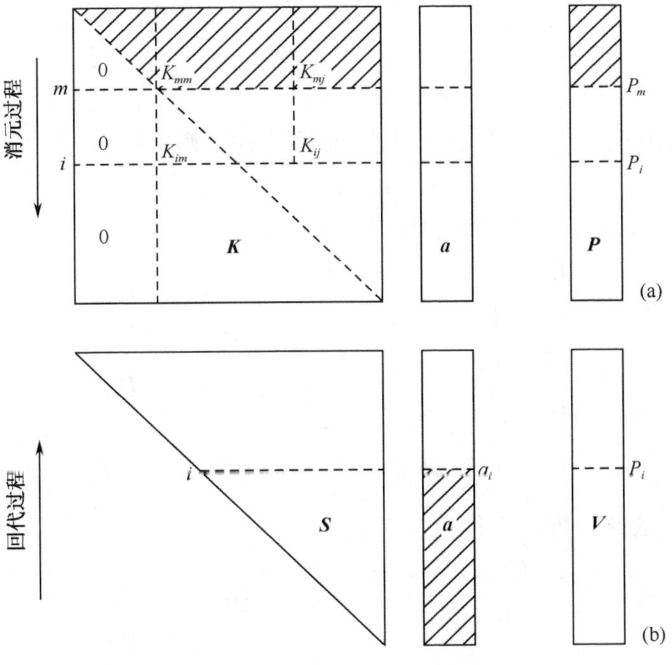

图 3-30　高斯消去法

2. 三角分解法

总体刚度平衡方程$[K]\{\delta\}=\{P\}$中，$[K]$是对称、正定矩阵，因而可做如下分解

$$[K]=[L][D][L]^{\mathrm{T}}\qquad(3\text{-}23)$$

其中

$$[L]=\begin{bmatrix} L_{11} & & & \\ L_{21} & L_{22} & & \\ \vdots & & & \\ L_{n1} & \cdots & \cdots & L_{nn} \end{bmatrix},\quad [D]=\begin{bmatrix} \frac{1}{L_{11}} & & & \\ & \frac{1}{L_{22}} & & \\ & & \ddots & \\ & & & \frac{1}{L_{nn}} \end{bmatrix}$$

则

$$[U]=[D][L]^{\mathrm{T}}=\begin{bmatrix} 1 & \frac{L_{21}}{L_{11}} & \cdots & \cdots & \frac{L_{n1}}{L_{11}} \\ & 1 & \frac{L_{32}}{L_{22}} & \cdots & \frac{L_{n2}}{L_{22}} \\ & & & & \vdots \\ & & & & 1 \end{bmatrix}$$

是单位上三角矩阵，$[K]=[L][U]$. 代入整体结构平衡方程有

$$[L][U]\{\delta\}=\{P\}$$

记 $[U]\{\delta\}=\{Y\}$，则有 $[L]\{Y\}=\{P\}$. 即由

$$\begin{bmatrix} L_{11} & & & & \\ L_{21} & L_{22} & & 0 & \\ \vdots & \vdots & & & \\ L_{n1} & L_{n2} & L_{n3} & \cdots & L_{nn} \end{bmatrix}\begin{Bmatrix} Y_1 \\ \vdots \\ Y_n \end{Bmatrix}=\begin{Bmatrix} P_1 \\ \vdots \\ P_n \end{Bmatrix}$$

向下回代. 由其中第一个方程解得 $Y_1=\frac{P_1}{L_{11}}$，再由第二个方程 $L_{21}Y_1+L_{22}Y_2=P_2$ 解得 Y_2，……，依此类推可求得 $\{Y\}$. 又由

$$\begin{bmatrix} 1 & U_{12} & U_{13} & \cdots & U_{1n} \\ & 1 & U_{23} & \cdots & U_{2n} \\ & & & & \vdots \\ & & & & U_{n-1n} \\ & & & & 1 \end{bmatrix}\begin{Bmatrix} \delta_1 \\ \delta_2 \\ \vdots \\ \delta_n \end{Bmatrix}=\begin{Bmatrix} Y_1 \\ Y_2 \\ \vdots \\ Y_n \end{Bmatrix}$$

向上回代，可得 $\delta_n=Y_n$，由 $\delta_{n-1}+U_{n-1n}\delta_n=Y_{n-1}$ 得 δ_{n-1}，……，依此类推可求得 $\{\delta\}$.

由上述过程可见，三角分解法求解线性代数方程组的关键是对系数矩阵进行三角分解.

3.4.5 求解内力

由平衡方程组$[K]\{\delta\}=\{P\}$解出位移$\{\delta\}$后，从中分离出各单元的结点位移$\{\delta\}^e$，再通过方程(3-3)、(3-4)和(3-6)等计算各单元的应变$\{\varepsilon\}^e$、应力$\{\sigma\}^e$和结点力等内力.

§ 3.5 子结构分析

在分析大型复杂结构时，由于单元数量很多，方程组往往十分庞大，以至超过了计算机的存储容量. 例如用有限单元法分析空间结构时，便往往会出现这种情况. 这时可以把原结构分成几个区域，每一区域称为一个子结构，如图 3-31 中划分为三个子结构.

这些子结构在它们的公共边界上互相连接起来，结构计算分成几步进行，先逐个分析每个子结构，然后把全部子结构组合起来，进行整体分析. 在整体分析中不必考虑子结构的内部自由度，只要考虑结构边界及相邻子结构公共边界上的自由度，问题的规模比原结构当然要小得多了.

今取出第 i 个子结构，其内力与位移的关系可写成

$$\begin{Bmatrix} F_c^i \\ F_b^i \end{Bmatrix}=\begin{bmatrix} K_{cc}^i & K_{cb}^i \\ K_{bc}^i & K_{bb}^i \end{bmatrix}\begin{Bmatrix} \delta_c^i \\ \delta_b^i \end{Bmatrix}$$

脚标“b”，表示子结构的边界，脚标“c”表示子结构的内部，$\{\delta_c^i\}$为第 i 个子结构的内部自由度，$\{\delta_b^i\}$为第 i 个子结构的边界自由度，把上式展开得到

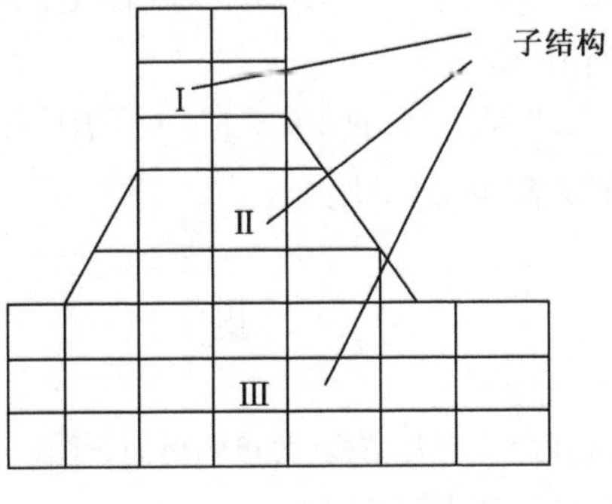

图 3-31 子结构

$$\begin{aligned} \{F_c^i\} &= [K_{cc}^i]\{\delta_c^i\}+[K_{cb}^i]\{\delta_b^i\} \\ \{F_b^i\} &= [K_{bc}^i]\{\delta_c^i\}+[K_{bb}^i]\{\delta_b^i\} \end{aligned} \tag{3-24}$$

上式中，以子结构内部结点载荷$\{P_c^i\}$代替$\{F_c^i\}$，得到用子结构的边界位移$\{\delta_b^i\}$表示内部位移$\{\delta_c^i\}$的式子如下：

$$\{\delta_c^i\} = [K_{cc}^i]^{-1}\{P_c^i\} - [K_{cc}^i]^{-1}[K_{cb}^i]\{\delta_b^i\} \tag{3-25}$$

把上式代入式(3-24)，可求出结构的边界力如下：

$$\{F_b^i\} = ([K_{bb}^i] - [K_{bc}^i][K_{cc}^i]^{-1}[K_{cb}^i])\{\delta_b^i\} + [K_{bc}^i][K_{cc}^i]^{-1}\{P_c^i\} \tag{3-26}$$

记

$$[\widetilde{K}_{bb}^i] = [K_{bb}^i] - [K_{bc}^i][K_{cc}^i]^{-1}[K_{cb}^i], \qquad [R_b^i] = [K_{bc}^i][K_{cc}^i]^{-1}\{P_c^i\}$$

把全部子结构的边界力集合起来，必须等于原结构边界及各子结构公共边界上的结点载荷$\{P_b\}$，设共有 P 个子结构，则

$$\sum_{i=1}^{P}\{F_b^i\} = \{P_b\} \tag{3-27}$$

代上式于式(3-26)得

$$[K_b]\{\delta_b\} = \{P_b\} - \{R_b\}$$

其中，$[K_b]$为缩减的整体刚度矩阵，$\{\delta_b\}$为原结构边界和子结构公共边界结点位移，$\{P_b\}$为边界结点载荷，$\{R_b\}$为子结构内部载荷引起的边界反力.

计算步骤如下：

1. 计算内部载荷引起的各子结构的边界反力

$$\{R_b^i\} = [K_{bc}^i][K_{cc}^i]^{-1}\{P_c^i\} \quad (\text{固定全部边界})$$

2. 计算各子结构的$[\widetilde{K}_{bb}^i]$，并集合成整体刚度矩阵$[K_b]$

$$[\widetilde{K}_{bb}^i] = [K_{bb}^i] - [K_{bc}^i][K_{cc}^i]^{-1}[K_{cb}^i]$$

3. 解出边界位移$\{\delta_b\}$

$$[K_b]\{\delta_b\} = \{P_b\} - \{R_b\} \quad (\text{放松全部边界})$$

4. 求出子结构的内部位移$\{\delta_c^i\}$

$$\{\delta_c^i\} = [K_{cc}^i]^{-1}\{P_c^i\} - [K_{cc}^i]^{-1}[K_{cb}^i]\{\delta_b^i\}$$

5. 根据$\{\delta_b^i\}$和$\{\delta_c^i\}$计算各单元应力.

习　　题

3-1　利用对称及反对称条件，处理以下各结构(要求画出简化图以及给出其边界条件)：

3-2　利用对称、反对称条件处理下列刚架结构.

3-3　习题图 3-3 所示平面应力板，利用反对称条件处理.

3-4　习题图 3-4 所示杆结构，杆剖面面积为 A，材料的弹性模量都是 E. 求 2 点作用载荷为 P 时结点的位移.

3-5　求习题图 3-5 所示桁架结构中支座反力.(利用 2-2 题的总刚度矩阵[K].)

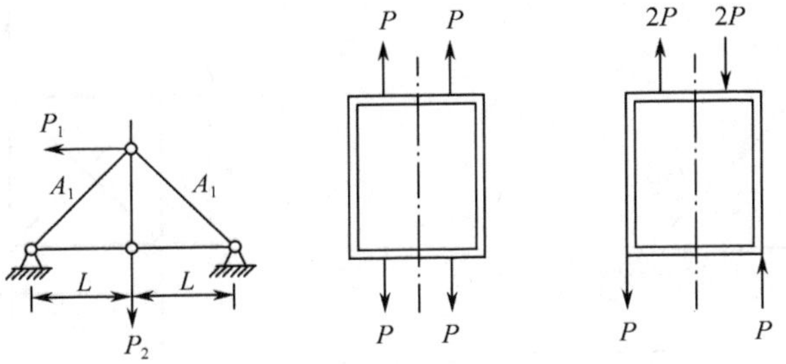

习题图 3-1

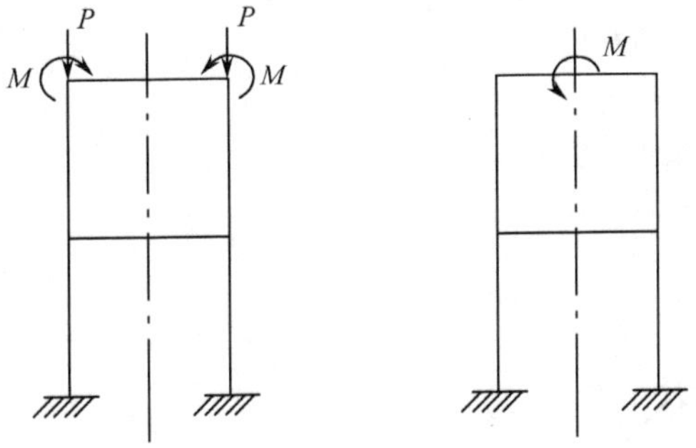

习题图 3-2

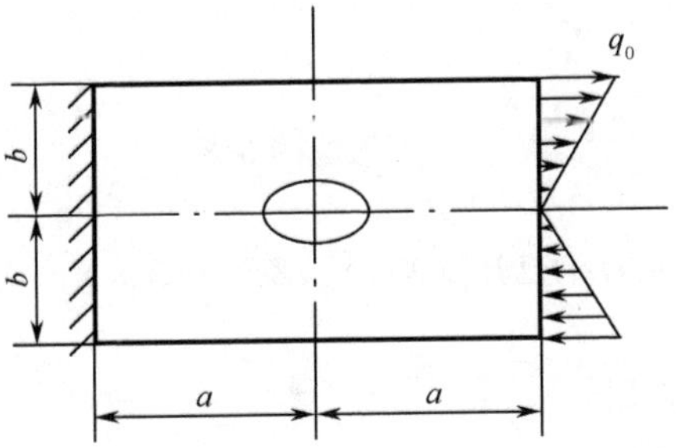

习题图 3-3

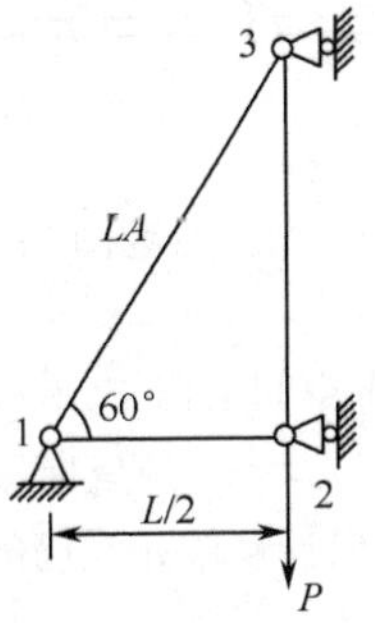

习题图 3-4

3-6 习题图 3-6 所示的自由体结构,在平衡力系作用下,用有限元法分析问题时边界条件如何处理?

3-7 习题图 3-7 所示杆板结构,按下列情况划分,选取单元:

(1)结构由 10 个两结点杆单元和 8 个三结点三角形板单元集合而成;

(2)结构由 5 个三结点杆单元和 2 个六结点三角形板单元集合而成.

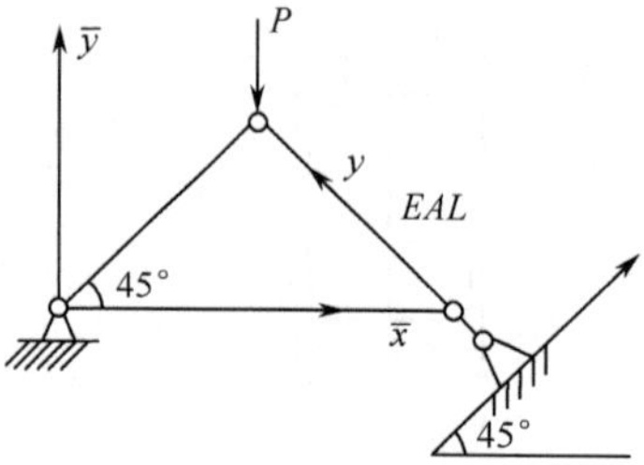

习题图 3-5

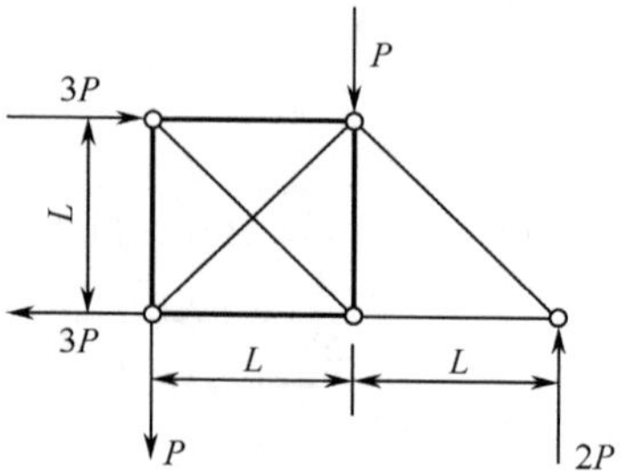

习题图 3-6

试分析:两种分单元情况下,采用相同的结点编号,

(1)总刚度矩阵大小是否相同?

(2)半带宽是否一样?

(3)杆板单元间位移是否协调?

(4)单元中内力特点是否一样?

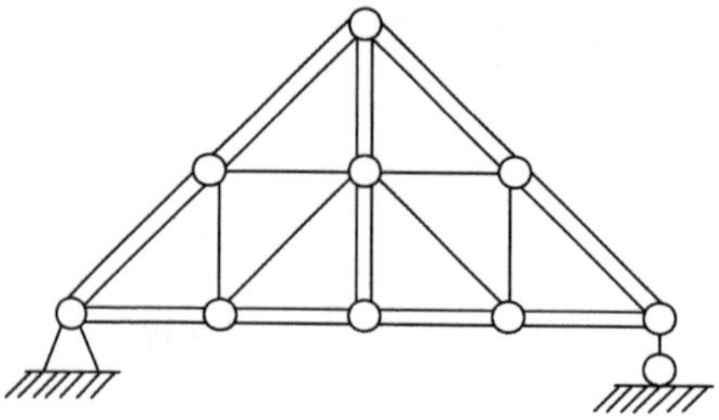

习题图 3-7

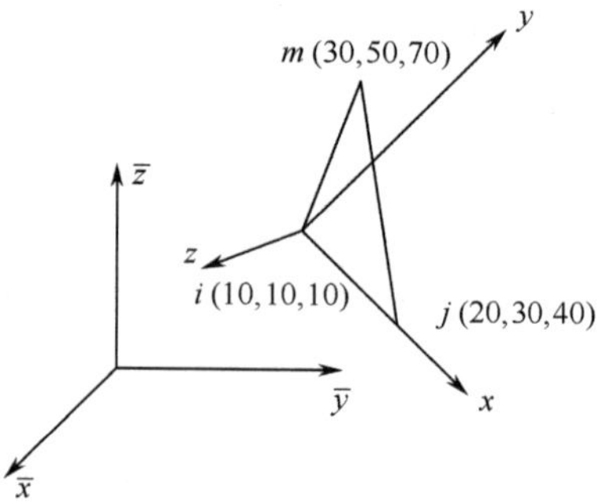

习题图 3-8

3-8　在一个空间结构中,有一个三结点三角形单元 ijm,已知 $i(\overline{X}_i, \overline{Y}_i, \overline{Z}_i)$,$j(\overline{X}_j, \overline{Y}_j, \overline{Z}_j)$,$m(\overline{X}_m, \overline{Y}_m, \overline{Z}_m)$的坐标,试分析

(1)如何计算单元在局部坐标系 xy 中的刚度矩阵?

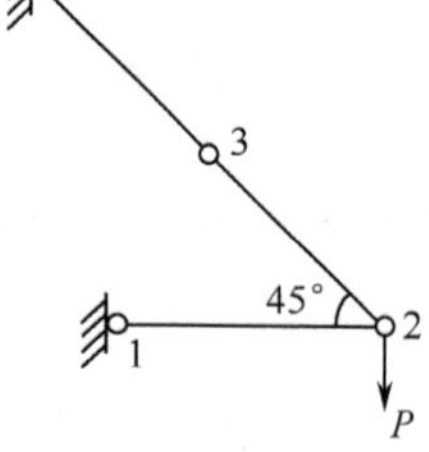

习题图 3-9

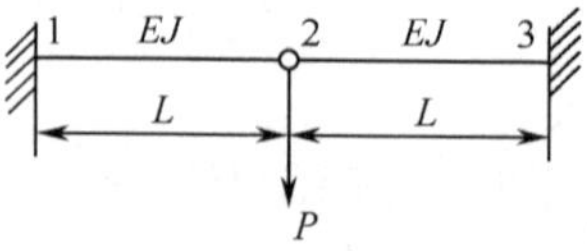

习题图 3-10

(2) 单元向总体坐标转换的方向余弦矩阵.

3-9 试求习题图 3-9 所示结构的结点位移. 已知:各杆元 E,A,L 均相同.

3-10 试求习题图 3-10 所示结构的结点位移.

3-11 试求习题图 3-11 所示空间结构的结点位移.

3-12 有中心椭球孔的矩形板,两个侧边受线性分布的侧压 p,如习题图 3-12 所示. 如何利用对称面条件减少求解的工作量,并画出计算模型,列出计算步骤.

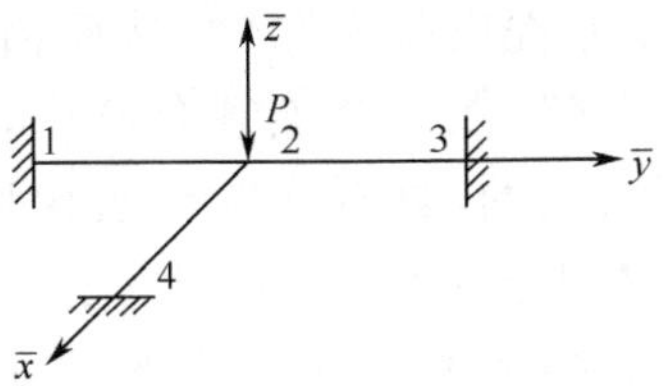

习题图 3-11

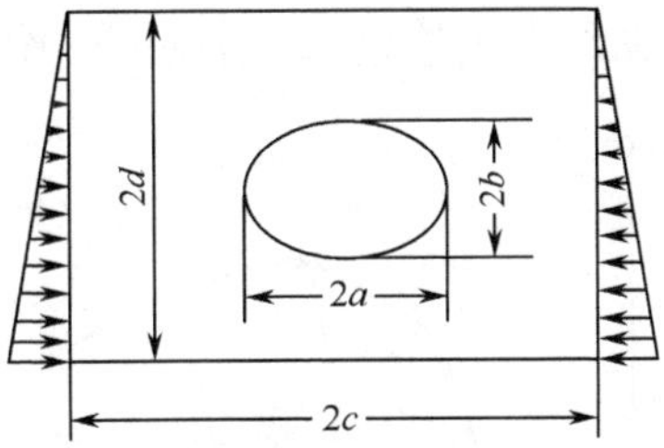

习题图 3-12

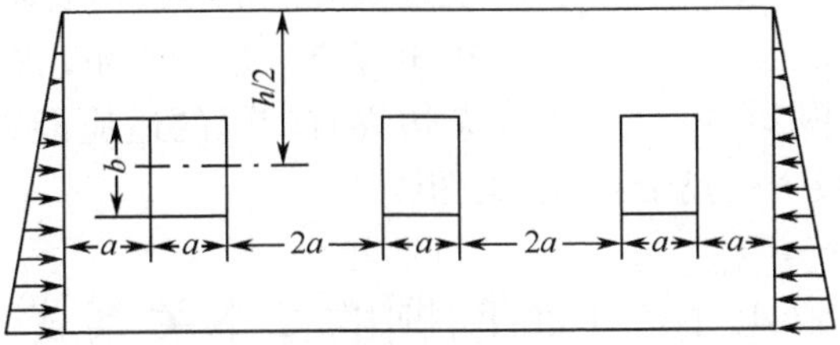

习题图 3-13

3-13 高度为 h、宽度为 $9a$ 的矩形板,$h/2$ 高度上有 3 个尺寸相同的矩形孔(如习题图 3-13 所示),侧面受线性分布侧压. 如何利用其自身的几何特点减少计算工作量,并画出计算模型、列出计算步骤.

3-14 如果对习题图 3-14 所示的有限元网格给出如下的单元刚度矩阵,试求引入边界条件 $u_i=0, v_i=0, i=11$ 至 15 以后的总刚度矩阵. 重新编结点号是否能减小带宽?

$$[K]^e=\begin{bmatrix} 3 & -1 & -1 & -1 \\ -1 & 3 & -1 & -1 \\ -1 & -1 & 3 & -1 \\ -1 & -1 & -1 & 3 \end{bmatrix}$$

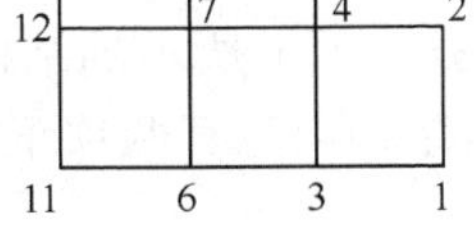

习题图 3-14

第四章　平面问题有限元法

在第二章中，用有限元法分析杆系结构时，把每一个杆件作为一个单元，这些单元在结点上连接，以结点位移作为基本未知量进行分析，由于结点的个数是有限的，所以平衡方程也是有限的，从而借助线性代数进行求解. 在一个连续介质中，互相连接的点是无限的，具有无限个自由度，从而使数值计算难于进行. 而有限元法就是把分析自然离散结构的矩阵方法推广到连续介质问题中，把连续介质离散化，用有限个元代替连续介质，这些单元只在有限个结点上连接，因而只包括有限个自由度，从而可用矩阵方法进行求解. 由于三角形单元对复杂边界有较强的适应能力，因此很容易将一个二维域离散成有限个三角形单元，见图 4-1.

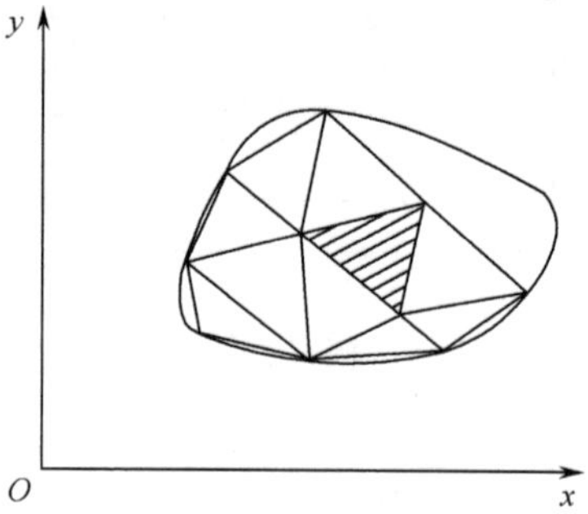

图 4-1　结构离散化

§4.1　平面问题的基本关系式

如图 4-2(a)所示的平板，中间开一圆孔，两侧受均匀拉力 σ_x 作用，因为板很薄，作用力又在板平面之内，可以想像，板内任一点的位移、应力都在板平面内. 这类问题称为平面应力问题. 又如图 4-2(b)所示的细长体，在垂直于轴线作用有沿轴线不变的外力，棱柱体内各点的应力应变分量与 z 无关，只是 xy 的函数，这类结构受力时，某一方向(如为 z 方向)无位移，则称为平面应变问题. 平面应力和平面应变问题统称平面问题，用有限元法解这类平面问题是十分有效的，做为有限元法解连续介质问题，最早也是由这类问题开始的.

图 4-2(a)所示的结构处于平面应力状态，此时沿垂直于 xy 平面的方向没有应力，结构内只有两项正应力 σ_x，σ_y 及剪应力 τ_{xy}，由胡克定律有

$$\varepsilon_x = \frac{1}{E}(\sigma_x - \nu\sigma_y)$$

$$\varepsilon_y = \frac{1}{E}(-\nu\sigma_x + \sigma_y)$$

$$\gamma_{xy} = \frac{1}{G}\tau_{xy} = \frac{2(1+\nu)}{E}\tau_{xy}$$

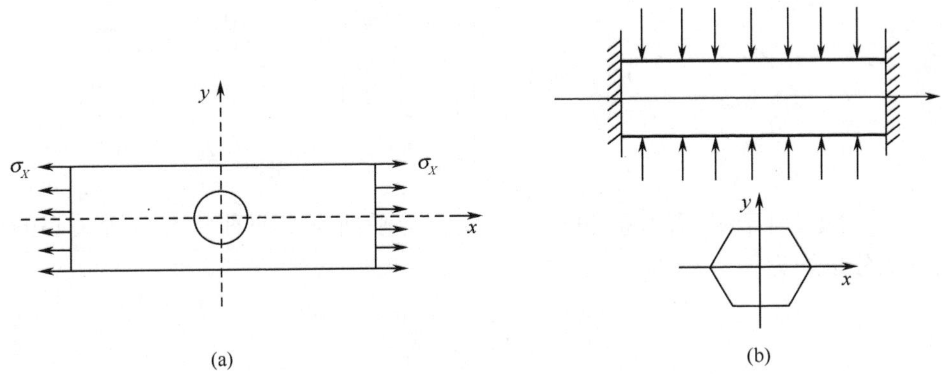

图 4-2 平面问题

其中 G 为剪切模量，ν 为泊松比，由以上三式可解出

$$\sigma_x = \frac{E}{1-\nu^2}(\varepsilon_x + \nu\varepsilon_y)$$

$$\sigma_y = \frac{E}{1-\nu^2}(\nu\varepsilon_x + \varepsilon_y)$$

$$\tau_{xy} = \frac{E}{1-\nu^2}\,\frac{1-\nu}{2}\gamma_{xy}$$

以上三式可用矩阵形式表示为$\{\sigma\}=[D]\{\varepsilon\}$，即

$$\begin{Bmatrix}\sigma_x\\ \sigma_y\\ \tau_{xy}\end{Bmatrix} = \frac{E}{1-\nu^2}\begin{bmatrix}1 & \nu & 0\\ \nu & 1 & 0\\ 0 & 0 & \dfrac{1-\nu}{2}\end{bmatrix}\begin{Bmatrix}\varepsilon_x\\ \varepsilon_y\\ \gamma_{xy}\end{Bmatrix} \tag{4-1}$$

对于图 4-2(b)所示的结构处于平面应变状态，此时，结构各横截面上各点都只有 x,y 方向的位移 u,v，只有 $\varepsilon_x,\varepsilon_y,\gamma_{xy}$ 三个应变分量，此时有 $\varepsilon_z=0$ 而 $\sigma_z\neq0$，按胡克定律有

$$\varepsilon_x = \frac{1}{E}(\sigma_x - \nu\sigma_y - \nu\sigma_z)$$

$$\varepsilon_y = \frac{1}{E}(-\nu\sigma_x + \sigma_y - \nu\sigma_z)$$

$$\varepsilon_z = \frac{1}{E}(-\nu\sigma_x - \nu\sigma_y + \sigma_z) = 0$$

$$\gamma_{xy} = \frac{2(1+\nu)}{E}\tau_{xy}$$

平面问题中只关心平面内的应力，暂不分析 σ_z，平面应力可由以上各式解得，其矩阵形式为

$$\{\sigma\}=\begin{Bmatrix}\sigma_x\\ \sigma_y\\ \tau_{xy}\end{Bmatrix}=\frac{E(1-\nu)}{(1+\nu)(1-2\nu)}\begin{bmatrix}1 & \frac{\nu}{1-\nu} & 0\\ \frac{\nu}{1-\nu} & 1 & 0\\ 0 & 0 & \frac{1-2\nu}{2(1-\nu)}\end{bmatrix}\begin{Bmatrix}\varepsilon_x\\ \varepsilon_y\\ \gamma_{xy}\end{Bmatrix} \tag{4-2}$$

上述可见,对于平面问题(包括平面应力与平面应变两种状态),所关心的应力、应变分量均为

$$\{\sigma\}=[\sigma_x,\sigma_y,\tau_{xy}]^{\mathrm{T}}$$
$$\{\varepsilon\}=[\varepsilon_x,\varepsilon_y,\gamma_{xy}]^{\mathrm{T}}$$

它们之间的弹性关系皆可表示为$\{\sigma\}=[D]\{\varepsilon\}$,还可以看出,在平面应力的弹性矩阵中,只要把 E 换成$\frac{E}{1-\nu^2}$,把 ν 换成$\frac{\nu}{1-\nu}$,就可得到平面应变状态的弹性矩阵,因而以后我们主要分析平面应力的单元.

§4.2　常应变三角形单元

4.2.1　位移函数及形状函数

典型的三结点三角形单元结点编码为 i,j,m,以逆时针方向编码为正向. 每个结点有两个位移分量如图 4-3 所示.

$$\delta_i=\begin{Bmatrix}u_i\\ v_i\end{Bmatrix}\qquad (i,j,m)$$

每个单元有 6 个结点位移即 6 个结点自由度

$$\{\delta\}^e=\begin{Bmatrix}\delta_i\\ \delta_j\\ \delta_m\end{Bmatrix}=[u_i,v_i,u_j,v_j,u_m,v_m]^{\mathrm{T}}$$

对于三角形单元和杆、梁元一样先给位移函数,因单元的平面问题,需给定 $u(x,y)$和 $v(x,y)$两个位移函数才能确定单元内一点的位移状态,由于单元的结点位移有六个自由度,则位移函数中的广义位移也应有六项,每个位移函数取三项,因而取

$$u(x,y)=\beta_1+\beta_2x+\beta_3y$$
$$v(x,y)=\beta_4+\beta_5x+\beta_6y \tag{4-3}$$

$\beta_1,\cdots,\beta_6$ 是待定系数,称为广义坐标. 将 i,j,m 的结点坐标值代入位移函数式并记 $\{\widetilde{\delta}\}^e=\{u_i,u_j,u_m,v_i,v_j,v_m\}^{\mathrm{T}}$,则

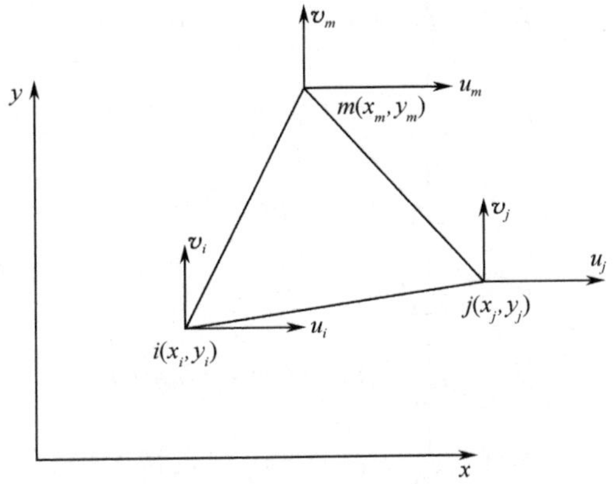

图 4-3 三结点三角形单元

$$\begin{Bmatrix} u_i \\ u_j \\ u_m \\ v_i \\ v_j \\ v_m \end{Bmatrix} = \begin{bmatrix} 1 & x_i & y_i & 0 & 0 & 0 \\ 1 & x_j & y_j & 0 & 0 & 0 \\ 1 & x_m & y_m & 0 & 0 & 0 \\ 0 & 0 & 0 & 1 & x_i & y_i \\ 0 & 0 & 0 & 1 & x_j & y_j \\ 0 & 0 & 0 & 1 & x_m & y_m \end{bmatrix} \begin{Bmatrix} \beta_1 \\ \beta_2 \\ \beta_3 \\ \beta_4 \\ \beta_5 \\ \beta_6 \end{Bmatrix} = [C]\{\beta\}$$

$[C]$矩阵包含了两个相同的对角子阵,$[C]$的逆矩阵等于对角子矩阵逆阵构成的对角阵,所以只要求出子矩阵的逆阵即可.其结果为

$$\begin{Bmatrix} \beta_1 \\ \beta_2 \\ \beta_3 \\ \beta_4 \\ \beta_5 \\ \beta_6 \end{Bmatrix} = \frac{1}{2\Delta} \begin{bmatrix} x_j y_m - x_m y_j & x_m y_i - x_i y_m & x_i y_j - x_j y_i & 0 & 0 & 0 \\ y_i - y_m & y_m - y_i & y_i - y_j & 0 & 0 & 0 \\ x_m - x_j & x_i - x_m & x_j - x_i & 0 & 0 & 0 \\ 0 & 0 & 0 & & & \\ 0 & 0 & 0 & & \text{同左上矩阵} & \\ 0 & 0 & 0 & & & \end{bmatrix} \begin{Bmatrix} u_i \\ u_j \\ u_m \\ v_i \\ v_j \\ v_m \end{Bmatrix}$$

其中,$2\Delta = \begin{vmatrix} 1 & x_i & y_i \\ 1 & x_j & y_j \\ 1 & x_m & y_m \end{vmatrix}$ =2 倍的三角形单元面积.引入

$$\begin{cases} a_i = x_j y_m - x_m y_j, b_i = y_j - y_m, c_i = x_m - x_j \\ a_j = x_m y_i - x_i y_m, b_j = y_m - y_i, c_j = x_i - x_m \\ a_m = x_i y_j - x_j y_i, b_m = y_i - y_j, c_m = x_j - x_i \end{cases} \tag{4-4}$$

则有

$$\beta_1 = \frac{1}{2\Delta}(a_i u_i + a_j u_j + a_m u_m)$$

$$\beta_2 = \frac{1}{2\Delta}(b_i u_i + b_j u_j + b_m u_m)$$

$$\beta_3 = \frac{1}{2\Delta}(c_i u_i + c_j u_j + c_m u_m)$$

$$\beta_4 = \frac{1}{2\Delta}(a_i v_i + a_j v_j + a_m v_m)$$

$$\beta_5 = \frac{1}{2\Delta}(b_i v_i + b_j v_j + b_m v_m)$$

$$\beta_6 = \frac{1}{2\Delta}(c_i v_i + c_j v_j + c_m v_m)$$

代入位移函数表达式(4-3)得

$$\begin{aligned} u(x,y) &= \frac{1}{2\Delta}[(a_i + b_i x + c_i y)u_i + (a_j + b_j x + c_j y)u_j + (a_m + b_m x + c_m y)u_m] \\ &= N_i u_i + N_j u_j + N_m u_m \\ v(x,y) &= \frac{1}{2\Delta}[(a_i + b_i x + c_i y)v_i + (a_j + b_j x + c_j y)v_j + (a_m + b_m x + c_m y)v_m] \\ &= N_i v_i + N_j v_j + N_m v_m \end{aligned}$$

$$\begin{aligned} N_i &= \frac{1}{2\Delta}(a_i + b_i x + c_i y) \\ N_j &= \frac{1}{2\Delta}(a_j + b_j x + c_j y) \\ N_m &= \frac{1}{2\Delta}(a_m + b_m x + c_m y) \end{aligned} \tag{4-5}$$

其中 N_i, N_j, N_m 称为形函数,它是坐标 x, y 的一次函数,$a_i, b_i, c_i, \cdots, c_m$ 是常数,取决于单元的三个结点坐标,将位移用矩阵表示

$$\begin{Bmatrix} u(x,y) \\ v(x,y) \end{Bmatrix} = \begin{bmatrix} N_i & 0 & N_j & 0 & N_m & 0 \\ 0 & N_i & 0 & N_j & 0 & N_m \end{bmatrix} \begin{Bmatrix} u_i \\ v_i \\ u_j \\ v_j \\ u_m \\ v_m \end{Bmatrix} = [N]\{\delta\}^e \tag{4-6}$$

其中[N]称为形函数矩阵,或把式(4-6)写成

$$\begin{Bmatrix} u \\ v \end{Bmatrix} = [N_i[I], N_j[I], N_m[I]]\{\delta\}^e \tag{4-7}$$

其中[I]是 2×2 单位矩阵. 对于有六个自由度的三角元,应有六个形状函数,但因

$u(x,y)$和$v(x,y)$的形状函数两两相同，所以只要三个就可以了. 形状函数(插值函数)具有如下性质：

(1)在结点上

$$N_i(x_i,y_i)=\frac{1}{2\Delta}(a_i+b_ix_i+c_iy_i)=1$$

$$N_i(x_j,y_j)=\frac{1}{2\Delta}(a_i+b_ix_j+c_iy_j)=0$$

$$N_i(x_m,y_m)=\frac{1}{2\Delta}(a_i+b_ix_m+c_iy_m)=0$$

即在i结点上$N_i=1$，在j,m结点上$N_i=0$. 实际因为$u=N_iu_i+N_ju_j+N_mu_m$，在i点当$N_i=1,N_j=N_m=0$时，即可得$u=u_i$.

N_i表示当i点位移u_i(或v_i)等于1，其他结点位移等于零时的位移分布. 而$N_i(x,y)$的表达式是一平面方程，其图形如图4-4所示. 同样$N_j(x,y)$和$N_m(x,y)$的图形也如图4-4所示.

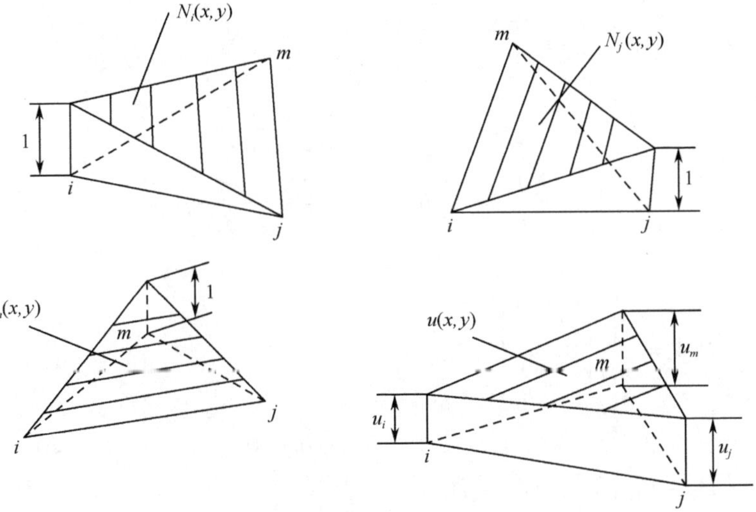

图4-4 形状函数N_i,N_j,N_m及位移图

(2) 单元内任一点各插值函数之和应等于1，即

$$N_i+N_j+N_m=1$$

因为若单元发生刚体位移，如x向位移u_0，则单元任一点有位移u_0，各结点有位移$u_i=u_j=u_m=u_0$，所以有

$$u=N_iu_i+N_ju_j+N_mu_m=(N_i+N_j+N_m)u_0=u_0$$

从而有 $N_i+N_j+N_m=1$.

4.2.2　几何矩阵,应力矩阵

对于平面应力问题,应变列阵为

$$\{\varepsilon\}=\begin{Bmatrix}\varepsilon_x\\ \varepsilon_y\\ \tau_{xy}\end{Bmatrix}=\begin{bmatrix}\frac{\partial u}{\partial x} & 0\\ 0 & \frac{\partial v}{\partial y}\\ \frac{\partial u}{\partial y} & \frac{\partial v}{\partial x}\end{bmatrix}=\begin{bmatrix}\frac{\partial}{\partial x} & 0\\ 0 & \frac{\partial}{\partial y}\\ \frac{\partial}{\partial y} & \frac{\partial}{\partial x}\end{bmatrix}\begin{Bmatrix}u\\ v\end{Bmatrix}=\begin{bmatrix}\frac{\partial}{\partial x} & 0\\ 0 & \frac{\partial}{\partial y}\\ \frac{\partial}{\partial y} & \frac{\partial}{\partial x}\end{bmatrix}[N]\{\delta\}^e \quad (4\text{-}8)$$

$$=[L][N]\{\delta\}^e=[B]\{\delta\}^e$$

其中$[L]$为平面问题微分算子矩阵,$[B]$为几何矩阵或称为应变矩阵,$[B]$的分块子矩阵是

$$[B_i]=[L]\begin{bmatrix}N_i & 0\\ 0 & N_i\end{bmatrix}=\begin{bmatrix}\frac{\partial N_i}{\partial x} & 0\\ 0 & \frac{\partial N_i}{\partial y}\\ \frac{\partial N_i}{\partial y} & \frac{\partial N_i}{\partial x}\end{bmatrix}\quad (i,j,m)$$

$$\frac{\partial N_i}{\partial x}=\frac{1}{2\Delta}b_i,\qquad \frac{\partial N_i}{\partial y}=\frac{1}{2\Delta}c_i$$

故

$$[B_i]=\frac{1}{2\Delta}\begin{bmatrix}b_i & 0\\ 0 & c_i\\ c_i & b_i\end{bmatrix}$$

$$[B]=[[B_i],[B_j],[B_m]]=\frac{1}{2\Delta}\begin{bmatrix}b_i & 0 & b_j & 0 & b_m & 0\\ 0 & c_i & 0 & c_j & 0 & c_m\\ c_i & b_i & c_j & b_j & c_m & b_m\end{bmatrix}$$

b_i,b_j,b_m,c_i,c_j,c_m 与单元结点坐标有关,与 x,y 无关,为常量,所以$[B]$矩阵为常量阵,当$\{\delta\}^e$ 确定后,根据式(4-8)可得应变$\{\varepsilon\}=[B]\{\delta\}^e$ 也是个常值列阵,也就是说在载荷作用下单元中各点具有同一的 ε_x 值,ε_y 值及 γ_{xy} 值,所以三结点三角形单元称为常应变单元. 采用三角形单元时,在应变梯度较大的部位,单元划分应适当密集. 以确保计算精度.

单元应力计算公式为

$$\{\sigma\} = \begin{Bmatrix} \sigma_x \\ \sigma_y \\ \sigma_z \end{Bmatrix} = [D]\{\varepsilon\} = [D][B]\{\delta\}^e = [S]\{\delta\}^e \tag{4-9}$$

$$[S] = [D][B] = [D][[B_i][B_j][B_m]] = [[S_i][S_j][S_m]]$$

$$[S_i] = [D][B_i] = \frac{E}{2(1-\nu^2)\Delta}\begin{bmatrix} b_i & \nu c_i \\ \nu b_i & c_i \\ \frac{1-\nu}{2}c_i & \frac{1-\nu}{2}b_i \end{bmatrix}$$

其中$[S]$叫应力矩阵,显然$[S]$是常值矩阵. 根据式(4-9),单元内任一点的应力分量也是相同的. 这说明三结点三角形常应变单元在相邻的单元间应力会出现突变而失去平衡. 但是随着单元网格的细化,单元间应变突变现象会逐渐缓和,并不妨碍它收敛于正确解答.

4.2.3 单元的刚度方程

$$[K]^e = \iiint\limits_{\Omega^e} [B]^{\mathrm{T}}[D][B]\mathrm{d}x\mathrm{d}y\mathrm{d}z$$

由于应变矩阵$[B]$对于三结点三角形单元是常量阵,因此有

$$[K]^e = [B]^{\mathrm{T}}[D][B]t\Delta = \begin{bmatrix} [k_{ii}] & [k_{ij}] & [k_{im}] \\ [k_{ji}] & [k_{jj}] & [k_{jm}] \\ [k_{mi}] & [k_{mj}] & [k_{mm}] \end{bmatrix}$$

代入$[B]^{\mathrm{T}}$ 和$[B]$得任一分块矩阵

$$[k_{rs}] = [B_r]^{\mathrm{T}}[D][B_s]t\Delta = \frac{Et}{4(1-\nu^2)\Delta}\begin{bmatrix} k_1 & k_2 \\ k_3 & k_4 \end{bmatrix} \quad (r,s = i,j,m)$$

其中

$$k_1 = b_r b_s + \frac{1-\nu}{2}c_r c_s, \qquad k_2 = \nu c_r b_s + \frac{1-\nu}{2}b_r c_s$$

$$k_3 = \nu b_r c_s + \frac{1-\nu}{2}c_r b_s, \qquad k_4 = c_r c_s + \frac{1-\nu}{2}b_r b_s$$

对于三结点三角形单元,每个结点有两个自由度,三个结点共六个自由度,单元刚度矩阵则为 6×6,每个结点在 x 和 y 方向各有一个平衡方程,3 个结点共有 6 个平衡方程.

$$\begin{bmatrix} k_{11} & k_{12} & k_{13} & k_{14} & k_{15} & k_{16} \\ k_{21} & k_{22} & k_{23} & k_{24} & k_{25} & k_{26} \\ k_{31} & k_{32} & k_{33} & k_{34} & k_{35} & k_{36} \\ k_{41} & k_{42} & k_{43} & k_{44} & k_{45} & k_{46} \\ k_{51} & k_{52} & k_{53} & k_{54} & k_{55} & k_{56} \\ k_{61} & k_{62} & k_{63} & k_{64} & k_{65} & k_{66} \end{bmatrix} \begin{Bmatrix} u_1 \\ v_1 \\ u_2 \\ v_2 \\ u_3 \\ v_3 \end{Bmatrix} = \begin{Bmatrix} F_{1x} \\ F_{1y} \\ F_{2x} \\ F_{2y} \\ F_{3x} \\ F_{3y} \end{Bmatrix}$$

方程左端是通过结点位移表示的单元结点内力，方程右端是单元结点外载，令$u_1 = 1, v_1 = u_2 = \cdots = v_3 = 0$得

$$\begin{Bmatrix} k_{11} \\ k_{21} \\ k_{31} \\ k_{41} \\ k_{51} \\ k_{61} \end{Bmatrix} = \begin{Bmatrix} F_{1x} \\ F_{1y} \\ F_{2x} \\ F_{2y} \\ F_{3x} \\ F_{3y} \end{Bmatrix}$$

单元刚度矩阵第一列元素的物理意义是：当$u_1 = 1$，其他位移为0时，需要在单元各结点位移方向上施加结点力的大小. 单元在这些结点力作用下处于平衡. 所以有

$$x\text{ 向：}\qquad k_{11} + k_{31} + k_{51} = 0$$

$$y\text{ 向：}\qquad k_{21} + k_{41} + k_{61} = 0$$

所以k_{ij}的物理意义是：当单元的第j个结点位移为单位位移，而其他结点位移为零时，需在单元第i个结点位移方向上施加的结点力的大小. 单元刚性大，则使结点产生单位位移所需施加的结点力就大，所以单刚元素反映了单元刚性的大小，称为刚度系数. 对每一行(列)元素有

$$k_{1j} + k_{3j} + k_{5j} = k_{j1} + k_{j3} + k_{j5} = 0$$

$$k_{2j} + k_{4j} + k_{6j} = k_{j2} + k_{j4} + k_{j6} = 0$$

得单刚中行(列)元素之和等于零，单刚具有下列特性：

(1) 对称性

(2) 奇异性　单元处于平衡时，结点力相互不是独立的，满足三个平衡方程(两个方向力平衡，绕一点矩平衡)

(3) 主元恒正　$k_{ii} > 0$，要使$u_1 = 1$，施加在u_1方向的结点力必须与位移u_1同向.

4.2.4　等效结点力

在第三章中，已推导出等效结点力计算公式，这里具体给出三结点三角形单元

分别作用有集中力,表面力或体积力时的等效载荷列阵.

1. 集中力

设某点 c 处(图 4-5)作用集中力 $\begin{Bmatrix} P_x \\ P_y \end{Bmatrix}$,则 i 结点的等效结点力为

$$\begin{Bmatrix} P_{ix} \\ P_{iy} \end{Bmatrix} = N_i(x_c, y_c) \begin{Bmatrix} P_x \\ P_y \end{Bmatrix} \quad (i,j,m)$$

$N_i(x_c, y_c)$为形函数在集中力作用点 c 处的值

$$N_i(x_c, y_c) = \frac{1}{2\Delta}(a_i + b_i x_c + c_i y_c)$$

$$= \frac{2\Delta_{cjm}}{2\Delta} = \frac{\Delta_{cjm}}{\Delta} = L_i \quad (i,j,m)$$

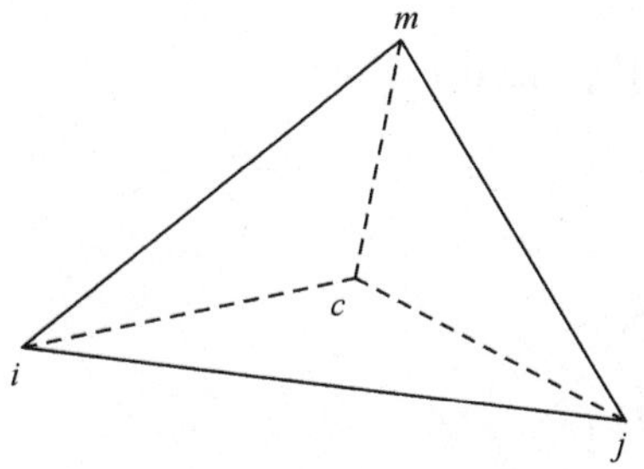

图 4-5

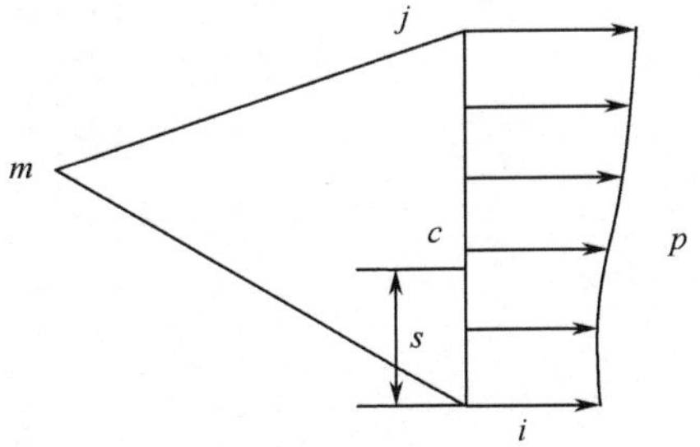

图 4-6

其中,Δ_{cjm} 为由结点 cjm 构成的三角形面积,所以有

$$P_{ix} = L_i P_X, \quad P_{jx} = L_j P_X, \quad P_{mx} = L_m P_X$$

$$P_{iy} = L_i P_Y, \quad P_{jy} = L_j P_Y, \quad P_{my} = L_m P_Y$$

2. 表面力的等效载荷列阵

$$\begin{Bmatrix} P_{ix} \\ P_{iy} \end{Bmatrix} = \int_r [N_i] \begin{Bmatrix} p_x \\ p_y \end{Bmatrix} \mathrm{d}s$$

假设单元 e 只有 ij 边上作用表面力$\{p\}$(图 4-6),现在来求其等效结点力. 设 ij 边的长度为 L,边上任意点 c 离开结点 i 的距离为 s

$$N_i(x_c, y_c) = \frac{\Delta_{cjm}}{\Delta} = \frac{l - s}{l}$$

$$N_j(x_c, y_c) = \frac{\Delta_{cim}}{\Delta} = \frac{s}{l}$$

$$N_m(x_c, y_c) = 0$$

$$\{P_i\} = \int_0^l (N_i)_c \{p\} \mathrm{d}s = \int_0^l \left(1 - \frac{s}{l}\right) \{p\} \mathrm{d}s$$

$$\{P_j\} = \int_0^l \frac{s}{l} \{p\} \mathrm{d}s$$

$$\{P_m\} = \begin{Bmatrix} 0 \\ 0 \end{Bmatrix}$$

当$\{p\}$为均布表面力时

$$\{P_i\} = \frac{l}{2}\{p\}, \qquad \{P_j\} = \frac{l}{2}\{p\}, \qquad \{P_m\} = \begin{Bmatrix} 0 \\ 0 \end{Bmatrix}$$

3. 体积力的等效载荷列阵

$$\{P_i\} = \begin{Bmatrix} P_{ix} \\ P_{iy} \\ P_{iz} \end{Bmatrix} = \iint [N_i]\{q\} t \mathrm{d}x \mathrm{d}y$$

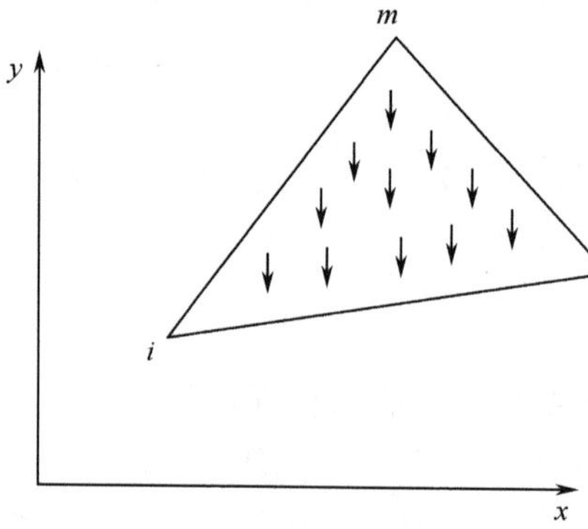

图 4-7

例如求如图 4-7 所示的自重等效载荷，此时

$$\{q\} = \begin{Bmatrix} 0 \\ -r \end{Bmatrix}$$

式中 r 为材料比重

$$\{P_i\} = \iint_{\Delta_{ijm}} \begin{bmatrix} N_i & 0 \\ 0 & N_i \end{bmatrix} \begin{Bmatrix} 0 \\ -r \end{Bmatrix} t \mathrm{d}x \mathrm{d}y = -rt \iint \begin{Bmatrix} 0 \\ N_i \end{Bmatrix} \mathrm{d}x \mathrm{d}y$$

根据前面介绍形函数的形状图 4-4 知，

$$\iint_{\Delta_{ijm}} N_i \mathrm{d}x\mathrm{d}y = \frac{1}{3}\Delta$$

所以

$$\{P_i\} = \begin{Bmatrix} 0 \\ -\dfrac{rt\Delta}{3} \end{Bmatrix} \qquad (i,j,m)$$

即总重的$\frac{1}{3}$各作用在结点 i,j,m 的 y 方向. 以上推导可知,当被积函数是线性函数时,按求等效载荷的普遍公式计算出的等效载荷结果和工程中经常采用的按杠杆分配的结果一致,当被积函数在非线性情况下,只有用普遍公式进行计算.

§ 4.3　四结点矩形单元

对于有正交边界的结构,采用矩形单元有较高的精度,矩形单元采用比常应变三角形单元次数更高的位移模式,故可以更好地反映弹性体中的位移状态和应力状态.

设有矩形单元 $ijkm$,边长为 $2a$,$2b$,为使推导简便,以平行于两边的轴为 x 轴和 y 轴,以四个角点为结点,单元有八个自由度,每个结点有两个自由度 u_i,v_i,单元的结点位移矢量为

$$\{\delta\}^e = \{u_i, v_i, u_j, v_j, u_k, v_k, u_m, v_m\}$$

与结点位移对应的结点力列阵为

$$\{F\}^e = \{U_i, V_i, U_j, V_j, U_k, V_k, U_m, V_m\}$$

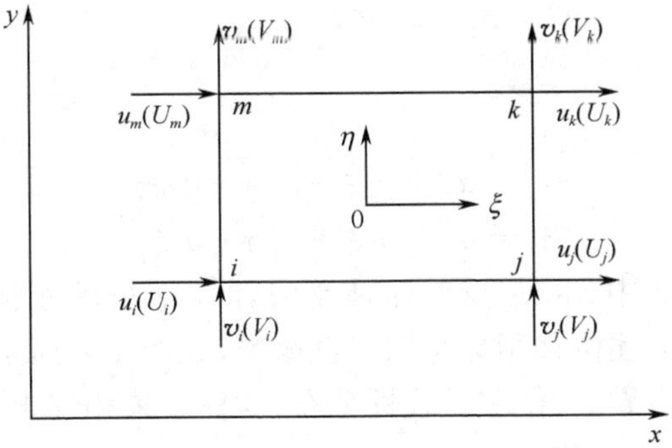

图 4-8　矩形单元

引入局部坐标系 ξ,η,可使结果简洁,局部坐标原点取在矩形形心,ξ,η 与 x,y 轴平行,见图 4-8,当单元重心(x_0,y_0)在坐标原点时:

$$\xi = x/a,\quad \eta = y/b$$

当单元重心(x_0,y_0)不在坐标原点时

$$\xi = \frac{x-x_0}{a},\quad \eta = \frac{y-y_0}{b}$$

$$x_0 = \frac{x_i+x_j}{2} = \frac{x_k+x_m}{2}$$

$$y_0 = \frac{y_i+y_m}{2} = \frac{y_j+y_k}{2}$$

单元内各点的自然坐标是：$-1\leqslant\xi\leqslant1$，$-1\leqslant\eta\leqslant1$，单元的四条边分别为$\xi=\pm1$，$\eta=\pm1$，四个角点的坐标$i(\xi_i,\eta_i)=i(-1,-1)$，$j(1,-1)$，$k(1,1)$，$m(-1,1)$

对于平面应力问题，位移函数$u=u(\xi,\eta)$，$v=v(\xi,\eta)$，若用多项式表示u，v，除了常数项、一次项之外，还应有一个二次项，可供选择的二次项有三个，即ξ^2，$\xi\eta$，η^2，若取ξ^2项(或η^2项)，则位移变换矩阵是奇异的，其逆不存在，求不出形状函数，

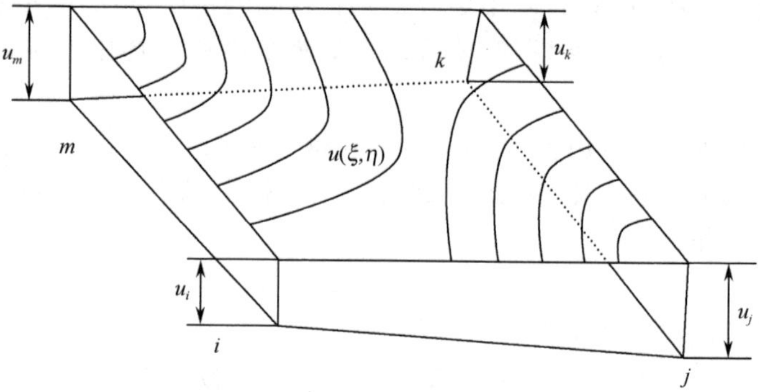

图 4-9　位移场$u(\xi,\eta)$

故位移函数选为

$$\begin{aligned} u &= a_1 + a_2\xi + a_3\eta + a_4\xi\eta \\ v &= a_5 + a_6\xi + a_7\eta + a_8\xi\eta \end{aligned} \tag{4-10}$$

与三角形单元相同，式中a_1，a_5反映刚体平移，a_3，a_6反映刚体转动，a_2，a_6，a_3，a_7反映常应变项. 因为上述位移函数是双线性函数，如图 4-9 所示，当$\xi=\pm1$(或$\eta=\pm1$)，也即在单元的边界上，位移是线性分布，这样一来相邻单元结点位移相同，则可惟一确定单元的边界位移.

将结点的自然(局部)坐标值代入式(4-10)，有

$$\begin{Bmatrix} u_i \\ u_j \\ u_k \\ u_m \end{Bmatrix} = \begin{bmatrix} 1 & -1 & -1 & 1 \\ 1 & 1 & -1 & -1 \\ 1 & 1 & 1 & 1 \\ 1 & -1 & 1 & -1 \end{bmatrix} \begin{Bmatrix} a_1 \\ a_2 \\ a_3 \\ a_4 \end{Bmatrix}$$

$$\begin{Bmatrix} v_i \\ v_j \\ v_k \\ v_m \end{Bmatrix} = \begin{bmatrix} 1 & -1 & -1 & 1 \\ 1 & 1 & -1 & -1 \\ 1 & 1 & 1 & 1 \\ 1 & -1 & 1 & -1 \end{bmatrix} \begin{Bmatrix} a_5 \\ a_6 \\ a_7 \\ a_8 \end{Bmatrix}$$

求出$[a_1, a_2, a_3, a_4]^{\mathrm{T}}$，$[a_5, a_6, a_7, a_8]^{\mathrm{T}}$ 代入位移模式得

$$u = \sum_{i=i}^{m} N_i u_i, \qquad v = \sum_{i=i}^{m} N_i v_i$$

其中

$$\begin{aligned} N_i &= (1+\xi_0)(1+\eta_0)/4 \\ \xi_0 &= \xi_i \xi \qquad (i, j, k, m) \\ \eta_0 &= \eta_i \eta \end{aligned} \tag{4-11}$$

式(4-11)为形状函数用无因次的自然坐标表示式. 其图形是一种扭曲函数曲面，沿边界仍按线性变化(见图 4-10)，且具有结点对称的性质. 对矩形单元应变列阵仍为

$$\{\varepsilon\} = \begin{Bmatrix} \varepsilon_x \\ \varepsilon_y \\ \gamma_{xy} \end{Bmatrix} = \begin{Bmatrix} \dfrac{\partial u}{\partial x} \\ \dfrac{\partial v}{\partial y} \\ \dfrac{\partial u}{\partial y} + \dfrac{\partial v}{\partial x} \end{Bmatrix} = \begin{Bmatrix} \dfrac{\partial u}{\partial \xi}\dfrac{\partial \xi}{\partial x} \\ \dfrac{\partial v}{\partial \eta}\dfrac{\partial \eta}{\partial y} \\ \dfrac{\partial u}{\partial \eta}\dfrac{\partial \eta}{\partial y} + \dfrac{\partial v}{\partial \xi}\dfrac{\partial \xi}{\partial x} \end{Bmatrix}$$

其中

$$\frac{\partial \xi}{\partial x} = \frac{\partial}{\partial x}\left(\frac{x - x_0}{a}\right) = \frac{1}{a}$$

$$\frac{\partial \eta}{\partial y} = \frac{\partial}{\partial y}\left(\frac{y - y_0}{b}\right) = \frac{1}{b}$$

所以

$$\{\varepsilon\} = \frac{1}{ab} \begin{bmatrix} b\dfrac{\partial}{\partial \xi} & 0 \\ 0 & a\dfrac{\partial v}{\partial \eta} \\ a\dfrac{\partial}{\partial \eta} & b\dfrac{\partial}{\partial \xi} \end{bmatrix} \begin{Bmatrix} u \\ v \end{Bmatrix} \tag{4-12}$$

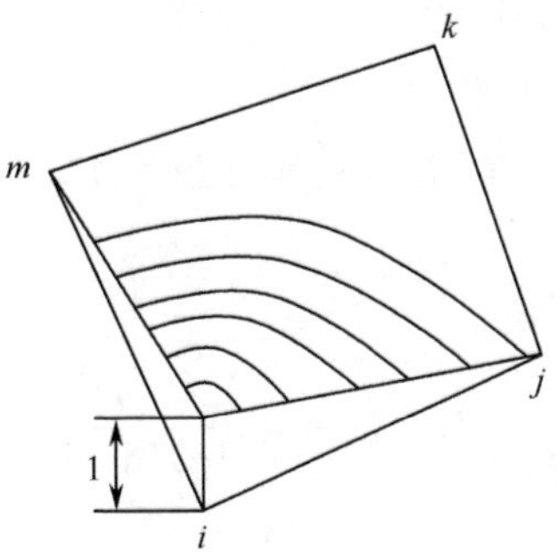

图 4-10 形状函数

将 $u=\sum_{i=i}^{m}N_iu_i, v=\sum_{i=i}^{m}N_iv_i$ 代入上式得

$$\{\varepsilon\}=[B_i, B_j, B_k, B_m]\{\delta\}^e$$

其中

$$[B_i]=\frac{1}{ab}\begin{bmatrix} b\dfrac{\partial N_i}{\partial \xi} & 0 \\ 0 & a\dfrac{\partial N_i}{\partial \eta} \\ a\dfrac{\partial N_i}{\partial \eta} & b\dfrac{\partial N_i}{\partial \xi}\end{bmatrix}=\frac{1}{4ab}\begin{bmatrix} b\xi_i(1+\eta_0) & 0 \\ 0 & a\eta_i(1+\xi_0) \\ a\eta_i(1+\xi_0) & b\xi_i(1+\eta_0)\end{bmatrix} \tag{4-13}$$

矩形单元的[B]中，各元素是坐标的线性函数，说明{ε}在单元内是线性变化，当然，它比常应变三角单元对应变应力的描述要精确些. 对于矩形单元的刚度方程，仍可表示为

$$[k]=\begin{bmatrix} [k_{11}] & [k_{12}] & [k_{13}] & [k_{14}] \\ [k_{21}] & [k_{22}] & [k_{23}] & [k_{24}] \\ [k_{31}] & [k_{32}] & [k_{33}] & [k_{34}] \\ [k_{41}] & [k_{42}] & [k_{43}] & [k_{44}] \end{bmatrix}$$

子矩阵

$$[k_{ij}]=\iint [B_i]^{\mathrm{T}}[D][B_j]t\mathrm{d}x\mathrm{d}y$$

若 t 是常量，则

$$[k_{ij}]=tab\int_{-1}^{1}\int_{-1}^{1}[B_i]^{\mathrm{T}}[D][B_j]\mathrm{d}\xi\mathrm{d}\eta=\frac{Et}{4ab(1-\nu^2)}$$

$$\begin{bmatrix} b^2\xi_i\xi_j\left(1+\dfrac{1}{3}\eta_i\eta_j\right)+\dfrac{1-\nu}{2}a^2\eta_i\eta_j\left(1+\dfrac{1}{3}\xi_i\xi_j\right) & ab\left(\nu\xi_i\eta_j+\dfrac{1-\nu}{2}\eta_i\xi_j\right) \\ ab\left(\nu\eta_i\xi_j+\dfrac{1-\nu}{2}\xi_i\eta_j\right) & a^2\eta_i\eta_j\left(1+\dfrac{1}{3}\xi_i\xi_j\right)+\dfrac{1-\nu}{2}b^2\xi_i\xi_j\left(1+\dfrac{1}{3}\eta_i\eta_j\right)\end{bmatrix}$$

单元的应力矩阵为

$$\{\sigma\}=[D]\{\varepsilon\}=[D][B_i, B_j, B_k, B_m]\{\delta\}^e=[S_i, S_j, S_k, S_m]\{\delta\}^e$$

其中

$$[S_i]=[D][B_i]=\frac{E}{4ab(1-\nu^2)}\begin{bmatrix} b\xi_i(1+\eta_0) & \nu a\eta_i(1+\xi_0) \\ \nu b\xi_i(1+\eta_0) & a\eta_i(1+\xi_0) \\ \dfrac{1-\nu}{2}a\eta_i(1+\xi_0) & \dfrac{1-\nu}{2}b\xi_i(1+\eta_0)\end{bmatrix}$$

由$[S_i]$可看出：矩形单元中的应力分量都不是常量，正应力分量 σ_x 的主项（即不与 ν 相乘的项）是 η（即 η_0 或 y 向）的线性函数，而次要项（与 ν 相乘的项）是按 ξ（ξ_0

或 x 向)线性变化的. σ_y 与此相反,τ_{xy} 沿 x 和 y 方向都按线性变化.

在连续体应力分析中,采用矩形单元优点是精度比三角形单元高,但它也有明显的缺陷,一是边界适应性差,二是不同部位不便于采用不同大小的单元,为弥补这一不便,通常采用三角元和矩形元混合使用办法解决,如图 4-11 所示连续体,在一些部位采用矩形单元,在曲线边界部位采用三角元,在集中载荷作用处,因应力变化剧烈,采用细化矩形网格,远离载荷作用部位,单元取得大些,中间用三角形单元予以过渡.

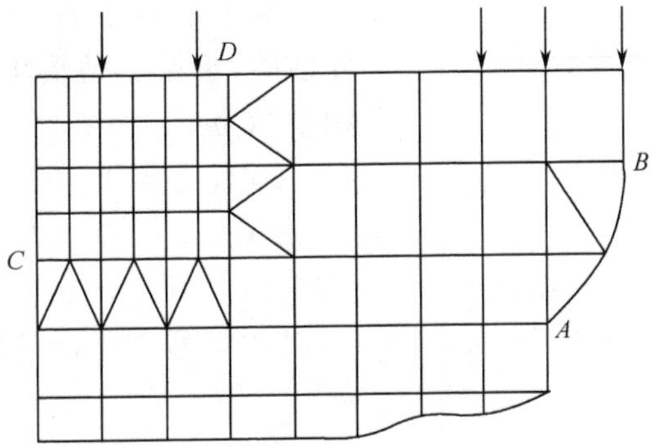

图 4-11　矩形元素三角元素划分

§4.4　面积坐标与高阶三角形单元

单元内任一点的坐标位置可用不同的坐标方法来表示,用直角坐标可表示元内一点的位置,也可以用如下的三个比值来惟一确定三角形内某点 P 的位置.

$$L_i = \frac{\Delta_i}{\Delta}$$

$$L_j = \frac{\Delta_j}{\Delta} \tag{4-14}$$

$$L_m = \frac{\Delta_m}{\Delta}$$

其中 Δ 为三角形 ijm 的面积,Δ_i,Δ_j,Δ_m 分别表示三角形 pjm,pim,pij 的面积,这三个比值称为 P 点的面积坐标,见图 4-12. 要注意的是一点的三个面积值是不独立的. 由于 $\Delta_i+\Delta_j+\Delta_m=\Delta$,所以

$$L_i + L_j + L_m = 1 \tag{4-15}$$

这里引用的面积坐标,只限于用在一个三角形单元之内,在该三角形之外并无意义,因而是一种局部坐标. 与此相反以前所用的直角坐标 x 和 y,则是总体坐标,它

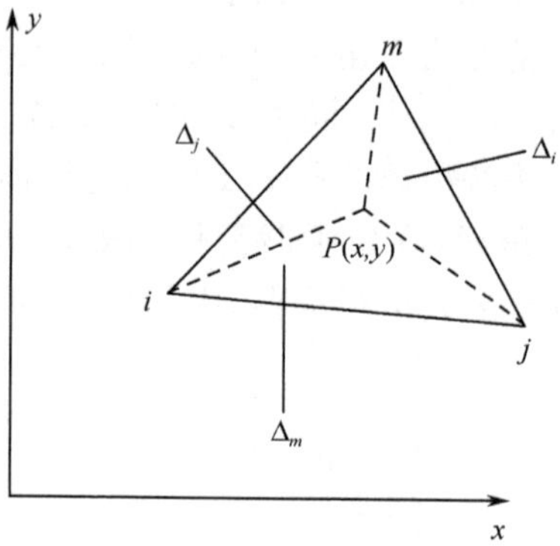

图 4-12 面积坐标

通用于所有单元,即通用于全结构.

根据面积坐标的定义,由图 4-13 不难看出,在平行于 jm 边的直线上各点,其 L_i 坐标值相同,而且这个 L_i 值等于该平行线到 jm 边的距离 h_p 与 i 点到 jm 边的距离 h_i 之比,据此,图中所示 L_i 的一些等直线都是等间距的.

对于平行于 ij,im 边的直线,也有同样性质,于是三角形单元上三个结点的面积坐标为

$$i\text{ 点},L_i = 1,\quad L_j = 0,\quad L_m = 0$$

$$j\text{ 点},L_i = 0,\quad L_j = 1,\quad L_m = 0$$

$$m\text{ 点},L_i = 0,\quad L_j = 0,\quad L_m = 1$$

或表示为 $i(1,0,0)$,$j(0,1,0)$,$m(0,0,1)$,其中括号中坐标的表示顺序为(L_i,L_j,L_m).

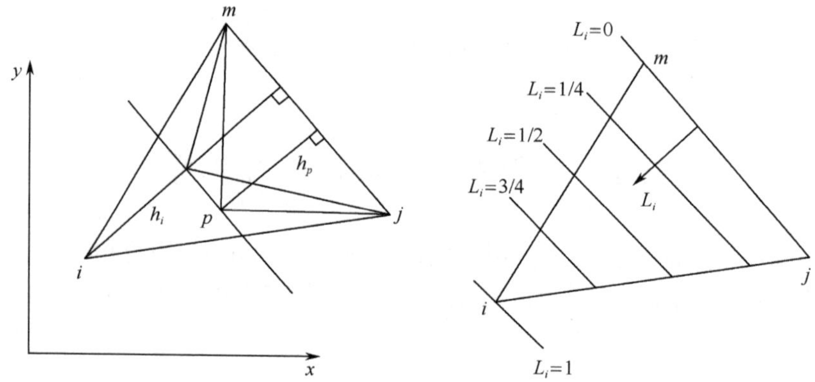

图 4-13 面积坐标

既然单元中任一点 P 可用直角坐标 $P(x,y)$ 表示,也可用面积坐标 $P(L_i,L_j,L_m)$表示,两个坐标系之间必定存在一定的关系

$$2\Delta_i = \begin{vmatrix} 1 & x & y \\ 1 & x_j & y_j \\ 1 & x_m & y_m \end{vmatrix} \qquad (i,j,m)$$

所以

$$\Delta_i = \frac{1}{2}[(x_j y_m - x_m y_j) + (y_j - y_m)x + (x_m - x_j)y] \qquad (i,j,m)$$

根据式(4-4)有

$$\Delta_i = \frac{1}{2}[(a_i + b_i x + c_i y)] \qquad (i,j,m)$$

于是面积坐标和直角坐标关系为

$$\begin{aligned} L_i &= \frac{1}{2\Delta}(a_i + b_i x + c_i y) \\ L_j &= \frac{1}{2\Delta}(a_j + b_j x + c_j y) \\ L_m &= \frac{1}{2\Delta}(a_m + b_m x + c_m y) \end{aligned} \tag{4-16}$$

至此面积坐标的重要意义就显示出来了,对比式(4-5)有

$$N_i = L_i, \quad N_j = L_j, \quad N_m = L_m$$

就是说简单三角单元的形状函数就是面积坐标.式(4-16)可用矩阵表示为

$$\begin{Bmatrix} L_i \\ L_j \\ L_m \end{Bmatrix} = \frac{1}{2\Delta}\begin{Bmatrix} a_i & b_i & c_i \\ a_j & b_j & c_j \\ a_m & b_m & c_m \end{Bmatrix}\begin{Bmatrix} 1 \\ x \\ y \end{Bmatrix}$$

将式(4-16)分别乘以 x_i, x_j, x_m 然后相加得

$$\begin{aligned} L_i x_i + L_j x_j + L_m x_m = \frac{1}{2\Delta}[&(a_i x_i + a_j x_j + a_m x_m) \\ &+ (b_i x_i + b_j x_j + b_m x_m)x + (c_i x_i + c_j x_j + c_m x_m)y] \end{aligned} \tag{4-17}$$

$a_i, b_i, \cdots, c_m$ 依次为下列行列式第一行,第二行,第三行各列的代数余子式.

$$2\Delta = \begin{vmatrix} 1 & x_i & y_i \\ 1 & x_j & y_j \\ 1 & x_m & y_m \end{vmatrix}$$

根据行列式性质有:任一行(或列)各元素,与相应的代数余子式的乘积之和,等于行列式的值.但任一行(或列)各元素,与其他行(或列)相应元素的代数余子式的乘积之和,则等于零.所以式(4-17)中有

$$\begin{aligned} a_i x_i + a_j x_j + a_m x_m &= 0 \\ b_i x_i + b_j x_j + b_m x_m &= 2\Delta \\ c_i x_i + c_j x_j + c_m x_m &= 0 \end{aligned}$$

从而式(4-17)变为

$$L_i x_i + L_j x_j + L_m x_m = x$$

同理

$$L_i y_i + L_j y_j + L_m y_m = y$$

加之关系

$$L_i + L_j + L_m = 1$$

总括以上各式,用矩阵表示为

$$\begin{Bmatrix} 1 \\ x \\ y \end{Bmatrix} = \begin{bmatrix} 1 & 1 & 1 \\ x_i & x_j & x_m \\ y_i & y_j & y_m \end{bmatrix} \begin{Bmatrix} L_i \\ L_j \\ L_m \end{Bmatrix} \tag{4-18}$$

式(4-18)意义更明显;面积坐标不仅把结点位移插值成内位移,而且把结点坐标插值成内部坐标,这样面积坐标把单元的结点插值成内部量.

用式(4-16)可将 xy 平面上的任意三角形 ijm 变换为 L_iL_j 平面上的直角三角形 $i_1j_1m_1$,这时的独立变量是 L_iL_j. 三角形腰长度为 1. 如图 4-14 所示.

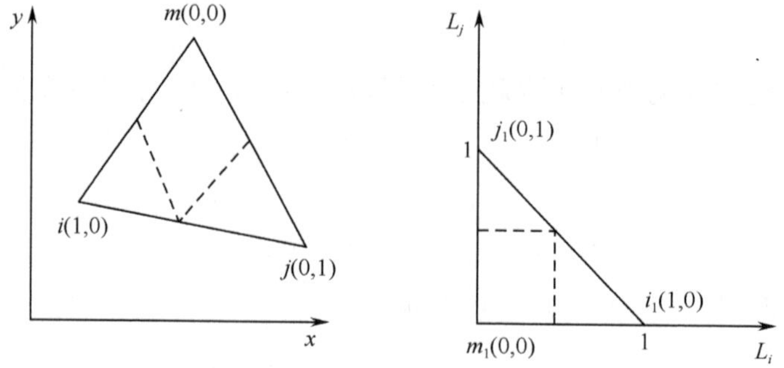

图 4-14　两坐标系图形变换

采用面积坐标分析三角形单元的另一个突出优点,是便于形成形状函数,它可以由下列两个条件惟一确定,即

(1) 形状函数的阶次和形状与位移函数相同;

(2) 形状函数 N_i 在结点 i 其值为 1,在其余的结点($\neq i$)其值为 0.

下面来具体确定形状函数:如图 4-15 所示六结点三角形单元,形状函数 N_i 在除结点 i 之外的其余五个结点其值应为 0,显然二直线 $j2m$ 和 31 通过这五个结点,其方程分别为

$$L_i = 0,\quad L_i = \frac{1}{2}$$

这样,函数 $L_i\left(L_i - \frac{1}{2}\right)$在这五个结点之值为 0. 六结点有 12 个自由度,位移函数 u 或 v 取为完全二次多项式,则形状函数的阶次与位移函数相同也取为二次. 再利用 N_i 在结点 i 之值应为 1 的条件,即可得

$$N_i = L_i(2L_i - 1)$$

同理可得，$N_j = L_j(2L_j - 1)$，$N_m = L_m(2L_m - 1)$

再来求副结点的形状函数，如 N_1 在除结点 1 之外的其余五个结点上其值应为 0，显然，二直线 $j-2-m$ 和 $i-3-m$ 通过这五个结点，其方程分别为

$$L_i = 0, \quad L_j = 0$$

于是，函数 L_iL_j 在这些结点上之值为 0，且为二次函数. 再利用 N_1 在结点 1 之值为 1 的要求，立即可得

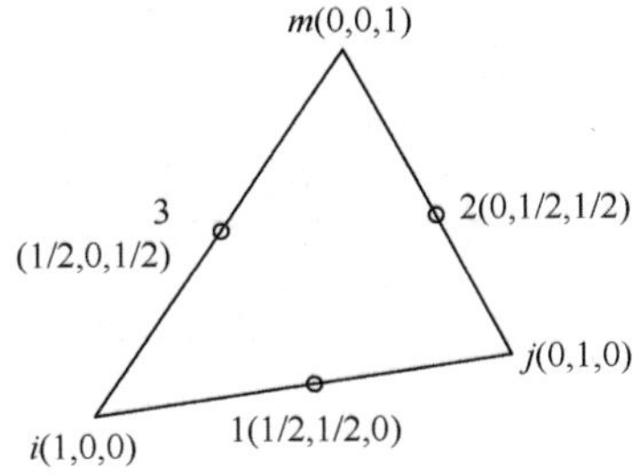

图 4-15　六结点三角形元素

$$N_1 = 4L_iL_j, \quad N_2 = 4L_jL_m, \quad N_3 = 4L_mL_i$$

由此可见，用这种方法求六结点三角形单元的形状函数表达式非常方便，其图形如图 4-16 所示，由图 4-16(a)示出顶点插值函数，图 4-16(b)表示中间点插值函数.

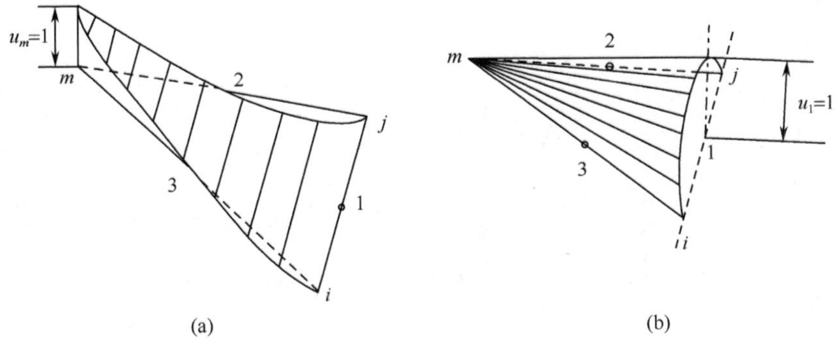

图 4-16　形状函数

又如图 4-17 所示十结点三角形单元，读者可以分析位移函数取完全三次多项式，可保证单元边界协调. 现用上述方法确定形状函数. 如 N_i 在除结点 i 之外的其余九个结点的值应为 0，而三直线 $j-2-5-m$，$4-7-3$ 和 $1-6$ 通过这几个结点，其方程分别为

$$L_i = 0, \quad L_i = \frac{1}{3}, \quad L_i = \frac{2}{3}$$

这样，函数 $L_i\left(L_i - \frac{1}{3}\right)\left(L_i - \frac{2}{3}\right)$ 在这九个结点上之值为 0，且是三次函数式. 再利用 N_i 在结点 i 之值应为 1 的要求，立即可得

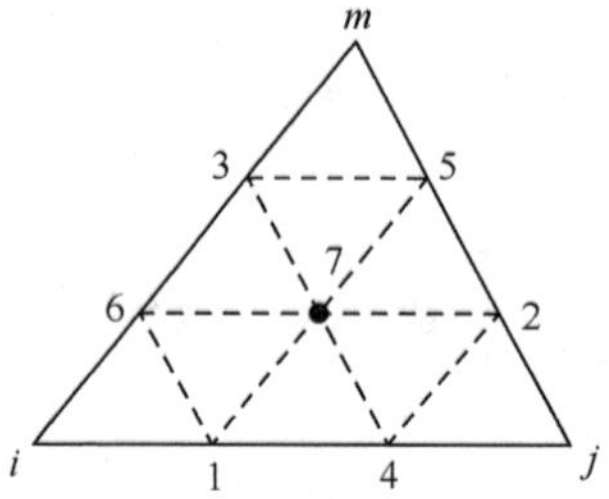

图 4-17　十结点三角形元素

$$N_i = \frac{1}{2}L_i(3L_i - 1)(3L_i - 2)$$

同理可得，$N_j = \frac{1}{2}L_j(3L_j - 1)(3L_j - 2)$，

$N_m = \frac{1}{2}L_m(3L_m - 1)(3L_m - 2)$.

再来求副结点的形状函数，如 N_1 在除结点 1 之外的其余九个结点上之值应为 0，而三直线 $j-2-5-m$，$4-7-3$，$i-6-3-m$ 通过这九个结点，其方程分别为

$$L_i = 0,\quad L_i = \frac{1}{3},\quad L_j = 0$$

这样，函数 $L_i\left(L_i - \frac{1}{3}\right)L_j$ 在这九个结点之值为 0，且为三次函数，再利用 N_1 在结点 1 的值为 1 的要求，立即可得

$$N_1 = \frac{9}{2}L_iL_j(3L_i - 1)$$

同理可得

$$N_2 = \frac{9}{2}L_jL_m(3L_j - 1),$$

$$N_3 = \frac{9}{2}L_mL_i(3L_m - 1)$$

$$N_4 = \frac{9}{2}L_iL_j(3L_j - 1),$$

$$N_5 = \frac{9}{2}L_jL_m(3L_m - 1)$$

$$N_6 = \frac{9}{2}L_mL_i(3L_i - 1)$$

内结点 7 的形状函数 N_7，在除结点 7 之外的其余九个结点之值应为 0，而三直线 $j-2-5-m$，$1-6-3-m$ 和 $i-1-4-j$ 通过这九个结点，其方程分别为

$$L_i = 0,\quad L_j = 0,\quad L_m = 0$$

显然，函数 $L_iL_jL_m$ 在这九个结点之值为 0，且是三次函数，再利用 N_7 在结点 7 之值应为 1 的要求，立即可得

$$N_7 = 27L_iL_jL_m$$

以上即十结点三角形单元的形状函数，其图形如图 4-18 所示.

用此方法可以求得二阶，三阶以及更高阶三角形单元的形状函数.

由以上分析过程，不难看出，采用这种方法物理概念比较清楚. 但若将插值点的面积坐标代入上述求形状函数的列式，可见它就是一维拉格朗日插值的连乘，也

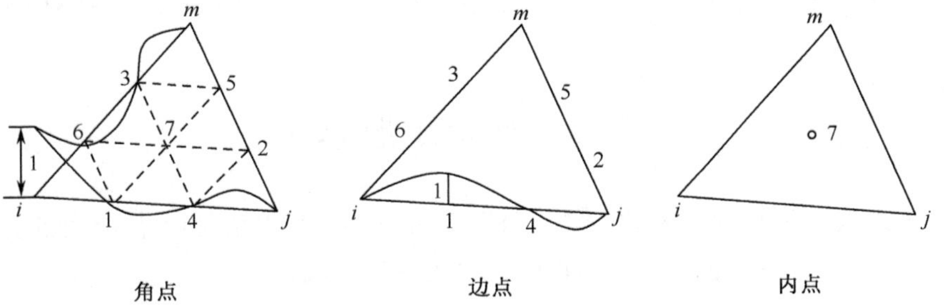

图 4-18　三次形状函数图形

就是说，形状函数是由刚好能包含完所有被插值结点（除插值结点）直线的面积坐标，沿相应的面积坐标方向按一维拉格朗日插值之积求得，其直线的条数恰好等于位移函数的阶数，而且也是刚好能包含完所有被插值结点的最少条数，显然，若直接用面积坐标插值求形状函数将更为方便. 具体应用作为读者练习.

在单元特性计算中，经常用到微分，积分运算，这时要用复合函数的求导法则，因此有

$$\frac{\partial}{\partial x}=\frac{\partial}{\partial L_i}\frac{\partial L_i}{\partial x}+\frac{\partial}{\partial L_j}\frac{\partial L_j}{\partial x}+\frac{\partial}{\partial L_m}\frac{\partial L_m}{\partial x}=\frac{1}{2\Delta}\left(b_i\frac{\partial}{\partial L_i}+b_j\frac{\partial}{\partial L_j}+b_m\frac{\partial}{\partial L_m}\right)$$

$$\frac{\partial}{\partial y}=\frac{\partial}{\partial L_i}\frac{\partial L_i}{\partial y}+\frac{\partial}{\partial L_j}\frac{\partial L_j}{\partial y}+\frac{\partial}{\partial L_m}\frac{\partial L_m}{\partial y}=\frac{1}{2\Delta}\left(c_i\frac{\partial}{\partial L_i}+c_j\frac{\partial}{\partial L_j}+c_m\frac{\partial}{\partial L_m}\right)$$

(4-19)

在求单元的刚度矩阵及等效载荷时，常用到面积坐标的幂函数在三角形区域上的积分，运算式为

$$\iint_\Delta L_i^\alpha L_j^\beta L_m^\gamma \mathrm{d}x\mathrm{d}y=\frac{\alpha!\beta!\gamma!}{(\alpha+\beta+\gamma+2)!}2\Delta$$

$$\int_l L_i^\alpha L_j^\beta \mathrm{d}s=\frac{\alpha!\beta!}{(\alpha+\beta+1)!}l$$

$$(i,j,m) \qquad (4\text{-}20)$$

式中 l 是边长. 利用式(4-20)可很方便的在三角形域上积分，例如

$$\iint_\Delta L_i \mathrm{d}x\mathrm{d}y=\frac{1!0!0!}{(1+0+0+2)!}2\Delta=\frac{\Delta}{3}\quad (i,j,m)$$

$$\iint_\Delta L_i^2 \mathrm{d}x\mathrm{d}y=\frac{2!0!0!}{(2+0+0+2)!}2\Delta=\frac{\Delta}{6}\quad (i,j,m)$$

$$\iint_\Delta L_iL_j \mathrm{d}x\mathrm{d}y=\frac{\Delta}{12}\qquad (i,j,m)$$

式(4-20)把一个复杂的重积分变成一个简单的算术运算,这也是利用面积坐标的优点之一.

§4.5　高阶矩形单元

为了提高矩形单元的精度,像三角形单元一样,可用增加结点个数的方法解决.如图 4-19 所示的九结点矩形单元,它的位移函数取为

$$u(x,y)=a_1+a_2x+a_3y+a_4x^2+a_5xy+a_6y^2+a_7x^2y+a_8xy^2+a_9x^2y^2$$

$$v(x,y)=a_{10}+a_{11}x+a_{12}y+a_{13}x^2+a_{14}xy+a_{15}y^2+a_{16}x^2y+a_{17}xy^2+a_{18}x^2y^2$$

现在来找形状函数,从四结点矩形元的形状函数

$$N_i=\frac{1}{4}(1+\xi_0)(1+\eta_0)\qquad(i=1,2,3,4)$$

与两结点一维元形状函数:$N_i=\frac{1}{2}(1+\xi_0)(i=1,2)$的对比可以看到,前者是 ξ,η 两方向一维形函数的乘积,也就是两个一维拉格朗日插值函数的乘积.因此可以推广这种互乘的方法得到高次形函数的情况.

若以 $\xi=\frac{x}{a},\eta=\frac{y}{b}$,则各结点坐标值如图 4-19 所示.例如

$$N_1=\frac{\xi-0}{-1-0}\cdot\frac{\xi-1}{-1-1}\cdot\frac{\eta-0}{-1-0}\cdot\frac{\eta-1}{-1-1}=\frac{1}{4}\xi\eta(\xi-1)(\eta-1)$$

$$N_5=\frac{\xi+1}{0+1}\cdot\frac{\xi-1}{0-1}\cdot\frac{\eta-0}{-1-0}\cdot\frac{\eta-1}{-1-1}=\frac{1}{2}\eta(\eta-1)(1-\xi^2)$$

$$N_9=\frac{\xi+1}{0+1}\cdot\frac{\xi-1}{0-1}\cdot\frac{\eta+1}{0+1}\cdot\frac{\eta-1}{0-1}=(1-\xi^2)(1-\eta^2)$$

其他各结点形状函数可同样内插得到,其形状函数如图 4-20 所示.

另外常用的矩形单元中还有八结点单元,即内结点 9 取消,这时位移函数去掉 x^2y^2 项,同样可构成一协调单元.对于全部结点都在单元边界上的矩形单元,也可以用内插法得形状函数,其方法是

首先考虑边结点(副结点)形状函数,沿边界方向按一维拉格朗日插值,在另一个方向,由于中间无内结点,仍按线性插值.譬如结点 5 形状函数.

$$N_5=\frac{\xi+1}{0+1}\cdot\frac{\xi-1}{0-1}\cdot\frac{\eta-1}{-1-1}=\frac{1}{2}(1-\xi^2)(1-\eta)$$

结点 8 的形状函数

$$N_8=\frac{\eta+1}{0+1}\cdot\frac{\eta-1}{0-1}\cdot\frac{\xi-1}{-1-1}=\frac{1}{2}(1-\xi)(1-\eta^2)$$

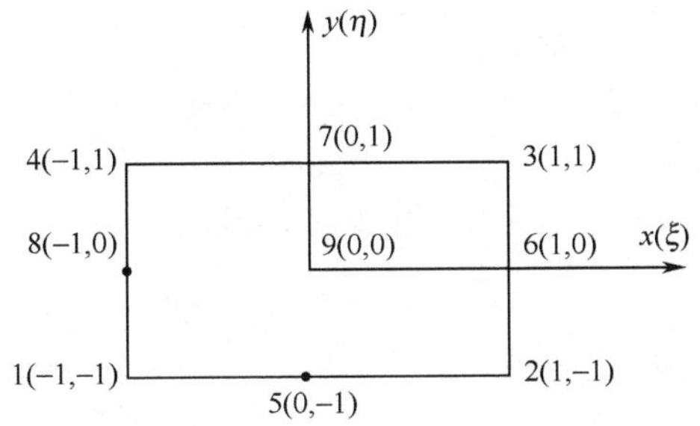

图 4-19 九结点矩形元素

同样方法可得 6,7 结点的形状函数.

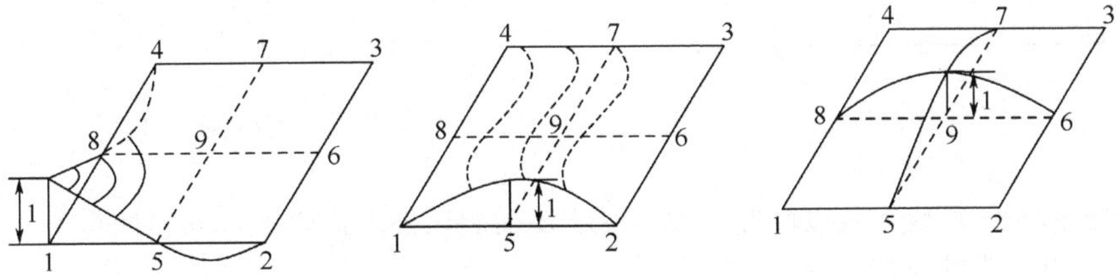

图 4-20 九结点矩形单元形状函数

对于主结点(角点)的形状函数,先考虑四结点矩形元形状函数. 第 i 点(即 1 结点)形状函数为

$$N_1=\frac{1}{4}(1-\xi)(1-\eta)$$

在 1 结点其值为 1,在 2,3,4 结点其值为零,在 1-2,1-4 边中点(即 5、8 点)其值为 $\frac{1}{2}$,为使八结点单元的 N_1 满足形状函数的要求,可以减去两个分别在 N_5,N_8 成比例的函数,将使它在 5,8 结点函数值为零. 又知 N_5,N_8 在 5,8 结点其值为 1,于是八结点矩形单元的主结点 1 处形状函数为

$$\begin{aligned}N_1&=\frac{1}{4}(1-\xi)(1-\eta)-\frac{1}{2}N_5-\frac{1}{2}N_8\\&=\frac{1}{4}(1-\xi)(1-\eta)(-\xi-\eta-1)\end{aligned}$$

同理其他边结点、角结点的形状函数都可方便地求得.

习　　题

4-1　三结点三角形单元 ijm 的位移函数能否选为

(1) $u(x,y)=a_1+a_2x^2+a_3y$,　　(2) $u(x,y)=a_1x^2+a_2xy+a_3y^2$,

$v(x,y)=a_4+a_5x+a_6y^2$;　　$v(x,y)=a_4x^2+a_5xy+a_6y^2$.

4-2　推导三结点平板单元在局部坐标系 xOy 中的单元刚度矩阵.

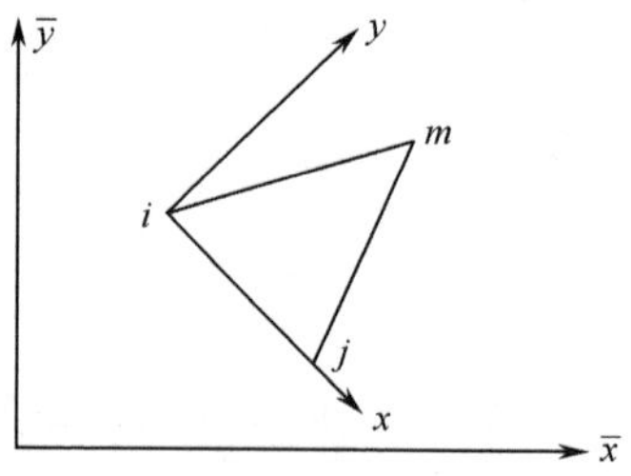

习题图 4-2

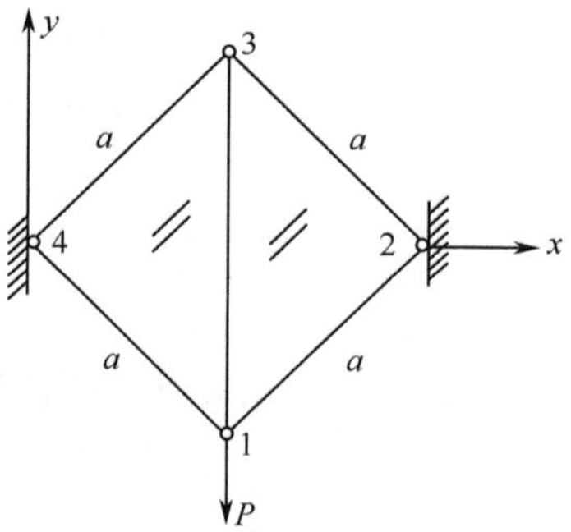

习题图 4-3

4-3　正方形平板,厚度为 t,边长为 a,弹性模量 E,材料泊松比 ν,载荷 P,按习题图 4-3 所示分元,求 1、3 点的位移.

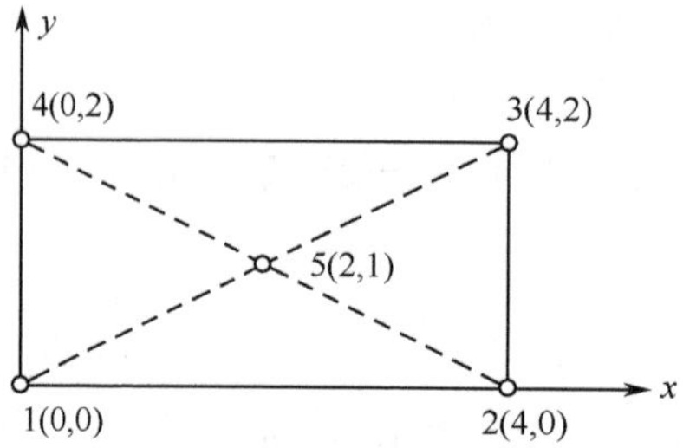

习题图 4-4

4-4　习题图 4-4 所示的矩形板 1234,分成四个常应变三角形单元.求

(1)形成这些单元集合的刚度矩阵;

(2)若 1234 就是一个矩形单元,形成刚度矩阵.

4-5　矩形平板单元的位移函数能否取为

(1) $u(x,y)=a_1+a_2x^2+a_3xy+a_4y^2$,

$v(x,y)=a_5+a_6x^2+a_7xy+a_8y^2$;

(2) $u(x,y)=a_1+a_2x+a_3y+a_4x^2$,

$v(x,y)=a_5+a_6x+a_7y+a_8x^2$.

4-6　下列三种情况,单元的刚度矩阵是否相同?为什么?(习题图 4-6 所示)

4-7　写出下列三角形单元各结点的面积坐标值,并利用内插方法找出单元的形状函数.(习题图 4-7 所示,各边结点等间距.)

4-8　求习题图 4-8 所示各单元,在分布力(x 向)作用下,单元的等效结点载荷.

4-9　求三结点和六结点三角形单元在自重作用下的等效结点载荷.(设比重为 γ,厚度为 t,单元面积 Δ.)

4-10　试分析三结点三角形单元和四结点矩形单元的刚度矩阵中,任意行(列)的元素之和是否

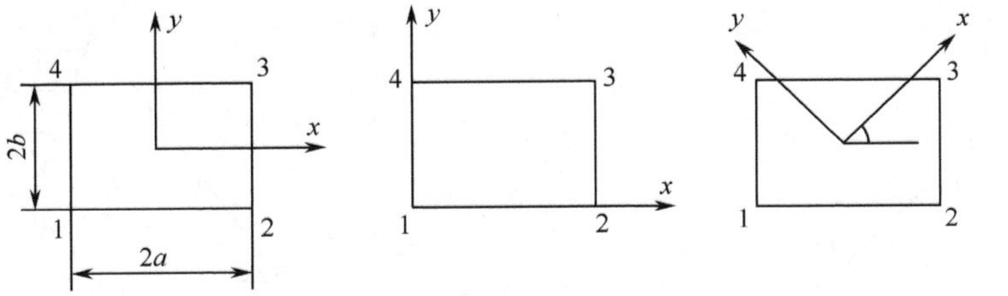

习题图 4-6

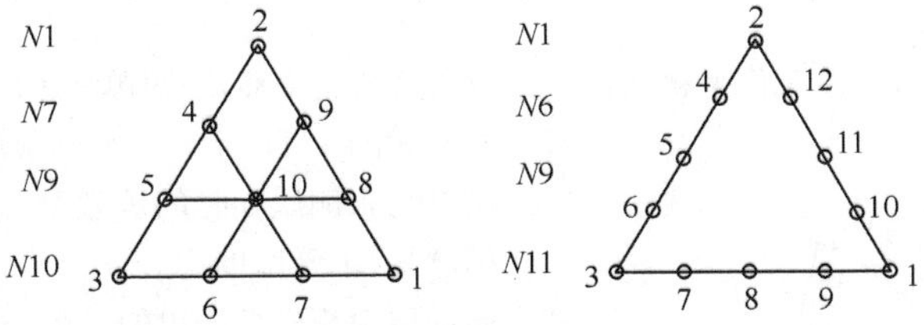

习题图 4-7

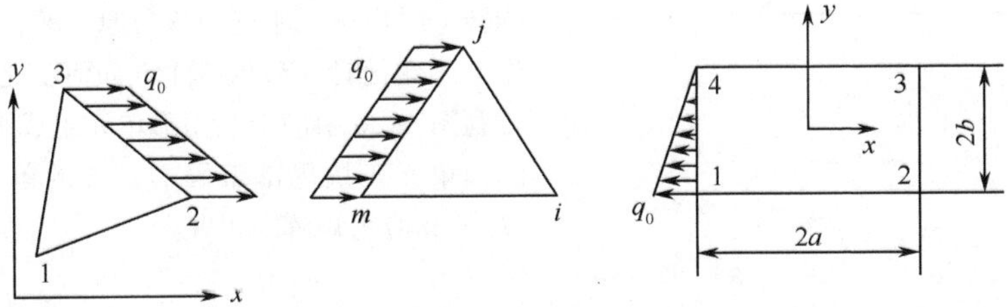

习题图 4-8

为零？为什么？

4-11 证明三结点三角形单元的插值函数满足

$$N_i(x_i, y_i) = 1 \quad 及 \quad N_i + N_j + N_m = 1$$

4-12 习题图 4-12 所示三结点三角形单元，厚度为 t，弹性模量是 E，泊松比 ν. 试求：插值函数矩阵[N]，应变矩阵[B]，应力矩阵[S]，单元刚度矩阵$[K]^e$.

4-13 写出习题图 4-13 所示三角形单元的插值函数 N_i，N_j，N_m 以及应变矩阵[B].

4-14 习题图 4-13 中单元在 jm 边作用有线性分布的面载荷(x 方向)，试求结点载荷向量.

4-15 以平面问题常应变三角形单元为例，证明单元刚度矩阵的任何一行(或列)元素的总和为零.

4-16 证明常应变三角形单元发生刚体位移时，单元中将不产生应力.

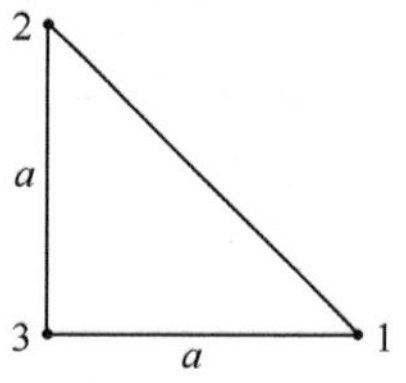

习题图 4-12

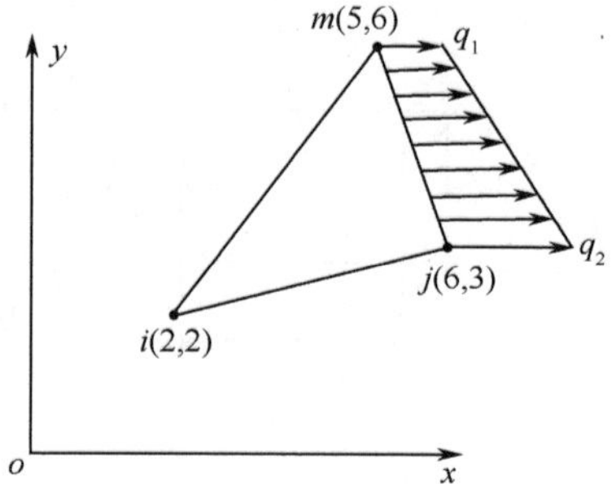

习题图 4-13

提示:赋予结点在单元作平移和转动时相应的结点位移,证明单元中应力为零.

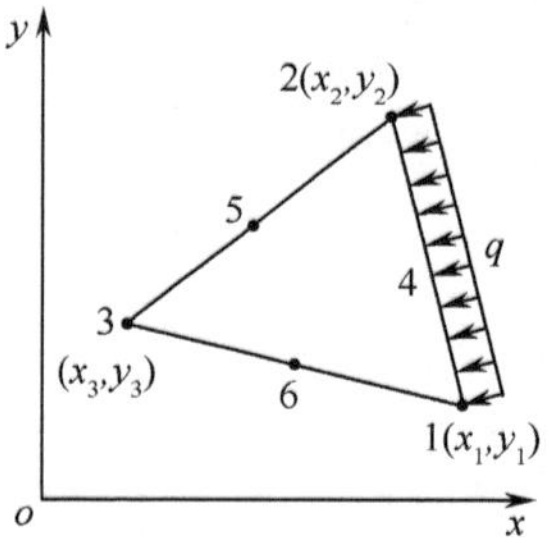

习题图 4-17

4-17 求习题图 4-17 所示二次三角形单元在 142 边作用有均布侧压 q 时的等效结点载荷.假设结点坐标已知,单元厚度为 t.

4-18 验证用面积坐标给出的二次(三角形)单元的插值函数 $N_1 \sim N_6$ 满足 $\sum N_i = 1(i=1 \sim 6)$.

4-19 二维单元在 x,y 坐标平面内平移到不同位置,单元刚度矩阵相同吗?在平面内旋转时怎样?单元旋转 180°后单元刚度矩阵与原来的相同吗?单元作上述变化时,应力矩阵[S]如何变化?

4-20 习题图 4-20 中两个三角形单元组成平行四边形,已知单元 1 按局部编码 i,j,m 的单元刚度矩阵 $[K]^1$ 和应力矩阵 $[S]^1$ 是

$$[K]^1 = \begin{bmatrix} 8 & 0 & -6 & -6 & -2 & 6 \\ & 16 & 0 & -12 & 0 & -4 \\ & & 13.5 & 4.5 & -7.5 & -4.5 \\ \text{对} & & & 13.5 & 1.5 & -1.5 \\ & & & & 9.5 & -1.5 \\ & & \text{称} & & & 5.5 \end{bmatrix}$$

$$[S]^1 = \begin{bmatrix} 0 & 0 & -3 & 0 & 3 & 0 \\ 0 & 4 & 0 & -3 & 0 & -1 \\ 2 & 0 & -1.5 & -1.5 & -0.5 & 1.5 \end{bmatrix}$$

按图示单元 2 的局部编码写出 $[K]^2$,$[S]^2$.

4-21 八结点矩形元(每边中点为结点)的位移函数可取

$$u = \beta_1 + \beta_2 \xi + \beta_3 \eta + \beta_4 \xi\eta + \beta_5 \xi^2 + \beta_6 \eta^2 + \beta_7 \xi^2 \eta + \beta_8 \xi\eta^2$$

$$v = \beta_9 + \beta_{10} \xi + \beta_{11} \eta + \beta_{12} \xi\eta + \beta_{13} \xi^2 + \beta_{14} \eta^2 + \beta_{15} \xi^2 \eta + \beta_{16} \xi\eta^2$$

试求插值函数 $N_1 \sim N_8$ 并证明它们满足插值函数的基本要求.

4-22　八结点矩形元位移模式的三次项由上题给出的 $\xi^2\eta$ 和 $\xi\eta^2$ 改为 ξ^3 和 η^3，即

$$u=\beta_1+\beta_2\xi+\beta_3\eta+\beta_4\xi\eta+\beta_5\xi^2+\beta_6\eta^2+\beta_7\xi^3+\beta_8\eta^3$$
$$v=\beta_9+\beta_{10}\xi+\beta_{11}\eta+\beta_{12}\xi\eta+\beta_{13}\xi^2+\beta_{14}\eta^2+\beta_{15}\xi^3+\beta_{16}\eta^3$$

是否可以？

提示：可由收敛准则 2 连续性要求是否能满足来论证.

4-23　利用题 4-21 中得到的插值函数计算八结点矩形元在 2—6—3 边作用均布水平载荷 q 时的等效结点载荷，如图 4-23 所示，单元厚为 t.

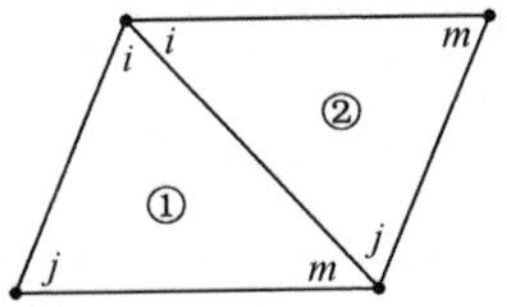

习题图 4-20

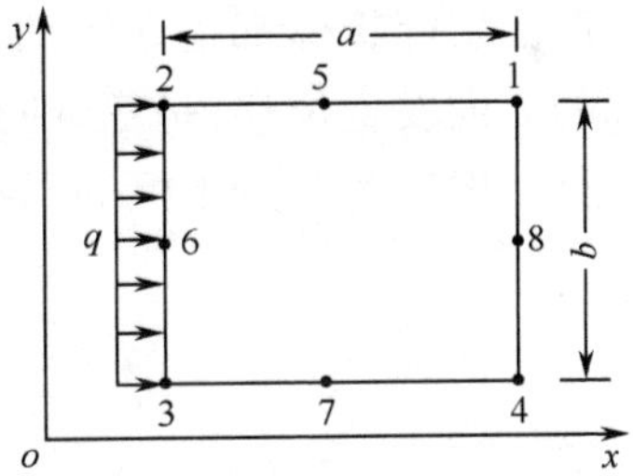

习题图 4-23

4-24　试证明面积坐标与直角坐标满足下列转换关系：

$$x=x_iL_i+x_jL_j+x_mL_m$$
$$y=y_iL_i+y_jL_j+y_mL_m$$

4-25　证明一维 Lagrange 单元的插值函数满足 $\sum_{i=1}^{n}N_i=1$ 的要求（n 是结点数）.

第五章　空间问题有限元法

§5.1　三维应力状态

一般的实际物体都是立体的，弹性体受力作用后，其内部各点将沿 x,y,z 三个坐标的方向发生位移，是三维问题．如各点沿 x,y,z 方向的位移以 u,v,w 表示，这些位移一般应为各点坐标的函数，即

$$
\begin{aligned}
u &= u(x,y,z) \\
v &= v(x,y,z) \\
w &= w(x,y,z)
\end{aligned}
$$

弹性体一般变形情况下，有三个方向的线应变 $\varepsilon_x,\varepsilon_y,\varepsilon_z$ 及三对剪应变 $\gamma_{xy}=\gamma_{yx},\gamma_{yz}=\gamma_{zy},\gamma_{zx}=\gamma_{xz}$．由弹性力学可知，应变与位移间的几何关系是

$$
\begin{aligned}
\varepsilon_x &= \frac{\partial u}{\partial x}, & \gamma_{xy} &= \frac{\partial u}{\partial y}+\frac{\partial v}{\partial x} \\
\varepsilon_y &= \frac{\partial v}{\partial y}, & \gamma_{yz} &= \frac{\partial v}{\partial z}+\frac{\partial w}{\partial y} \\
\varepsilon_z &= \frac{\partial w}{\partial z}, & \gamma_{zx} &= \frac{\partial w}{\partial x}+\frac{\partial u}{\partial z}
\end{aligned}
\tag{5-1}
$$

上式可视为平面问题的推广，而平面问题则为三维问题的特殊情况．

三维弹性体的应变一般有上述六项分量，这些分量可用一列阵 $\{\varepsilon\}$ 表示，则式(5-1)可用矩阵形式表示为

$$
\{\varepsilon\} = \begin{Bmatrix} \varepsilon_x \\ \varepsilon_y \\ \varepsilon_z \\ \gamma_{xy} \\ \gamma_{yz} \\ \gamma_{zx} \end{Bmatrix} = \begin{Bmatrix} \frac{\partial}{\partial x} & 0 & 0 \\ 0 & \frac{\partial}{\partial y} & 0 \\ 0 & 0 & \frac{\partial}{\partial z} \\ \frac{\partial}{\partial y} & \frac{\partial}{\partial x} & 0 \\ 0 & \frac{\partial}{\partial z} & \frac{\partial}{\partial y} \\ \frac{\partial}{\partial z} & 0 & \frac{\partial}{\partial x} \end{Bmatrix} \begin{Bmatrix} u \\ v \\ w \end{Bmatrix}
\tag{5-2}
$$

弹性体受力作用，内部任一点的应力状态也是三维的，有三项正应力 $\sigma_x,\sigma_y,\sigma_z$

和三对剪应力 $\tau_{xy}=\tau_{yx}$，$\tau_{yz}=\tau_{zy}$，$\tau_{zx}=\tau_{xz}$，共有六项独立的应力分量，这些应力分量也可用列阵表示

$$\{\sigma\}=[\sigma_x,\sigma_y,\sigma_z,\tau_{xy},\tau_{yz},\tau_{zx}]^{\mathrm{T}}$$

在线弹性范围内，应力应变间的物理关系可用矩阵形式表示为

$$\{\sigma\}=[D]\{\varepsilon\} \tag{5-3}$$

对于各向同性的弹性体，在三维应力状态下，弹性系数矩阵 $[D]$ 的一般形式为

$$[D]=\frac{E(1-\nu)}{(1+\nu)(1-2\nu)}\begin{bmatrix} 1 & & & & & \\ \frac{\nu}{1-\nu} & 1 & & & & \\ \frac{\nu}{1-\nu} & \frac{\nu}{1-\nu} & 1 & & & \\ 0 & 0 & 0 & \frac{1-2\nu}{2(1-\nu)} & & \\ 0 & 0 & 0 & 0 & \frac{1-2\nu}{2(1-\nu)} & \\ 0 & 0 & 0 & 0 & 0 & \frac{1-2\nu}{2(1-\nu)} \end{bmatrix} \tag{5-4}$$

§5.2 四面体常应变单元

最简单的空间单元——四面体单元如图 5-1 所示，i,j,k,m 为四个结点，为使单元体积不出现负值，结点的编号按下规定：在右手坐标系中，当右手螺旋按 $i\to j\to k$ 转向时，拇指指向 m。

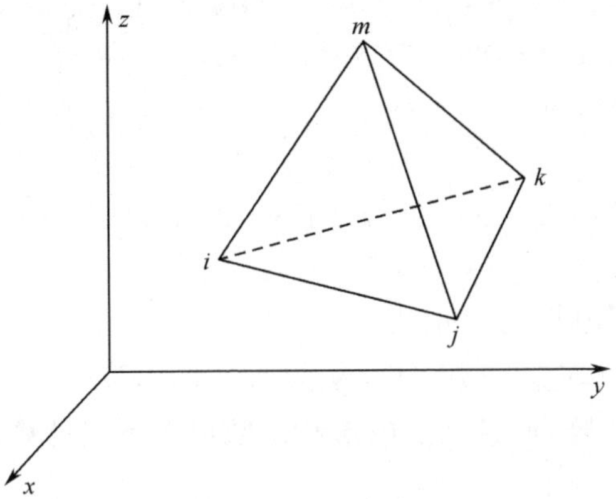

图 5-1 四面体单元

5.2.1　位移函数

单元变形时，各结点都有沿 x,y,z 的三项位移，单元有四个结点，共有 12 项结点位移，合起来以列阵表示为

$$\{\delta\}^e = [u_i, v_i, w_i, u_j, v_j, w_j, u_k, v_k, w_k, u_m, v_m, w_m]^{\mathrm{T}}$$

单元变形时，单元内各点也有沿 x,y,z 方向的位移 u,v,w，一般应为坐标 x,y,z 的函数. 对于这种简单的四面体单元，其内部位移可假设为坐标的线性函数，全单元有 12 个自由度，每个单元有三个位移函数，每个位移函数取四项为

$$\begin{aligned} u &= \alpha_1 + \alpha_2 x + \alpha_3 y + \alpha_4 z \\ v &= \alpha_5 + \alpha_6 x + \alpha_7 y + \alpha_8 z \\ w &= \alpha_9 + \alpha_{10} x + \alpha_{11} y + \alpha_{12} z \end{aligned} \tag{5-5}$$

式中 $\alpha_1,\alpha_5,\alpha_9$ 反映刚体平移，$\alpha_2,\alpha_7,\alpha_{12}$ 反映常量正应变，其余各项反映绕三坐标轴旋转的刚体转动及常量剪应变.

上式含 12 个待定常数，可以由单元的 12 项结点位移决定. 将四个结点的坐标值代入式(5-5)中的 u 式，在 i,j,k,m 四个结点，分别有

$$\begin{aligned} u_i &= \alpha_1 + \alpha_2 x_i + \alpha_3 y_i + \alpha_4 z_i \\ u_j &= \alpha_1 + \alpha_2 x_j + \alpha_3 y_j + \alpha_4 z_j \\ u_k &= \alpha_1 + \alpha_2 x_k + \alpha_3 y_k + \alpha_4 z_k \\ u_m &= \alpha_1 + \alpha_2 x_m + \alpha_3 y_m + \alpha_4 z_m \end{aligned} \tag{5-6}$$

由式(5-6)求出 $\alpha_1,\alpha_2,\alpha_3$ 与 α_4 再代回式(5-5)的 u 式，整理后得

$$u = N_i u_i + N_j u_j + N_k u_k + N_m u_m$$

同理，可求得

$$\begin{aligned} v &= N_i v_i + N_j v_j + N_k v_k + N_m v_m \\ w &= N_i w_i + N_j w_j + N_k w_k + N_m w_m \end{aligned}$$

将以上三式用矩阵表示为

$$\begin{Bmatrix} u \\ v \\ w \end{Bmatrix} = [N]\{\delta\}^e \tag{5-7}$$

其中$[N]$为形状函数矩阵，可表示为

$$[N] = [N_i[I], N_j[I], N_k[I], N_m[I]] \tag{5-8}$$

式中$[I]$为三阶单位矩阵，而各结点的形状函数可按下式计算得到，即

$$N_i = \frac{1}{6V}(a_i + b_i x + c_i y + d_i z) \qquad (i,j,k,m)$$

如记矩阵

$$[\Lambda]=\begin{bmatrix}1 & x_i & y_i & z_i\\ 1 & x_j & y_j & z_j\\ 1 & x_k & y_k & z_k\\ 1 & x_m & y_m & z_m\end{bmatrix}$$

则前式中 $V=\frac{1}{6}|\Lambda|$，V 为四面体单元的体积，其他各数皆可由$[\Lambda]$确定，如

$$\begin{aligned}a_i&=\begin{bmatrix}x_j & y_j & z_j\\ x_k & y_k & z_k\\ x_m & y_m & z_m\end{bmatrix},\quad & b_i&=-\begin{bmatrix}1 & y_j & z_j\\ 1 & y_k & z_k\\ 1 & y_m & z_m\end{bmatrix}\\ c_i&=\begin{bmatrix}1 & x_j & z_j\\ 1 & x_k & z_k\\ 1 & x_m & z_m\end{bmatrix},\quad & d_i&=-\begin{bmatrix}1 & x_j & y_j\\ 1 & x_k & y_k\\ 1 & x_m & y_m\end{bmatrix}\end{aligned}\tag{5-9}$$

a_i,b_i,c_i,d_i 为矩阵$[\Lambda]$第一行各元素的代数余子式. 同样可以确定 $a_j,b_j,c_j,d_j,\cdots a_m,b_m,c_m,d_m$ 等，它们是矩阵$[\Lambda]$第二、三、四行各元素的代数余子式.

简单四面体单元内，位移是坐标的线性函数，单元体的任一三角形界面，变形后仍保持为一平面，且由该面上三个结点的位移决定. 因而相邻两单元的三角形交界面上，在变形过程中，其位移是一致的；即两相邻单元的位移在交界面上是连续的，所以常应变四面体元是协调元.

5.2.2 应变矩阵

将式(5-7)代入几何关系式(5-2)，经过微分运算，可以得到单元内应变为

$$\{\varepsilon\}=[L][N]\{\delta\}^e=[B]\{\delta\}^e$$

其中应变矩阵(几何矩阵)是形状函数矩阵$[N]$经微分算子矩阵$[L]$作用所得的结果，$[B]$中任一个子矩阵$[B_i]$的显式应为

$$[B_i]=\frac{1}{6V}\begin{bmatrix}b_i & 0 & 0\\ 0 & c_i & 0\\ 0 & 0 & d_i\\ c_i & b_i & 0\\ 0 & d_i & c_i\\ d_i & 0 & b_i\end{bmatrix}\qquad (i,j,k,m)\tag{5-10}$$

式中的 V 及 b_i,c_i,d_i 等按式(5-9)决定. 可见，这里$[B_i]$的每项元素都是由结点坐标决定的常数；因而简单四面体单元内，各点的应变都是一样的，这是一种常应变单元. 这一点与平面问题常应变三角形单元是相似的. 由于单元内位移都假定为线性变化，因而由位移一阶导数组成的应变，自然就是常值了.

单元内应变为常值，按物理方程(5-3)，单元内的应力也是常值. 一般受力情况下，三维体内有限大小的四面体内的应力并不是常值，用常应力单元来代替它，当然是近似的，单元间的应力是不连续的. 只有当单元划分得很小时，单元内的应力才接近于常值，用有限元法计算出的应力在单元间的不连续才是比较小的，可以做为真实应力分布的近似. 一般把这种单元应力的计算值作为单元中心一点的应力近似值是比较适当的.

5.2.3　单元刚度矩阵

将式(5-4)及(5-10)代入 $[K]^e=\int_{V^e}[B]^{\mathrm{T}}[D][B]\mathrm{d}v$ 即可计算得单元刚度矩阵. 由于简单四面体单元为常应变单元. 故积分有

$$[K]^e=[B]^{\mathrm{T}}[D][B]V^e$$

其中 V^e 为单元体积. 按结点分块，此单元刚度矩阵可以表示为

$$[K]^e=\begin{bmatrix}[k_{ii}] & [k_{ij}] & [k_{ik}] & [k_{im}]\\ [k_{ji}] & [k_{jj}] & [k_{jk}] & [k_{jm}]\\ [k_{ki}] & [k_{kj}] & [k_{kk}] & [k_{km}]\\ [k_{mi}] & [k_{mj}] & [k_{mk}] & [k_{mm}]\end{bmatrix}$$

其中任一子矩阵为

$$[k_{rs}]_{3\times 3}=[B_r]^{\mathrm{T}}[D][B_s]V^e \qquad (r,s=i,j,k,m)$$

5.2.4　载荷分配

三维弹性体内如受有均布的体积力(如重力)作用，对于这种简单的四面体单元，可以逐个单元计算出其整个单元的全部体积力，再平均分配到四个结点上，即每个结点分配到 1/4 的单元体积力. 如果单元的某个表面作用有均布的面积力，也可将此面上的全部面积力平均分配到相连的三个结点上，即每个结点分配到三角形上面积力总和的 1/3，如果体积力、面积力不是均布的，则不应平均分配，而应按下式计算：

$$\begin{aligned}\{P_V\}^e&=\int_{V^e}[N]^{\mathrm{T}}\{q\}\mathrm{d}v\\ \{P_S\}^e&=\int_{S^e}[N]^{\mathrm{T}}\{p\}\mathrm{d}s\end{aligned}\tag{5-11}$$

其中 $\{P_V\}^e$，$\{P_S\}^e$ 为 e 单元内分布体积力和分布面积力分配到单元结点的载荷，$[N]$为形状函数矩阵，$\{q\}$和$\{p\}$分别为单位体积力和单位面积力，V^e，S^e 则为受有分布力的单元体积和面积.

5.2.5 四面体的组合

用四面体单元分析三维结构，单元划分是很灵活的，可以逼近较复杂的几何形状，可以按需要在局部区域随意加密或变稀网格. 为了减小计算误差，应尽可能使四面体的六个棱边有相近的长度，而接近正四面体. 但是，将实际的三维结构划分为四面体单元，其单元数量是很大的，而且由于结构是立体的，划分出的四面体单元之间的拼合关系是错综复杂的. 这使单元编号，结点编号以及数据准备和结果分析等都很繁杂，而且容易出错.

实际上的三维结构，除在边缘，棱角处为适应边界几何形状，可能需要划分多个四面体单元之外，其余大部分区域都可以划分成一般的六面体或三棱体，采用较为复杂的单元. 这样，三维结构可以作为这种复杂单元的组合. 也可以按图 5-2 所示，把六面体，三棱体按一定的规则分解为数个四面体单元的组合. 如将图 5-2(a)所示的三棱体单元，按图中的结点编号，可分解为以结点 1,4,2 为顶点的 2—5—3—1、

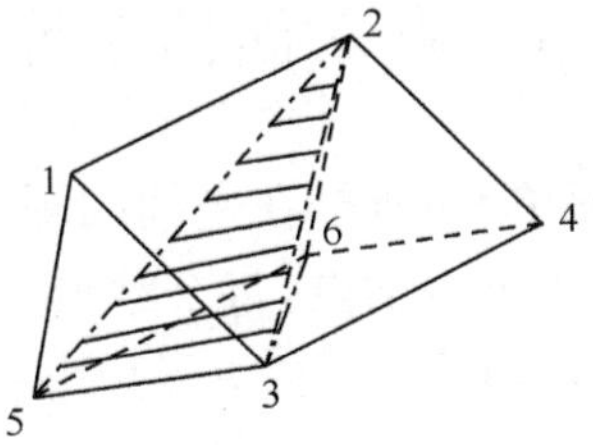

(a)

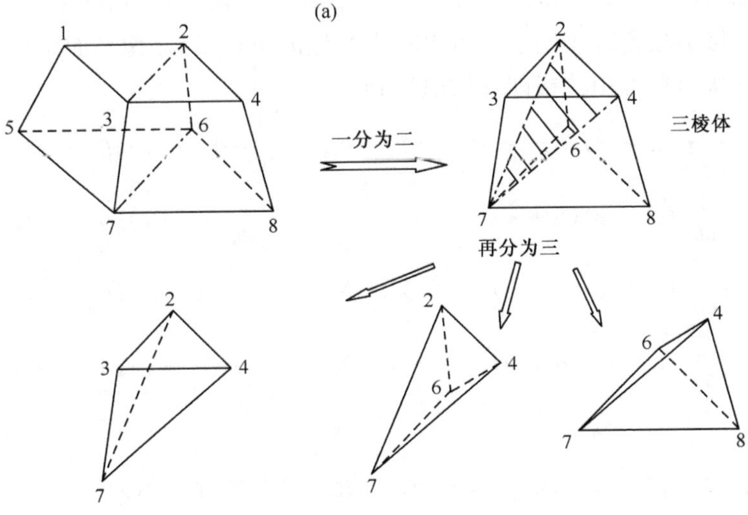

(b)

图 5-2 三棱体、六面体分解成几个四面体

6—2—3—4 和 5—3—6—2 三个四面体单元. 又如,可将图 5-2(b)所示的六面体单元,按图示的结点编号,分解为两个三棱体,再将三棱体分解为三个四面体元. 这样在单元编号,数据准备以及结果分析时都可以此六面体、三棱体为单位. 而在有限元法计算时,在计算机内,则是按一定规则把它们自动分解成数个四面体单元;统一用四面体单元完成单元刚度矩阵计算、载荷分配以及刚度矩阵叠加和结点载荷叠加等有限元分析过程. 之后求出各结点的位移和各四面体内的应力. 这样可以减少数据准备,便于结果分析,减少人工出错的机会.

用简单四面体单元分析三维应力,虽然单元刚度矩阵,载荷分配等计算简单,程序简单,但精度是比较低的(单元内应力为常值). 为得到一定准确度的结果,往往需将结构划分为成千甚至上万个单元,增加了整个问题求解的自由度,总的计算效益是不理想的. 对三维问题的有限元分析,一般多采用复杂一些的、精度高一些的单元,如下节介绍的六面体单元,其综合效益会更好.

§5.3 直六面体单元

如同在平面问题中采用矩形单元一样,在空间问题中也可以采用六面体单元. 图 5-3 表示直六面体单元,它有八个主结点,每个结点三个位移分量,共 24 个自由度,每个位移函数可以包括以下八项:

$$u(x,y,z) = a_1 + a_2 x + a_3 y + a_4 z + a_5 xy + a_6 yz + a_7 xz + a_8 xyz$$

其他两个位移函数也取相同基底可以写出类似的位移函数. 像平面矩形单元类似,各结点的形状函数可用拉格朗日插值得到.

$$\begin{aligned}
N_1 &= \frac{1}{8abc}(a+x)(b-y)(c-z), \quad & N_2 &= \frac{1}{8abc}(a+x)(b+y)(c-z) \\
N_3 &= \frac{1}{8abc}(a-x)(b+y)(c-z), \quad & N_4 &= \frac{1}{8abc}(a-x)(b-y)(c-z) \\
N_5 &= \frac{1}{8abc}(a+x)(b-y)(c+z), \quad & N_6 &= \frac{1}{8abc}(a+x)(b+y)(c+z) \\
N_7 &= \frac{1}{8abc}(a-x)(b+y)(c+z), \quad & N_8 &= \frac{1}{8abc}(a-x)(b-y)(c+z)
\end{aligned} \tag{5-12}$$

记 $\xi=\frac{x}{a}$, $\eta=\frac{y}{b}$, $\zeta=\frac{z}{c}$,则式(5-12)可用无量纲自然坐标表示为

$$N_1(\xi,\eta,\zeta) = \frac{1}{8}(1+\xi)(1-\eta)(1-\zeta)$$

$$N_2(\xi,\eta,\zeta) = \frac{1}{8}(1+\xi)(1+\eta)(1-\zeta)$$

$$
\begin{aligned}
N_3(\xi,\eta,\zeta) &= \frac{1}{8}(1-\xi)(1+\eta)(1-\zeta)\\
N_4(\xi,\eta,\zeta) &= \frac{1}{8}(1-\xi)(1-\eta)(1-\zeta)\\
N_5(\xi,\eta,\zeta) &= \frac{1}{8}(1+\xi)(1-\eta)(1+\zeta)\\
N_6(\xi,\eta,\zeta) &= \frac{1}{8}(1+\xi)(1+\eta)(1+\zeta)\\
N_7(\xi,\eta,\zeta) &= \frac{1}{8}(1-\xi)(1+\eta)(1+\zeta)\\
N_8(\xi,\eta,\zeta) &= \frac{1}{8}(1-\xi)(1-\eta)(1+\zeta)
\end{aligned} \tag{5-13}
$$

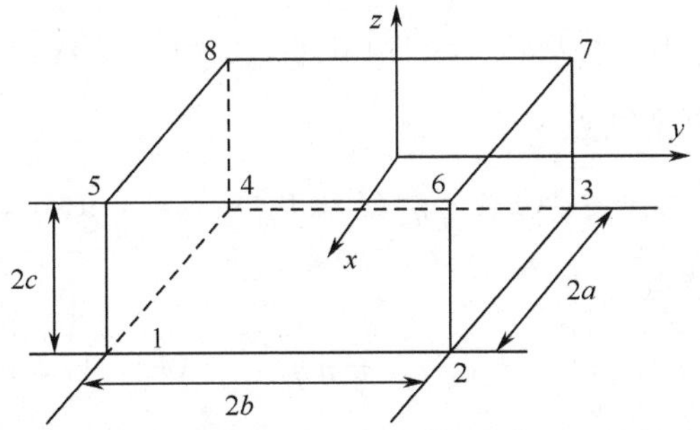

图 5-3　直六面体单元

或用通式写成

$$
N_i = \frac{1}{8}(1+\xi_i\xi)(1+\eta_i\eta)(1+\zeta_i\zeta) \quad (i=1,2,\cdots,8) \tag{5-14}
$$

目前在直六面体单元中，采用较多的是如图 5-4 所示的无内结点的 20 结点六面体单元，这种单元的形状函数可直接写出来，其方法如同 §4.5 中无内结点的矩形单元内插完全类似. 用无量纲的坐标 ξ,η,ζ 表示单元坐标.

先插副结点，例如 16 结点，可沿 ξ,η,ζ 方向分别用一维的拉格朗日插值，相乘之后得 N_{16}，在 ξ 方向插值之后得

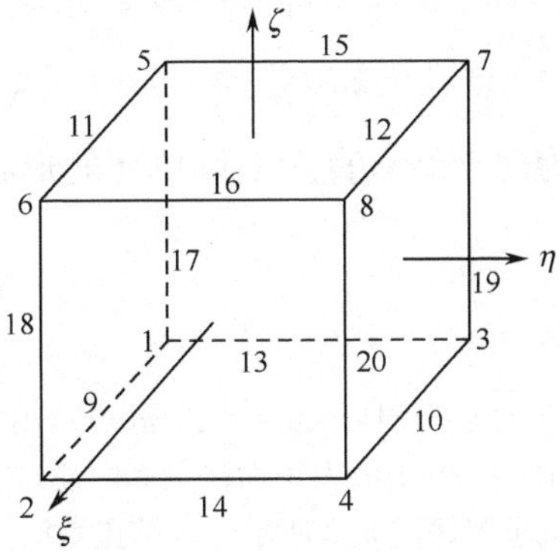

图 5-4　二十结点直六面体单元

$$\frac{\xi+1}{1+1}=\frac{1}{2}(1+\xi)$$

在 η 方向通过 6,8 点插值得

$$\frac{\eta+1}{0+1}\frac{\eta-1}{0-1}=(1-\eta^2)$$

在 ζ 方向通过 14 结点插值得

$$\frac{\zeta+1}{1+1}=\frac{1}{2}(1+\zeta)$$

故

$$N_{16}=\frac{1}{2}(1+\xi)(1-\eta^2)\frac{1}{2}(1+\zeta)=\frac{1}{4}(1+\xi)(1-\eta^2)(1+\zeta)$$

对 13,14,15 结点都可得类似式. 在 $\eta=0$ 面上四个副结点

$$N_i=\frac{1}{4}(1-\eta^2)(1+\xi_i\xi)(1+\zeta_i\zeta)\quad(i=13,14,15,16)$$

同样在 $\xi=0$ 面上四个副结点

$$N_i=\frac{1}{4}(1-\xi^2)(1+\eta_i\eta)(1+\zeta_i\zeta)\quad(i=9,10,11,12)$$

在 $\zeta=0$ 面上四个副结点

$$N_i=\frac{1}{4}(1-\zeta^2)(1+\xi_\varepsilon)(1+\eta_i\eta)\qquad(i=17,18,19,20)$$

对主结点的插值(加约束条件)函数同以前平面问题,例如对结点 8

$$N_8=\frac{1}{8}(1+\xi)(1+\eta)(1+\zeta)-\frac{1}{2}(N_{16}+N_{12}+N_{20})$$
$$=\frac{1}{8}(1+\xi)(1+\eta)(1+\zeta)(\xi+\eta+\zeta-2)$$

对其他七个主结点都可类似法求形状函数,表示为

$$N_i=\frac{1}{8}(1+\xi_i\xi)(1+\eta_i\eta)(1+\zeta_i\zeta)(\xi_i\xi+\eta_i\eta+\zeta_i\zeta-2)\qquad(i=1,2,\cdots,8)$$

上式为二十结点直六面体单元的形状函数.

习　　题

5-1　空间直三棱体单元(习题图 5-1),用插值方法构成单元的形状函数.(△456 在 xy 面内)提示:在 xy 平面内用面积坐标内插,在 z 方向按两点拉格朗日插值.

5-2　试求习题图 5-2 所示十六结点六面体元形状函数 N_2,N_{10},N_{12}.

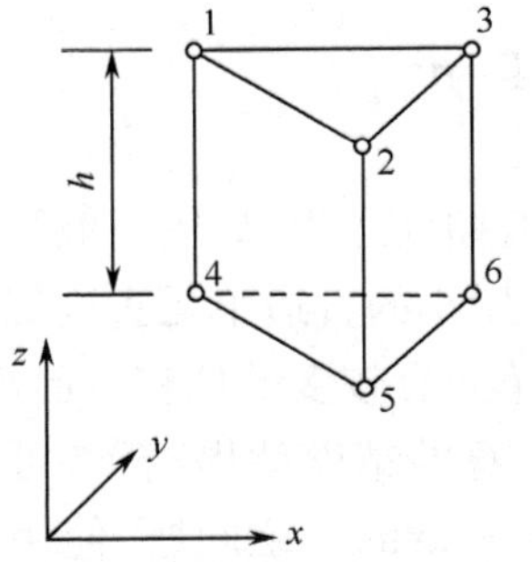

习题图 5-1

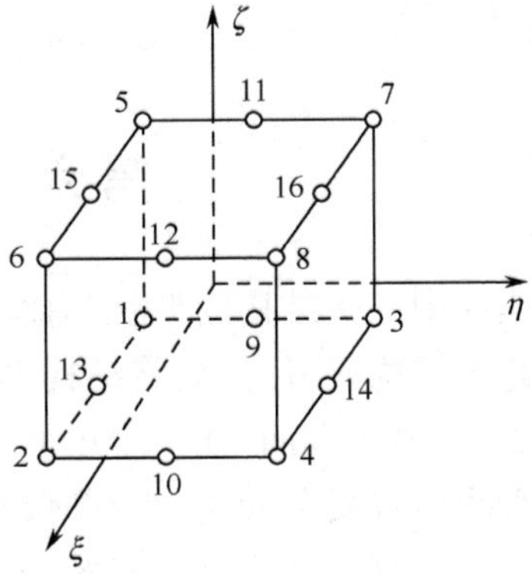

习题图 5-2

第六章　等参数单元

工程中一些结构的形状是比较复杂的，有的具有曲面边界. 如用一般简单单元分析此类结构，往往需要将结构划分为大量的单元，用小的直边单元去近似结构的曲面边界. 另一方面，在一个单元内多取一些结点，单元有较多的位移自由度，就能插值表示出较复杂的单元内部位移场. 这样，单元本身的精度就提高了，可以用较少的单元来解决结构分析问题. 实际计算表明，对于复杂的三维问题，使用精度较高的复杂单元是更有利的，总计算量可以少，划分单元也比较方便. 参数单元可以具有曲面形状，以便于拼成复杂的实际结构，也可以方便地构造多结点、高精度的参数单元，有利于复杂三维结构的有限元分析. 对于二维、三维都可以采用相应的参数单元，其构造方法有很多相似之处，这是一系列的单元，目前应用是很成功的. 为了便于说明参数单元的构造方法，先介绍较简单的平面四结点、八结点等参数单元，进一步再介绍更有用的三维八结点和二十结点等参数单元.

§6.1　平面四结点等参元

6.1.1　坐标变换与等参单元

对于一般形状的平面区域，可以划分成任意四边形单元，它比三角形常应力单元精度高，比矩形单元适应性强，便于适应一般的边界，也便于按需要划分疏密不均的网格，图 6-1(a)所示的任意四边形单元，它相对于统一坐标系 xy 处于一般的位置，可以其四个角点为结点，结点编号如图 6-1(a). 为了便于单元分析，可按单元的几何形状，在单元内建立一个局部坐标系列，使单元边界上的 ξ,η 坐标具有特定的值.

如在图 6-1(a)中，3—4边上使 $\eta=1$，1—2边上使 $\eta=-1$，2—3边上使 $\xi=1$，1—4边上使 $\xi=-1$. 显然这是一种随单元形状而不同的局部坐标系，其坐标网格一般不是正交的. 每个单元内，坐标 ξ,η 的值皆在 -1 与 $+1$ 之间，各单元都是一样的区间. 此坐标系可称为单元的自然坐标系，其坐标区域是一个 2×2 的正方形，如图 6-1(b)所示. 正方形的四个边对应于实际单元的边界，四个顶点也一一对应于四个结点；正方形内任一点 $P(\xi,\eta)$ 都对应于实际单元内的一个点 $P(x,y)$. 这也相当于通过坐标变换把实际单元“映射”为一个正方形，有人把图 6-1(a)称为实单元，图 6-1(b)称为母单元. 实单元与母单元的一一对应关系可写为

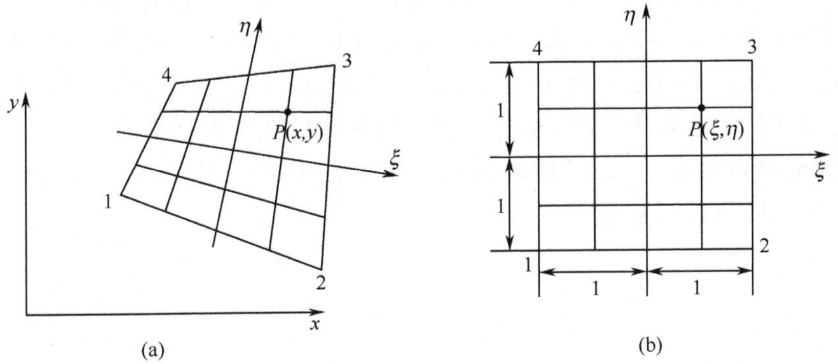

图 6-1　等参变换

$$\begin{Bmatrix} x \\ y \end{Bmatrix} = \begin{bmatrix} N_1 & 0 & N_2 & 0 & N_3 & 0 & N_4 & 0 \\ 0 & N_1 & 0 & N_2 & 0 & N_3 & 0 & N_4 \end{bmatrix} \begin{Bmatrix} x_1 \\ y_1 \\ x_2 \\ y_2 \\ x_3 \\ y_3 \\ x_4 \\ y_4 \end{Bmatrix} \tag{6-1}$$

其中

$$N_1 = \frac{1}{4}(1-\xi)(1-\eta), \qquad N_2 = \frac{1}{4}(1+\xi)(1-\eta)$$

$$N_3 = \frac{1}{4}(1+\xi)(1+\eta), \qquad N_4 = \frac{1}{4}(1-\xi)(1+\eta) \tag{6-2}$$

由式(6-1)可见，这也是用结点的坐标值 $x_1,y_1,x_2,y_2,x_3,y_3,x_4,y_4$ 插值表示出单元内的坐标 x,y，与单元分析中常用的结点位移插值一样，N_1,N_2,N_3,N_4 也可称为形状函数，只不过这里的形状函数都表示为自然坐标 ξ,η 的显函数，如式(6-2)，$N_i(\xi,\eta)$称为几何形状函数.

事实上，只须说明变换式(6-1)将 $\xi\eta$ 平面上的相应点、线变成图 6-1(b)中相应的点、线就可以了. 比如把($\xi=1,\eta=-1$)和($\xi=1,\eta=1$)代入上式，则得($x=x_2$，$y=y_2$)和($x=x_3,y=y_3$)，所以图 6-1(b)中的 2(1，−1)，3(1,1)和图 6-1(a)中 2(x_2,y_2)，3(x_3,y_3)相对应. 若 $\xi=0,\eta=0$ 代入上式，则 $x=\frac{1}{4}(x_1+x_2+x_3+x_4)$，$y=\frac{1}{4}(y_1+y_2+y_3+y_4)$，说明(b)图的形心和(a)图的形心完全相对应. 可以

证明:两个单元的等百分线也一一对应. $\xi\eta$ 面中 $\xi=1$ 的直线,通过式(6-1)变换之后即是 xy 平面上2—3直线. 式(6-1)是单元几何位置的一种插值表示,也是一种坐标变换,它确定了直角坐标 x,y 与单元自然坐标 ξ,η 间的关系. 由式(6-2)可以看出,这种变换中含有乘积项 $\xi\eta$,这不是一种简单的线性变换关系.

形状函数表达式(6-2)可理解为真实单元在无因次斜坐标系 $\xi\eta$ 中的插值函数. 于是单元的位移函数是

$$\begin{Bmatrix} u \\ v \end{Bmatrix} = \begin{bmatrix} N_1 & 0 & N_2 & 0 & N_3 & 0 & N_4 & 0 \\ 0 & N_1 & 0 & N_2 & 0 & N_3 & 0 & N_4 \end{bmatrix} \begin{Bmatrix} u_1 \\ v_1 \\ u_2 \\ v_2 \\ u_3 \\ v_3 \\ u_4 \\ v_4 \end{Bmatrix} = [N]\{\delta\}^e \quad (6\text{-}3)$$

这就是我们习惯的位移插值表达式,$[N]$为形状函数矩阵,这里采用了同样的形状函数(6-2),用同样的结点插值表示出单元的几何坐标 x,y 与位移 u,v,这种单元称为等参单元. 也可以用不同的结点,不同的形状函数分别插值单元几何坐标 x,y 和位移 u,v,有所谓超参数单元和亚参数单元,但应用较少.

6.1.2 单元刚度矩阵的计算

为计算单元刚度矩阵,须求单元内的应变,对平面问题,应有

$$\begin{Bmatrix} \varepsilon_x \\ \varepsilon_y \\ \gamma_{xy} \end{Bmatrix} = \begin{bmatrix} \dfrac{\partial}{\partial x} & 0 \\ 0 & \dfrac{\partial}{\partial y} \\ \dfrac{\partial}{\partial y} & \dfrac{\partial}{\partial x} \end{bmatrix} \begin{Bmatrix} u \\ v \end{Bmatrix} = [L][N]\{\delta\}^e = [B]\{\delta\}^e \quad (6\text{-}4)$$

由于参数单元给出的形状函数 N_i 都是自然坐标 ξ,η 的函数,如式(6-2),因而,计算形状函数 N_i 对 x,y 的导数时需要做必要的变换.

按坐标变换关系式(6-1),x,y 与 ξ,η 间是有一定函数关系的,按复合函数的求导规则,有

$$\frac{\partial N_i}{\partial \xi} = \frac{\partial N_i}{\partial x}\frac{\partial x}{\partial \xi} + \frac{\partial N_i}{\partial y}\frac{\partial y}{\partial \xi}$$

$$\frac{\partial N_i}{\partial \eta} = \frac{\partial N_i}{\partial x}\frac{\partial x}{\partial \eta} + \frac{\partial N_i}{\partial y}\frac{\partial y}{\partial \eta}$$

或

$$\begin{Bmatrix}\dfrac{\partial N_i}{\partial \xi}\\[2ex]\dfrac{\partial N_i}{\partial \eta}\end{Bmatrix}=\begin{bmatrix}\dfrac{\partial x}{\partial \xi}&\dfrac{\partial y}{\partial \xi}\\[2ex]\dfrac{\partial x}{\partial \eta}&\dfrac{\partial y}{\partial \eta}\end{bmatrix}\begin{Bmatrix}\dfrac{\partial N_i}{\partial x}\\[2ex]\dfrac{\partial N_i}{\partial y}\end{Bmatrix}=[J]\begin{Bmatrix}\dfrac{\partial N_i}{\partial x}\\[2ex]\dfrac{\partial N_i}{\partial y}\end{Bmatrix}$$

由上式可以解出

$$\begin{Bmatrix}\dfrac{\partial N_i}{\partial x}\\[2ex]\dfrac{\partial N_i}{\partial y}\end{Bmatrix}=[J]^{-1}\begin{Bmatrix}\dfrac{\partial N_i}{\partial \xi}\\[2ex]\dfrac{\partial N_i}{\partial \eta}\end{Bmatrix}\tag{6-5}$$

这里有

$$[J]=\begin{bmatrix}\dfrac{\partial x}{\partial \xi}&\dfrac{\partial y}{\partial \xi}\\[2ex]\dfrac{\partial x}{\partial \eta}&\dfrac{\partial y}{\partial \eta}\end{bmatrix}$$

$[J]$为坐标变换的雅可比矩阵，其中各元素可由式(6-1)求出，即

$$\frac{\partial x}{\partial \xi}=\sum_{i=1}^{4}\frac{\partial N_i}{\partial \xi}x_i,\qquad \frac{\partial y}{\partial \xi}=\sum_{i=1}^{4}\frac{\partial N_i}{\partial \xi}y_i$$

$$\frac{\partial x}{\partial \eta}=\sum_{i=1}^{4}\frac{\partial N_i}{\partial \eta}x_i,\qquad \frac{\partial y}{\partial \eta}=\sum_{i=1}^{4}\frac{\partial N_i}{\partial \eta}y_i$$

将式(6-4)中的应变矩阵$[B]$按结点分块表示有$[B]=[B_1,B_2,B_3,B_4]$，其中

$$[B_i]=\begin{bmatrix}\dfrac{\partial N_i}{\partial x}&0\\[2ex]0&\dfrac{\partial N_i}{\partial y}\\[2ex]\dfrac{\partial N_i}{\partial y}&\dfrac{\partial N_i}{\partial x}\end{bmatrix}\qquad (i=1,2,3,4)$$

将式(6-5)决定的$\dfrac{\partial N_i}{\partial x}$，$\dfrac{\partial N_i}{\partial y}$代入上式，即可得出此单元的应变矩阵$[B]$，而单元的刚度矩阵同样可由下式决定：

$$[K]^e=\iiint\limits_{V^e}[B]^{\mathrm T}[D][B]\mathrm dV=\iint[B]^{\mathrm T}[D][B]t\mathrm ds$$

一般情况下，N_i 以及$\dfrac{\partial N_i}{\partial \xi}$，$\dfrac{\partial N_i}{\partial \eta}$等皆为$\xi$，$\eta$的函数，因而$[B]$，$[J]$等皆为$\xi$，$\eta$的函数，上述积分应在自然坐标系内进行，其面积元素 $\mathrm ds$ 也应以 $\mathrm d\xi$，$\mathrm d\eta$ 表示.

$$\mathrm ds=\mathrm dx\mathrm dy=|J|\,\mathrm d\xi\mathrm d\eta\tag{6-6}$$

式中$|J|$为雅可比矩阵$[J]$的行列式.

有了应变矩阵$[B]$及面积元素的表达式(6-6)，就可以求积计算单元的刚度矩

阵

$$[K]^e = \int_{-1}^{1}\int_{-1}^{1}[B]^{\mathrm{T}}[D][B]t\mid J\mid \mathrm{d}\xi\mathrm{d}\eta \tag{6-7}$$

上式对应于自然坐标 ξ,η 的积分上、下限是很简单的，但是，式中$[B]$,$[J]$皆为函数矩阵，中间还要求函数矩阵$[J]$的逆，很难求出积的解析表达式. 一般参数单元的计算都采用数值积分求式(6-7)的近似值. 等参单元计算中，为了减少计算点的数目和便于编制程序，多采用高斯数值积分方法. 数值积分方法介绍见§6.4节.

经过坐标变换，单元具有双重特性：一方面，x,y 坐标系下的单元的几何特征，载荷等等，都来自实际结构，充分反映了实际情况，另一方面，大量计算工作是在母单元内进行的，由于它的形状简单，而且规则，计算比较方便，并便于循环，特别有利于在计算机上进行计算，兼有两方面的优点.

6.1.3　等参变换的条件和等参单元的收敛性

1. 等参变换的条件

从微积分学知识已知，两个坐标之间一对一变换的条件是 Jacobi 行列式$|J|$不得为 0，等参变换作为一种坐标变换也必须服从此条件. 如$|J|=0$，则表明笛卡儿坐标中体积微元(或面积微元)为 0，即在自然坐标中的体积微元 $\mathrm{d}\xi\mathrm{d}\eta\mathrm{d}\zeta$(或面积微元 $\mathrm{d}\xi\mathrm{d}\eta$)对应笛卡儿坐标中的一个点，这种变换显然不是一一对应的. 另外因为$|J|=0$，$[J]^{-1}$将不成立，所以两个坐标之间偏导数的变换(6-5)就不可能实现.

现在着重研究在有限元分析的实际中如何防止出现$|J|=0$ 的情况. 为简单起见，先讨论二维情况，从式(6-6)已知 $\mathrm{d}s=|J|\mathrm{d}\xi\mathrm{d}\eta$，另一方面笛卡儿坐标中的面积微元可直接表示成

$$\mathrm{d}s = |\,\mathrm{d}\xi\times\mathrm{d}\eta\,| = |\,\mathrm{d}\xi\,|\,|\,\mathrm{d}\eta\,|\sin(\mathrm{d}\xi,\mathrm{d}\eta) \tag{6-8}$$

所以从上式和式(6-6)可得

$$|\,J\,| = \frac{|\,\mathrm{d}\xi\,|\,|\,\mathrm{d}\eta\,|\sin(\mathrm{d}\xi,\mathrm{d}\eta)}{\mathrm{d}\xi\mathrm{d}\eta} \tag{6-9}$$

从上式可见，只要以下三种情况之一成立，即

$$|\,\mathrm{d}\xi\,| = 0,\quad 或\quad |\,\mathrm{d}\eta\,| = 0,\quad 或\ \sin(\mathrm{d}\xi,\mathrm{d}\eta) = 0 \tag{6-10}$$

就将出现$|J|=0$ 的情况，因此在笛卡儿坐标内划分单元时，要注意防止以上所列举情况的发生. 图 6-2 表示出应防止出现的不正常情况的单元. (b)所示单元结点 3,4 退化为一个结点，在该点$|\mathrm{d}\xi|=0$，(c)所示单元结点 2,3 退化为一个结点，在该点$|\mathrm{d}\eta|=0$，(d)所示单元在结点 1,2,3，$\sin(\mathrm{d}\xi,\mathrm{d}\eta)>0$，而在结点 4，$\sin(\mathrm{d}\xi,\mathrm{d}\eta)<0$. 因为 $\sin(\mathrm{d}\xi,\mathrm{d}\eta)$在单元内连续变化，所以单元内肯定存在 $\sin(\mathrm{d}\xi,\mathrm{d}\eta)=0$，即 $\mathrm{d}\xi$ 和 $\mathrm{d}\eta$ 共线的情况. 这是由于单元过分歪曲而发生的.

以上讨论可以推广到三维情况，即为保证变换的一一对应，应防止因任意的二

个结点退化为一个结点而导致$|d\xi|$，$|d\eta|$，$|d\zeta|$中的任一个为0，还应防止因单元过分歪曲而导致的$|d\xi|$，$|d\eta|$，$|d\zeta|$中的任何二个发生共线的情况.

2. 等参单元的收敛性

在前面我们已讨论了有限元分析中解的收敛性条件，即单元必须是协调的和完备的. 现在来讨论等参元是否满足此条件.

为研究单元集合体的协调性，需要考虑单元之间的公共边(或面). 为了保证协调，相邻单元在这些公共边(或面)上应有完全相同的结点，同时每一单元沿这些边(或面)的坐标和未知函数应采用相同的插值函数加以确定. 显然，只要适当划分网格和选择单元，等参元是完全能满足协调性条件的. 图6-3(a)所示正是这种情况，而(b)所示是不满足协调性条件的.

现考查一个三维等参单元，坐标和函数的插值表示是

$$x=\sum_{i=1}^{n}N_i x_i,\ y=\sum_{i=1}^{n}N_i y_i,\ z=\sum_{i=1}^{n}N_i z_i \tag{6-11}$$

$$\delta=\sum_{i=1}^{n}N_i\delta_i \tag{6-12}$$

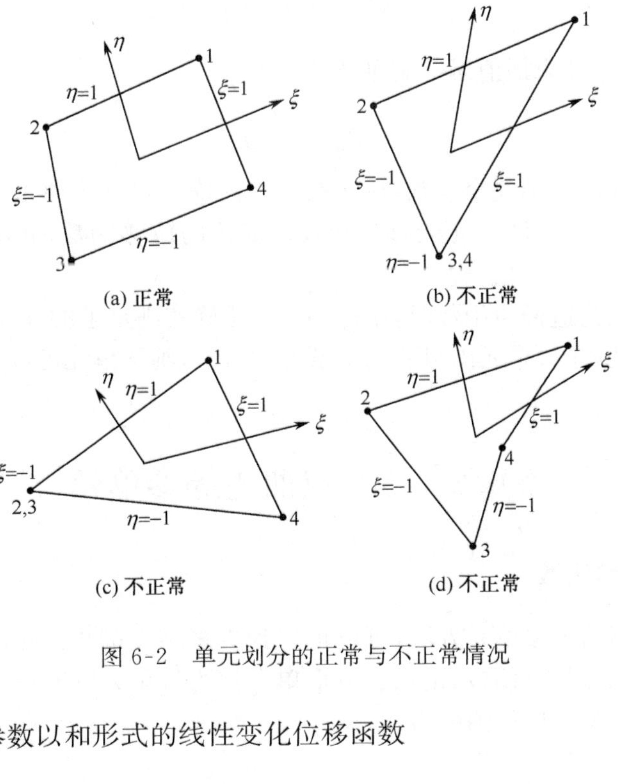

图6-2　单元划分的正常与不正常情况

现给各个结点参数以和形式的线性变化位移函数

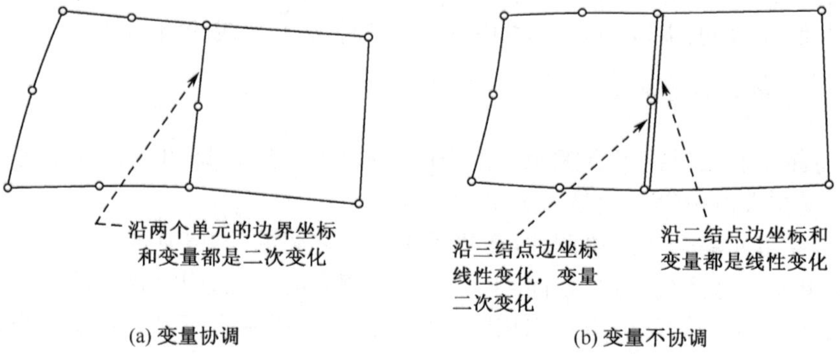

图 6-3　单元交界面上变量协调和不协调的情况

$$\delta = a + bx + cy + dz \tag{6-13}$$

相对应的数值,即

$$\delta_i = a + bx_i + cy_i + dz_i \qquad (i = 1,2,\cdots,n) \tag{6-14}$$

将上式代入式(6-12)并利用式(6-11),就得到单元内的函数表示式

$$\delta = a\sum_{i=1}^{n} N_i + bx + cy + dz \tag{6-15}$$

从上式可以看到,如果插值函数满足条件

$$\sum_{i=1}^{n} N_i = 1 \tag{6-16}$$

则式(6-15)和式(6-13)完全一致,说明在单元内确实得到了原来给予各个结点的线性变化的位移函数,即单元能够表示线性变化的位移函数,亦即满足完备性要求.

我们知道在构造插值函数时,条件(6-16)是确实满足了的.由此还可进一步看到等参元的好处,在母单元内只要满足条件(6-16),则子单元可以满足更严格的完备性要求.

§6.2　八结点曲边等参单元

6.2.1　位移函数

前面所介绍的等参单元方法,可以推广到更多结点的单元中.图 6-4(a)所示八结点真实单元,同样可取八结点正方形单元作为母单元[图 6-4(b)].满足收敛准则的八结点母单元形状函数为

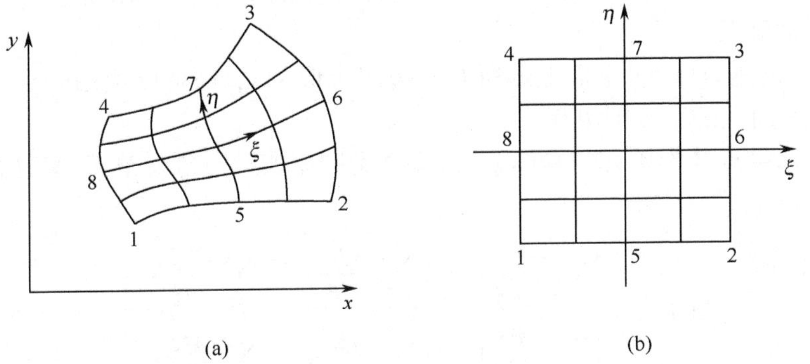

图 6-4 八结点等参单元

$$
\begin{aligned}
N_1 &= \frac{1}{4}(1-\xi)(1-\eta)(-\xi-\eta-1), & N_2 &= \frac{1}{4}(1+\xi)(1-\eta)(\xi-\eta-1) \\
N_3 &= \frac{1}{4}(1+\xi)(1+\eta)(\xi+\eta-1), & N_4 &= \frac{1}{4}(1-\xi)(1+\eta)(-\xi+\eta-1) \\
N_5 &= \frac{1}{2}(1-\xi^2)(1-\eta), & N_6 &= \frac{1}{2}(1-\eta^2)(1+\xi) \\
N_7 &= \frac{1}{2}(1-\xi^2)(1+\eta), & N_8 &= \frac{1}{2}(1-\eta^2)(1-\xi)
\end{aligned}
\tag{6-17}
$$

同前一样，用式(6-17)的形状函数构成真实单元的位移函数

$$
u = \sum_{i=1}^{8} N_i(\xi,\eta)u_i, \qquad v = \sum_{i=1}^{8} N_i(\xi,\eta)v_i \tag{6-18}
$$

和坐标变换式

$$
x = \sum_{i=1}^{8} N_i(\xi,\eta)x_i, \qquad y = \sum_{i=1}^{8} N_i(\xi,\eta)y_i \tag{6-19}
$$

通过式(6-19)的坐标变换，使得图 6-4(b)所示 ξ,η 平面上的八个结点分别映射成图 6-4(a)所示 xy 平面上的八个结点，它们的坐标是 $x_i, y_i (i=1,2,\cdots,8)$. 由形状函数表达式容易看出，每一条边都是一条二次曲线. 在单元的任一边界上，两局部坐标之一为 ± 1，如令 $\xi=1$，得

$$
x = -\frac{x_2}{2}\eta(1-\eta) + \frac{x_3}{2}\eta(1+\eta) + x_6(1-\eta^2)
$$

$$
y = -\frac{y_2}{2}\eta(1-\eta) + \frac{y_3}{2}\eta(1+\eta) + y_6(1-\eta^2)
$$

它是 η 的二次函数，所以是曲边 2—6—3 的方程，曲线完全可以由边上三个结点的坐标惟一地确定.

反之，整体坐标 xy 平面上的所有曲边四边形单元，都可以使用坐标变换式映射到 ξ,η 平面上的正方形单元.

对于八结点等参单元的具体分析，完全类同于四结点等参单元，只是雅可比矩阵写成

$$[J]=\begin{bmatrix}\dfrac{\partial x}{\partial \xi} & \dfrac{\partial y}{\partial \xi}\\ \dfrac{\partial x}{\partial \eta} & \dfrac{\partial y}{\partial \eta}\end{bmatrix}=\begin{bmatrix}\sum\limits_{i=1}^{8}\dfrac{\partial N_i}{\partial \xi}x_i & \sum\limits_{i=1}^{8}\dfrac{\partial N_i}{\partial \xi}y_i\\ \sum\limits_{i=1}^{8}\dfrac{\partial N_i}{\partial \eta}x_i & \sum\limits_{i=1}^{8}\dfrac{\partial N_i}{\partial \eta}y_i\end{bmatrix} \tag{6-20}$$

单元的几何矩阵

$$[B]=\begin{bmatrix}\dfrac{\partial N_1}{\partial x} & 0 & \cdots & \dfrac{\partial N_8}{\partial x} & 0\\ 0 & \dfrac{\partial N_1}{\partial y} & \cdots & 0 & \dfrac{\partial N_8}{\partial y}\\ \dfrac{\partial N_1}{\partial y} & \dfrac{\partial N_1}{\partial x} & \cdots & \dfrac{\partial N_8}{\partial y} & \dfrac{\partial N_8}{\partial x}\end{bmatrix} \tag{6-21}$$

单元的刚度矩阵形成等，完全同§ 6. 1 所述.

八结点等参单元的构成，为处理结构的曲边边界提供了优良的条件. 在单元划分时内部单元可取为八结点直四边形元，边界单元的边界边可取为曲边，这相当于用三点构成的抛物线去逼近原结构曲线边界，这要比用三角形元和任意四边形单元逼近曲线边界减少离散化过程带来的误差. 因此八结点等参元的引入不仅可提高单元内部插值精度，还能较好地处理曲线边界.

6. 2. 2 等参单元等效结点力

1. 集中力

设单元上任意点受有集中载荷 $\{P\}=\{P_x,P_y\}^{\mathrm{T}}$，见图 6-5，则移置到单元各结点上的等效结点力为

$$\begin{Bmatrix}P_{ix}\\ P_{iy}\end{Bmatrix}^e=(N_i)_c\{P\}$$

式中 $(N_i)_c$ 是形函数 N_i 在载荷作用点上的值，如 $\xi=0,\eta=0$ 处作用集中载荷 $P_x=1$，将 $\xi=0,\eta=0$ 代入式(6-17)得

$$(N_1)_c = -\frac{1}{4}, \quad (N_2)_c = -\frac{1}{4}$$

$$(N_3)_c = -\frac{1}{4}, \quad (N_4)_c = -\frac{1}{4}$$

$$(N_5)_c = \frac{1}{2}, \quad (N_6)_c = \frac{1}{2}$$

$$(N_7)_c = \frac{1}{2}, \quad (N_8)_c = \frac{1}{2}$$

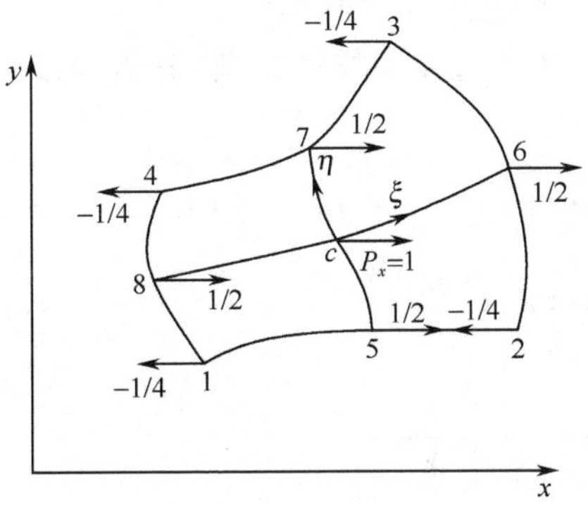

图 6-5 集中力作用下等效结点力

2. 体积力

设单元的单位体积力是$\{q\}=\{q_x, q_y\}^{\mathrm{T}}$，则等效结点力为

$$\{P_i\}_q^e = \begin{Bmatrix} P_{ix} \\ P_{iy} \end{Bmatrix}^e = \int_{-1}^{1}\int_{-1}^{1} [N_i]\{q\}t \mid J \mid \mathrm{d}\xi \mathrm{d}\eta$$

均布体积力在规则矩形单元中产生的结点载荷如图 6-6 所示，这与人们的直观结

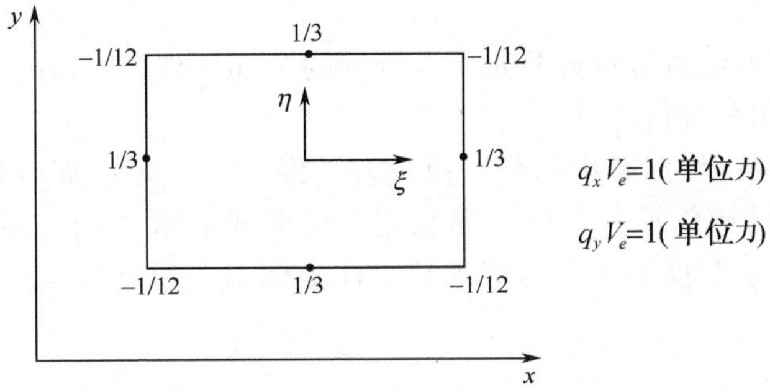

图 6-6 分布体积力的等效结点力

果是不一致的，但是它将比直观分配的结点载荷给出精确的应力和位移.

3. 表面力

设单元某边上承受的单位表面力是$\{p\}=\{p_x,p_y\}^{\mathrm{T}}$，则这条边上三个结点的等效结点力分别是

$$\{P_i\}^e=\begin{Bmatrix}P_{ix}\\P_{iy}\end{Bmatrix}^e=\int_r N_i\begin{Bmatrix}p_x\\p_y\end{Bmatrix}t\,\mathrm{d}s$$

其中r为承受表面力的单元边界，s是其弧长.

如图 6-7(a)所示，在 3-4 边作用均布载荷，其等效结点力如图 6-7(b)所示，当$Lp_yt=1$时

$$P_{3y}=\int_r N_3p_yt\,\mathrm{d}s=p_yt\int_r N_3\,\mathrm{d}s=p_yt\int_r\frac{1}{4}(1+\xi)(1+\eta)(\xi+\eta-1)\mid_{\eta=1}\mathrm{d}s$$

$$=p_yt\int_r\frac{1}{2}(1+\xi)\xi\mathrm{d}s=\frac{p_yt}{2}\frac{L}{2}\int_{-1}^{1}(\xi^2+\xi)\mathrm{d}\xi=\frac{L}{6}P_yt=\frac{1}{6}$$

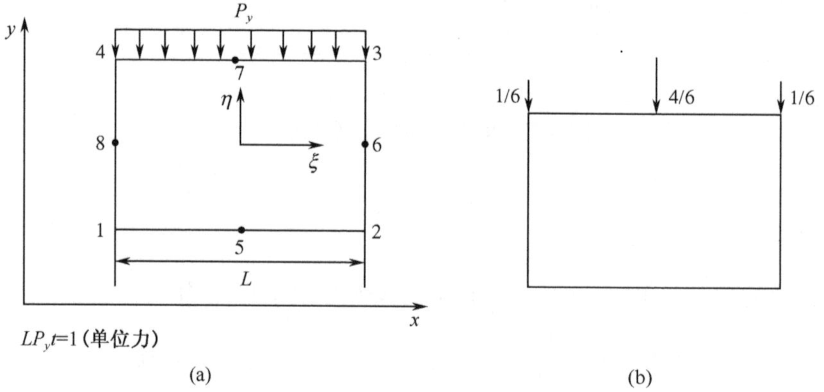

图 6-7　表面力等效结点力

至此，我们得出了八结点等参数单元力学特性的全部计算公式，在这些公式中，通常都需要用数值积分进行计算.

对等参元中局部坐标系中的任一点(ξ,η)，经式(6-19)可求出其对应的总体坐标(x,y)，所以计算单元中应力，通常设定一组局部坐标(ξ_c,η_c)，求出应力，再根据坐标变换将ξ_c,η_c变换为x_c,y_c，即找到总体坐标系下的点(x_c,y_c)，得到该点的应力值.

§6.3　二十结点三维等参单元

对于三维结构的有限元分析，采用高精度的单元，单元数目可以少些，数据准备方便，总计算量也可以少，高阶单元用于三维问题是更有效的. 等参单元既能适应复杂结构的曲面边界，又便于构造高阶单元，在三维结构分析中是很常用的，下面重点介绍一种常用的二十结点三维曲面体单元.

6.3.1　形状函数

为适应三维结构的曲面边界，可以采用曲面六面体单元，如图 6-8(a)所示. 为插值表示出曲面的单元形状，每个边至少应有三个结点，此单元共有 20 个结点. 在单元内建立曲线自然坐标系 $\xi\eta\zeta$，使之在单元的边界面上对应的 ξ(或 η, ζ)取 +1 或 −1 值. 这相当于一个曲面六面体实单元映射为一个边长皆为 2 的正方体母单元，如图 6-8(b). 正方体母单元的任一点与实际曲面单元内的点一一对应，结点也一一对应，这里，实单元边界线中间的结点 9, 10, …, 20 等，都映射为正方体棱边的中点，见图 6-8. 坐标变换式可写成

$$x = \sum_{i=1}^{20} N_i x_i, \qquad y = \sum_{i=1}^{20} N_i y_i, \qquad z = \sum_{i=1}^{20} N_i z_i \tag{6-22}$$

其中形函数按照类似于前述方法进行，例如对于结点 1，容易推导得

$$N_1 = (1-\xi)(1-\eta)(1-\zeta)(-\xi-\eta-\zeta-2)/8$$

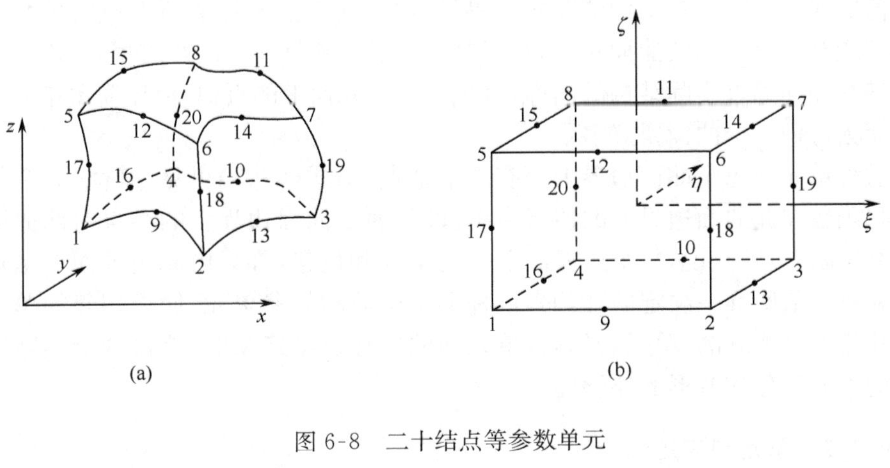

图 6-8　二十结点等参数单元

形函数的统一表达式为

$$N_i = \frac{1}{8}(1+\xi_0)(1+\eta_0)(1+\zeta_0)(\xi_0+\eta_0+\zeta_0-2) \qquad (i = 1,2,\cdots,8)$$

对于 $\xi_i=0$ 的边点($i=9,10,11,12$)

$$N_i=\frac{1}{4}(1-\xi^2)(1+\eta_0)(1+\zeta_0)$$

对于 $\eta_i=0$ 的边点($i=13,14,15,16$)

$$N_i=\frac{1}{4}(1-\eta^2)(1+\xi_0)(1+\zeta_0)$$

对于 $\zeta_i=0$ 的边点($i=17,18,19,20$)

$$N_i=\frac{1}{4}(1-\zeta^2)(1+\xi_0)(1+\eta_0) \tag{6-23}$$

式中,$\xi_0=\xi_i\xi$,$\eta_0=\eta_i\eta$,$\zeta_0=\zeta_i\zeta$,而 ξ_i,η_i 及 ζ_i 是结点 i 在 $\xi\eta\zeta$ 坐标系中的坐标,如 $1(-1,-1,-1)$,$9(0,-1,-1)$等.

对于等参单元,应该用同样的结点,同样的形状函数(6-14),以结点位移插值出单元内部位移.则此单元内沿 x,y,z 方向的位移 u,v,w 可表示为

$$u=\sum_{i=1}^{20}N_iu_i,\quad v=\sum_{i=1}^{20}N_iv_i,\quad w=\sum_{i=1}^{20}N_iw_i \tag{6-24}$$

由式(6-23)可见,形状函数 N_i 沿 ξ,η 或 ζ 方向最高阶为相应坐标的二次式.按式(6-24)所假定的单元内位移分布,沿自然坐标轴也是最高为二次多项式,故称此单元为二次等参元.在单元内假定一个某种形式的位移场,这是有限元惯用的手法.参数单元还用结点的坐标按式(6-22)插值表示出单元内各点的坐标,对某一个单元,只要给定了各结点的坐标,则此单元的几何形状也就确定了.因而,这种参数单元的形状并不是任意"切割"形成的,而是规定了结点之后,按式(6-22)由结点坐标插值形成的.这样,在结构的曲面边界处,由单元结点坐标插值形成的单元曲面不一定能与实际结构的曲面相一致(只是在结点处才是一致的).这里,是以一个插值出来的曲面逼近实际结构的曲面,这也是一种几何上的近似,但比简单单元用一个平面去近似一个曲面要好多了.

这种单元在每个曲面边界上都有 8 个结点,由式(6-23)可见,其他 12 个结点的形状函数在此曲面边界上的值皆为零,即不属于曲面边界上的结点对此曲面边界没有贡献.也就是说,每个边界面上点的坐标和位移,都只由此边界面上结点的坐标和位移值所惟一决定的.因而,这种形状函数的等参单元,使得相邻的单元之间在几何上是连续的,单元变形后,单元间的位移也是连续的,这符合于实际连续结构的单元划分和变形的连续性.

6.3.2　单元刚度矩阵

三维变形状态下,一点的应变与位移的几何关系为

$$\begin{Bmatrix} \varepsilon_x \\ \varepsilon_y \\ \varepsilon_z \\ \gamma_{xy} \\ \gamma_{yz} \\ \gamma_{zx} \end{Bmatrix} = \begin{bmatrix} \frac{\partial}{\partial x} & 0 & 0 \\ 0 & \frac{\partial}{\partial y} & 0 \\ 0 & 0 & \frac{\partial}{\partial z} \\ \frac{\partial}{\partial y} & \frac{\partial}{\partial x} & 0 \\ 0 & \frac{\partial}{\partial z} & \frac{\partial}{\partial y} \\ \frac{\partial}{\partial z} & 0 & \frac{\partial}{\partial x} \end{bmatrix} \begin{Bmatrix} u \\ v \\ w \end{Bmatrix}$$

将式(6-24)代入上式，整理之后，写成矩阵形式，有

$$\{\varepsilon\} = [B]\{\delta\}^e$$

这里$\{\delta\}^e = [u_1, v_1, w_1, u_2, v_2, w_2, \cdots u_{20}, v_{20}, w_{20}]^{\mathrm{T}}$为单元结点位移列阵，共有 60 个分量，而单元应变矩阵$[B]$可按结点表示为

$$[B] = [B_1, B_2, \cdots, B_{20}]$$

其中第 i 个子矩阵$[B_i]$为

$$[B_i] = \begin{bmatrix} \frac{\partial N_i}{\partial x} & 0 & 0 \\ 0 & \frac{\partial N_i}{\partial y} & 0 \\ 0 & 0 & \frac{\partial N_i}{\partial z} \\ \frac{\partial N_i}{\partial y} & \frac{\partial N_i}{\partial x} & 0 \\ 0 & \frac{\partial N_i}{\partial z} & \frac{\partial N_i}{\partial y} \\ \frac{\partial N_i}{\partial z} & 0 & \frac{\partial N_i}{\partial x} \end{bmatrix} \tag{6-25}$$

根据复合函数求导规则

$$\begin{Bmatrix} \frac{\partial N_i}{\partial \xi} \\ \frac{\partial N_i}{\partial \eta} \\ \frac{\partial N_i}{\partial \zeta} \end{Bmatrix} = \begin{bmatrix} \frac{\partial x}{\partial \xi} & \frac{\partial y}{\partial \xi} & \frac{\partial z}{\partial \xi} \\ \frac{\partial x}{\partial \eta} & \frac{\partial y}{\partial \eta} & \frac{\partial z}{\partial \eta} \\ \frac{\partial x}{\partial \zeta} & \frac{\partial y}{\partial \zeta} & \frac{\partial z}{\partial \zeta} \end{bmatrix} \begin{Bmatrix} \frac{\partial N_i}{\partial x} \\ \frac{\partial N_i}{\partial y} \\ \frac{\partial N_i}{\partial z} \end{Bmatrix} = [J] \begin{Bmatrix} \frac{\partial N_i}{\partial x} \\ \frac{\partial N_i}{\partial y} \\ \frac{\partial N_i}{\partial z} \end{Bmatrix}$$

其中

$$\frac{\partial x}{\partial \xi}=\sum_{i=1}^{20}\frac{\partial N_i}{\partial \xi}x_i,\cdots,\frac{\partial z}{\partial \zeta}=\sum_{i=1}^{20}\frac{\partial N_i}{\partial \zeta}z_i,\text{而}\frac{\partial N_i}{\partial \xi},\frac{\partial N_i}{\partial \eta},\frac{\partial N_i}{\partial \zeta}$$

可通过对形函数求导得出，所以

$$\begin{Bmatrix}\dfrac{\partial N_i}{\partial x}\\ \dfrac{\partial N_i}{\partial y}\\ \dfrac{\partial N_i}{\partial z}\end{Bmatrix}=[J]^{-1}\begin{Bmatrix}\dfrac{\partial N_i}{\partial \xi}\\ \dfrac{\partial N_i}{\partial \eta}\\ \dfrac{\partial N_i}{\partial \zeta}\end{Bmatrix}$$

单元刚度矩阵

$$[K]^e=\iiint\limits_{V^e}[B]^{\mathrm{T}}[D][B]\mathrm{d}x\mathrm{d}y\mathrm{d}z=\begin{bmatrix}k_{1,1} & k_{1,2} & \cdots & k_{1,20}\\ \vdots & \vdots & & \vdots\\ k_{20,1} & k_{20,2} & \cdots & k_{20,20}\end{bmatrix}$$

其中每个子矩阵的计算公式是

$$\begin{aligned}[k_{i,j}]&=\iiint[B_i]^{\mathrm{T}}[D][B_j]\mathrm{d}x\mathrm{d}y\mathrm{d}z\\ &=\int_{-1}^{1}\int_{-1}^{1}\int_{-1}^{1}[B_i]^{\mathrm{T}}[D][B_j]\,|\,J\,|\,\mathrm{d}\xi\mathrm{d}\eta\mathrm{d}\zeta\end{aligned}\tag{6-26}$$

§6.4 数值积分

在前几节的刚度矩阵和等效结点力的计算公式中，都需要作如下形式的积分运算：

$$\int_{-1}^{1}f(\xi)\mathrm{d}\xi,\qquad \int_{-1}^{1}\int_{-1}^{1}f(\xi,\eta)\mathrm{d}\xi\mathrm{d}\eta,\qquad \int_{-1}^{1}\int_{-1}^{1}\int_{-1}^{1}f(\xi,\eta,\zeta)\mathrm{d}\xi\mathrm{d}\eta\mathrm{d}\zeta$$

显然，被积函数 f 一般是很复杂的，往往不能得出它的显式，因此，在有限元法的计算中都用数值积分，即在单元内选出某些点，称为积分点，求出被积函数 f 在这些积分点处的函数值，然后用一些加权系数乘上这些函数值，再求出总和作为近似的积分值.

数值积分有两类方法，一类方法积分点是等间距，例如辛普生方法；另一类方法积分点是不等间距的，例如高斯方法. 在有限元法中，由于被积函数很复杂，一般采用高斯求积法，因为它可以用较少的积分点达到较高的精度，从而可节省机时.

6.4.1 一维高斯求积公式

在区间[−1,1]求下列积分值:

$$I=\int_{-1}^{1} f(\xi)\mathrm{d}\xi$$

选定积分点为 $\xi_1,\cdots,\xi_n$

$$\begin{aligned} I &= \int_{-1}^{1} f(\xi)\mathrm{d}\xi \\ &= W_1 f(\xi_1)+W_2 f(\xi_2) \\ &\quad +\cdots+W_n f(\xi_n) \\ &= \sum_{i=1}^{n} W_i f(\xi_i) \qquad (6\text{-}27) \end{aligned}$$

式中 W_i 是加权系数,W_i 和 ξ_i 是根据计算精度最高而选定的. 表 6-1 列出了积分点 ξ_i 和加权系数 W_i 的数值.

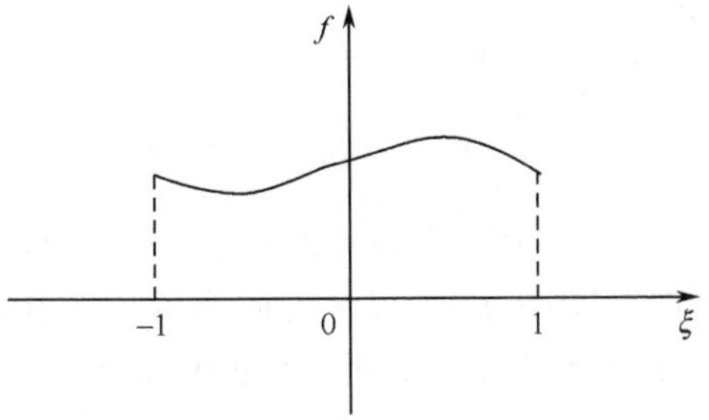

图 6-9

表 6-1 高斯积分点及加权系数的数值

n	$\pm\xi_i$	W_i
2	0.57735	1.00000
3	0.77459	0.55555
	0.00000	0.88888
4	0.86113	0.34785
	0.33998	0.65214

举例:如取 $n=4$

$$\begin{aligned} I &= 0.34785 f(-0.86113)+0.34785 f(0.86113) \\ &\quad +0.65214 f(-0.33998)+0.65214 f(0.33998) \end{aligned}$$

积分点数目 n 的选取与被积函数 $f(\xi)$ 有关,当 $f(\xi)$ 是 m 次多项式时,则取 $n\geqslant\dfrac{m+1}{2}$. 当 $f(\xi)$ 不是多项式时,则需通过一些试算来判断选取适当的 n 值,n 不能取得过大,否则计算工作急剧增加.

6.4.2 二维及三维高斯求积公式

为了计算下列二重积分:

$$I=\int_{-1}^{1}\int_{-1}^{1} f(\xi,\eta)\mathrm{d}\xi\mathrm{d}\eta$$

先令 η 保持常数，计算沿 ξ 方向的积分

$$\int_{-1}^{1} f(\xi,\eta)\mathrm{d}\xi = \sum_{i=1}^{n} W_i f(\xi_i,\eta)$$

再沿 η 方向积分，得到

$$I = \int_{-1}^{1} \sum_{i=1}^{n} W_i f(\xi_i,\eta)\mathrm{d}\eta = \sum_{j=1}^{n} W_j \sum_{i=1}^{n} W_i f(\xi_i,\eta_j) = \sum_{i=1}^{n}\sum_{j=1}^{n} W_i W_j f(\xi_i,\eta_j)$$

类似地，对于三重积分有

$$I = \int_{-1}^{1}\int_{-1}^{1}\int_{-1}^{1} f(\xi,\eta,\zeta)\mathrm{d}\xi\mathrm{d}\eta\mathrm{d}\zeta = \sum_{m=1}^{n}\sum_{j=1}^{n}\sum_{i=1}^{n} W_i W_j W_m f(\xi_i,\eta_j,\zeta_m)$$

其中 W_i，W_j，W_m 就是一维高斯积分的权系数，n 是在每个坐标方向的积分点数.

在上述计算中，每个方向都采用了相同数目的积分点，这并非必要的，有时在不同方向可以采用不同个数的积分点.

6.4.3 等参元计算中数值积分阶次的选择

当在计算中必须进行数值积分时，如何选择数值积分的阶次将直接影响计算的精度和计算工作量. 如果选择不当，甚至会导致计算的失败. 选择积分阶次的原则，以一维问题刚度矩阵的积分为例：

$$[K]^e = \int_{-1}^{1} [B]^{\mathrm{T}}[D][B]\,|J|\,\mathrm{d}\xi$$

如果插值函数 N 中的多项式阶数为 p，微分算子 L 中导数的阶次是 m，则有限元得到的被积函数是 $2(p-m)$ 次多项式(对于等参元假设 $|J|$ 是常数时). 为保证原积分的精度，应选择高斯积分的阶次 $n \geqslant \frac{2(p-m)+1}{2} = (p-m)+\frac{1}{2}$，所以取 $n=p-m+1$，这时可以精确积分至 $2(p-m)+1$ 次多项式，可以达到精确积分刚度矩阵的要求.

对于二维，三维单元，则需要对被积函数值进一步的分析，例如二维四结点双线性单元，它的插值函数中包含 $1,\xi,\eta,\xi\eta$ 项，在假设单元的 $|J|$ 是常数(单元形状为矩形或平行四边形)的情况下，刚度矩阵的被积函数中包含 $1,\xi,\eta,\xi^2,\eta^2,\xi\eta$ 项. 由于被积函数在 ξ 和 η 方向的最高次为 2，所以要达到精确积分，应采用 2×2 阶高斯积分. 如果单元的 $|J|\neq$ 常数，则需要选取更多的积分点. 对于二维八结点单元也可作类似的分析，结论是：为精确积分单元刚度矩阵，在 $|J|=$ 常数条件下，应采用 3×3 阶高斯积分. 如果 $|J|\neq$ 常数，则需要采用更高阶的高斯积分.

但是在很多情况下，实际选取的高斯积分点数低于精确积分的要求. 例如按单元插值函数中完全多项式的阶数 p 来选取，仍以上述二维四结点和八结点单元为例，它们的插值函数中完全多项式阶数 p 分别等于 1 和 2. 由完全多项式所产生的刚度矩阵中被积函数在 ξ 方向和 η 方向的最高方次，在 $|J|=$ 常数条件为 $2(p-$

$m)=2(p-1)$，即对上述二种单元分别为 0 和 2. 因此保证这部分被积函数积分的精度，只需要分别采用 1×1 和 2×2 的高斯积分. 一般化，即仍按 $n=p-m+1$ 来确定积分方案. 式中 p 是插值函数中完全多项式的方次，m 是微分算子 L 中导数的阶次，二维单元和三维单元分别采用 $n\times n$ 和 $n\times n\times n$ 高斯积分来进行单元刚度矩阵的计算. 这种高斯积分阶数低于被积函数所有项次精确积分所需要阶数的积分方案称之为减缩积分. 实际计算表明：采用减缩积分往往可以取得较完全精确积分更好的精度. 这是由于：(1)精确积分常常是由插值函数中非完全项的最高方次要求，而决定有限元精度的是完全多项式的方次. 这些非完全的最高方次项往往不能提高精度，反而可能带来不好的影响. 取较低阶的高斯积分，使积分精度正好保证完全多项式方次的要求，而不包括更高次的非完全多项式的要求，其实质是相当于用一种新的插值函数替代原来的插值函数，从而一定情况下改善了单元的精度. (2)基于最小位能原理基础上建立的位移有限元，其解答具有下限性质. 即有限元的计算模型具有较实际结构偏大的整体刚度. 选取减缩积分方案将使有限元计算模型的刚度有所降低，因此可能有助于提高计算精度.

表 6-2 二维等参元推荐采用的积分阶数

单　　元	通常优化积分阶数	最高积分阶数
四结点矩形单元 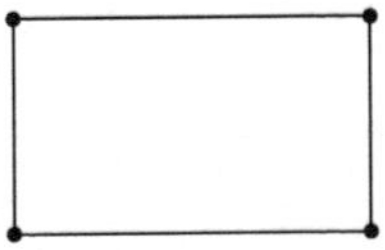	2×2	2×2
四结点任意四边形单元 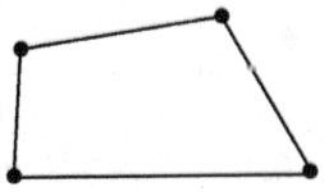	2×2	3×3
八结点矩形单元 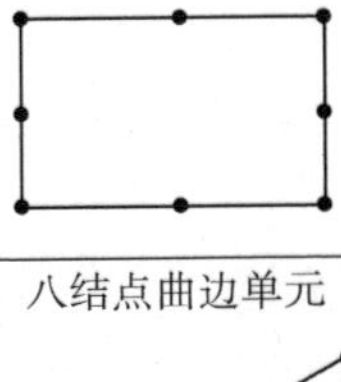	2×2	3×3
八结点曲边单元 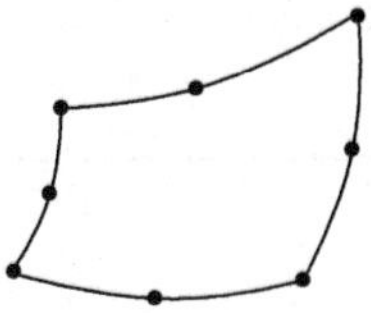	3×3	4×4

综合以上关于选择数值积分阶次的讨论，表 6-2 中给出了二维等参元的高斯数值积分的推荐阶次. 它也可以推广用于一维或三维单元刚度矩阵的计算.

6.4.4　二维三角形单元和三维四面体单元的 Hammer 积分

在三角形单元和四面体单元中，自然坐标是面积坐标和体积坐标，积分具有如下形式：

二维　　$$I=\int_0^1\int_0^{1-L_1}F(L_1,L_2,L_3)\mathrm{d}L_2\mathrm{d}L_1$$

三维　　$$I=\int_0^1\int_0^{1-L_1}\int_0^{1-L_2-L_1}F(L_1,L_2,L_3,L_4)\mathrm{d}L_3\mathrm{d}L_2\mathrm{d}L_1$$

积分限中包含了变量自身，Hammer 等导出了有效的积分方案. 二维三角形单元以及三维四面体单元的积分点位置，权函数见表 6-3 及 6-4.

表 6-3　三角形单元的数值积分

阶次	图形	误差	积分点	面积坐标	权系数
线性	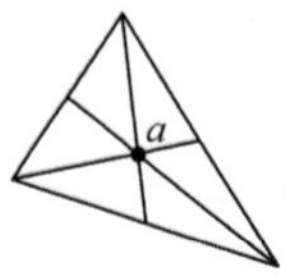	$R=O(h^2)$	a	$\frac{1}{3},\frac{1}{3},\frac{1}{3}$	1
二次	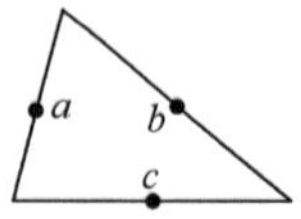	$R=O(h^3)$	a c b	$\frac{1}{2},\frac{1}{2},0$ $0,\frac{1}{2},\frac{1}{2}$ $\frac{1}{2},0,\frac{1}{2}$	$\frac{1}{3}$ $\frac{1}{3}$ $\frac{1}{3}$
三次	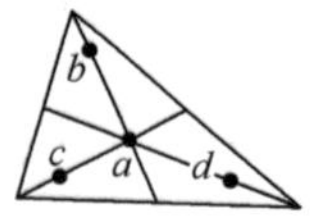	$R=O(h^4)$	a b c d	$\frac{1}{3},\frac{1}{3},\frac{1}{3}$ 0.6,0.2,0.2 0.2,0.6,0.2 0.2,0.2,0.6	$-\frac{27}{48}$ $\frac{25}{48}$ (b, c, d)

表 6-4　四面体单元的数值积分表

单元阶次	图形	误差	积分点	体积坐标	权系数
线性单元	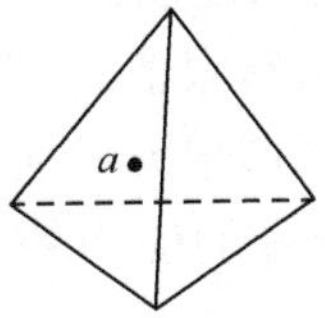	$R=O(h^2)$	a	$\frac{1}{4},\frac{1}{4},\frac{1}{4},\frac{1}{4}$	1
二次单元	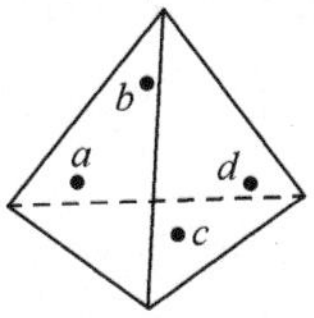	$R=O(h^3)$	a b c d	α,β,β,β β,α,β,β β,β,α,β β,β,β,α $\alpha=0.58541020$ $\beta=0.13819660$	$\frac{1}{4}$ $\frac{1}{4}$ $\frac{1}{4}$ $\frac{1}{4}$
三次单元	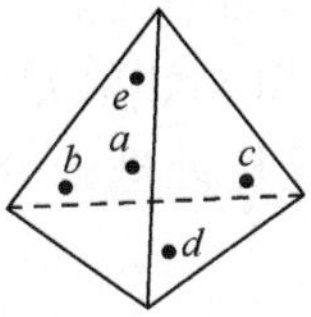	$R=O(h^4)$	a b c d e	$\frac{1}{4},\frac{1}{4},\frac{1}{4},\frac{1}{4}$ $\frac{1}{3},\frac{1}{6},\frac{1}{6},\frac{1}{6}$ $\frac{1}{6},\frac{1}{3},\frac{1}{6},\frac{1}{6}$ $\frac{1}{6},\frac{1}{6},\frac{1}{3},\frac{1}{6}$ $\frac{1}{6},\frac{1}{6},\frac{1}{6},\frac{1}{3}$	$-\frac{4}{5}$ $\frac{9}{20}$ $\frac{9}{20}$ $\frac{9}{20}$ $\frac{9}{20}$

§6.5　应 力 修 匀

应用位移元进行有限元分析时，未知场函数是位移. 从系统平衡方程解得的是各个结点的位移值. 而实际工程问题所需要的往往是应力的分布，特别是最大应力的位置和数值. 为此，要利用以下公式由已解得的结点位移来求出单元内的应力：

$$\{\varepsilon\} = [B]\{\delta\}^e, \quad \{\sigma\} = [D]\{\varepsilon\} = [D][B]\{\delta\}^e \tag{6-28}$$

我们知道应变矩阵$[B]$是插值函数 N 对坐标进行求导后得到的矩阵. 求导一次，插值多项式的次数就降低一次. 所以通过导数运算得到的应变 ε 和应力 σ 精度较位移 u 降低了，即利用以上两式得到的 ε 和 σ 的解答可能具有较大的误差. 应力解的误差表现于

（1）单元内部不满足平衡方程；

(2) 单元与单元的交界面上应力一般不连续;

(3) 在力的边界上一般也不满足力的边界条件.

在有限单元法中,只有当单元尺寸趋于零时,才能精确地满足平衡方程、力的边界条件以及单元交界面上力的连续条件;当单元尺寸为有限值时,这些方程只能是近似地满足. 除非实际应力变化的阶次等于或低于所采用单元的应力的阶次,得到的只能是近似解答. 因此,如何从有限元位移解得到较好的应力解答,就成为需要研究和解决的问题.

在这一节中我们介绍几种应力解的处理和改善方法,其中有一些是简单易行而又行之有效的,在实际计算中经常采用;有些则伴随有相当大的计算工作量,必要时才采用.

6.5.1 单元平均或结点平均

最简单的处理应力结果的方法是取相邻单元或围绕结点各单元应力的平均值.

1. 取相邻单元应力的平均值

这种方法最常用于三结点三角形单元中. 这种最简单而又相当实用的单元得到的应力解在单元内是常数. 可以将其看作是单元内应力的平均值,或是单元形心处的应力. 由于应力近似解总是在真正解上下振荡,可以取相邻单元应力的平均值作为此二个单元合成的较大四边形单元形心处的应力. 这样处理十分逼近真正解,能取得良好的结果.

取平均应力可以采用算术平均,即

$$\text{平均应力}=\frac{1}{2}(\text{单元(1)应力}+\text{单元(2)应力})$$

也可以采用精确一些的面积加权平均,即

$$\text{平均应力}=\frac{\text{单元(1)应力}\times\text{单元(1)的面积}+\text{单元(2)应力}\times\text{单元(2)的面积}}{\text{单元(1)的面积}+\text{单元(2)的面积}}$$

当相邻单元面积相差不大时,二者的结果基本相同. 在单元划分时应避免相邻单元的面积相差太多,从而使求解的误差相近.

2. 取围绕结点各单元应力的平均值

取围绕该结点周围的相关单元计算得到该结点应力的平均值

$$\sigma_i=\frac{1}{m}\sum_{e=1}^{m}\sigma_i^e \tag{6-29}$$

$1\sim m$ 是围绕在 i 结点周围的全部单元. 取平均值时也可进行面积加权.

应注意这样得到的结点应力值是围绕该结点的有限区域内的应力平均值. 这

种处理方法对于等参元来说并不能从根本上改善结点应力精度差的问题.

6.5.2 总体应力磨平

用位移元解得的应力场在全域是不连续的,我们可以用总体应力磨平的方法来改进计算结果,得到在全域连续的应力场.

总体磨平应力方法就是构造一个改进的应力解 σ,此改进解在全域是连续的. 改进解 σ 与有限单元法求得的应力解 σ^* 应满足加权最小二乘的原则. 也就是说,可以建立如下泛函:

$$\varphi = \sum_{e=1}^{M} \int_{V_e} \frac{1}{2}(\sigma^* - \sigma)^{\mathrm{T}} C(\sigma^* - \sigma) \mathrm{d}V \tag{6-30}$$

式中,M 为单元总数,σ^* 是利用已求得的结点位移代入式(6-28)得到的应力解;σ 是待求的应力改进值,它在单元内的分布也取插值的形式,即设

$$\sigma = \sum_{i=1}^{n_e} \widetilde{N}_i \sigma_i$$

其中 σ_i 是待求的改进后的结点应力值;n_e 是单元的结点数,$\widetilde{N}_i$ 是用于修匀应力的形状函数矩阵.(与 N_i 可以是不同阶次的,如 N_i 为二次,$\widetilde{N}_i$ 可以是一次.)

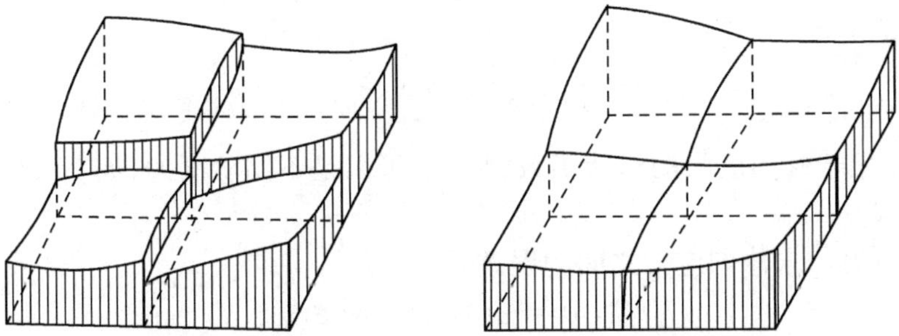

(a) 磨平前的应力　　(b) 磨平后的应力

图 6-10 总体应力磨平示意

将 σ 代入式(6-30)并进行变分,可得

$$\begin{aligned} &\frac{\partial \varphi}{\partial \sigma_i} = 0 \quad (i = 1,2,\cdots,N) \\ &\sum_{e=1}^{M} \int_{V_e} (\sigma^* - \sigma)^{\mathrm{T}} C \widetilde{N}_i \mathrm{d}V = 0 \quad (i = 1,2,\cdots,N) \end{aligned} \tag{6-31}$$

式中 N 是进行应力磨平时全部单元的结点总数. 求解式(6-31)可以得到各个结点的应力改进值,再将求得的结点应力改进值代入式(6-30)就可以得到各单元的应

力改进值.

总体应力磨平示意图见图 6-10.

6.5.3 单元应力磨平

应力总体磨平方法的主要缺点是计算工作量十分庞大.为了减少改进应力结果的工作量,可以采用单元应力的局部磨平.可以指出:当单元尺寸不断缩减时,单元的加权最小二乘和单元未加权的最小二乘是相当的,由于函数的正定性,全域的加权最小二乘是各单元最小二乘的和.因此,当单元足够小时,磨平可以在各个单元内进行.

对于利用数值积分的曲边单元,经验表明在积分点上算得的应力具有最好的精度,而在结点上算得的应力的精度最差.这是因为形状函数的精度在靠近插值区域的边缘时通常都是较差的.所以形状函数的导数和应力在单元内部的精度将优于单元的边界.

而工程上感兴趣的是边缘和结点上的应力:为了克服边缘和结点上应力不连续和精度较差等缺点,比较实用的办法是在每个单元内用最小二乘方法修匀,而在结点上取有关单元应力的平均值.

以修匀后的结点应力 $\widetilde{\sigma}_1,\widetilde{\sigma}_2,\cdots,\widetilde{\sigma}_p$ 为未知数,单元内部修匀后的应力用形函数表示如下:

$$\widetilde{\sigma}(\xi,\eta)=\sum_{i=1}^{p}\widetilde{N}_i\widetilde{\sigma}_i$$

式中 $\widetilde{N}_i$ 是用于修匀应力的形状函数(与 N_i 可以是不同阶次的,如 N_i 为二次,$\widetilde{N}_i$ 可以是一次).

修匀应力与未修匀应力之间的误差是

$$e(\xi,\eta)=\sigma(\xi,\eta)-\widetilde{\sigma}(\xi,\eta)$$

其中,$\sigma(\xi,\eta)=[D][B]\{\delta\}^e$.

找到使泛函 $\varphi=\iint e^2(\xi,\eta)\mathrm{d}x\mathrm{d}y$ 取极小值的 $\widetilde{\sigma}_1,\cdots,\widetilde{\sigma}_p$ 的值

$$\frac{\partial\varphi}{\partial\widetilde{\sigma}_i}=0\qquad(i=1,2,\cdots,p)$$

即

$$\frac{\partial\varphi}{\partial\widetilde{\sigma}_i}=\iint(\sigma-\widetilde{\sigma})\widetilde{N}_i\mathrm{d}x\mathrm{d}y=0\qquad(i=1,2,\cdots,p)$$

由上式可解出修匀后的结点应力 $\widetilde{\sigma}_i$,从而可得到单元内任一点的修匀应力.

例 图 6-11 所示为一受均布载荷的悬臂梁,梁的高度和跨度比为 $h/l=1/20$.分为四个八结点二次等参元,并采用 2×2 高斯积分.解出的位移和正应力 σ_x 的结果是非常好的.但计算得到的剪应力在单元内呈抛物线分布,与理论解相

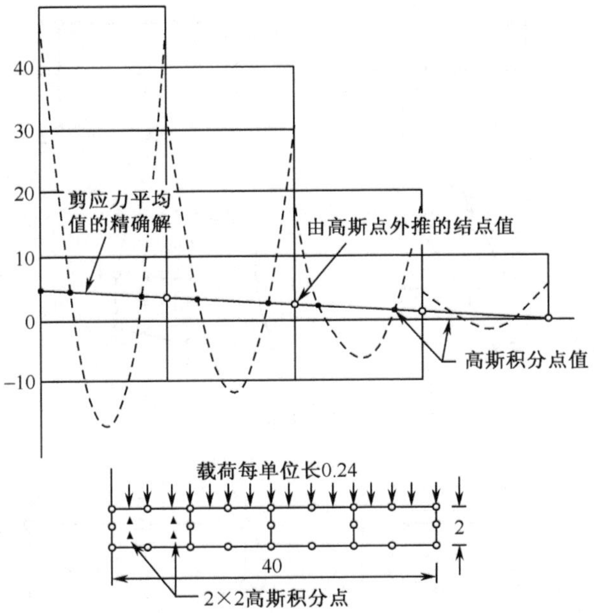

图 6-11

差甚远，而在高斯积分点上计算值与理论值符合情况十分良好. 经应力局部磨平处理后，剪应力的改进值和理论值十分一致，取得良好的效果.

习 题

6-1 习题图 6-1 所示的各单元，用无量纲的自然坐标，写出结点的坐标，并用内插方法，找出各单元的形状函数.

6-2 根据等参单元的位移分量：

$$u = \sum N_i u_i$$

及

$$x = \sum N_i x_i, \quad y = \sum N_i y_i, \quad z = \sum N_i z_i$$

试证明 (1)刚体位移所要满足的条件是 $\sum N_i = 1$；

(2)如果在自然坐标系插值模型中有刚体位移，那么在总体坐标系中常应变条件是保证满足的.

6-3 试求习题图 6-3 所示二维过渡元的形状函数. 求

(1) N_1, N_4；

(2) N_2, N_3, N_4.

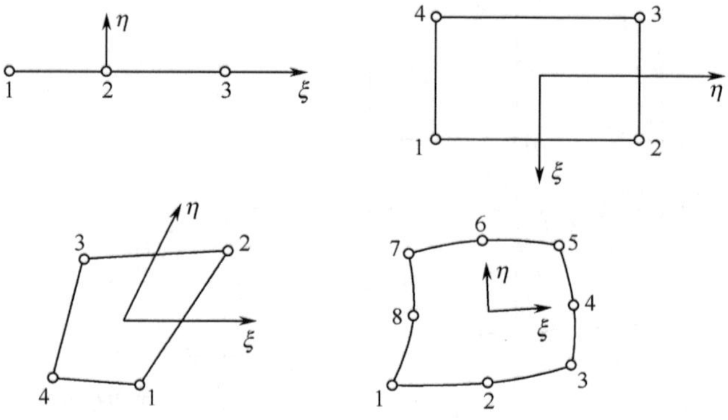

习题图 6-1

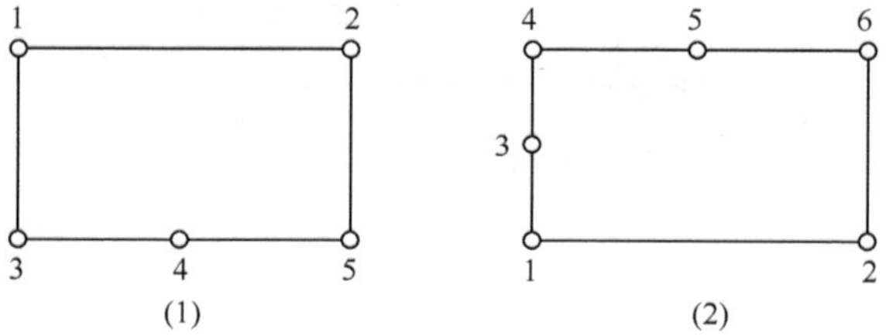

习题图 6-3

6-4　习题图 6-4 所示为四边形单元，试计算$\partial N_1/\partial x$ 和$\partial N_2/\partial y$ 在自然坐标为(1/2,1/2)的点 Q 的数值(因为单元的边是直线，可用 4 个结点定义单元的几何形状).

6-5　习题图 6-5 所示为二次三角形单元，试计算$\partial N_4/\partial x$ 和$\partial N_4/\partial y$ 在点 P(1.5,2.0)的数值.

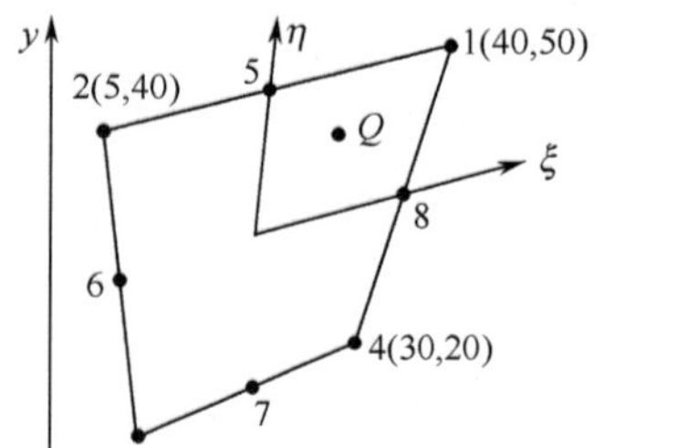

习题图 6-4

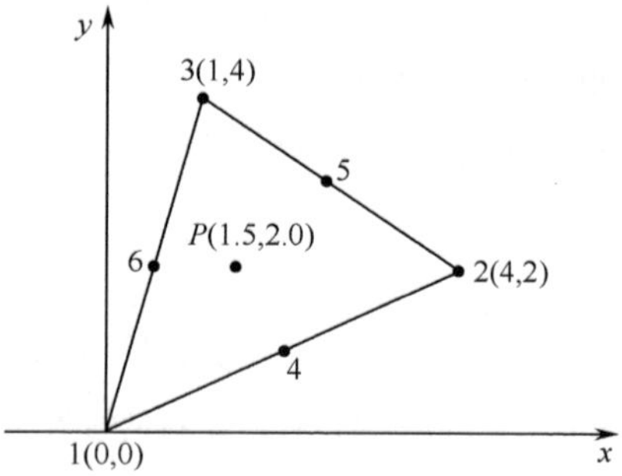

习题图 6-5

6-6　证明边界为直线的三角形和平行四边形的二维单元的雅可比矩阵是常数矩阵.

6-7　证明棱边为直线的四面体和平行六面体的三维单元的雅可比矩阵是常数矩阵.

6-8 利用面积坐标幂函数的积分公式,导出六结点三角形二维单元刚度矩阵的显式表达式.

6-9 二维四结点等参元,在 x,y 坐标系中单元各边与坐标轴 x,y 平行,边长为 a,b,确定下列载荷情况下的结点载荷:

(1)在正方向有一分布载荷作用在 $\xi=1$ 的边上.载荷在 $\eta=-1$ 为 0,在 $\eta=1$ 为 q_0,呈线性变化;

(2)在 $\xi=1$ 的边上作用有均布载荷 q_0,方向压向单元;

(3)在 y 正方向上作用有均匀的体积力 b_0.

6-10 上题是八结点等参元时,结点载荷向量各是什么?

第七章　单元刚度矩阵有关程序段的设计

自本章起，将涉及有限元结构分析计算机程序的原理和程序设计. 有关阐述将围绕两个二维问题典型算例的线弹性分析展开，这样更便于理解和掌握有限元分析及其程序设计的规律与步骤.

§7.1　有限元分析典型算例

有限元分析的第一步是结构的理想化，包括结构的简化和结构的离散化. 结构离散化的方法有两种. 第一种方法是利用结构上的角点、自然连接点、材料交界面、载荷作用点和支承点等将结构分解成若干组成部分，并根据每个部分的特点为其选择合适的分析单元.

图 7-1 所示为一假设的飞机机身平面薄壁结构腹板框，外框主要用于保持机身的气动外形，刚性好，承受蒙皮传来的气动力，可考虑以转折处为结点将外框离散成 10 个能承受轴向力、剪力和弯矩的平面直梁单元. 中间的型材杆件主要承受轴向载荷，可以离散成 7 个二力杆单元. 腹板较薄，主要以剪流方式传递载荷，因此分解成 6 个四边形常剪流板单元，离散后的情况如图 7-2. 其中，梁元、杆元和常剪流板元的编号分别用圆圈内数字、带星号的数字和三角框内数字代表. 共有 12 个

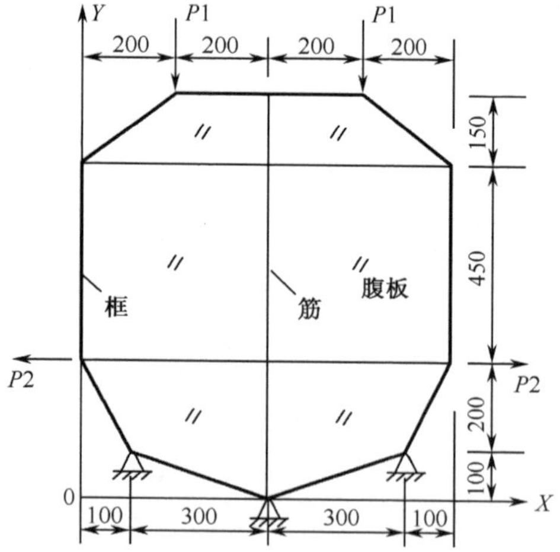

图 7-1　平面薄壁结构算例

结点，外载和支承都作用在结点上. 每个梁元有 2 个结点，每结点 3 个自由度，共 6 个自由度，每个杆元也有 2 个结点，每结点 2 个自由度，共 4 个自由度. 每个四边形常剪流板元有 4 个结点，每结点 2 个自由度，共 8 个自由度. 对于结构而言，为了分析时的统一，认为每个结点有 3 个自由度，则整个结构共有 3×12=36 个自由度. 当然，这样做对 5、8 结点将造成约束不足，必须在处理约束时予以考虑.

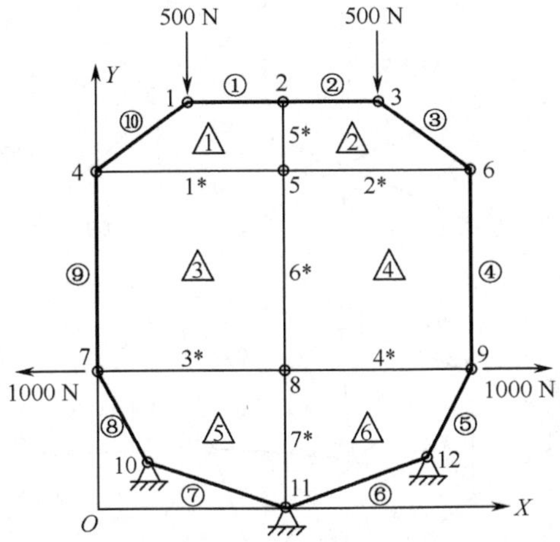

图 7-2 平面薄壁结构算例的结构离散化

对图 7-3 所示带中心孔两端受均匀拉伸平板，则要采用另一种离散化方法. 首先，根据对称性，只需取其在第一象限内的 1/4 部分参加分析. 然后，人为作出一些辅助线，将板"分割"成若干部分，再为每个部分选择分析单元. 在孔口等应力集中区域网格密度要加大，即单元尺寸要减小，以便能真实地反映应力梯度的变化. 在图 7-4 中，就将该板块划分成 111 个常应变平面应力单元，72 个结点. 孔附近网格密度较大，离孔越远网格越稀疏. 每个结点有 2 个自由度，整个结构有 2×72=

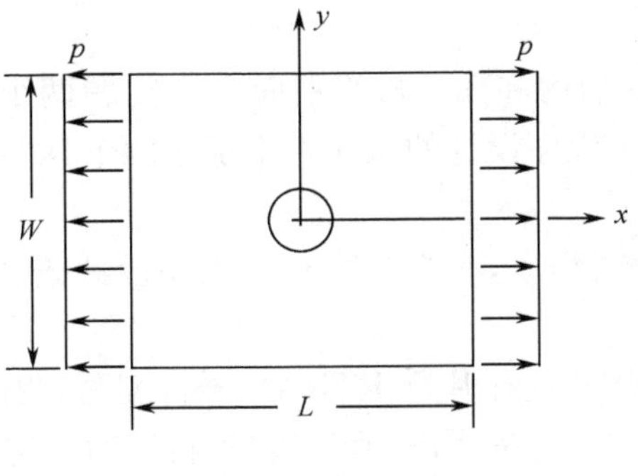

图 7-3 平面应力问题算例

144 个自由度. 板端作用的均布载荷可等效为载荷作用边上各结点的集中载荷. 根据问题的位移边界条件($x=0$ 时,$u=0$ 和 $y=0$ 时,$v=0$)对有关边界的结点施加适当的约束.

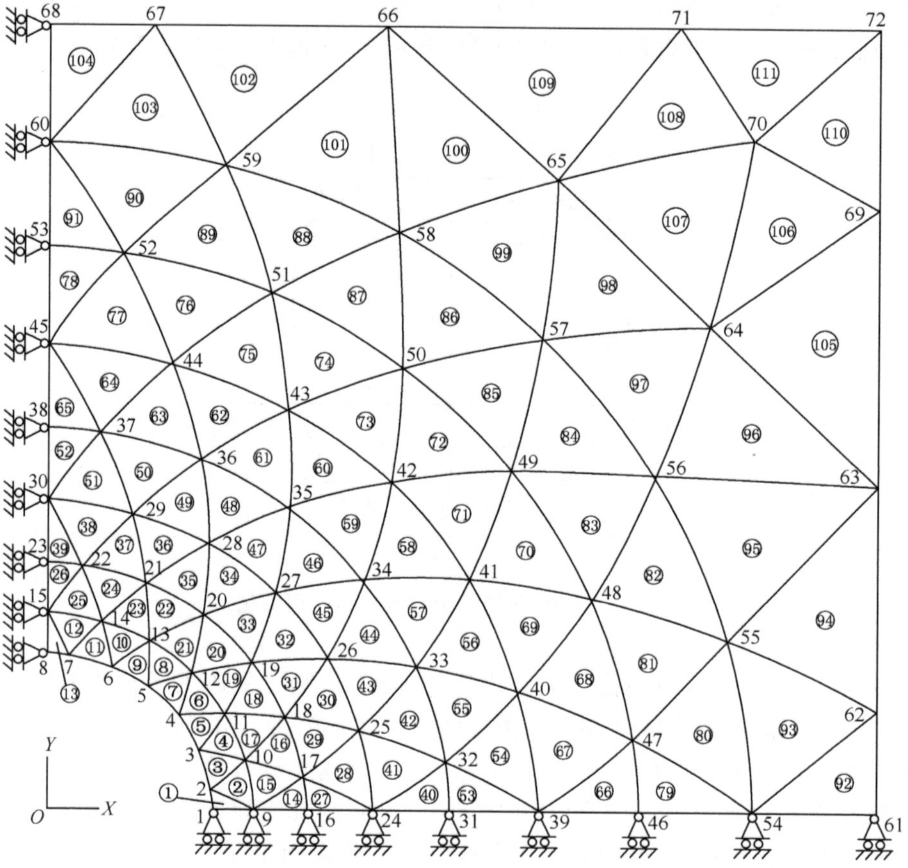

图 7-4　平面应力问题算例采用常应变三角元划分的网格

图 7-1 的平面薄壁结构和图 7-3 的平面应力问题两个例子具有一定的代表性,本书后面章节的关于程序设计的叙述将围绕这两个算例展开,以便使讲解更加形象,易于理解.

为了编制有限元分析程序,有必要对有关程序设计语言的特点和有关约定进行说明.

(1)过去的有限元程序多采用 FORTRAN 语言编写. 我们知道,用 FORTRAN 语言编写的程序结构紧凑,句法严格,流程清楚,特别适合进行科学计算. 随着计算机技术突飞猛进,程序设计思想和方法发生了许多变化,所采用的编程方法、技巧等已明显不适应新的要求. 随着教学计划的变更,C 语言作为主要计算机语言课程的地位已经确立. 它作为广泛流行的编程工具,具有语言简练、编程灵活、数据结构丰富、直接地址操作、代码质量高和执行效率高等诸多优点,还有很丰富的图形函数,不仅可以用作科学计算,也能够为分析程序制作美观的人机交互界面和图形化的前后置处理显示. 所以,本书以讲述 C 语言的有限元程序设计为主,同时为了适应不同的编程习惯,继续发挥 FORTRAN 语言的优势,也在有关章节的最后一节,给出了用 FORTRAN 77 语言编制的相应程序.

(2)两个算例中,使用的单元有杆元、梁元、常应变三角元、常剪流四边形单元和八结点曲边四边形等参单元等. 以编号 1,2,3,4,8 代表这五种单元,则第 1 种单元是杆元,表示它是一维等轴力单元;第 2 种单元是平面梁元,表示它有两个结点;第 3 种单元是常应变三角元,表明它有三个结点;第 4 种为常剪流四边形单元,说明它有四个结点;第 5 种单元为曲边四边形等参元,数字 8 表示它有八个结点.

(3)C 语言中的常量和变量(包括数组)分为全局的和局部的两种. 全局变量与 FORTRAN 语言中的公用区变量类似,由编译程序分配确定的地址,存放程序中各函数共享的信息. 局部变量的作用范围仅限于其所在函数,调用返回后释放所占据的空间. 在提供的 C 语言有限元程序中,为清楚起见,全局变量用大写字母,主要是描述结构几何、材料和网格划分的有关参数和程序运行控制信息. 局部变量采用小写字母,函数名中首字母用大写,后面其余字母均用小写.

FORTRAN 语言除了字符量以外,对于大、小写字母不加甄别,因此本书提供的 FORTRAN 程序按照习惯全部用大写字母编写.

(4)C 语言有限元程序中常用到的全局参量有:

NJE1, NJE2, NJE3, NJE4, NJE8——五种单元的结点数,分别为 2, 2, 3, 4, 8. 这五个参数可作为常量,其值通过宏定义规定,在程序中不得改变;

NE1, NE2, NE3, NE4, NE8——分别存放五种单元的个数;

NJ——结构的结点总数;

NCJ——约束结点数;

NPJ——受集中载荷作用的结点数;

XY[ ][2]——结点坐标数组. 第一个下标的大小定义为允许的最大结点数,第二个下标代表 x、y 两个坐标分量;

IA1[ ][2], IA2[ ][2], IA3[ ][3], IA4[ ][4], IA8[ ][8]——二维数组. 分别存放五种单元的结点号. 各数组第一个下标的大小将定义为允许的最大单元个数,第二个下标的大小代表单元的结点个数;

MATNO1[ ], MATNO2[ ], MATNO3[ ], MATNO4[ ], MATNO8[ ]——存放五种单元的材料编号. 允许不同单元选用不同材料;

PROPS[ ][3]——材料数据数组. 第一个下标的大小定义为允许的材料种类

数，第二个下标代表每种材料允许的材料参数个数. 数组内容包括：

e1，f1——杆元的弹性模量和截面积；

e2，f2，aj2——平面梁元的弹性模量、截面积和截面惯性矩；

e3，mu3，t3——常应变三角元的弹性模量、泊松比及厚度；

g4，t4——四边形受剪板元的剪切弹性模量和厚度；

e8,mu8,t8——八结点等参元的弹性模量、泊松比及厚度.

这些参数均作为原始数据从事先建立的数据文件中读入.

其他全局变量和局部变量的说明将在介绍有关函数时给出.

单元的刚度矩阵与单元的几何性质和材料性质有关. 本章中我们着重来说明各种单元刚度矩阵程序段中用到的标识符和设计这些程序段的有关问题.

§7.2　杆元刚度矩阵程序

平面杆单元如图 7-5 所示. 根据式(2-14)，单元刚度矩阵公式为

$$[K]^e = \frac{EA}{l}\begin{bmatrix} \cos^2\alpha & & & \\ \cos\alpha\sin\alpha & \sin^2\alpha & \text{对称} & \\ -\cos^2\alpha & -\cos\alpha\sin\alpha & \cos^2\alpha & \\ -\cos\alpha\sin\alpha & -\sin^2\alpha & \cos\alpha\sin\alpha & \sin^2\alpha \end{bmatrix} \tag{7-1}$$

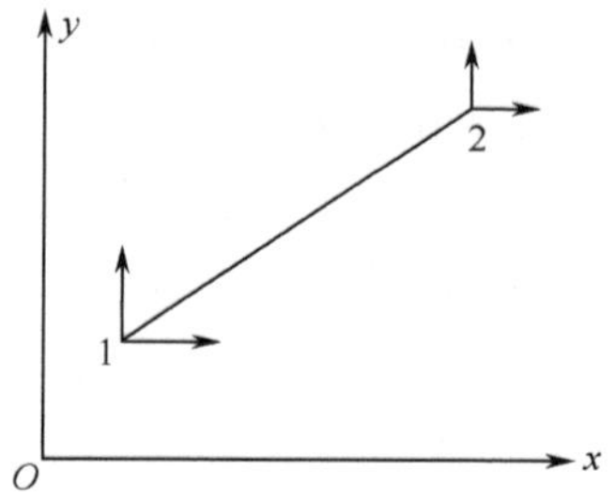

图 7-5　杆单元

式中，

$$\cos\alpha = \frac{x_2 - x_1}{l}, \quad \sin\alpha = \frac{y_2 - y_1}{l}$$

$$l = [(x_2 - x_1)^2 + (y_2 - y_1)^2]^{1/2}$$

刚度矩阵中需要的数据有，杆截面面积 A，弹性模量 E，杆元两个结点的坐标 x_1，y_1，x_2，y_2. 用程序变量描述，对每一个杆元，譬如第 mm 个杆元，其所对应的材料号 lmat 从数组 MATNO1 中得到，再通过 lmat 从数组 PROPS 中分别取出弹性模量 e1 和截面积 f1，程序语句可写作

```
lmat = MATNO1[mm-1];
e1 = PROPS[lmat-1][0];
f1 = PROPS[lmat-1][1];
```

结点坐标可从数组 XY 中取得,但首先必须知道单元两个结点的编号,而结点号存放在数组 IA1 中.因此,若需求第 mm 根杆元的坐标,即可写作

```
i = IA1[mm-1][0];
x1 = XY[i-1][0];   y1 = XY[i-1][1];
i = IA1[mm-1][1];
x2 = XY[i-1][0];   y2 = XY[i-1][1];
```

则两个结点的坐标分别为(x1,y1)和(x2,y2).

杆元刚度矩阵通过函数 Estif1 计算,程序设计如下

```
void Estif1(int mm,float ek1[4][4])
{int i,j,lmat;
  float x1,x2,y1,y2,e1,f1,c,s,lij,f;
  lmat = MATNO1[mm-1];
  e1 = PROPS[lmat-1][0];
  f1 = PROPS[lmat-1][1];
  i = IA1[mm-1][0];
  x1 = XY[i-1][0];   y1 = XY[i-1][1];
  i = IA1[mm-1][1];
  x2 = XY[i-1][0];   y2 = XY[i-1][1];
  lij = sqrt((x2 - x1) * (x2 - x1) + (y2 - y1) * (y2 - y1));
  c = (x2 - x1)/lij; s = (y2 - y1)/lij;
  f = f1 * e1/lij;
  ek1[0][0] = f * c * c;        ek1[1][0] = f * c * s;
  ek1[1][1] = f * s * s;        ek1[2][0] = - f * c * c;
  ek1[2][1] = - f * c * s;      ek1[2][2] = f * c * c;
  ek1[3][0] = - f * c * s;      ek1[3][1] = - f * s * s;
  ek1[3][2] = f * s * c;        ek1[3][3] = f * s * s;
  for(i = 1;i< = 4;i + +)
  for(j = i + 1;j< = 4;j + +)
    ek1[i-1][j-1] = ek1[j-1][i-1];
}
```

函数名前加上 void,表示函数名无返回值.函数有两个虚参,其中 ek1 是一个二维数组,存放当前(第 mm 个)杆元的刚度矩阵.对该函数的调用方式是直接通过函数名,给出与虚参对应的实参,即

```
Estif1(ie,ek1)
```

其中 ie 是实际杆元号,ek1 为所求元刚,将用来组集总刚.

顺便说明,阅读程序时应注意:

(1)虚参和实参可以同名,但性质不同.当调用函数返回后,为虚参所分配的内存空间将自动释放;

(2)C 语言中的虚实结合方式与 FORTRAN 语言不同,数值的传递是单向的,即从实参变量到虚参变量,虚参不能返回值给实参.对实参 ek1 和虚参 ek1 而言,表面上看似乎是虚参将值传回给实参,而事实上是地址的单向传递.数组名代表数组的起始地址,实参和虚参数组的虚实结合方式是将实参数组的首地址单向传递给虚参数组的首地址,从而使两个数组的对应元素在内存中占据相同的存储单元,当虚参数组元素的值发生改变时,对应实参的数组元素的值也相应变化;

(3)C 语言数组元素在内存中的排列顺序是逐行存放,与 FORTRAN 语言中数组的按列存放相反,这一点在数组元素的调用、传递和输入输出时需要特别注意;

(4)在 C 语言中,数组的定义与 FORTRAN 语言相似,但引用时要注意数组元素的下标从 0 开始,而在 FORTRAN 语言中通常是从 1 开始的.具体地说,在 C 语言中,如果数组所表示的原矩阵的某个系数的实际行(列)为 $i(j)$,则该系数对应的数组元素的行(列)下标值应为 i-1(j-1).这一点在 C 语言编程时是容易出错的地方.

这里仅对两种语言的重要特点和主要区别予以简略说明,以便读者在阅读两种程序时参考.关于 C 语言的其他规定,这里不一一列举,详细内容请查阅有关工具书.

§7.3　梁元刚度矩阵程序

这种平面梁元可视为承受平面弯、剪的梁元和承受轴力的杆元的叠加,每个结点有三个自由度.在总体坐标系中刚度矩阵表示为

$$[K]^e=\begin{bmatrix} f\cdot s^2+h\cdot c^2 & & & & & \text{对称} \\ (h-f)\cdot c\cdot s & f\cdot c^2+h\cdot s^2 & & & & \\ -p\cdot s & p\cdot c & 2q & & & \\ -f\cdot s^2-h\cdot c^2 & (f-h)\cdot c\cdot s & p\cdot s & f\cdot s^2+h\cdot c^2 & & \\ (f-h)\cdot c\cdot s & -f\cdot c^2-h\cdot s^2 & -p\cdot c & (h-f)\cdot c\cdot s & f\cdot c^2+h\cdot s^2 & \\ -p\cdot s & p\cdot c & q & p\cdot s & -p\cdot c & 2q \end{bmatrix} \tag{7-2}$$

其中,

$$c=\cos\alpha=\frac{x_2-x_1}{l},\quad s=\sin\alpha=\frac{y_2-y_1}{l},$$

$$l=[(x_2-x_1)^2+(y_2-y_1)^2]^{1/2},$$

$$f=\frac{12EI_z}{l^3},\quad h=\frac{EA}{l},\quad p=\frac{6EI_z}{l^2},\quad q=\frac{2EI_z}{l}$$

E 为梁元的弹性模量，I_z 为截面惯性矩，A 为截面积，α 是梁元局部坐标系与总体坐标系之间的夹角. 式(7-2)是式(2-27)给出的梁元局部坐标系下的刚度矩阵转换到结构总体坐标系 xOy 下的矩阵.

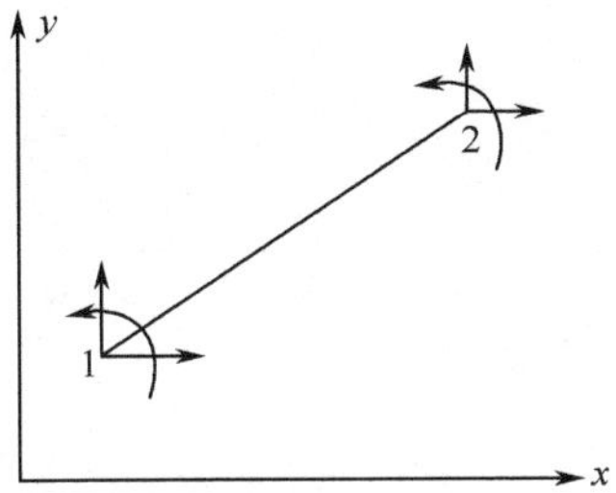

图 7-6 直梁单元

程序中，E、F 和 I_z 分别用局部变量 e2、f2 和 aj2 代表；梁元结点坐标的获取方法和杆元相似，只要将结点号数组 IA1 换成 IA2 即可. 梁元刚度矩阵函数的程序结构和调用方式与杆元函数类似. 函数名是 Estif2，两个虚参分别是梁元号 mm 和单元刚度矩阵数组 ek2[6][6]. 程序如下：

```
void Estif2(int mm,float ek2[6][6])
{int i,j,lmat;
float x1,x2,y1,y2,e2,f2,aj2,b,c,s,f,h,q,p;
lmat = MATNO2[mm-1];
e2 = PROPS[lmat-1][0];
f2 = PROPS[lmat-1][1];
aj2 = PROPS[lmat-1][2];
i = IA2[mm-1][0];
x1 = XY[i-1][0];   y1 = XY[i-1][1];
i = IA2[mm-1][1];
x2 = XY[i-1][0];   y2 = XY[i-1][1];
b = sqrt((x2 - x1) * (x2 - x1) + (y2 - y1) * (y2 - y1));
c = (x2 - x1)/b;   s = (y2 - y1)/b;
f = 12.0 * e2 * aj2/(b * b * b);        h = e2 * f2/b;
p = 6. * e2 * aj2/(b * b);              q = 2. * e2 * aj2/b;
ek2[0][0] = f * s * s + h * c * c;      ek2[1][0] = s * c * (h - f);
ek2[1][1] = f * c * c + h * s * s;      ek2[2][0] = - s * p;
```

```
ek2[2][1] = c * p;              ek2[2][2] = 2. * q;
ek2[3][0] = - ek2[0][0];        ek2[3][1] = - ek2[1][0];
ek2[3][2] = s * p;              ek2[3][3] = ek2[0][0];
ek2[4][0] = - ek2[1][0];        ek2[4][1] = - ek2[1][1];
ek2[4][2] = - c * p;            ek2[4][3] = ek2[1][0];
ek2[4][4] = ek2[1][1];          ek2[5][0] = - s * p;
ek2[5][1] = c * p;              ek2[5][2] = q;
ek2[5][3] = s * p;              ek2[5][4] = - c * p;
ek2[5][5] = 2. * q;
for(i = 2;i< = 6;i + + )
  for(j = 1;j< = i - 1;j + + )
    ek2[j-1][i-1] = ek2[i-1][j-1];
}
```

§7.4　常应变三角形单元的刚度矩阵和应力矩阵程序

将式(4-10)常应变三角形单元对总体坐标的刚度矩阵写成

$$[K]^e_{6\times6} = \frac{Et}{4\Delta(1-\nu^2)} \times [K']_{6\times6} \tag{7-3}$$

其中,E、t 和 ν 分别是单元材料的弹性模量、厚度和泊松比. Δ 为三角形面积,通过三个结点的坐标 $x_i, y_i(i=i,j,m)$确定,计算公式为

$$\Delta = 0.5(x_j \cdot y_m + x_i \cdot y_j + x_m \cdot y_i - x_j \cdot y_i - x_i \cdot y_m - x_m \cdot y_j)$$

矩阵$[K']$的各系数分别为

$$k_{11} = B_i^2 + C_i^2 w,\quad k_{22} = C_i^2 + B_i^2 w,\quad k_{33} = B_j^2 + C_j^2 w$$
$$k_{44} = C_j^2 + B_j^2 w,\quad k_{55} = B_m^2 + C_m^2 w,\quad k_{66} = C_m^2 + B_m^2 w$$
$$k_{21} = B_i C_i \nu + B_i C_i w,\quad k_{31} = B_i B_j + C_i C_j w$$
$$k_{41} = B_i C_j \nu + B_j C_i w,\quad k_{51} = B_i B_m + C_i C_m w$$
$$k_{61} = B_i C_m \nu + B_m C_i w,\quad k_{32} = B_j C_i \nu + B_i C_j w$$
$$k_{42} = C_i C_j + B_i B_j w,\quad k_{52} = B_m C_i \nu + B_i C_m w$$
$$k_{62} = C_i C_m + B_i B_m w,\quad k_{43} = B_j C_j \nu + B_j C_j w$$
$$k_{53} = B_j B_m + C_j C_m w,\quad k_{63} = B_j C_m \nu + B_m C_j w$$
$$k_{54} = B_m C_j \nu + B_j C_m w,\quad k_{64} = C_j C_m + B_j B_m w$$
$$k_{65} = B_m C_m \nu + B_m C_m w$$

式中,$w=(1-\nu)/2$,

$$B_i = y_j - y_m,\quad B_j = y_m - y_i,\quad B_m = y_i - y_j$$

$$C_i = x_m - x_j, \quad C_j = x_i - x_m, \quad C_m = x_j - x_i$$

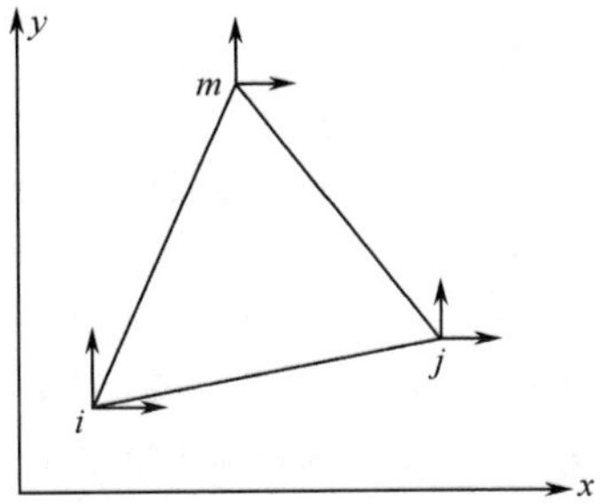

图 7-7 常应变三角形单元

常应变三角形单元刚度矩阵函数取名为 Estif3，两个虚参分别是单元号 mm 及其单元刚度矩阵 ek3[6][6]；分别用局部变量 e3、mu3 和 t3 表示弹性模量 E、泊松比 ν 和单元厚度 t；每个单元三个结点的编号以逆时针顺序放置在 IA3 数组中；三个结点的坐标的获取方法是，首先通过 IA3 数组得到三个结点的编号，再通过 XY 数组查出各结点的坐标，暂存于数组 x[3]和 y[3]，这个过程在程序中用循环来实现

```
for(i=0;i<3;i++)
{ii=IA3[mm-1][i];
  x[i]=XY[ii-1][0];
  y[i]=XY[ii-1][1];}
```

函数体的语句按所给公式编排即可，程序设计如下：

```
void Estif3(int mm,float ek3[6][6])
  {int i,j,ii,lmat;
  float x[3],y[3],ts,w,f,bi,bj,bm,ci,cj,cm,e3,t3,mu3;
  lmat=MATNO3[mm-1];
  e3=PROPS[lmat-1][0];
  mu3=PROPS[lmat-1][1];
  t3=PROPS[lmat-1][2];
  for(i=0;i<3;i++)
    {ii=IA3[mm-1][i];
    x[i]=XY[ii-1][0];
    y[i]=XY[ii-1][1];
    }
ts=fabs((x[1]*y[2]+x[0]*y[1]+x[2]*y[0]-x[1]*y[0]-x[0]*y[2]
      -x[2]*y[1])/2.0);
```

```
w = (1. - mu3)/2.;
bi = y[1] - y[2];   bj = y[2] - y[0];
bm = y[0] - y[1];   ci = x[2] - x[1];
cj = x[0] - x[2];   cm = x[1] - x[0];
ek3[0][0] = bi * bi + ci * ci * w;            ek3[1][1] = ci * ci + bi * bi * w;
ek3[2][2] = bj * bj + cj * cj * w;            ek3[3][3] = cj * cj + bj * bj * w;
ek3[4][4] = bm * bm + cm * cm * w;            ek3[5][5] = cm * cm + bm * bm * w;
ek3[0][1] = bi * ci * mu3 + bi * ci * w;      ek3[0][2] = bi * bj + ci * cj * w;
ek3[0][3] = bi * cj * mu3 + bj * ci * w;      ek3[0][4] = bi * bm + ci * cm * w;
ek3[0][5] = bi * cm * mu3 + bm * ci * w;      ek3[1][2] = bj * ci * mu3 + bi * cj * w;
ek3[1][3] = ci * cj + bi * bj * w;            ek3[1][4] = bm * ci * mu3 + bi * cm * w;
ek3[1][5] = ci * cm + bi * bm * w;            ek3[2][3] = bj * cj * mu3 + bj * cj * w;
ek3[2][4] = bj * bm + cj * cm * w;            ek3[2][5] = bj * cm * mu3 + bm * cj * w;
ek3[3][4] = bm * cj * mu3 + bj * cm * w;      ek3[3][5] = cj * cm + bj * bm * w;
ek3[4][5] = bm * cm * mu3 + bm * cm * w;
for(i = 1;i<6;i + +)
  for(j = 0;j<i;j + +)
  ek3[i][j] = ek3[j][i];
f = e3 * t3/(4. * ts * (1. - mu3 * mu3));
for(i = 0;i<6;i + +)
  for(j = 0;j<6;j + +)
    ek3[i][j] * = f;
}
```

求解刚度方程得到单元结点位移后，将利用式(3-4)计算单元的应力. 为此，需要确定三角元的应力矩阵[S]，计算公式为

$$[S]_{3\times 6} = [S_i \quad S_j \quad S_m]$$

$$[S_i] = \frac{E}{2\Delta(1-\nu^2)}\begin{bmatrix} B_i & \nu C_i \\ \nu B_i & C_i \\ wC_i & wB_i \end{bmatrix} \quad (i,j,m) \tag{7-4}$$

三角元应力矩阵函数名为 Smat3，两个虚参分别是单元号 ie 和应力矩阵 se[3][6]，函数的程序结构和调用方式与刚度矩阵程序类似. 程序如下：

```
void Smat3(int ie,float se[3][6])
  {int i,j,ii,lmat;
  float x[3],y[3],ts,w,bi,bj,bm,ci,cj,cm,e3,mu3;
  lmat = MATNO3[ie-1];
  e3 = PROPS[lmat-1][0];
  mu3 = PROPS[lmat-1][1];
```

```
    for(i = 0;i<3;i + +)
      {ii = IA3[ie-1][i];
      x[i] = XY[ii-1][0];
      y[i] = XY[ii-1][1];
      }
      ts = fabs((x[1] * y[2] + x[0] * y[1] + x[2] * y[0] - x[1] * y[0] - x[0] * y[2]
      - x[2] * y[1])/2.0);
  w = (1. - mu3)/2. ;
  bi = y[1] - y[2];          bj = y[2] - y[0];          bm = y[0] - y[1];
  ci = x[2] - x[1];          cj = x[0] - x[2];          cm = x[1] - x[0];
  se[0][0] = bi;             se[0][1] = mu3 * ci;       se[1][0] = mu3 * bi;
  se[1][1] = ci;             se[2][0] = w * ci;         se[2][1] = w * bi;
  se[0][2] = bj;             se[0][3] = mu3 * cj;       se[1][2] = mu3 * bj;
  se[1][3] = cj;             se[2][2] = w * cj;         se[2][3] = w * bj;
  se[0][4] = bm;             se[0][5] = mu3 * cm;       se[1][4] = mu3 * bm;
  se[1][5] = cm;             se[2][4] = w * cm;         se[2][5] = w * bm;
  for(i = 0;i<3;i + +)
  for(j = 0;j<6;j + +)
  se[i][j] * = e3/(2. * ts * (1. - mu3 * mu3));
  }
```

§7.5 常剪流任意四边形板单元的刚度矩阵程序

平面常剪流任意四边形板单元如图 7-8 所示，它在航空、航天和船舶薄壁结构分析中经常采用. 推导常剪流任意四边形板单元的刚度矩阵时，是假定该单元包含在一个受常剪流的矩形单元中(图 7-8 中用虚线表示)，结点 1 指向结点 2 的方向为单元的局部坐标方向，边 1-2 与矩形元的一个边重合，因而边 1-2 及与之垂直或平行的边应受常剪流 q 作用，其他边上将有不等值的剪流. 所以，这种单元四边受纯剪的假设是近似的，其计算结果与单元取向和受纯剪的起始边 1-2 的选择有关. 为了得到较符合实际的结果，建议在结构离散化时：(1)将单元承受正应力的能力折算到相邻的杆件上去；(2)使划分的常剪流单元尽量接近矩形，起始边尽量选择直角边. 由于单元四边剪应力和单元位移分别通过四个结点上的结点力和结点位移反映出来，所以其结点力和结点位移矢量规定与 §6.1 的平面四结点等参元相同：

结点位移矢量：$\{\delta\}^e = \{u_1, v_1, u_2, v_2, u_3, v_3, u_4, v_4\}$

结点力矢量：$\{F\}^e = \{U_1, V_1, U_2, V_2, U_3, V_3, U_4, V_4\}$

计算常剪流任意四边形板单元的刚度矩阵所需要的参数有：板的厚度 t，材料

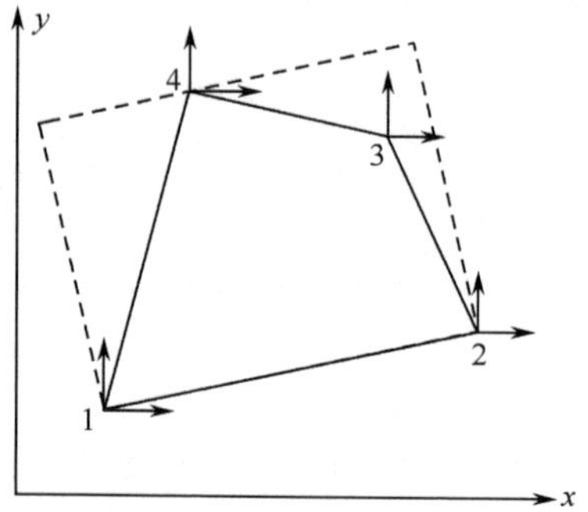

图 7-8　常剪流四边形单元

的剪切弹性模量 G,四个结点的坐标 $x_i, y_i(i=1,2,3,4)$. 计算公式为

$$[K]^e_{8\times 8} = \frac{Gt}{4S}\{R\}\cdot\{R\}^{\mathrm{T}} \tag{7-5}$$

式中,S 为板元的面积,

$$S = \frac{1}{2}(x_1y_2 - x_2y_1 + x_2y_3 - x_3y_2 + x_3y_4 - x_4y_3 + x_4y_1 - x_1y_4)$$

$$\{R\}^{\mathrm{T}} = [a_1 \quad a_2 \quad a_3 \quad a_4 \quad -a_1 \quad -a_2 \quad -a_3 \quad -a_4] \tag{7-6}$$

其中

$$a_1 = -m^2(x_4 - x_1) + l^2(x_4 - x_2) + lm(y_4 - y_1) + lm(y_4 - y_2)$$

$$a_2 = lm(x_4 - x_1) + lm(x_4 - x_2) - l^2(y_4 - y_1) + m^2(y_4 - y_2)$$

$$a_3 = (m^2 - l^2)(x_3 - x_1) - 2ml(y_3 - y_1)$$

$$a_4 = -2lm(x_3 - x_1) + (l^2 - m^2)(y_3 - y_1)$$

$$l = \frac{x_2 - x_1}{l_{12}}, \quad m = \frac{y_2 - y_1}{l_{12}},$$

$$l_{12} = [(x_2 - x_1)^2 + (y_2 - y_1)^2]^{1/2}$$

另外,剪切板元的四边剪应力为

$$\tau = \frac{G}{2S}\{R\}^{\mathrm{T}}\{\delta\}^e \tag{7-7}$$

其中,$\{\delta\}^e$ 是总体坐标系下单元的结点位移向量.

剪切板元刚度矩阵函数 Estif4 有两个虚参:单元号 mm 和第 mm 个板元的刚度矩阵 ek4[8][8];单元厚度 t 和剪切弹性模量 G 分别以局部变量 t4 和 g4 代表;每个单元四个结点的结构编号以逆时针次序放置在数组 IA4 中(注意起始边的选择),程序中首先通过 IA4 数组确定板的四个结点号,再从坐标数组 XY 中获得四个结点的坐标 $\mathrm{x_i}, \mathrm{y_i}(\mathrm{i}=1,2,3,4)$,并暂存于 x[4]及 y[4]中,供上述公式使用. 这个

过程可写成循环

```
for(i=0;i<4;i++)
  {ii=IA4[mm-1][i];
    x[i]=XY[ii-1][0];  y[i]=XY[ii-1][1]; }
```

通过求解刚度方程得到各单元的结点位移后，还可利用式(7-7)计算板元的剪切应力，所以要先确定出板元面积 S 和向量 $\{R\}$. 实际上调用 Estif4 函数时可顺便得到$\{R\}$，只要将 S 和$\{R\}$作为全局参数即可，S 用全局变量 AREA 代表，$\{R\}$表示成一维数组 $R[8]$.

这样，根据上面的公式便可以编写计算剪切板元刚度矩阵的程序：

```
void Estif4(int mm,float ek4[8][8])
{int i,j,ii,lmat;
  float x[4],y[4];
  float aa,a1,a2,x21,y21,x41,y41,x42,y42,x31,y31,l12,g4,t4,c,s;
  lmat=MATNO4[mm-1];
  g4=PROPS[lmat-1][0];
  t4=PROPS[lmat-1][1];
  for(i=0;i<4;i++)
  {ii=IA4[mm-1][i];
    x[i]=XY[ii-1][0]; y[i]=XY[ii-1][1]; }
 a1=x[1]*y[2]+y[1]*x[0]-x[1]*y[0]-x[2]*y[1];
 a2=x[2]*y[3]+x[3]*y[0]-x[3]*y[2]-x[0]*y[3];
 AREA=0.5*(a1+a2);
 aa=g4*t4/(4*AREA);
 x21=x[1]-x[0];  y21=y[1]-y[0];
 x41=x[3]-x[0];  y41=y[3]-y[0];
 x42=x[3]-x[1];  y42=y[3]-y[1];
 x31=x[2]-x[0];  y31=y[2]-y[0];
 l12=sqrt(x21*x21+y21*y21);
 c=x21/l12;  s=y21/l12;
 R[0]=-s*s*x41+c*c*x42+c*s*y41+c*s*y42;
 R[1]=c*s*x41+c*s*x42-c*c*y41+s*s*y42;
 R[2]=(s*s-c*c)*x31-2*s*c*y31;
 R[3]=-2*c*s*x31+(c*c-s*s)*y31;
 for(i=5;i<=8;i++) R[i-1]=-R[i-4-1];
 for(i=1;i<=8;i++)
   for(j=1;j<=8;j++)
   ek4[i-1][j-1]=R[i-1]*R[j-1]*aa;
}
```

§7.6　八结点曲边等参单元刚度矩阵和应力矩阵计算程序

根据§6.2中的描述,八结点曲边等参元(图7-9)的形函数的一般形式为

$$N_1(\xi,\eta)=-\frac{1}{4}(1-\xi)(1-\eta)(1+\xi+\eta),\quad N_2(\xi,\eta)=\frac{1}{2}(1-\xi^2)(1-\eta)$$
$$N_3(\xi,\eta)=\frac{1}{4}(1+\xi)(1-\eta)(\xi-\eta-1),\quad N_4(\xi,\eta)=\frac{1}{2}(1+\xi)(1-\eta^2)$$
$$N_5(\xi,\eta)=\frac{1}{4}(1+\xi)(1+\eta)(\xi+\eta-1),\quad N_6(\xi,\eta)=\frac{1}{2}(1-\xi^2)(1+\eta)$$
$$N_7(\xi,\eta)=\frac{1}{4}(1-\xi)(1+\eta)(-\xi+\eta-1),\quad N_8(\xi,\eta)=\frac{1}{2}(1-\xi)(1-\eta^2) \tag{7-8}$$

注意在此处单元结点编号次序与§6.2中不同.在上述形函数基础上建立的等参元如图7-9(b)所示.其坐标表达式为

$$x=\sum_{i=1}^{8}N_i x_i,\quad y=\sum_{i=1}^{8}N_i y_i \tag{7-9}$$

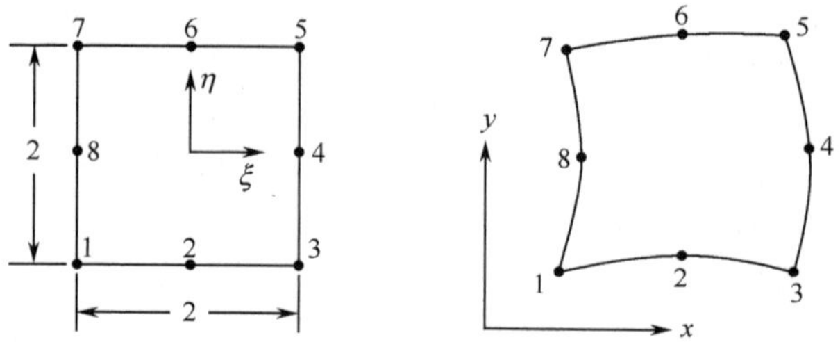

(a) 母单元　　(b) 实际单元

图7-9　八结点等参元

7.6.1　形函数及其导数计算

由式(7-8)可知单元内某点的八个形函数,并得到它们分别对 ξ 和 η 的导数.形函数及其导数的计算用函数Sfr实现.

数组及变量名:

shape[8]:所取单元的形函数在某计算点 p 上的八个值 $N_1(\xi_p,\eta_p)$、…、$N_8(\xi_p,\eta_p)$;

deriv[2][8]:单元内某计算点处形函数对局部坐标的导数;

s:计算点 p 的 ξ 坐标;

t:计算点 p 的 η 坐标;

```
void Sfr(float s,float t,float shape[8],float deriv[][8])
 {float s2,t2,st,ss,tt,sst,stt,st2;
   s2 = s * 2.0;
   t2 = t * 2.0;
   ss = s * s;
   tt = t * t;
   st = s * t;
   sst = s * s * t;
   stt = s * t * t;
   st2 = s * t * 2.0;

   shape[0] = ( - 1.0 + st + ss + tt - sst - stt)/4.0;
   shape[1] = (1.0 - t - ss + sst)/2.0;
   shape[2] = ( - 1.0 - st + ss + tt - sst + stt)/4.0;
   shape[3] = (1.0 + s - tt - stt)/2.0;
   shape[4] = ( - 1.0 + st + ss + tt + sst + stt)/4.0;
   shape[5] = (1.0 + t - ss - sst)/2.0;
   shape[6] = ( - 1.0 - st + ss + tt + sst - stt)/4.0;
   shape[7] = (1.0 - s - tt + stt)/2.0;

   deriv[0][0] = (t + s2 - st2 - tt)/4.0;
   deriv[0][1] = - s + st;
   deriv[0][2] = ( - t + s2 - st2 + tt)/4.0;
   deriv[0][3] = (1.0 - tt)/2.0;
   deriv[0][4] = (t + s2 + st2 + tt)/4.0;
   deriv[0][5] = - s - st;
   deriv[0][6] = ( - t + s2 + st2 - tt)/4.0;
   deriv[0][7] = ( - 1.0 + tt)/2.0;
   deriv[1][0] = (s + t2 - ss - st2)/4.0;
   deriv[1][1] = ( - 1.0 + ss)/2.0;
   deriv[1][2] = ( - s + t2 - ss + st2)/4.0;
   deriv[1][3] = - t - st;
   deriv[1][4] = (s + t2 + ss + st2)/4.0;
   deriv[1][5] = (1.0 - ss)/2.0;
   deriv[1][6] = ( - s + t2 + ss - st2)/4.0;
   deriv[1][7] = - t + st;
 }
```

7.6.2　雅可比矩阵及形函数对整体坐标的导数

二维情况下的雅可比矩阵[J]可表示为

$$[J]=\begin{bmatrix}\frac{\partial x}{\partial \xi} & \frac{\partial y}{\partial \xi}\\ \frac{\partial x}{\partial \eta} & \frac{\partial y}{\partial \eta}\end{bmatrix}=\sum_{i=1}^{8}\begin{bmatrix}\frac{\partial N_i}{\partial \xi}x_i & \frac{\partial N_i}{\partial \xi}y_i\\ \frac{\partial N_i}{\partial \eta}x_i & \frac{\partial N_i}{\partial \eta}y_i\end{bmatrix} \tag{7-10}$$

其行列式值为

$$|J|=\frac{\partial x}{\partial \xi}\frac{\partial y}{\partial \eta}-\frac{\partial y}{\partial \xi}\frac{\partial x}{\partial \eta} \tag{7-11}$$

则形函数对两组坐标的导数之间的关系为

$$\begin{Bmatrix}\frac{\partial N}{\partial x}\\ \frac{\partial N}{\partial y}\end{Bmatrix}=[J]^{-1}\begin{Bmatrix}\frac{\partial N}{\partial \xi}\\ \frac{\partial N}{\partial \eta}\end{Bmatrix} \tag{7-12}$$

上述过程用函数 Jacobi 实现，函数中的主要数组及变量名：

elcod[2][8]：当前单元的结点整体坐标数组；

gpcod[2]：当前单元的高斯积分点整体坐标数组；

xjacm[2][2]：雅可比矩阵数组；

djacb：单元内任一点 $p(\xi_p,\eta_p)$处的雅可比矩阵行列式值；

xjaci[2][2]：雅可比矩阵的逆矩阵数组.

cartd[2][8]：计算点 $p(\xi_p,\eta_p)$处八个形函数对 x 及 y 的导数；

$$\begin{bmatrix}\frac{\partial N_1(\xi,\eta)}{\partial x},\cdots,\frac{\partial N_8(\xi,\eta)}{\partial x}\\ \frac{\partial N_1(\xi,\eta)}{\partial y},\cdots,\frac{\partial N_8(\xi,\eta)}{\partial y}\end{bmatrix}$$

Jacobi 函数的源程序如下：

```
float Jacobi(float elcod[][8],float gpcod[2],
        float cartd[][8],float shape[],float deriv[][8])
{int i,j,k;
  float xjacm[2][2],xjaci[2][2],djacb;

  for(i = 1;i< = 2;i + + )
  {gpcod[i-1] = 0.0;
  for(j = 1;j< = NJE8;j + + )
    gpcod[i-1] + = elcod[i-1][j-1] * shape[j-1];
}
```

```
for(i = 1;i< = 2;i + + )
  for(j = 1;j< = 2;j + + )
    {xjacm[i-1][j-1] = 0.0;
      for(k = 1;k< = NJE8;k + + )
      xjacm[i-1][j-1] + = deriv[i-1][k-1] * elcod[j-1][k-1];
  }
djacb = xjacm[0][0] * xjacm[1][1] - xjacm[0][1] * xjacm[1][0];
xjaci[0][0] = xjacm[1][1]/djacb;
xjaci[1][1] = xjacm[0][0]/djacb;
xjaci[0][1] = - xjacm[0][1]/djacb;
xjaci[1][0] = - xjacm[1][0]/djacb;
for(i = 1;i< = 2;i + + )
  for(j = 1;j< = NJE8;j + + )
    {cartd[i-1][j-1] = 0.0;
    for(k = 1;k< = 2;k + + )
    cartd[i-1][j-1] + = xjaci[i-1][k-1] * deriv[k-1][j-1];
  }
return(djacb);
}
```

需要注意的是该函数有返回值.

7.6.3 几何矩阵和应力矩阵

表达单元结点位移和应变之间的关系的几何方程为

$$\{\varepsilon\} = [B]\{\delta\}^e = \sum_{i=1}^{8}[B_i]\{\delta_i\}^e \tag{7-13}$$

其中,几何矩阵

$$[B] = [B_1 \quad B_2 \quad \cdots \quad B_8] \tag{7-14}$$

且

$$B_i = \begin{bmatrix} \dfrac{\partial N_i}{\partial x} & 0 \\ 0 & \dfrac{\partial N_i}{\partial y} \\ \dfrac{\partial N_i}{\partial y} & \dfrac{\partial N_i}{\partial x} \end{bmatrix} \quad (i = 1,2,\cdots,8) \tag{7-15}$$

由子程序 Jacobi 形成形函数对整体坐标的导数(cartd 数组)后,则可按式(7-14)和(7-15)建立几何矩阵$[B]$,程序函数 Bmat 实现,数组及变量名:

bmatx[3][16]:单元内任一点的单元应变矩阵$[B]=[B_1,B_2,\cdots,B_8]$;

cartd[ ][8]：计算点处形函数对 x 及 y 的导数，已在 Jacobi 函数中得出.

Bmat 函数的源程序如下：

```
void Bmat(float bmatx[][16],float cartd[][8])
{int i,m,n=0;
for(i=1;i<=NJE8;i++)
  {m=n+1;
  n=m+1;
  bmatx[0][m-1]=cartd[0][i-1];
  bmatx[0][n-1]=0.0;
  bmatx[1][m-1]=0.0;
  bmatx[1][n-1]=cartd[1][i-1];
  bmatx[2][m-1]=cartd[1][i-1];
  bmatx[2][n-1]=cartd[0][i-1];
  }
}
```

弹性材料的物理方程可写为

$$\{\sigma\} = [D]\{\varepsilon\} \tag{7-16}$$

其中，$[D]$为弹性矩阵，在平面应力状态下

$$[D] = \frac{E}{1-\nu^2}\begin{bmatrix} 1 & \nu & 0 \\ \nu & 1 & 0 \\ 0 & 0 & \dfrac{1-\nu}{2} \end{bmatrix} \tag{7-17}$$

对于平面应变问题，应将上式中的弹性模量 E 及泊松比 ν 分别用 $E/(1-\nu^2)$ 及 $\nu/(1-\nu)$ 替代.

根据式(7-13)和(7-16)，单元的应力可以被写成

$$\{\sigma\} = [S]\{\delta\}^e \tag{7-18}$$

式中

$$[S] = [D][B] \tag{7-19}$$

为应力矩阵.

函数 Smat8 计算单元的应力矩阵，其中主要数组及变量名有

dmatx[3][3]：弹性矩阵$[D]$的数组；

se[3][16]：应力矩阵$[S]$的数组.

下面给出函数 Smat8 的源程序：

```
void Smat8(int ie, float se[][16],float bmatx[][16])
{int i,j,k,lmat;
float dmatx[3][3],c,e8,mu8;
lmat=MATNO8[ie-1];
```

```
for(i = 1;i< = 3;i+ + )
  for(j = 1;j< = 3;j+ + )
    dmatx[i-1][j-1] = 0.0;
e8 = PROPS[lmat-1][0]; mu8 = PROPS[lmat-1][1]; c = e8/(1.0 - mu8 * mu8);
dmatx[0][0] = c;  dmatx[0][1] = c * mu8;  dmatx[1][0] = c * mu8;
dmatx[1][1] = c;  dmatx[2][2] = c * (1.0 - mu8)/2.0;
for(i = 1;i< = 3;i+ + )
for(j = 1;j< = 16;j+ + )
  {se[i-1][j-1] = 0.0;
  for(k = 1;k< = 3;k+ + )
  se[i-1][j-1] + = dmatx[i-1][k-1] * bmatx[k-1][j-1];
  }
}
```

7.6.4 单元刚度矩阵

单元刚度矩阵的一般形式

$$[K]^e = \int_{V_e} [B]^{\mathrm{T}}[D][B]\mathrm{d}V \tag{7-20}$$

二维问题矩阵子块的公式为

$$k_{ij} = \int_{-1}^{1}\int_{-1}^{1} [B_i]^{\mathrm{T}}[D][B_j] \mid J \mid T\mathrm{d}\xi\mathrm{d}\eta \quad (i = 1,2,\cdots,8;j = 1,2,\cdots,8) \tag{7-21}$$

上式中,被积函数是局部坐标的函数,若用 $f(\xi,\eta)$ 表示,则高斯积分的计算式为

$$\begin{aligned}\int_{-1}^{1}\int_{-1}^{1} f(\xi,\eta)\mathrm{d}\xi\mathrm{d}\eta &= \int_{-1}^{1}\left[\int_{-1}^{1} f(\xi,\eta)\mathrm{d}\eta\right]\mathrm{d}\xi \\ &= \sum_{i=1}^{n}\sum_{j=1}^{n} W_i W_j f(\xi_i,\eta_j) \\ &= W_1[W_1 f(\xi_1,\eta_1) + W_2 f(\xi_1,\eta_2) + W_3 f(\xi_1,\eta_3)] \\ &\quad + W_2[W_1 f(\xi_2,\eta_1) + W_2 f(\xi_2,\eta_2) + W_3 f(\xi_2,\eta_3)] \\ &\quad + W_3[W_1 f(\xi_3,\eta_1) + W_2 f(\xi_3,\eta_2) + W_3 f(\xi_3,\eta_3)]\end{aligned} \tag{7-22}$$

其中,n 为高斯积分点的阶次,(ξ_i,η_i) 为积分点 i 的局部坐标,W_i 为权系数,可查表得到. 二维情况下采用三阶积分的八结点等参元如图 7-10 所示,图中黑色圆点标注高斯点的位置,圆点旁的数字 1~9 表示高斯点的编号顺序.

对计算单刚子块的公式(7-21)应用高斯数值积分则有

$$[K_{ij}] = \sum_{p=1}^{n}\sum_{g=1}^{n} W_p W_g [B_i]^{\mathrm{T}}[D][B_j] \mid J \mid T \quad (i = 1,2,\cdots,8) \tag{7-23}$$

其中$[B_i]$、$[B_j]$、$|J|$皆为相应高斯点处的值.

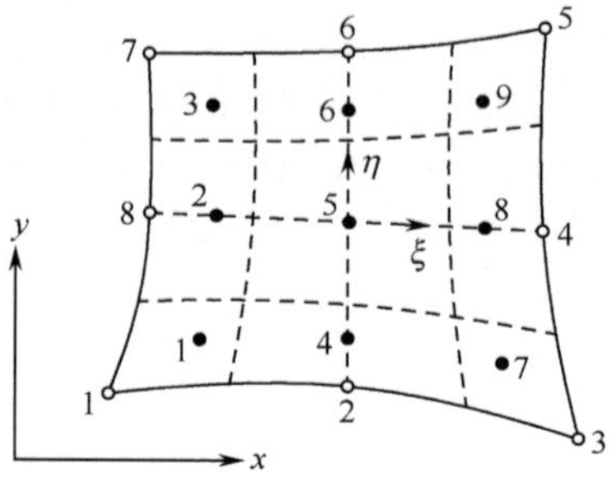

图 7-10 采用三阶积分的八结点等参元

函数 Gaussq 用来确定高斯积分点的局部坐标和相应权系数,其中高斯点坐标数组 POSGP[NGS]和权系数数组 WEIGP[NGS]皆为全局数组,全局常量 NGS 的值取 2 或 3,表示高斯积分的阶次.此函数还将用于确定面载荷的等效结点载荷的数值积分.

```
void Gaussq()
{switch(NGS)
  {case 2:
    POSGP[0] = -0.577350269189626;
    POSGP[1] = -POSGP[0];
    WEIGP[0] = 1.0;
    WEIGP[1] = WEIGP[0];
    break;
    case 3:
    POSGP[0] = -0.7745966692415;
    POSGP[1] = 0.0;
    POSGP[2] = -POSGP[0];
    WEIGP[0] = 0.55555555555556;
    WEIGP[1] = 0.88888888888889;
    WEIGP[2] = WEIGP[0];
    break;
  }
}
```

单元刚度矩阵函数 Estif8 的程序结构如图 7-11 所示,程序中新增及计算中用到的数组及变量名有:

ek8[16][16]——单元刚度矩阵;

exisp、etasp——高斯积分点的 ξ、η 坐标；
elcod[2][8]——单元结点坐标数组；
gpcod[2]——高斯积分点整体坐标数组；
se[3][16]——应力矩阵数组；
djacb——雅可比矩阵行列式的值.

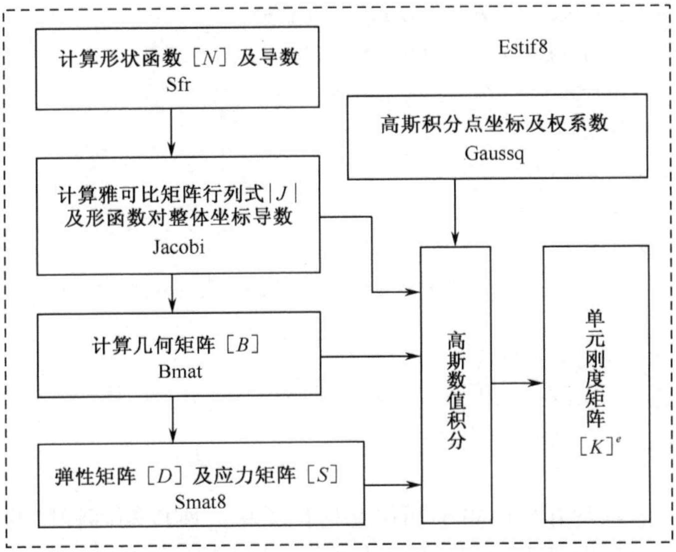

图 7-11 单元刚度矩阵计算流程

函数 Estif8 的程序设计如下：

```
void Estif8(int ie,float ek8[16][16])
  {int i,j,k,ii,jj,lnode,lmat;
  float exisp,etasp,dvolu,djacb,t8;
  float elcod[2][8],gpcod[2],se[3][16],bmatx[3][16],
    shape[8],deriv[2][8],cartd[2][8];
  for(i=1;i<=NJE8;i++)
    {lnode=IA8[ie-1][i-1];
    for(j=1;j<=2;j++)
    elcod[j-1][i-1]=XY[lnode-1][j-1];
}
lmat=MATNO8[ie-1];
t8=PROPS[lmat-1][2];
for(i=1;i<=16;i++)
  for(j=1;j<=16;j++)
```

```
      ek8[i-1][j-1] = 0.0;
  for(i = 1;i< = NGS;i + +)
    for(j = 1;j< = NGS;j + +)
    {exisp = POSGP[i-1];
    etasp = POSGP[j-1];
    Sfr(exisp,etasp,shape,deriv);
    djacb = Jacobi(elcod,gpcod,cartd,shape,deriv);
    dvolu = djacb * WEIGP[i-1] * WEIGP[j-1] * t8;
    Bmat(bmatx,cartd);
    Smat8(ie,se,bmatx);
    for(k = 1;k< = 16;k + +)
      for(ii = k;ii< = 16;ii + +)
      for(jj = 1;jj< = 3;jj + +)
        ek8[k-1][ii-1] + = bmatx[jj-1][k-1] * se[jj-1][ii-1] * dvolu;
    }
  for(i = 1;i< = 16;i + +)
    for(j = i;j< = 16;j + +)
      ek8[j-1][i-1] = ek8[i-1][j-1];
  }
```

总结起来,本章对五种简单平面单元讨论了单元刚度矩阵程序的设计方法.实际工作中,单元的种类是多种多样的,计算单元刚度矩阵的方法不尽相同,读者可以根据自己算题的需要,自行设计.

§7.7 计算单元刚度矩阵的 FORTRAN 子程序

说明:所有单元刚度矩阵程序均为子例行程序或函数子程序,标识符与对应C 函数程序基本一致.反映网格划分信息的数组 IA1、IA2、IA3、IA4、IA8 和 XY 放在有名公用区 TOPL 中,五种单元的材料和截面特性参数分别置于公用区 C、C1、C2、C3 和 C4 中.此外,剪切板元的面积 AREA 和数组 R 等确定的参数也放在公用区 C4 中,供计算内力时使用.公用区变量的作用相当于 C 程序中的全局变量.

7.7.1 杆元刚度矩阵子程序

```
SUBROUTINE ESTIF1(MM, EK1)
REAL LIJ
DIMENSION EK1(4,4)
COMMON/TOPL/IA1(20,2),IA2(20,2),IA4(20,4),XY(40,2)
COMMON/C/PROPS(5,3)/C1/MATNO1(20)
```

```
      LMAT = MATNO1(MM)
      E1 = PROPS(LMAT,1)
      F1 = PROPS(LMAT,2)
      I = IA1(MM,1)
      X1 = XY(I,1)
      Y1 = XY(I,2)
      I = IA1(MM,2)
      X2 = XY(I,1)
      Y2 = XY(I,2)
      LIJ = SQRT((X2 - X1) * (X2 - X1) + (Y2 - Y1) * (Y2 - Y1))
      C = (X2 - X1)/LIJ
      S = (Y2 - Y1)/LIJ
      F = F1 * E1/LIJ
      EK1(1,1) = F * C * C
      EK1(2,1) = F * C * S
      EK1(2,2) = F * S * S
      EK1(3,1) = - F * C * C
      EK1(3,2) = - F * C * S
      EK1(3,3) = F * C * C
      EK1(4,1) = - F * C * S
      EK1(4,2) = - F * S * S
      EK1(4,3) = F * S * C
      EK1(4,4) = F * S * S
      DO 1 I = 1,4
      DO 1 J = I + 1,4
    1 EK1(I,J) = EK1(J,I)
      END
```

7.7.2 梁元刚度矩阵子程序

```
      SUBROUTINE ESTIF2( MM, EK2)
      DIMENSION EK2(6,6)
      COMMON/TOPL/IA1(20,2),IA2(20,2),IA4(20,4),XY(40,2)
      COMMON/C/PROPS(5,3)/C2/MATNO2(20)
      LMAT = MATNO2(MM)
      E2 = PROPS(LMAT,1)
      F2 = PROPS(LMAT,2)
      AJ2 = PROPS(LMAT,3)
      I = IA2(MM,1)
```

```
      X1 = XY(I,1)
      Y1 = XY(I,2)
      I = IA2(MM,2)
      X2 = XY(I,1)
      Y2 = XY(I,2)
      B = SQRT((X2-X1) * (X2-X1) + (Y2-Y1) * (Y2-Y1))
      C = (X2-X1)/B
      S = (Y2-Y1)/B
      F = 12.0 * E2 * AJ2/(B * B * B)
      H = E2 * F2/B
      P = 6. * E2 * AJ2/(B * B)
      Q = 2. * E2 * AJ2/B
      EK2(1,1) = F * S * S + H * C * C
      EK2(2,1) = S * C * (H - F)
      EK2(2,2) = F * C * C + H * S * S
      EK2(3,1) = - S * P
      EK2(3,2) = C * P
      EK2(3,3) = 2. * Q
      EK2(4,1) = - EK2(1,1)
      EK2(4,2) = - EK2(2,1)
      EK2(4,3) = S * P
      EK2(4,4) = EK2(1,1)
      EK2(5,1) = - EK2(2,1)
      EK2(5,2) = - EK2(2,2)
      EK2(5,3) = - C * P
      EK2(5,4) = EK2(2,1)
      EK2(5,5) = EK2(2,2)
      EK2(6,1) = - S * P
      EK2(6,2) = C * P
      EK2(6,3) = Q
      EK2(6,4) = S * P
      EK2(6,5) = - C * P
      EK2(6,6) = 2. * Q
      DO 1 I = 2,6
        DO 1 J = 1,I - 1
    1 EK2(J,I) = EK2(I,J)
      END
```

7.7.3 常应变三角元刚度矩阵和应力矩阵的子程序

1. 常应变三角元刚度矩阵子例行程序

```
SUBROUTINE ESTIF3(IE, EK3)
REAL MU3
DIMENSION EK3(6,6),X(3),Y(3)
COMMON/TOPL/IA3(200,3),XY(500,2)
COMMON/C3/PROPS(5,3),MATNO3(200)
LMAT = MATNO3(IE)
E3 = PROPS(LMAT,1)
MU3 = PROPS(LMAT,2)
T3 = PROPS(LMAT,3)
DO I1 = 1,3
  II = IA3(IE,I1)
  X(I1) = XY(II,1)
  Y(I1) = XY(II,2)
END DO
TS = ABS((X(2) * Y(3) + X(1) * Y(2) + X(3) * Y(1) - X(2) * Y(1)
#     - X(1) * Y(3) - X(3) * Y(2)/2.0)
W = (1. - MU3)/2.
BI = Y(2) - Y(3)
BJ = Y(3) - Y(1)
BM = Y(1) - Y(2)
CI = X(3) - X(2)
CJ = X(1) - X(3)
CM = X(2) - X(1)
EK3(1,1) = BI * BI + CI * CI * W
EK3(2,2) = CI * CI + BI * BI * W
EK3(3,3) = BJ * BJ + CJ * CJ * W
EK3(4,4) = CJ * CJ + BJ * BJ * W
EK3(5,5) = BM * BM + CM * CM * W
EK3(6,6) = CM * CM + BM * BM * W
EK3(1,2) = BI * CI * MU3 + BI * CI * W
EK3(1,3) = BI * BJ + CI * CJ * W
EK3(1,4) = BI * CJ * MU3 + BJ * CI * W
EK3(1,5) = BI * BM + CI * CM * W
EK3(1,6) = BI * CM * MU3 + BM * CI * W
```

```
EK3(2,3) = BJ * CI * MU3 + BI * CJ * W
EK3(2,4) = CI * CJ + BI * BJ * W
EK3(2,5) = BM * CI * MU3 + BI * CM * W
EK3(2,6) = CI * CM + BI * BM * W
EK3(3,4) = BJ * CJ * MU3 + BJ * CJ * W
EK3(3,5) = BJ * BM + CJ * CM * W
EK3(3,6) = BJ * CM * MU3 + BM * CJ * W
EK3(4,5) = BM * CJ * MU3 + BJ * CM * W
EK3(4,6) = CJ * CM + BJ * BM * W
EK3(5,6) = BM * CM * MU3 + BM * CM * W
DO I = 2,6
  DO J = 1,I - 1
    EK3(I,J) = EK3(J,I)
  END DO
END DO
F = E3 * T3/(4. * TS * (1. - MU3 * MU3))
DO I = 1,6
  DO J = 1,6
    EK3(I,J) = EK3(I,J) * F
  END DO
END DO
END
```

2. 常应变三角元应力矩阵子例行程序

```
SUBROUTINE SMAT3(IE, SE)
REAL MU3
DIMENSION SE(3,6),X(3),Y(3)
COMMON /TOPL/IA3(200,3),XY(500,2)
COMMON /C3/PROPS(5,3),MATNO3(200)
LMAT = MATNO3(IE)
E3 = PROPS(LMAT,1)
MU3 = PROPS(LMAT,2)
DO I1 = 1,3
  II = IA3(IE,I1)
  X(I1) = XY(II,1)
  Y(I1) = XY(II,2)
END DO
TS = ABS((X(2) * Y(3) + X(1) * Y(2) + X(3) * Y(1) - X(2) * Y(1)
```

```
#       - X(1) * Y(3) - X(3) * Y(2))/2.0)
 W = (1. - MU3)/2.
 BI = Y(2) - Y(3)
 BJ = Y(3) - Y(1)
 BM = Y(1) - Y(2)
 CI = X(3) - X(2)
 CJ = X(1) - X(3)
 CM = X(2) - X(1)
 SE(1,1) = BI
 SE(1,2) = MU3 * CI
 SE(2,1) = MU3 * BI
 SE(2,2) = CI
 SE(3,1) = W * CI
 SE(3,2) = W * BI
 SE(1,3) = BJ
 SE(1,4) = MU3 * CJ
 SE(2,3) = MU3 * BJ
 SE(2,4) = CJ
 SE(3,3) = W * CJ
 SE(3,4) = W * BJ
 SE(1,5) = BM
 SE(1,6) = MU3 * CM
 SE(2,5) = MU3 * BM
 SE(2,6) = CM
 SE(3,5) = W * CM
 SE(3,6) = W * BM
 DO I = 1,3
   DO J = 1,6
     SE(I,J) = SE(I,J) * E3/(2. * TS * (1. - MU3 * MU3))
   END DO
 END DO
 END
```

7.7.4 常剪流四边形元刚度矩阵子程序

```
 SUBROUTINE ESTIF4( MM, EK4)
 REAL L12
 DIMENSION EK4(8,8),X(4),Y(4)
 COMMON/TOPL/IA1(20,2),IA2(20,2),IA4(20,4),XY(40,2)
```

```
COMMON/C/PROPS(5,3)/C4/MATNO4(20),AREA,R(8)
LMAT = MATNO4(MM)
G4 = PROPS(LMAT,1)
T4 = PROPS(LMAT,2)
DO I = 1,4
  II = IA4(MM,I)
  X(I) = XY(II,1)
  Y(I) = XY(II,2)
END DO
A1 = X(2) * Y(3) + Y(2) * X(1) - X(2) * Y(1) - X(3) * Y(2)
A2 = X(3) * Y(4) + X(4) * Y(1) - X(4) * Y(3) - X(1) * Y(4)
AREA = 0. 5 * (A1 + A2)
AA = G4 * T4/(4. * AREA)
X21 = X(2) - X(1)
Y21 = Y(2) - Y(1)
X41 = X(4) - X(1)
Y41 = Y(4) - Y(1)
X42 = X(4) - X(2)
Y42 = Y(4) - Y(2)
X31 = X(3) - X(1)
Y31 = Y(3) - Y(1)
L12 = SQRT(X21 * X21 + Y21 * Y21)
C = X21/L12
S = Y21/L12
R(1) = - S * S * X41 + C * C * X42 + C * S * Y41 + C * S * Y42
R(2) = C * S * X41 + C * S * X42 - C * C * Y41 + S * S * Y42
R(3) = (S * S - C * C) * X31 - 2 * S * C * Y31
R(4) = - 2 * C * S * X31 + (C * C - S * S) * Y31
DO I = 5,8
 R(I) = - R(I - 4)
END DO
DO I = 1,8
 DO J = 1,8
   EK4(I,J) = R(I) * R(J) * AA
 END DO
END DO
END
```

7.7.5 八结点曲边四边形等参元分析的有关子程序

1. 形状函数及其对局部坐标的导数子例行程序

```
SUBROUTINE SFR(S,T,SHAPF,DERIV)
DIMENSION SHAPF(8),DERIV(2,8)
S2 = S * 2.0
T2 = T * 2.0
SS = S * S
TT = T * T
ST = S * T
SST = S * S * T
STT = S * T * T
ST2 = S * T * 2.0

SHAPF(1) = ( - 1.0 + ST + SS + TT - SST - STT)/4.0
SHAPF(2) = (1.0 - T - SS + SST)/2.0
SHAPF(3) = ( - 1.0 - ST + SS + TT - SST + STT)/4.0
SHAPF(4) = (1.0 + S - TT - STT)/2.0
SHAPF(5) = ( - 1.0 + ST + SS + TT + SST + STT)/4.0
SHAPF(6) = (1.0 + T - SS - SST)/2.0
SHAPF(7) = ( - 1.0 - ST + SS + TT + SST - STT)/4.0
SHAPF(8) = (1.0 - S - TT + STT)/2.0
DERIV(1,1) = (T + S2 - ST2 - TT)/4.0
DERIV(1,2) = - S + ST
DERIV(1,3) = ( - T + S2 - ST2 + TT)/4.0
DERIV(1,4) = (1.0 - TT)/2.0
DERIV(1,5) = (T + S2 + ST2 + TT)/4.0
DERIV(1,6) = - S - ST
DERIV(1,7) = ( - T + S2 + ST2 - TT)/4.0
DERIV(1,8) = ( - 1.0 + TT)/2.0
DERIV(2,1) = (S + T2 - SS - ST2)/4.0
DERIV(2,2) = ( - 1.0 + SS)/2.0
DERIV(2,3) = ( - S + T2 - SS + ST2)/4.0
DERIV(2,4) = - T - ST
DERIV(2,5) = (S + T2 + SS + ST2)/4.0
DERIV(2,6) = (1.0 - SS)/2.0
DERIV(2,7) = ( - S + T2 + SS - ST2)/4.0
DERIV(2,8) = - T + ST
```

```
END
```

2. 雅可比矩阵及形函数对整体坐标的导数函数子程序

```
REAL FUNCTION JACOBI(ELCOD,GPCOD,CARTD,SHAPF,DERIV)
DIMENSION ELCOD(2,8),GPCOD(2),CARTD(2,8),SHAPF(8),DERIV(2,8),
#     XJACM(2,2),XJACI(2,2)
DO I = 1,2
  GPCOD(I) = 0.0
  DO J = 1,8
      GPCOD(I) = GPCOD(I) + ELCOD(I,J) * SHAPF(J)
  END DO
END DO

DO I = 1,2
DO J = 1,2
  XJACM(I,J) = 0.0
  DO K = 1,8
    XJACM(I,J) = XJACM(I,J) + DERIV(I,K) * ELCOD(J,K)
  END DO
  END DO
END DO
DJACB = XJACM(1,1) * XJACM(2,2) - XJACM(1,2) * XJACM(2,1)
XJACI(1,1) = XJACM(2,2)/DJACB
XJACI(2,2) = XJACM(1,1)/DJACB
XJACI(1,2) = - XJACM(1,2)/DJACB
XJACI(2,1) = - XJACM(2,1)/DJACB

DO I = 1,2
  DO J = 1,8
    CARTD(I,J) = 0.0
    DO K = 1,2
        CARTD(I,J) = CARTD(I,J) + XJACI(I,K) * DERIV(K,J)
      END DO
  END DO
END DO
JACOBI = DJACB
END
```

3. 几何矩阵子例行程序

```
SUBROUTINE BMAT(BMATX,CARTD)
```

```
DIMENSION BMATX(3,16),CARTD(2,8)
N = 0
DO I = 1,8
  M = N + 1
  N = M + 1
  BMATX(1,M) = CARTD(1,I)
  BMATX(1,N) = 0.0
  BMATX(2,M) = 0.0
  BMATX(2,N) = CARTD(2,I)
  BMATX(3,M) = CARTD(2,I)
  BMATX(3,N) = CARTD(1,I)
END DO
END
```

4. 八结点曲边四边形等参元应力矩阵子例行程序

```
SUBROUTINE SMAT8(IE,SE,BMATX)
REAL MU8
DIMENSION SE(3,16),BMATX(3,16),DMATX(3,3)
COMMON /C3/PROPS(5,3),MATNO8(200)
LMAT = MATNO8(IE)
DO I = 1,3
 DO J = 1,3
   DMATX(I,J) = 0.0
  END DO
END DO
E8 = PROPS(LMAT,1)
MU8 = PROPS(LMAT,2)
C = E8/(1.0 - MU8 * MU8)
DMATX(1,1) = C
DMATX(1,2) = C * MU8
DMATX(2,1) = C * MU8
DMATX(2,2) = C
DMATX(3,3) = C * (1.0 - MU8)/2.0
DO I = 1,3
 DO J = 1,16
   SE(I,J) = 0.0
   DO K = 1,3
    SE(I,J) = SE(I,J) + DMATX(I,K) * BMATX(K,J)
```

```
    END DO
  END DO
END DO
END
```

5. 高斯积分点坐标与高斯积分权系数子例行程序

```
SUBROUTINE GAUSSQ(NGS,POSGP,WEIGP)
 DIMENSION POSGP(3),WEIGP(3)
IF(NGS.EQ.2) THEN
  POSGP(1) = -0.577350269189626
  POSGP(2) = -POSGP(1)
  WEIGP(1) = 1.0
  WEIGP(2) = 1.0
ELSE IF(NGS.EQ.3) THEN
  POSGP(1) = -0.7445966692415
  POSGP(2) = 0.0
  POSGP(3) = -POSGP(1)
  WEIGP(1) = 0.555555555555556
  WEIGP(2) = 0.888888888888889
  WEIGP(3) = WEIGP(1)
ELSE
  STOP "NGS"MUST BE 2 OR 3'
END IF
END
```

6. 八结点曲边四边形等参元刚度矩阵子例行程序

```
SUBROUTINE ESTIF8(IE,EK8)
REAL JACOBI
DIMENSION EK8(16,16),ELCOD(2,8),GPCOD(2),SE(3,16),BMATX(3,16),
#     SHAPF(8),DERIV(2,8),CARTD(2,8)
COMMON/TOPL/IA8(200,8),XY(500,2)
COMMON/CTRL/NGS,NE8,NJE8,NJ,NCJ,NPJ,NFJ,NEDGE,IPLOD,IEDGE,NPROP
COMMON/C3/PROPS(5,3),MATNO8(200)
COMMON/GSP/POSGP(3),WEIGP(3)

DO I = 1,NJE8
 LNODE = IA8(IE,I)
 DO J = 1,2
```

```
    ELCOD(J,I) = XY(LNODE,J)
  END DO
END DO
LMAT = MATNO8(IE)
T8 = PROPS(LMAT,3)
DO I = 1,16
  DO J = 1,16
    EK8(I,J) = 0.0
  END DO
END DO
DO I = 1,NGS
DO J = 1,NGS
  EXISP = POSGP(I)
  ETASP = POSGP(J)
  CALL SFR(EXISP,ETASP,SHAPF,DERIV)
  DJACB = JACOBI(ELCOD,GPCOD,CARTD,SHAPF,DERIV)
  DVOLU = DJACB * WEIGP(I) * WEIGP(J) * T8
  CALL BMAT(BMATX,CARTD)
  CALL SMAT8(IE,SE,BMATX)
    DO K = 1,16
      DO II = K,16
        DO JJ = 1,3
        EK8(K,II) = EK8(K,II) + BMATX(JJ,K) * SE(JJ,II) * DVOLU
        END DO
      END DO
    END DO
  END DO
END DO
DO I = 1,16
  DO J = I,16
    EK8(J,I) = EK8(I,J)
  END DO
END DO
END
```

第八章　总刚度矩阵的组集及刚度方程的建立

本章讨论与单刚投放建立总刚以及总刚存储方式有关的程序段的设计，包括单元的结构地址、总刚带宽的确定、整体存储总刚或一维总刚的建立等.

§8.1　单元的地址程序段

得到各单元的刚度矩阵之后的工作就是组集结构总刚度矩阵. 我们称某一单元的刚度矩阵中的系数在总刚中所处的位置为此单元的地址. 举例来讲，图7-2上的第 1 个板元，刚度矩阵为 8×8 阶，其 8 行或 8 列分别对应于 8 个自由度. 这 8 行(列)将置于总刚的哪些行(列)呢？很显然是 10，11，13，14，4，5，1，2 行(列)，表 8-1 给出了这个关系. 比如元刚第 3 行、第 6 列的刚度系数将放在总刚第 13 行、第 5 列的位置上. 所以单元的地址反映了单元的各局部自由度所对应的结构自由度. 如果我们把第七章中讨论的五种单元的地址都用一维数组 jad 表示，那么 jad 数组的长度应不小于其中最大的单元自由度个数，所以 jad 数组的长度取为 16.

表 8-1　图 7-2 上的第 1 个板元局部自由度与结构自由度的关系

局部结点号	1		2		3		4	
结构结点号	4		5		2		1	
局部自由度号 i	1	2	3	4	5	6	7	8
结构自由度号 jad[i−1]	10	11	13	14	4	5	1	2

函数 Ead 用来确定某个单元的 jad 数组. 有关标识符的意义如下：

ie——单元号

nfj——结构中每个结点的自由度

nje——单元的结点数

nfje——单元中每个结点的自由度

ia——某种单元各单元结点号数组指针

```
void Ead(int ie,int nfj,int nje,int nfje,int jad[16],int * ia)
{int i,j,ij,ii;
for (i = 1;i< = nje;i + + )                          单元结点循环
  for (j = 1;j< = nfje;j + + )                       结点自由度循环
```

```
  {ij = nfje * (i - 1) + j;                                   单元局部自由度号
   ii = nfj * ( * (ia + (ie - 1) * nje + i - 1) - 1) + j;    对应结构自由度号
   jad[ij-1] = ii;
   }
}
```

单元的局部自由度与单元自身的结点编号和结点的自由度个数有关;单元的结构自由度则与结构中单元的结点编号和每个结点的自由度个数有关. 确定某个单元的结点号时,就需要用到这种单元的结点号数组 IA×[][]. 为了保持函数的通用性,也就是使 Ead 函数能够应用于不同种类的单元,程序中通过定义一个整型指针 ia 作为虚参来接受不同单元的结点号数组 IA×的首地址,这样表达式*(ia+(ie−1)* nje+i−1)就表示了第 ie 个单元的第 i 个结点的编号. 而对于相应的 FORTRAN 子例行程序 EAD,则可以定义一个可调虚参数组 IA(ME,NJE)直接接受实参 IA×数组,其中,变量 ME 也必须作为虚参接受实参 IA×数组的行数. 对于两种语言的不同做法,反映了它们在虚实结合和数组存储方式上的不同.

我们仍以图 7-2 所示结构分元为例看 Ead 函数的调用. 每次调用 Ead 函数前 jad 数组都应清零.

对杆元,例如第 1 杆,调用语句为

```
Ead(1, 3, 2, 2, jad, IA1)
```

结果存放于 jad 中,其值为:10, 11, 13, 14, 0, 0, 0, 0,0,0,0,0,0,0,0,0

对梁元,例如第 1 梁,调用语句为

```
Ead(1, 3, 2, 3, jad,IA2)
```

jad 中的数值为:5, 2, 3, 4, 5, 6, 0, 0,0,0,0,0,0,0,0,0

对板元,例如第 1 板,调用语句是

```
Ead(1, 3, 4, 2, jad, IA4)
```

jad 中的数值为: 10, 11, 13, 14, 4, 5, 1, 2,0,0,0,0,0,0,0,0

§8.2 组装总刚度矩阵的程序

当我们将研究的弹性体离散成有限个单元的集合并分析了单元的刚度特性之后,即可进行总刚度矩阵的组装了. 当然,弹性体被离散后,每个单元刚阵中的每个刚度系数在总刚度矩阵中的位置也就确定了,这就是 jad 数组所表明的.

我们在第三章中已经指出,根据所研究的问题的规模、复杂程度及所用计算机的限制,总刚度矩阵可以有不同的存储方式,进而由表示总刚度方程的代数方程组的求解方法也可以各异. 我们主要讨论两种组装总刚度矩阵的方式及其程序设计,即整体存储总刚度矩阵程序和一维变带宽存储总刚程序.

8.2.1 整体存储总刚度矩阵程序

整体存储的意思很明显，就是将总刚度矩阵的全部系数，完全存放起来，这种存法适用于比较小的题目. 它程序简单，相应地用高斯消去的解法也简单. 当计算机内存容量足够题目的使用，就可以使用本方法. 整体总刚的阶数等于结构的总自由度个数. 比如，图 7-2 情形中总刚的规模是 36×36. 若用于图 7-4 的情形，总刚的规模将达到 144×144.

整体存储刚度矩阵函数名为 Fork，其虚参表中的参数有

nm——单元刚度矩阵的阶次，等于单元的局部自由度个数；

jad——一维数组，规定单元局部自由度对应的结构自由度；

* ek——单元刚度矩阵的指针

和 Ead 函数一样，函数 Fork 也将用于不同种类的单元. 我们用实型指针变量 ek 作为虚参来导入单元刚度矩阵，也就是让指针 ek 存放单元刚度矩阵第一个系数的内存地址，与 ek 对应的实参是单元刚度矩阵名. 这样，ek＋nm*(i－1)＋j－1 就表示单元刚度矩阵第 i 行第 j 列系数的内存地址. 每调用一次此函数，就将一个单元的刚度矩阵装入总刚. 程序设计如下：

```
void Fork(int nm,int jad[16],float *ek)
{int i,j,ii,jj;
  for(i=1;i<=nm;i++)                          元刚行的循环
    for(j=1;j<=nm;j++)                        元刚列的循环
    {ii=jad[i-1];  jj=jad[j-1];               元刚 i 行 j 列对应总刚 ii 行 jj 列
    K[ii-1][jj-1]+=*(ek+nm*(i-1)+j-1);        叠加到总刚
    }
}
```

注意整体存储总刚数组 K 的定义未出现在函数 Fork 中，说明 K 必须作为全局变量. 以后我们将看到，整体存储总刚定义为二维数组 K[100][101]，说明总刚的规模最大可以达到 100×100. 而 K 的列数比行数大 1，表示已将总载荷向量包含进来了. 所以总刚数组 K 实际上是总刚度方程的系数矩阵（总刚度矩阵）和右端项（总载荷向量）的增广矩阵. 针对图 7-2 所示的结构，它有三种不同的单元，当调用 Fork 函数前，必须先求出各单元的刚度系数和它们在总刚中的地址，因此，计算元刚的函数和计算地址的函数都要用到.

对第 im 个杆，调用语句是

```
Estif1(im,ek1);
Ead(im,3,2,2,jad,IA1);
Fork(4,jad,ek1);
```

对第 in 个梁，调用语句是

```
Estif2(in,ek2);
Ead(in,3,2,3,jad,IA2);
Fork(6,jad,ek2);
```

对第 ik 个板元，调用语句是

```
Estif4(ik,ek4);
Ead(ik,3,4,2,jad,IA4);
Fork(8,jad,ek4);
```

上述语句执行后，就分别将第 im 根杆，第 in 根梁和第 ik 块板的刚度矩阵系数装入了表示总刚矩阵的数组 K 中.

8.2.2　一维数组，变带宽存储总刚度矩阵

由于有限元法形成的总刚度矩阵对称、正定，且是带状、稀疏的. 为了更有效地利用计算机的内存资源，我们可以利用总刚度矩阵的特点，只存储它的下三角部分. 这种存储是逐行进行的，而且每一行都是从第一个不为零的元素开始直至对角线元素. 这样的存储就是变带宽的方式. 变带宽存储的矩阵元素必须放在一维数组中才方便. 因此，原先的一个正方形的总刚的元素排列，就变成了一维的元素排列了. 这个变了形的排列方式带来了新的问题，怎样在一维数组 A 中找到和总刚[K]中的元素对应的元素呢？或者，怎样由单元的刚度矩阵直接组集形成一维数组形式的总刚 A 呢？下面我们将要介绍一个辅助函数 Forad. 通过这个程序段，我们即可估算出一类单元中各个单元的刚度系数对总刚度矩阵的半带宽的贡献. 对所有单元均调用 Forad，即可求出总刚度矩阵的各行的半带宽，进而就可以定出总刚的对角线元素在一维数组中的位置了，它们用 IAD 数组来表示. 利用 IAD 数组，就不难找到原来总刚[K]中的元素在一维数组 A 中的位置，从而避开总刚[K]而直接由单元的刚度矩阵组集生成一维数组形式的总刚 A. 组装一维总刚的工作将由函数 Fora 来完成.

下面就这两个程序段作讲解.

(1)求某一类单元对总刚半带宽的贡献的函数 Forad

一维数组 IAD 被定义成全局数组，它首先用来存放总刚的半带宽，且**首次调用 Forad 函数前，IAD 应该全部赋零**. 每调用一次函数 Forad，处理一种单元.

对某一个单元，设单元刚度矩阵的阶数为 nm. 处在元刚第 i 行、第 j 列的元素，在总刚度矩阵中处在第 ii 行，第 jj 列. 这里，ii 和 jj 通过这个单元的 jad 数组确定. ii 行中半带宽的右界为对角线元素，在第 ii 列，因此第 jj 列的元素提供的半带宽为 ii－jj，它和第 ii 行中此前由其他系数所提供的半带宽 IAD[ii-1]相比，大于时用 ii－jj 替换原有的 IAD[ii-1]，小于时则保留 IAD[ii-1]的值不变. 所以，将这个单元刚度矩阵的所有系数扫描一遍，就把 nm 个行的半带宽重新计算了一下. 为了确定整

个结构所用到的单元对总刚半带宽的贡献，必须对全部的单元逐个重复上述过程，最后就求得了总刚度矩阵的半带宽，在 IAD 数组中就得到了各行的半带宽值.

函数 Forad 的虚参表变量有：

ne——处理的单元类型中的单元数；

nfj——结构中结点自由度个数；

nje——单元结点数；

nfje——结点的局部自由度个数；

* ia——单元结点号数组的整型指针.

函数 Forad 的程序如下：

```
void Forad(int ne,int nfj,int nje,int nfje,int * ia)
{int i,j,ii,jj,ie,nm,jad[16];
  nm = nje * nfje;                              元刚阶数(单元的局部自由度个数)
  for(ie = 1;ie< = ne;ie + + )                  单元循环
  {Ead(ie,nfj,nje,nfje,jad,ia);                 确定单元地址数组 jad
  for (i = 1;i< = nm;i + + )                    元刚行的循环
    for (j = 1;j< = nm;j + + )                  元刚列的循环
    {ii = jad[i-1];   jj = jad[j-1];            i 行 j 列元素在总刚中的行、列号
    if((ii - jj)> = IAD[ii-1]) IAD[ii-1] = ii - jj;  确定 i 行 j 列元素对总刚半带宽的
                                                贡献
    }
  }
}
```

整型指针 ia 对应的实参根据单元种类不同分别可能是单元结点号数组名 IA1、IA2、IA3、IA4 或 IA8，以便将这些数组的起始地址提供给 Ead 函数来确定各个单元的 jad 数组.

仍然以图 7-2 的结构为例，对杆、梁、板的全部单元调用语句为

```
Forad(NE1,NFJ,NJE1,2,IA1);
Forad(NE2,NFJ,NJE2,3,IA2);
Forad(NE4,NFJ,NJE4,2,IA4);
```

这样才求出了图 7-2 结构的总刚的半带宽，并放在 IAD 数组中.

(2)确定总刚对角线元素在一维总刚内的位置

怎样由半带宽求出整体总刚对角元素在一维总刚中的位置呢？只需通过一个简单的循环即可实现：

```
IAD[0] = 1;
for(i = 1;i<ntf;i + + ) IAD[i] + = IAD[i-1] + 1;
```

其中，ntf=NJ * NFJ. 通过这样的循环运算，就把 IAD 数组原来存放的总刚各行的半带宽内容逐行转化成总刚对角线元素的一维地址.

(3)单元刚度矩阵进入总刚——组集一维总刚函数 Fora

函数参数除了函数 Forad 中说明的以外，还有：

ie——单元号(属于某一类单元)；

*ek——单元刚度矩阵指针；

a[]——一维数组，表示一维总刚 A；

nm——元刚阶数(单元的局部自由度个数).

本程序段的功能是将某个单元的刚度系数装入总刚. 如结构中有多个单元，则反复调用即可.

```
void Fora(int ie,int nfj,int nje,int nfje,int * ia,float * ek,float a[])
{int jad[16],nm,i,j,ii,jj,ik;
Ead(ie,nfj,nje,nfje,jad,ia);           确定第 ie 个单元的地址数组 jad
nm = nje * nfje;                       元刚阶数
for(i = 1;i< = nm;i + + )              元刚行的循环
for(j = 1;j< = nm;j + + )              元刚列的循环
  {if(jad[i-1]> = jad[j-1])            只考虑总刚下三角内的系数
    {ii = jad[i-1]; jj = jad[j-1];     确定元刚 i 行 j 列系数在总刚中的行列 ii 和 jj
    ik = IAD[ii-1] - ii + jj;          该系数在一维总刚中的位置
    a[ik-1] + = * (ek + nm * (i - 1) + j - 1);   该系数放入一维总刚
  }
  }
}
```

阅读本函数时要注意的概念有：a. 用指针变量 ek 传递待组集的单元刚度矩阵的起始地址，对应的实参应是这个元刚数组的名字. 则 ek+nm*(i−1)+j−1 表示单元刚度矩阵第 i 行、第 j 列系数的内存地址；b. 程序中有一个条件语句，用来选择单元刚度矩阵中的系数，凡不属于总刚下三角的元素就不予组装；c. 欲知晓元刚第 i 行、第 j 列系数在一维总刚中的位置 ik，就需要先确定这个单元的 jad 数组，以便确定这个系数在总刚中的行、列号 ii 及 jj. 还需要结构的 IAD 数组，以便确定总刚第 ii 行对角元的一维地址 IAD[ii-1]. 这样，ik 就等于 IAD[ii-1]−ii+jj.

对图 7-2 的各类杆、梁、板元，组装一维总刚的过程就是：

```
for(ie = 1;ie< = NE1;ie + + )
  { Estif1(ie,ek1);
    Fora(ie,NFJ,NJE1,2,IA1,ek1,a); }
for(ie = 1;ie< = NE2;ie + + )
  { Estif2(ie,ek2);
    Fora(ie,NFJ,NJE2,3,IA2,ek2,a); }
for(ie = 1;ie< = NE4;ie + + )
  { Estif4(ie,ek4);
```

```
Fora(ie,NFJ,NJE4,2,IA4,ek4,a); }
```

即先生成单元刚度矩阵,再调函数 Fora 组集一维总刚数组 a. 注意:在第一次调用 Fora 函数前,必须置 a 的所有元素为零.

总刚的带宽越窄,就越能发挥一维变带宽存储的优点. 而带宽大小与结构网格的结点编号的方式有很大关系. 考虑图 8-1 的的网格划分,有八个三结点元和十个结点. 假设每个结点只有一个自由度,那么单元刚度矩阵的规模是 3×3,总刚的规模是 10×10. 当以图 8-1(a)和 8-1(b)所示的两种方式对结点进行编号时,对应的总刚的元素分布情况将分别如图 8-1(c)和 8-1(d)所示. 其中星号代表元刚系数安放的位置. 显然图 8-1(b)的结点编码方式下的总刚带宽较窄,优于图 8-1(a)的方式. 由此得到结论是,结点编号的方式对总刚带宽有显著影响. 为了减小总刚的带宽,应使每个单元的几个结点的编号尽可能地接近.

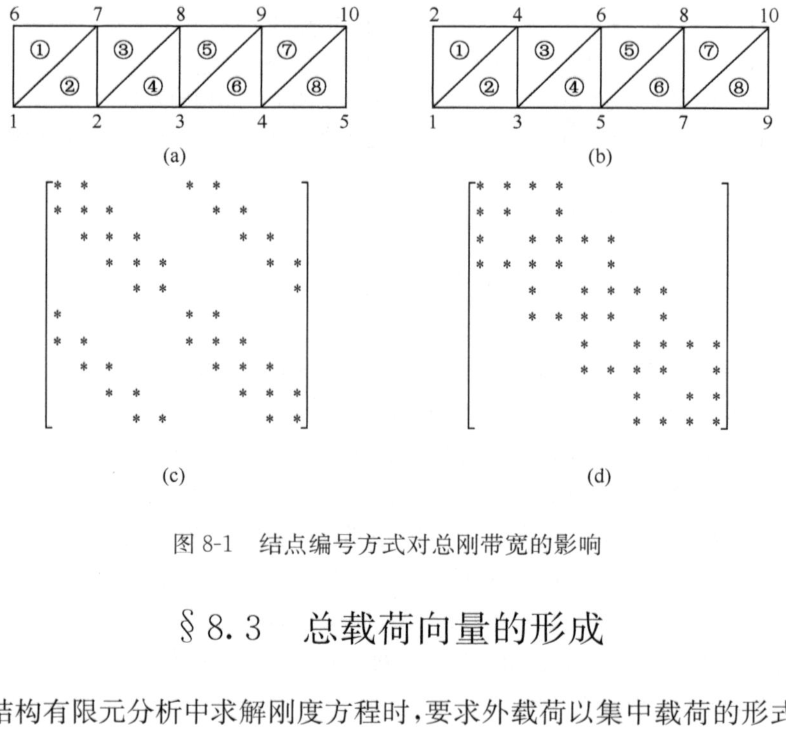

图 8-1 结点编号方式对总刚带宽的影响

§ 8.3 总载荷向量的形成

在结构有限元分析中求解刚度方程时,要求外载荷以集中载荷的形式作用在结点上,从而形成用一维数组表达的总载荷向量. 如若在单元的结点上作用有集中载荷,则载荷值可直接置入总载荷向量中,如在单元上作用有体力或面力分布载荷,则一般应按下式

$$\{F\}^e = \int_{V_e} [N]^{\mathrm{T}} \{p\} \mathrm{d}V + \int_{S_e} [N]^{\mathrm{T}} \{q\} \mathrm{d}S \tag{8-1}$$

计算等效结点力,即单元的载荷列阵,然后再组集形成总载荷向量.

本节着重介绍常应变三角元和八结点等参元边界分布面力载荷处理和转换的方法及有关程序段.

8.3.1　常应变三角元分布面力的等效结点力和总载荷向量组装程序

式(8-1)的计算通常是数值积分过程. 对较简单的单元和载荷分布情况,譬如常应变三角元,沿边界作用线性分布载荷,可用静力等效的办法或虚功原理确定等效结点力. 在图 8-2 中,沿单元边界 i-j 作用的线性分布载荷,结点 i 和 j 处的载荷集度分别为 q_i 和 q_j,等效结点力分别为 P_i 和 P_j,根据虚功原理不难确定

$$P_i = (2q_i + q_j)l_{ij}/6, \quad P_j = (q_i + 2q_j)l_{ij}/6 \tag{8-2}$$

常应变三角元总载荷向量的组装程序用函数 Load3 实现,包括集中载荷与分布载荷的处理,有关变量及数组的意义如下:

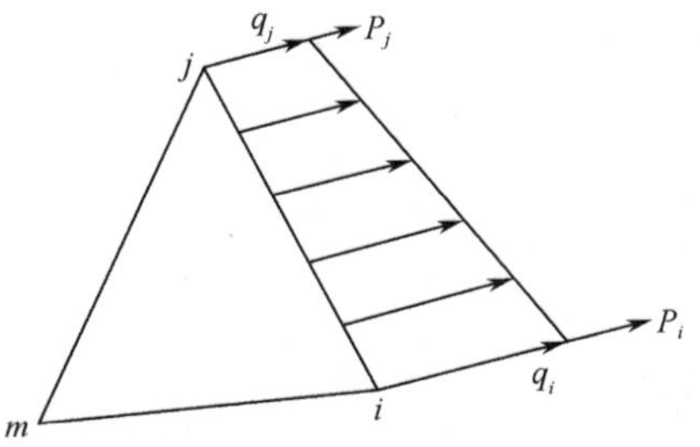

图 8-2　常应变三角元边界分布面力的等效结点力

IPLOD——集中载荷控制变量,它是一个全局变量,输入值为 1 时表示有集中载荷输入,输入值为 0 时表示无集中载荷作用;

IEDGE——分布载荷控制变量,它是一个全局变量,输入值为 1 时表示有分布载荷输入,输入值为 0 时表示无分布载荷作用;

NEDGE——结构受分布载荷作用的边数. 对常应变三角元允许的最大受载边数为 50;

nopnt[100]——受集中力结点号数组,受集中力结点数最多可达 100 个;

pload[100][2]——结点集中力数组,给出每个相关结点上的集中力的两个坐标分量;

noprs[100]——存储受载边结点号的数组;

press[100][2]——存储受载边上的每个结点处的 x 向及 y 向载荷集度值的数组;

x[ ]——总载荷向量数组;

elcod[2][2]——存放每个受载单元边界两个结点坐标的临时数组.

函数 Load3 的源程序如下：

```
void Load3(int noprs[],float press[][2],int nopnt[],float pload[][2],float x[])
{int i,j,ii,k,nod;
float lij, elcod[2][2];

  switch(IPLOD)
  {case 1:
    for(i=0;i<NPJ;i++)
    for(j=0;j<NFJ;j++)
    {ii=(nopnt[i]-1)*NFJ+j;
    x[ii]=pload[i][j];
  }
    break;
    case 0: break;
}

  switch(IEDGE)
  {case 1:
    for(i=1;i<=NEDGE;i++)
    {for(j=1;j<=2;j++)
      {nod=noprs[(i-1)*2+j-1];
      for(k=1;k<=2;k++)
      elcod[k-1][j-1]=XY[nod-1][k-1];
        }
    lij=(elcod[0][0]-elcod[0][1])*(elcod[0][0]-elcod[0][1])+
      (elcod[1][0]-elcod[1][1])*(elcod[1][0]-elcod[1][1]);
    lij=sqrt(lij);
    nod=noprs[(i-1)*2];
    x[(nod-1)*2]+=(2.0*press[(i-1)*2][0]+ press[(i-1)*2+1][0])*lij/6.0;
    x[(nod-1)*2+1]+=(2.0*press[(i-1)*2][1]+ press[(i-1)*2+1][1])*lij/6.0;
    nod=noprs[(i-1)*2+1];
    x[(nod-1)*2] +=(press[(i-1)*2][0]+ 2.0*press[(i-1)*2+1][0])*lij/6.0;
    x[(nod-1)*2+1]+=(press[(i-1)*2][1]+ 2.0*press[(i-1)*2+1][1])*lij/6.0;
    }
      break;
      case 0: break;
  }
}
```

8.3.2 八结点等参元边界分布面力的等效结点力和总载荷向量组装程序

设一个八结点等参元的某一条边上作用有法向及切向的分布载荷，载荷集度分别为 P_n 和 P_t，量纲是单位长度上的力. 受载边上三个结点的顺序必须沿与受载单元结点顺序相关的逆时针方向进行定义，例如图 8-3 所示受载单元，受载边界的结点序列应规定成 10,17,27.

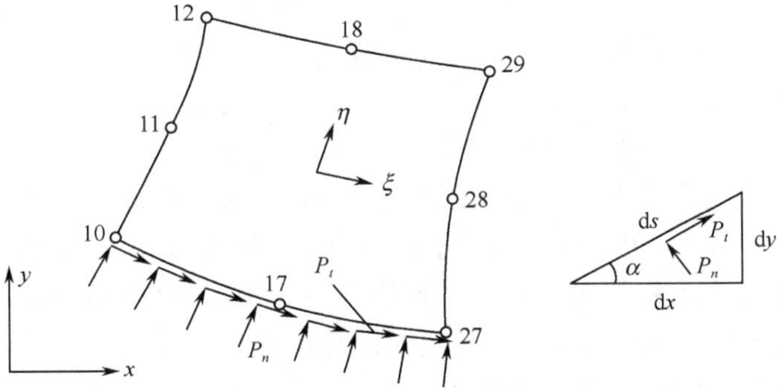

图 8-3 单元受载边结点顺序和分布载荷正方向的规定

假定受载边上的法向分布力作用使单元受压时为正，切向分布载荷关于受载单元逆时针方向时为正. 分布载荷大小按二次曲线分布，则可根据该边上三点的载荷集度值确定其分布规律. 假设这三个结点的法向和切向分布载荷值分别是 $(p_n)_i$ 和 $(p_t)_i$，定义三个沿着单元边界是抛物线变化的形状函数 N_1，N_2 和 N_3（无论分布载荷作用于哪个边），则受载边任意点处的分布载荷集度为

$$\begin{bmatrix} p_n \\ p_t \end{bmatrix} = \sum_{i=1}^{3} N_i \begin{bmatrix} (P_n)_i \\ (P_t)_i \end{bmatrix} \tag{8-3}$$

为了确定受载边上的分布载荷在该边的结点上产生的等效结点力，考虑作用在受载边的一个微段长度 ds 上的力，其在 x 和 y 方向上的分力分别是

$$\begin{aligned} dP_x &= (p_t ds\cos\alpha - p_n ds\sin\alpha) = p_t dx - p_n dy \\ dP_y &= (p_n ds\cos\alpha - p_t ds\sin\alpha) = p_n dx + p_t dy \end{aligned} \tag{8-4}$$

不妨设受载边对应于 $\eta=-1$，则 N_1、N_2 和 N_3 就是式(7-8)中前三个形函数当 $\eta=-1$ 时的表达式. 沿着单元边界关于曲线变量 ξ 微分，我们可以写出

$$dx = \frac{\partial x}{\partial \xi} \cdot d\xi, \qquad dy = \frac{\partial y}{\partial \xi} \cdot d\xi \tag{8-5}$$

则有

$$dP_x = \left(p_t \frac{\partial x}{\partial \xi} - p_n \frac{\partial y}{\partial \xi}\right) d\xi, \quad dP_y = \left(p_n \frac{\partial x}{\partial \xi} + p_t \frac{\partial y}{\partial \xi}\right) d\xi \tag{8-6}$$

应用虚功原理，得到等效结点力的表达式

$$P_{xi}=\int_{S_e} N_i\left(p_t\frac{\partial x}{\partial \xi}-p_n\frac{\partial y}{\partial \xi}\right)\mathrm{d}\xi,\quad P_{yi}=\int_{S_e} N_i\left(P_n\frac{\partial x}{\partial \xi}+p_t\frac{\partial y}{\partial \xi}\right)\mathrm{d}\xi \tag{8-7}$$

式中积分是沿着受载单元边界 S_e 进行的.所以用高斯数值积分计算分布载荷产生的等效结点力的一般表达式为

$$\begin{Bmatrix} P_{xi} \\ P_{yi} \end{Bmatrix}=\sum_{g=1}^{n} N_i(\xi_g,-1)\begin{bmatrix} P_t\dfrac{\partial x}{\partial \xi}-P_n\dfrac{\partial y}{\partial \xi} \\ P_n\dfrac{\partial x}{\partial \xi}+P_t\dfrac{\partial y}{\partial \xi} \end{bmatrix} W_g \quad (i=1,2,3) \tag{8-8}$$

式中,ξ_g 为积分点坐标,W_g 为相应的权系数.而

$$\frac{\partial x}{\partial \xi}=\sum_{i=1}^{3}\frac{\partial N_i}{\partial \xi}x_i \qquad \frac{\partial y}{\partial \xi}=\sum_{i=1}^{3}\frac{\partial N_i}{\partial \xi}y_i \tag{8-9}$$

假若分布载荷作用在两个单元的分界面上,则这个载荷可以被考虑成作用在其中任意一个单元上,单元受载边界上的结点描述和载荷正方向的规定同前.

八结点等参元总载荷向量的组装程序是函数 Load8,有关变量及数组的意义多数已在介绍函数 Load3 时说明,其他标识符还有:

exisp,etasp——局部坐标 ξ 和 η;

eqlod[6]——受载边等效结点力临时数组;

pgash[2],dgash[2]——临时数组;

pxcom,pycom——式(8-8)方括号中的两项.

函数 Load8 的源程序如下:

```
void Load8(int noprs[],float press[][2],int nopnt[],float pload[][2],float x[])
{int i,j,ii,k,l,nod;
float etasp,exisp,pxcom,pycom;
float pgash[2],dgash[2],elcod[2][3],shape[8],deriv[2][8],eqlod[6];

switch(IPLOD)
  {case 1:
  for(i=0;i<NPJ;i++)
    for(j=0;j<NFJ;j++)
      {ii=(nopnt[i]-1)*NFJ+j;
      x[ii]=pload[i][j];
    }
    break;
    case 0: break;
  }
switch(IEDGE)
  {case 1:
```

```
    etasp = -1.0;
    for(i=1;i<=NEDGE;i++)
      {for(j=1;j<=3;j++)
        {nod=noprs[(i-1)*3+j-1];
        for(k=1;k<=2;k++)
          elcod[k-1][j-1]=XY[nod-1][k-1];
    }
  for(j=1;j<=3*NFJ;j++) eqlod[j-1]=0.0;
  for(j=1;j<=NGS;j++)
    {exisp=POSGP[j-1];
      Sfr(exisp,etasp,shape,deriv);
        for(k=1;k<=NFJ;k++)
        {pgash[k-1]=0.0;
        dgash[k-1]=0.0;
        for(l=1;l<=3;l++)
        {pgash[k-1]+=press[(i-1)*3+l-1][k-1]*shape[l-1];
      dgash[k-1]+=elcod[k-1][l-1]*deriv[0][l-1];
        }
      }
      pxcom=dgash[0]*pgash[1]-dgash[1]*pgash[0];
      pycom=dgash[0]*pgash[0]+dgash[1]*pgash[1];
      for(k=1;k<=3;k++)
      {eqlod[2*(k-1)]+=pxcom*shape[k-1]* WEIGP[j-1];
      eqlod[2*(k-1)+1]+=pycom*shape[k-1]* WEIGP[j-1];
      }
    }
  for(j=1;j<=3;j++)
    {nod=noprs[(i-1)*3+j-1];
      x[(nod-1)*2]+=eqlod[(j-1)*2];
      x[(nod-1)*2+1]+=eqlod[(j-1)*2+1];
      }
    }
    break;
    case 0: break;
    }
  }
```

§8.4　建立结构总刚度矩阵的 FORTRAN 子例行程序

8.4.1　单元的地址程序段

```
SUBROUTINE EAD(IE,ME,NFJ,NJE,NFJE,JAD,IA)
DIMENSION JAD(16),IA(ME,NJE)
DO I = 1,NJE
  DO J = 1,NFJE
    IJ = NFJE * (I - 1) + J
    II = NFJ * (IA(IE,I) - 1) + J
    JAD(IJ) = II
  END DO
END DO
END
```

8.4.2　整体存储总刚度矩阵程序

```
SUBROUTINE FORK( NM,JAD,EK)
REAL K
DIMENSION EK(NM,NM),JAD(16)
COMMON/STIF/K(100,101)
DO I = 1, NM
  DO J = 1, NM
    II = JAD(I)
    JJ = JAD(J)
    K(II,JJ) = K(II,JJ) + EK(I,J)
  END DO
END DO
END
```

8.4.3　求某一类单元对总刚半带宽的贡献的子程序

```
SUBROUTINE FORAD(NE,ME,NFJ,NJE,NFJE,IA)
DIMENSION JAD(16),IA(ME,NJE)
COMMON /ADDR/IAD(1000)
NM = NJE * NFJE
DO IE = 1,NE8
  CALL EAD(IE,ME,NFJ,NJE,NFJE,JAD,IA)
  DO I = 1,NM
    DO J = 1,NM
```

```
    II = JAD(I)
    JJ = JAD(J)
    IF((II - JJ).GE.IAD(II)) IAD(II) = II - JJ
  END DO
 END DO
END DO
END
```

8.4.4 单元刚度矩阵进入总刚—组集一维总刚子程序

```
SUBROUTINE FORA(IE,MLEN,ME,NM,NFJ,NJE,NFJE,IA,EK,A)
DIMENSION A(MLEN),IA(ME,NJE),EK(NM,NM),JAD(16)
COMMON /ADDR/IAD(1000)
CALL EAD(IE,ME,NFJ,NJE,NFJE,JAD,IA)
DO I = 1,NM
  DO J = 1,NM
  II = JAD(I)
  JJ = JAD(J)
  IF(II.GE.JJ) THEN
    IK = IAD(II) - II + JJ
    A(IK) = A(IK) + EK(I,J)
  END IF
 END DO
END DO
END
```

8.4.5 常应变三角元载荷处理子程序

```
SUBROUTINE LOAD3(NOPRS,PRESS,NOPNT,PLOAD,X)
DIMENSION NOPNT(100),PLOAD(100,2),NOPRS(100),PRESS(100,2),
#      X(1000),ELCOD(2,2)
REAL LIJ
COMMON /CTRL/NE3,NJE3,NJ,NCJ,NPJ,NFJ,NEDGE,IPLOD,IEDGE,NPROP
COMMON /TOPL/IA3(200,3),XY(500,2)
IF(IPLOD.GT.0) THEN
  DO I = 1,NPJ
  DO J = 1,NFJ
    II = (NOPNT(I) - 1) * NFJ + J
    X(II) = PLOAD(I,J)
   END DO
  END DO
```

```
END IF
IF(IEDGE.GT.0) THEN
  DO I = 1,NEDGE
    DO J = 1,2
      NOD = NOPRS((I - 1) * 2 + J)
      DO K = 1,2
        ELCOD(K,J) = XY(NOD,K)
      END DO
    END DO
    LIJ = (ELCOD(1,1) - ELCOD(1,2)) * * 2 + (ELCOD(2,1) - ELCOD(2,2)) * * 2
    LIJ = SQRT(LIJ)
    NOD = NOPRS(I * 2 - 1)
        X(NOD * 2 - 1) = X(NOD * 2 - 1) + (2.0 * PRESS(I * 2 - 1,1) + PRESS(I * 2,1))
#      * lij/6.0
      X(NOD * 2) = X(NOD * 2) + (2.0 * PRESS(I * 2 - 1,2) + PRESS(I * 2,2)) * lij/6.0
      NOD = NOPRS(I * 2)
      X(NOD * 2 - 1) = X(NOD * 2 - 1) + (PRESS(I * 2 - 1,1) + 2.0 * PRESS(I * 2,1))
#      * lij/6.0;
      X(NOD * 2) = X(NOD * 2) + (PRESS(I * 2 - 1,2) + 2.0 * PRESS(I * 2,2)) * lij/6.0;
  END DO
END IF
END
```

8.4.6 八结点等参元载荷处理子程序

```
SUBROUTINE LOAD8(NOPRS,PRESS,NOPNT,PLOAD,X)
DIMENSION NOPNT(100),PLOAD(100,2),NOPRS(100),PRESS(100,2),X(1000),
#      PGASH(2),DGASH(2),ELCOD(2,3),SHAPF(8),DERIV(2,8),EQLOD(6)
COMMON /CTRL/NGS,NE8,NJE8,NJ,NCJ,NPJ,NFJ,NEDGE,IPLOD,IEDGE,NPROP
COMMON /TOPL/IA8(200,8),XY(500,2)
COMMON /GSP/POSGP(3),WEIGP(3)
IF(IPLOD.EQ.1) THEN
DO I = 1,NPJ
  DO J = 1,NFJ
    II = (NOPNT(I) - 1) * NFJ + J
    X(II) = PLOAD(I,J)
  END DO
 END DO
END IF
```

```
IF(IEDGE.EQ.1) THEN
  ETASP = -1.0
  DO I = 1,NEDGE
    DO J = 1,3
     NOD = NOPRS((I-1) * 3 + J)
     DO K = 1,2
      ELCOD(K,J) = XY(NOD,K)
    END DO
    END DO
    DO J = 1,3 * NFJ
      EQLOD(J) = 0.0
      END DO
      DO J = 1,NGS
        EXISP = POSGP(J)
        CALL SFR(EXISP,ETASP,SHAPF,DERIV)
        DO K = 1,NFJ
          PGASH(K) = 0.0
          DGASH(K) = 0.0
          DO L = 1,3
            PGASH(K) = PGASH(K) + PRESS((I-1) * 3 + L,K) * SHAPF(L)
            DGASH(K) = DGASH(K) + ELCOD(K,L) * DERIV(1,L)
          END DO
        END DO
      PXCOM = DGASH(1) * PGASH(2) - DGASH(2) * PGASH(1)
          PYCOM = DGASH(1) * PGASH(1) + DGASH(2) * PGASH(2)
          DO K = 1,3
            EQLOD(2 * K - 1) = EQLOD(2 * K - 1) + PXCOM * SHAPF(K) * WEIGP(J)
            EQLOD(2 * K) = EQLOD(2 * K) + PYCOM * SHAPF(K) * WEIGP(J)
          END DO
      END DO
      DO J = 1,3
        NOD = NOPRS((I-1) * 3 + J)
        X(2 * NOD-1) = X(2 * NOD-1) + EQLOD(2 * J-1)
        X(2 * NOD) = X(2 * NOD) + EQLOD(2 * J)
    END DO
    END DO
END IF
END
```

第九章　结构刚度方程的求解算法及程序设计

在第八章中，我们得到了结构的总刚度矩阵和总载荷向量，建立了结构的刚度方程. 再经过适当的约束处理，就可以着手求解刚度方程，计算结点位移了. 结构刚度方程是线性方程组，以前已经说明，根据刚度矩阵的建立方式不同，可能用不同的求解方法，本章着重讨论适合整体存储总刚的高斯消去算法和适合一维变带宽存储总刚的因子化算法.

§9.1　高斯消去法

为了使分析过程简单直观，我们讨论一个四阶线性方程组的一般形式

$$a_{11}x_1 + a_{12}x_2 + a_{13}x_3 + a_{14}x_4 = a_{15} \qquad ①$$

$$a_{21}x_1 + a_{22}x_2 + a_{23}x_3 + a_{24}x_4 = a_{25} \qquad ②$$

$$a_{31}x_1 + a_{32}x_2 + a_{33}x_3 + a_{34}x_4 = a_{35} \qquad ③$$

$$a_{41}x_1 + a_{42}x_2 + a_{43}x_3 + a_{44}x_4 = a_{45} \qquad ④$$

求解过程：

第一次消元，利用方程①分别对方程②—④进行变换，消去变量 x_1：

令② $-a_{21}\times$ ① $/a_{11}$，得

$$\left(a_{22}-\frac{a_{12}a_{21}}{a_{11}}\right)x_2+\left(a_{23}-\frac{a_{13}a_{21}}{a_{11}}\right)x_3+\left(a_{24}-\frac{a_{14}a_{21}}{a_{11}}\right)x_4=a_{25}-\frac{a_{15}a_{21}}{a_{11}}$$

同样，③ $-a_{31}\times$ ① $/a_{11}$，④ $-a_{41}\times$ ① $/a_{11}$，可得

$$\left(a_{32}-\frac{a_{12}a_{31}}{a_{11}}\right)x_2+\left(a_{33}-\frac{a_{13}a_{31}}{a_{11}}\right)x_3+\left(a_{34}-\frac{a_{14}a_{31}}{a_{11}}\right)x_4=a_{35}-\frac{a_{15}a_{31}}{a_{11}}$$

$$\left(a_{22}-\frac{a_{12}a_{21}}{a_{11}}\right)x_2+\left(a_{23}-\frac{a_{13}a_{21}}{a_{11}}\right)x_3+\left(a_{24}-\frac{a_{14}a_{21}}{a_{11}}\right)x_4=a_{25}-\frac{a_{15}a_{21}}{a_{11}}$$

经过以上第一次消元后，方程组的所有系数变为(仍按原来位置排列)

$$\begin{array}{cccc:c}
a_{11} & a_{12} & a_{13} & a_{14} & a_{15} \\
0 & a_{22}^{(1)} & a_{23}^{(1)} & a_{24}^{(1)} & a_{25}^{(1)} \\
0 & a_{32}^{(1)} & a_{33}^{(1)} & a_{34}^{(1)} & a_{35}^{(1)} \\
0 & a_{42}^{(1)} & a_{43}^{(1)} & a_{44}^{(1)} & a_{45}^{(1)}
\end{array}$$

式中

$$a_{22}^{(1)}=a_{22}-\frac{a_{12}a_{21}}{a_{11}},\ a_{23}^{(1)}=a_{23}-\frac{a_{13}a_{21}}{a_{11}},\ a_{24}^{(1)}=a_{24}-\frac{a_{14}a_{21}}{a_{11}},a_{25}^{(1)}=a_{25}-\frac{a_{15}a_{21}}{a_{11}}$$

$$\cdots\cdots\cdots$$

$$a_{42}^{(1)}=a_{42}-\frac{a_{12}a_{41}}{a_{11}},\ a_{43}^{(1)}=a_{43}-\frac{a_{13}a_{41}}{a_{11}},\ a_{44}^{(1)}=a_{44}-\frac{a_{14}a_{41}}{a_{11}},\ a_{45}^{(1)}=a_{45}-\frac{a_{15}a_{41}}{a_{11}}$$

第二次消元，利用方程②分别对方程③、④进行变换，消去变量 x_2. 消元后的方程系数为

$$\begin{array}{cccc:c}
a_{11} & a_{12} & a_{13} & a_{14} & a_{15} \\
0 & a_{22}^{(1)} & a_{23}^{(1)} & a_{24}^{(1)} & a_{25}^{(1)} \\
0 & 0 & a_{33}^{(2)} & a_{34}^{(2)} & a_{35}^{(2)} \\
0 & 0 & a_{43}^{(2)} & a_{44}^{(2)} & a_{45}^{(2)}
\end{array}$$

第三次消元，利用方程③对方程④进行变换，消去变量 x_3. 消元后的方程系数为

$$\begin{array}{cccc:c}
a_{11} & a_{12} & a_{13} & a_{14} & a_{15} \\
0 & a_{22}^{(1)} & a_{23}^{(1)} & a_{24}^{(1)} & a_{25}^{(1)} \\
0 & 0 & a_{33}^{(2)} & a_{34}^{(2)} & a_{35}^{(2)} \\
0 & 0 & 0 & a_{44}^{(3)} & a_{45}^{(3)}
\end{array}$$

通过分析第一次消元后的系数变化，不难看出

$$a_{ij}^{(1)}=a_{ij}-\frac{a_{1j}\cdot a_{i1}}{a_{11}}$$

一般地，在第 k 次消元时，各系数的变化规律为

$$a_{ij}^{(k)}=a_{ij}^{(k-1)}-\frac{a_{kj}^{(k-1)}\cdot a_{ik}^{(k-1)}}{a_{kk}^{(k-1)}}$$

式中，k 为消元变量，i 和 j 分别是行和列的变量.

我们将每次消元中必须计算的系数的排列称作这次消元的子阵，则三次消元过程中子阵系数的行、列的变化范围可用下图表示：

第一次消元($k=1$)：

$$\begin{array}{c:cccc:l}
a_{11} & a_{12} & a_{13} & a_{14} & a_{15} & \\
\hdashline
0 & a_{22}^{(1)} & a_{23}^{(1)} & a_{24}^{(1)} & a_{25}^{(1)} & \leftarrow k+1 \\
0 & a_{32}^{(1)} & a_{33}^{(1)} & a_{34}^{(1)} & a_{35}^{(1)} & \leftarrow k+2 \quad \Leftarrow i \\
0 & a_{42}^{(1)} & a_{43}^{(1)} & a_{44}^{(1)} & a_{45}^{(1)} & \leftarrow k+3 \\
\hdashline
 & \uparrow & \uparrow & \uparrow & \uparrow & \\
j\Rightarrow & k+1 & k+2 & k+3 & k+4 &
\end{array}$$

第二次消元($k=2$)：

$$
\begin{array}{ccccc}
a_{11} & a_{12} & a_{13} & a_{14} & a_{15} \\
0 & a_{22}^{(1)} & a_{23}^{(1)} & a_{24}^{(1)} & a_{25}^{(1)} \\
0 & 0 & a_{33}^{(2)} & a_{34}^{(2)} & a_{35}^{(2)} \\
0 & 0 & a_{43}^{(2)} & a_{44}^{(2)} & a_{45}^{(2)} \\
 & j\Rightarrow & k+1 & k+2 & k+3
\end{array}
\quad
\begin{array}{l}
\leftarrow k+1 \\
\leftarrow k+2
\end{array}
\Big\}\Leftarrow i
$$

第三次消元($k=3$)：

$$
\begin{array}{ccccc}
a_{11} & a_{12} & a_{13} & a_{14} & a_{15} \\
0 & a_{22}^{(1)} & a_{23}^{(1)} & a_{24}^{(1)} & a_{25}^{(1)} \\
0 & 0 & a_{33}^{(2)} & a_{34}^{(2)} & a_{35}^{(2)} \\
0 & 0 & 0 & a_{44}^{(3)} & a_{45}^{(3)} \\
 & & j\Rightarrow & k+1 & k+2
\end{array}
\quad \leftarrow k+1\Leftarrow i
$$

由此可见，消元的过程是一个三重循环，即

k 的循环：从 1 到 3

i 的循环：从 $k+1$ 到 4

j 的循环：从 $k+1$ 到 5

消元过程写出程序就是

```
for (k = 1;k< = 3;k + + )
  for (i = k + 1;i< = 4;i + + )
    for (j = k + 1;j< = 5;j + + )
      A[i-1][j-1] - = A[i-1][k-1] * A[k-1][j-1]/A[k-1][k-1];
```

其中用二维数组 A 代表线性方程组的系数(增广)矩阵，因为数组下标值从 0 开始，所以循环变量 i、j 或 k 用做 A 的下标变量时，其值应减 1.

经过消元的步骤，我们期望得到一个上三角形的系数矩阵，以便进行回代，求出未知数. 实际上，当消元的时候，以上的程序只是使各子阵中的系数发生了变化，在计算机的存储单元中，系数矩阵的下三角部分的数并未完全变成 0，仍可表示为

$$
\begin{array}{cccc:c}
a_{11} & a_{12} & a_{13} & a_{14} & a_{15} \\
a_{21} & a_{22}^{(1)} & a_{23}^{(1)} & a_{24}^{(1)} & a_{25}^{(1)} \\
a_{31} & a_{32}^{(1)} & a_{33}^{(2)} & a_{34}^{(2)} & a_{35}^{(2)} \\
a_{41} & a_{42}^{(1)} & a_{43}^{(2)} & a_{44}^{(3)} & a_{45}^{(3)}
\end{array}
$$

但这不会影响回代的结果，因为在回代时不考虑下三角部分. 为了书写上一致，去掉上面矩阵中系数的上标，把和回代无关的数用“/”表示，则方程组可写成

$$
\begin{array}{llll}
a_{11}x_1 & +a_{12}x_2 & +a_{13}x_3 & +a_{14}x_4 = a_{15} \\
/ & a_{22}x_2 & +a_{23}x_3 & +a_{24}x_4 = a_{25} \\
/ & / & a_{33}x_3 & +a_{34}x_4 = a_{35} \\
/ & / & / & a_{44}x_4 = a_{45}
\end{array}
$$

回代的次序是由下而上，

$$
\begin{aligned}
x_4 &= a_{45}/a_{44} \\
x_3 &= (a_{35} - a_{34}x_4)/a_{33} \\
x_2 &= (a_{25} - a_{23}x_3 - a_{24}x_4)/a_{22} \\
x_1 &= (a_{15} - a_{12}x_2 - a_{13}x_3 - a_{14}x_4)/a_{11}
\end{aligned}
$$

用 k 表示回代的变量，它从 4 到 1 变化，步长为 -1，则解的通式为

$$x_k = \left(a_{k5} - \sum_{j=k+1}^{4} a_{kj} \cdot x_j\right) \Big/ a_{kk}$$

按上式写出程序

```
for (k=4;k>=1;k--)
  { x[k-1]=0.0;
  for (j=k+1;j<=4;j++)x[k-1]+=A[k-1][j-1]*x[j-1];
  x[k-1]=(A[k-1][5-1]-x[k-1])/A[k-1][k-1]; }
```

其中，数组 x 存放未知量. 这段程序，没有考虑到公式的特点，当 $k=4$ 时，j 的循环为 5 至 4，这是不允许的，故程序必须改写成

```
x[4-1]=A[4-1][5-1]/A[4-1][4-1];
for (k=3;k>=1;k--)
  { x[k-1]=0.0;
    for (j=k+1;j<=4;j++) x[k-1]+=A[k-1][j-1]*x[j-1];
    x[k-1]=(A[k-1][5-1]-x[k-1])/A[k-1][k-1]; }
```

综上所述，对于一般的 n 阶线性方程组，消元阶段的通式为

$$a_{ij}^{(k)} = a_{ij}^{(k-1)} - \frac{a_{kj}^{(k-1)} \cdot a_{ik}^{(k-1)}}{a_{kk}^{(k-1)}} \quad \begin{pmatrix} k = 1,2,\cdots,n-1 \\ i = k+1,k+2,\cdots,n \\ j = k+1,k+2,\cdots,n+1 \end{pmatrix} \tag{9-1}$$

回代过程的通式为，

$$x_n = a_{n,n+1}/a_{n,n},$$

$$x_k = \left(a_{k,n+1} - \sum_{j=k+1}^{n} a_{kj} \cdot x_j\right) \Big/ a_{kk} \quad \begin{pmatrix} k = n-1,n-2,\cdots,1 \\ j = k+1,k+2,\cdots,n \end{pmatrix} \tag{9-2}$$

下面把高斯消去法写成一个完整的函数 Gs：

```
void Gs(int n,float x[100])
{int i,j,k;
```

```
  for(k = 1;k< = n - 1;k + + )
    for(i = k + 1;i< = n;i + + )
    for(j = k + 1;j< = n + 1;j + + )
      K[i-1][j-1] - = K[i-1][k-1] * K[k-1][j-1]/K[k-1][k-1];
  x[n-1] = K[n-1][n]/K[n-1][n-1];
  for(k = n - 1;k> = 1;k - - )
    { x[k-1] = 0.0;
      for (j = k + 1;j< = n;j + + ) x[k-1] + = K[k-1][j-1] * x[j-1];
      x[k-1] = (K[k-1][n] - x[k-1])/K[k-1][k-1]; }
}
```

程序中数组 A 被全局数组 K 代替，在有限元程序中代表整体存储总刚，n 为方程阶数.

§9.2　因 子 化 法

又称三角分解法、乔列斯基(Cholesky)法. 本算法用一维数组存放线性方程组的系数矩阵中下三角的元素，同时在每一行中从第一个不为零的那个元素开始存放.

设线性方程组

$$[K]\{\delta\} = \{P\} \tag{9-3}$$

式中系数矩阵$[K]$为正定、对称、带状矩阵. 对于对称、正定的矩阵$[K]$，可进行分解

$$[K] = [L][D][L]^{\mathrm{T}} \tag{9-4}$$

式中$[D]$是对角线矩阵，$[L]$为下单位三角阵，即

$$L_{ii} = 1$$

$$L_{ij} = 0 \quad (i < j \text{ 或 } i > j, j < m_i)$$

其中 m_i 指第 i 行第一个不为零的元素所在的列号.

右端项列阵$\{P\}$也作相应的分解

$$\{P\} = [L][D]\{\widetilde{P}\} \tag{9-5}$$

将式(9-4)和(9-5)带入方程(9-3)，得到

$$[L]^{\mathrm{T}}\{\delta\} = \{\widetilde{P}\} \tag{9-6}$$

再按诸如高斯消去法的回代过程就可解出$\{\delta\}$.

式(9-4)分解的矩阵值的求法如下. 为了方便起见，将由一例题出发，推出一般公式.

设$[K]$为 8×8 阶对称矩阵，将其分解为

$$
\begin{bmatrix}
K_{11} & K_{21} & K_{31} & K_{41} & 0 & 0 & 0 & 0 \\
K_{21} & K_{22} & K_{32} & K_{42} & K_{52} & 0 & 0 & K_{82} \\
K_{31} & K_{32} & K_{33} & K_{43} & K_{53} & 0 & 0 & K_{83} \\
K_{41} & K_{42} & K_{43} & K_{44} & K_{54} & K_{64} & 0 & K_{84} \\
0 & K_{52} & K_{53} & K_{54} & K_{55} & K_{65} & 0 & K_{85} \\
0 & 0 & 0 & K_{64} & K_{65} & K_{66} & K_{76} & K_{86} \\
0 & 0 & 0 & 0 & 0 & K_{76} & K_{77} & K_{87} \\
0 & K_{82} & K_{83} & K_{84} & K_{85} & K_{86} & K_{87} & K_{88}
\end{bmatrix}
$$

$$
= \begin{bmatrix}
1 & & & & & & & \\
L_{21} & 1 & & & & & & \\
L_{31} & L_{32} & 1 & & & 0 & & \\
L_{41} & L_{42} & L_{43} & 1 & & & & \\
0 & L_{52} & L_{53} & L_{54} & 1 & & & \\
0 & 0 & 0 & L_{64} & L_{65} & 1 & & \\
0 & 0 & 0 & 0 & 0 & L_{76} & 1 & \\
0 & L_{82} & L_{83} & L_{84} & L_{85} & L_{86} & L_{87} & 1
\end{bmatrix}
$$

$$
\times \begin{bmatrix}
d_{11} & & & & & & & \\
 & d_{22} & & & & & & \\
 & & d_{33} & & & 0 & & \\
 & & & d_{44} & & & & \\
 & & & & d_{55} & & & \\
 & & 0 & & & d_{66} & & \\
 & & & & & & d_{77} & \\
 & & & & & & & d_{88}
\end{bmatrix}
$$

$$
\times \begin{bmatrix}
1 & L_{21} & L_{31} & L_{41} & 0 & 0 & 0 & 0 \\
 & 1 & L_{32} & L_{42} & L_{52} & 0 & 0 & L_{82} \\
 & & 1 & L_{43} & L_{53} & 0 & 0 & L_{83} \\
 & & & 1 & L_{54} & L_{64} & 0 & L_{84} \\
 & & & & 1 & L_{65} & 0 & L_{85} \\
 & & 0 & & & 1 & L_{76} & L_{86} \\
 & & & & & & 1 & L_{87} \\
 & & & & & & & 1
\end{bmatrix}
$$

展开后，右边三个矩阵的积为[L]和[D]阵中有关元素的乘积，它和左边[K]矩阵中对应的元素一一相等，因此有下列诸式：

$$
\begin{aligned}
K_{11} &= d_{11} \\
K_{21} &= L_{21} \cdot d_{11} \\
K_{22} &= L_{21}^2 \cdot d_{11} + d_{22} \\
K_{31} &= L_{31} \cdot d_{11} \\
K_{32} &= L_{31} \cdot L_{21} \cdot d_{11} + L_{32} \cdot d_{22} \\
K_{33} &= L_{31}^2 \cdot d_{11} + L_{32}^2 \cdot d_{22} + d_{33} \\
&\cdots \quad \cdots \quad \cdots \quad \cdots
\end{aligned}
$$

可以写成另一种表示形式(三角分解)

$$
\begin{aligned}
& d_{11}=K_{11} \\
& L_{21}=K_{21}/d_{11} \\
& d_{22}=K_{22}-L_{21}^2 \cdot d_{11} \\
& L_{31}=K_{31}/d_{11} \\
& L_{32}=(K_{32}-L_{31} \cdot L_{21} \cdot d_{11})/d_{22} \\
& d_{33}=K_{33}-L_{31}^2 \cdot d_{11}-L_{32}^2 \cdot d_{22} \\
& \cdots \quad \cdots \quad \cdots \quad \cdots
\end{aligned}
$$

$$
\begin{aligned}
L_{82} &= K_{82}/d_{22} \\
L_{83} &= (K_{83} - L_{82}L_{32}d_{22})d_{33} \\
L_{84} &= (K_{84} - L_{82}L_{42}d_{22} - L_{83}L_{43}d_{33})/d_{44} \\
L_{85} &= (K_{85} - L_{82}L_{52}d_{22} - L_{83}L_{53}d_{33} - L_{84}L_{54}d_{44})/d_{55} \\
L_{86} &= (K_{86} - L_{84}L_{64}d_{44} - L_{85}L_{65}d_{55})/d_{66} \\
L_{87} &= (K_{87} - L_{86}L_{76}d_{66})/d_{77} \\
d_{88} &= K_{88} - L_{82}^2 d_{22} - L_{83}^2 d_{33} - L_{84}^2 d_{44} - L_{85}^2 d_{55} - L_{86}^2 d_{66} - L_{87}^2 d_{77}
\end{aligned}
$$

分解的次序是按照行的次序将[K]矩阵中的系数依下三角的列号逐个进行. 具有带状性质的结构刚度矩阵[K]可惟一地分解出与其有相同带宽的因子[L]，在带宽外不增加新的非零元素. 因此若在计算机中本来存储的是原系数矩阵[K]的下三角，则在分解时依次将[K]中的系数 K_{ij}(或 K_{ii})在同一位置上替换成 L_{ij}(或 d_{ii}). 如进行到第八行 K_{84}元素时，计算机中存储的系数为

$$\begin{bmatrix} d_{11} & & & & & & & \\ L_{21} & d_{22} & & & & & & \\ L_{31} & L_{32} & d_{33} & & & & & \\ L_{41} & L_{42} & L_{43} & d_{44} & & & & \\ 0 & L_{52} & L_{53} & d_{54} & d_{55} & & & \\ 0 & 0 & 0 & L_{64} & L_{65} & d_{66} & & \\ 0 & 0 & 0 & 0 & 0 & L_{76} & d_{77} & \\ 0 & L_{82} & L_{83} & K_{84} & K_{85} & K_{86} & K_{87} & K_{88} \end{bmatrix}$$

此时,前 7 行的元素及第八行的元素 K_{82} 和 K_{83} 已经分解完毕.

在分解第八行中元素时,可以由分解公式中看出其分解的规律. 如要得到 L_{82},它为带边的元素,只和 K_{82}、d_{22} 有关. L_{84} 的求得和图示虚线框内第八行、第四行以及对角线的元素有关. 一般地,若 K_{ij} 是带边元素,则 L_{ij} 只和 K_{ij} 及 d_{jj} 有关;若 K_{ii} 是对角元素,则计算 d_{ii} 时要用到第 i 行上的所有带内元素和与它们处于相同列的那些对角线元;若 K_{ij} 是带内元素,则 L_{ij} 的求得只和第 i 行、第 j 行的一些元素及与这些元素相同列上的对角元有关.

若令

$$m_{ij} = \max\{m_i, m_j\} \tag{9-7}$$

亦即在两行中挑选带边元素列号中较大的列号作为 m_{ij} 的值,式中 m_j 为第 j 行上第一个不为零的元素所在的列号. 我们就可以把系数矩阵的分解过程归纳为一般的式子

$$L_{ij} = K_{ij}/d_{jj} \qquad (m_{ij} > j-1) \tag{9-8}$$

$$L_{ij} = \left(K_{ij} - \sum_{k=m_{ij}}^{j-1} L_{ik}L_{jk}d_{kk}\right)\Big/ d_{jj} \qquad (i > j, j = m_i+1, \cdots, i-1) \tag{9-9}$$

$$L_{ij} = 0 \qquad (i < j \text{ 或 } i > j, j < m_i) \tag{9-10}$$

$$d_{ii} = K_{ii} \qquad (m_i = i) \tag{9-11}$$

$$d_{ii} = K_{ii} - \sum_{k=m_i}^{i-1} L_{ik}^2 d_{kk} \qquad (m_i < i) \tag{9-12}$$

其中 $i=1,2,\cdots,n$. 式(9-8)中 $m_{ij}>j-1$ 对应于两种情况:$j=m_i$(K_{ij} 为带边元素)和 $m_{ij}=j$(第 j 行只有对角元素);式(9-11)中 $m_i=i$ 是第 i 行仅有对角元素的情况,包括 d_{11}.

在分解[K]矩阵的同时,右端项{P}阵也进行分解. 将式(9-5)展开后得

$$
\begin{aligned}
&d_{11}\widetilde{P}_1 = P_1\\
&L_{21}d_{11}\widetilde{P}_1 + d_{22}\widetilde{P}_2 = P_2\\
&L_{31}d_{11}\widetilde{P}_1 + L_{32}d_{22}\widetilde{P}_2 + d_{33}\widetilde{P}_3 = P_3\\
&\cdots\quad\cdots\quad\cdots\quad\cdots\\
&L_{82}d_{22}\widetilde{P}_2 + L_{83}d_{33}\widetilde{P}_3 + \cdots + L_{87}d_{77}\widetilde{P}_7 + d_{88}\widetilde{P}_8 = P_8
\end{aligned}
$$

从中解出$\{\widetilde{P}\}$的各分量 $\widetilde{P}_1 \sim \widetilde{P}_8$，写成一般形式，当 $i=1,2,\cdots,n$ 时

$$\widetilde{P}_i = P_i/d_{ii} \qquad (m_i = i) \tag{9-13}$$

$$\widetilde{P}_i = \left(P_i - \sum_{j=m_i}^{i-1} L_{ij}d_{jj}\widetilde{P}_j\right)\Big/ d_{ii} \qquad (m_i < i) \tag{9-14}$$

$\{P\}$的分解和$[K]$的分解同时进行．在计算机的内存中，用求解出的 $\widetilde{P}_i$ 替换原位置上的 P_i，最终$\{P\}$将被$\{\widetilde{P}\}$所置换．

至此，线性方程组被分解为方程(9-6)的形式，它的系数矩阵呈三角形式．不同于高斯法中的回代过程，本算法的回代是反复改变 $\widetilde{P}_i$ 的数值：

对每个 $i(i=n,n-1,\cdots,2)$，计算

$$\widetilde{P}_k \Leftarrow \widetilde{P}_k - L_{ik}\cdot\widetilde{P}_i \quad (k = m_i, m_i+1,\cdots,i-1) \tag{9-15}$$

且

$$\delta_i = \widetilde{P}_i \tag{9-16}$$

最后，$\delta_1=\widetilde{P}_1$．注意式(9-15)中用的是赋值符号“$\Leftarrow$”，表示将赋值号右边表达式的计算结果赋给左边．最终解$\{\delta\}$放在$\{P\}$所占的内存单元内．

下面结合所给出的例子，观察回代过程中$\{P\}$占据的单元内数值的变化．方程(9-6)的展开形式为

$$
\begin{array}{ccccccccc}
\delta_1 & +L_{21}\delta_2 & +L_{31}\delta_3 & +L_{41}\delta_4 & +0 & +0 & +0 & +0 & =\widetilde{P}_1\\
 & \delta_2 & +L_{32}\delta_3 & +L_{42}\delta_4 & +L_{52}\delta_5 & +0 & +0 & +L_{82}\delta_8 & =\widetilde{P}_2\\
 & & \delta_3 & +L_{43}\delta_4 & +L_{53}\delta_5 & +0 & +0 & +L_{83}\delta_8 & =\widetilde{P}_3\\
 & & & \delta_4 & +L_{54}\delta_5 & +L_{64}\delta_6 & +0 & +L_{84}\delta_8 & =\widetilde{P}_4\\
 & & & & \delta_5 & +L_{65}\delta_6 & +0 & +L_{85}\delta_8 & =\widetilde{P}_5\\
 & & & & & \delta_6 & +L_{76}\delta_7 & +L_{86}\delta_8 & =\widetilde{P}_6\\
 & & & & & & \delta_7 & +L_{87}\delta_8 & =\widetilde{P}_7\\
 & & & & & & & \delta_8 & =\widetilde{P}_8
\end{array}
$$

我们用下列图示来说明．

原始[P]　将[P]分解　回代，$i=8$　回代 $i=7$

$$
\begin{bmatrix} P_1 \\ P_2 \\ P_3 \\ P_4 \\ P_5 \\ P_6 \\ P_7 \\ P_8 \end{bmatrix}
\Rightarrow
\begin{bmatrix} \widetilde{P}_1 \\ \widetilde{P}_2 \\ \widetilde{P}_3 \\ \widetilde{P}_4 \\ \widetilde{P}_5 \\ \widetilde{P}_6 \\ \widetilde{P}_7 \\ \widetilde{P}_8 \end{bmatrix}
\Rightarrow
\begin{bmatrix} \widetilde{P}_1 \\ \widetilde{P}_2 - L_{82}\delta_8 \Rightarrow \widetilde{P}_2 \\ \widetilde{P}_3 - L_{83}\delta_8 \Rightarrow \widetilde{P}_3 \\ \widetilde{P}_4 - L_{84}\delta_8 \Rightarrow \widetilde{P}_4 \\ \widetilde{P}_5 - L_{85}\delta_8 \Rightarrow \widetilde{P}_5 \\ \widetilde{P}_6 - L_{86}\delta_8 \Rightarrow \widetilde{P}_6 \\ \widetilde{P}_7 - L_{87}\delta_8 \Rightarrow \widetilde{P}_7 \\ \widetilde{P}_8(=\delta_8) \end{bmatrix}
\Rightarrow
\begin{bmatrix} \widetilde{P}_1 \\ \widetilde{P}_2 \\ \widetilde{P}_3 \\ \widetilde{P}_4 \\ \widetilde{P}_5 \\ \widetilde{P}_6 - L_{76}\delta_7 \Rightarrow \widetilde{P}_6 \\ \widetilde{P}_7(=\delta_7) \\ \widetilde{P}_8(=\delta_8) \end{bmatrix}
\Rightarrow
$$

回代，$i=6$　回代，$i=5$　回代，$i=4$

$$
\begin{bmatrix} \widetilde{P}_1 \\ \widetilde{P}_2 \\ \widetilde{P}_3 \\ \widetilde{P}_4 - L_{64}\delta_6 \Rightarrow \widetilde{P}_4 \\ \widetilde{P}_5 - L_{65}\delta_6 \Rightarrow \widetilde{P}_5 \\ \widetilde{P}_6(=\delta_6) \\ \widetilde{P}_7(=\delta_7) \\ \widetilde{P}_8(=\delta_8) \end{bmatrix}
\Rightarrow
\begin{bmatrix} \widetilde{P}_1 \\ \widetilde{P}_2 - L_{52}\delta_5 \Rightarrow \widetilde{P}_2 \\ \widetilde{P}_3 - L_{53}\delta_5 \Rightarrow \widetilde{P}_3 \\ \widetilde{P}_4 - L_{54}\delta_5 \Rightarrow \widetilde{P}_4 \\ \widetilde{P}_5(=\delta_5) \\ \widetilde{P}_6(=\delta_6) \\ \widetilde{P}_7(=\delta_7) \\ \widetilde{P}_8(=\delta_8) \end{bmatrix}
\Rightarrow
\begin{bmatrix} \widetilde{P}_1 - L_{41}\delta_4 \Rightarrow \widetilde{P}_1 \\ \widetilde{P}_2 - L_{42}\delta_4 \Rightarrow \widetilde{P}_2 \\ \widetilde{P}_3 - L_{43}\delta_4 \Rightarrow \widetilde{P}_3 \\ \widetilde{P}_4(=\delta_4) \\ \widetilde{P}_5(=\delta_5) \\ \widetilde{P}_6(=\delta_6) \\ \widetilde{P}_7(=\delta_7) \\ \widetilde{P}_8(=\delta_8) \end{bmatrix}
\Rightarrow
$$

回代，$i=3$　回代，$i=2$

$$
\begin{bmatrix} \widetilde{P}_1 - L_{31}\delta_3 \Rightarrow \widetilde{P}_1 \\ \widetilde{P}_2 - L_{32}\delta_3 \Rightarrow \widetilde{P}_2 \\ \widetilde{P}_3(=\delta_3) \\ \widetilde{P}_4(=\delta_4) \\ \widetilde{P}_5(=\delta_5) \\ \widetilde{P}_6(=\delta_6) \\ \widetilde{P}_7(=\delta_7) \\ \widetilde{P}_8(=\delta_8) \end{bmatrix}
\Rightarrow
\begin{bmatrix} \widetilde{P}_1 - L_{21}\delta_2 \Rightarrow \widetilde{P}_1 \\ \widetilde{P}_2(=\delta_2) \\ \widetilde{P}_3(=\delta_3) \\ \widetilde{P}_4(=\delta_4) \\ \widetilde{P}_5(=\delta_5) \\ \widetilde{P}_6(=\delta_6) \\ \widetilde{P}_7(=\delta_7) \\ \widetilde{P}_8(=\delta_8) \end{bmatrix}
$$

因子化法的分解过程按式(9-7)～(9-14)计算，回代过程按照式(9-15)和(9-16)进行，计算流程框图见图 9-1.

利用所给出的公式和流程图编写用因子化法求解有限元刚度方程的程序时，

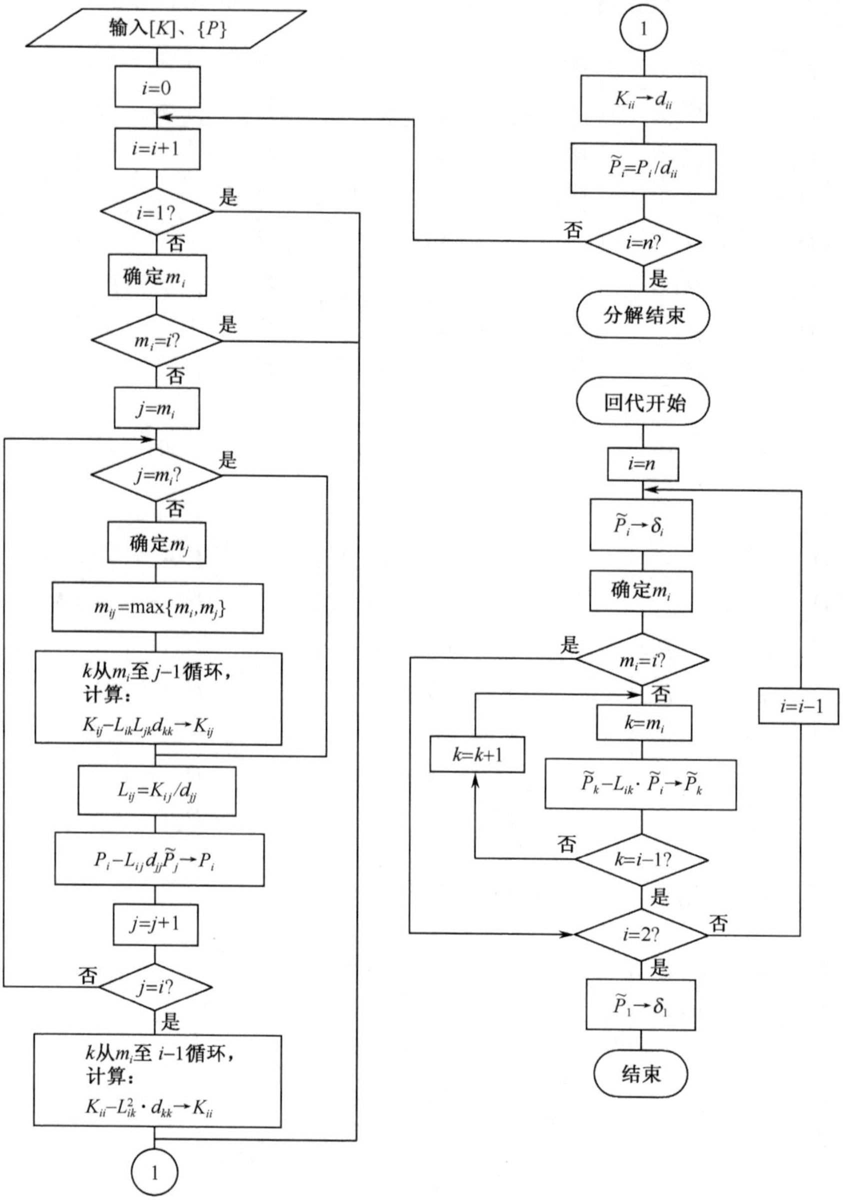

图 9-1　因子化法计算流程图

要求将所提供的刚度矩阵[K]的下三角中的元素 K_{ij} 按行的次序依次存放，每行从第一个非零元素开始，从而形成一维数组形式的总刚，取名为 a. 在前面讨论的例子中，a 中存放的数分别为 K_{11}，K_{21}，K_{22}，K_{31}，K_{32}，K_{33}，K_{41}，K_{42}，K_{43}，K_{44}，K_{52}，

$K_{53}, K_{54}, K_{55}, K_{64}, K_{65}, K_{66}, K_{76}, K_{77}, K_{82}, K_{83}, K_{84}, K_{85}, K_{86}, K_{87}, K_{88}$. 和 a 数组对应的将有一个 IAD 数组，它也是一维的，用来记录系数矩阵中的对角元素 K_{11}，K_{22}，…，K_{88} 等在 a 数组中的位置，对上例即为 1,3,6,10,14,17,19,26.

由于总刚矩阵是以一维数组 a 的形式提供的，为了理清思路，可以设想存在一个真实的总刚矩阵(方阵)$[K]$，这样，式(9-7)中$[K]$的第 i 行和第 j 行的带边元素的列号 m_i，m_j 便可以通过 IAD 数组寻找，譬如对 m_i 写成 C 语句就是

mi=i−(IAD[i-1]−IAD[i−2])+1

我们设想在分解时依次要将$[K]$中的系数 K_{ij}(或 K_{ii})在同一位置上替换成分解生成的系数 L_{ij}(或 d_{ii}). 所以，在一维数组 a 中，L_{ij}(或 d_{ii})也要分别占据相同下角标的原系数 K_{ij}(或 K_{ii})的位置. 当需要$[K]$中的某个系数时，也可以根据该系数的下标值(即在$[K]$中的行号、列号)和 IAD 数组，定出它在一维总刚 a 中的位置，从而进行调用. 譬如，系数 K_{ij} 处在$[K]$的第 i 行第 j 列，它的一维地址的 C 语言表达式就是

IAD[i-1]−i+j，　或者 IAD[i−2]+j−mi+1

程序设计时要考虑到各行各列中必须计算的范围，对于只有对角元的行的分解、各行中第一个非零(带边)元素的分解，都必须作个别处理，涉及到数组下标的计算和循环控制时，要考虑到 C 语言的特点.

因子化法的函数名为 Ldlt. 在函数 Ldlt 的虚参表中，n 为方程阶数；x 数组中存放方程组右端项(公式中为$\{P\}$)，函数执行结束时，x 存放所求之未知量(位移向量$\{\delta\}$).

函数 Ldlt 的源程序如下：

```
void Ldlt (int n,float a[],float x[])
{int i,j,k,ij,kj,ii,jj,iig,ig,igp,jgp, mi,mj,mij;
for(i=1;i<=n;i++)
{if (i! =1)                               i≠1 时进行以下分解(i=1 时 d11=K11,无需分解)
  {mi=i-(IAD[i-1]-IAD[i-2])+1;            第 i 行带边元素列号 mi
   if (mi! =i)                            第 i 行不只有对角元的情况
   {iig=IAD[i-1]-i;
     for(j=mi;j<=i-1;j++)                 第 i 行带内元素(不含对角元)循环
     {if(j! =mi)                          对非带边元素
     {mj=j-(IAD[j-1]-IAD[j-1-1])+1;       第 j 行带边元素列号 mj
       ig=j-mi+1;
         igp=IAD[i-1-1]+ig;               当前被分解元素 Kij 的一维地址
         if(mj<mi) mij=mi;                求 mij=max{mi, mj}
         else mij=mj;
         jgp=IAD[j-1]-j;
```

```
        if(mij<=j-1)                              mij<=j-1时
        {for(k=mij;k<=j-1;k++)                    式(9-9)中求和部分的循环
        {ii=iig+k;jj=jgp+k;kj=IAD[k-1];           分别计算 Lik,Ljk,dkk的一维地址
            a[igp-1]-=a[ii-1]*a[kj-1]*a[jj-1];}   累积计算式(9-9)括号内部分
          }
        }
        if(j==mi) igp=IAD[i-1-1]+1;               带边元素一维地址
        ii=IAD[j-1];                              对角元 djj 的一维地址
        a[igp-1]=a[igp-1]/a[ii-1];                按式(9-8)、(9-9)最后算出 Lij
        x[i-1]-=a[igp-1]*a[ii-1]*x[j-1];          分解右端项,累积计算式(9-14)括号内部
                                                  分
      }
      ij=IAD[i-1];
      for(k=mi;k<=i-1;k++)                        式(9-12)中的求和循环
      {ii=iig+k; jj=IAD[k-1];                     分别计算 Lik 和 dkk 的一维地址
      a[ij-1]-=a[ii-1]*a[ii-1]*a[jj-1];}          按式(9-12)累积计算 dii
    }
  }
  ij=IAD[i-1];                                    dii的一维地址(对i行只有对角元的情况未得出过)
  x[i-1]=x[i-1]/a[ij-1];                          按式(9-14),完成 Pi 的分解
}
  for(i=n;i>=2;i--)                               回代循环
  {mi=i-(IAD[i-1]-IAD[i-2])+1;                    第 i 行带边元素列号
    if(mi==i) continue;                           mi=i 在公式(9-15)应用范围之外,不作任何处理
    iig=IAD[i-1]-i;
    for(k=mi;k<=i-1;k++)                          式(9-15)中 k 的循环
    {ij=iig+k;                                    Lik的一维地址
    x[k-1]-=a[ij-1]*x[i-1];}                      按式(9-15)计算
  }
}
```

§9.3 结构刚度方程的求解算法 FORTRAN 子例行程序

9.3.1 高斯消去法子程序

```
SUBROUTINE GS(N,X)
DIMENSION X(N)
COMMON/STIF/A(100,101)
```

```
      DO 10 K = 1,N - 1
    DO 10 I = K + 1,N
      DO 10 J = K + 1,N + 1
10      A(I,J) = A(I,J) - A(I,K) * A(K,J)/A(K,K)
      X(N) = A(N,N + 1)/A(N,N)
      DO 30 K = N - 1,1, - 1
        X(K) = 0.0
        DO 20 J = K + 1,N
20      X(K) = X(K) + A(K,J) * X(J)
30    X(K) = (A(K,N + 1) - X(K))/A(K,K)
        END
```

9.3.2 因子化法子程序

```
      SUBROUTINE LDLT(N, A, X)
      DIMENSION A(8000),X(N)
      COMMON/ADDR/IAD(100)
      DO 40 I = 1,N
        IF(I.EQ.1) GO TO 30
        MI = I - (IAD(I) - IAD(I - 1)) + 1
        IF (MI.EQ.I) GO TO 30
        IIG = IAD(I) - I
        DO 20 J = MI,I - 1
          IF(J.NE.MI) THEN
              MJ = J - (IAD(J) - IAD(J - 1)) + 1
              IG = J - MI + 1
              IGP = IAD(I - 1) + IG
              MIJ = MAX(MI,MJ)
              JGP = IAD(J) - J
              IF(MIJ.LE.J - 1) THEN
                DO K = MIJ,J - 1
                  II = IIG + K
                  JJ = JGP + K
                  KJ = IAD(K)
                    A(IGP) = A(IGP) - A(II) * A(KJ) * A(JJ)
              END DO
            END IF
          END IF
          IF(J.EQ.MI) IGP = IAD(I - 1) + 1
```

```
          II = IAD(J)
          A(IGP) = A(IGP)/A(II)
          X(I) = X(I) - A(IGP) * A(II) * X(J)
20    CONTINUE
        IJ = IAD(I)
        DO K = MI,I - 1
          II = IIG + K
          JJ = IAD(K)
          A(IJ) = A(IJ) - A(II) * A(II) * A(JJ)
        END DO
30    IJ = IAD(I)
        X(I) = X(I)/A(IJ)
40    CONTINUE
      DO 50 I = N,2, - 1
        MI = I - (IAD(I) - IAD(I - 1)) + 1
        IF (MI.EQ.I) GO TO 50
        IIG = IAD(I) - I
        DO K = MI,I - 1
          IJ = IIG + K
          X(K) = X(K) - A(IJ) * X(I)
        END DO
50    CONTINUE
      END
```

第十章　平面薄壁结构、平面应力问题的程序设计

利用有限元法对平面薄壁结构和平面应力问题计算求解时，有很多步骤是一致的，引用的某些程序段落大体相同，不但对这些问题，而且对其他问题也同样可以适用. 对某具体的弹性结构被离散的单元按问题的不同而可以是杆元、梁元、平面应力板元、弯曲板元、壳元、空间单元、等参单元等等，但表示它们弹性特性的无非还是单元的刚度矩阵，组集成结构的总刚度方程的方法也是相同的，求解这组用代数方程表示的总刚方程的方法也不外乎常用的几种. 当离散点的位移参数一旦求得后，计算单元的内力的过程也是相同的. 如此看来，用有限元法，从编制计算程序来说有很大的通用性. 有限元法的程序设计方法因人而异，这里只是提供编制程序的一种方式，读者在掌握其编制的要领后，完全可以对所给程序进行修改和扩充，写出适合自己需要的计算程序来.

本章针对实际的平面薄壁结构和平面应力问题的算例，结合第七章至第九章所给出的常用程序函数，补充程序的说明部分、主函数、内力计算和输出的函数等，构成完整的分析程序.

§10.1　平面薄壁结构的算例分析

如第七章图 7-1 所示的平面薄壁结构，分元情况已在第七章中说明，见图 7-2. 10、11、12 结点固定，1、3 结点处各作用垂直向下的力 P1，7、9 结点处分别作用向左和向右的力 P2，求此结构的内力. 设 P1＝500N，P2＝1000N.

在第八章和第九章已经指出，根据总刚度矩阵的不同形态，即整体存储总刚和一维变带宽存储总刚，本书讨论了两种求解结构刚度方程的算法——高斯消去法和因子化法. 两种算法调用的函数有所不同，因此程序开头部分的说明和函数定义等以及程序的主函数也有区别. 下面分别就采用两种算法的程序设计问题进行讨论.

10.1.1　第一种方法，采用高斯消去的算法

程序开头的说明部分为：

```
#include"math.h"          包含头文件，这些头文件中有程序中引用的标准函数的说明
#include"stdio.h"
#include"stdlib.h"
```

```
#define NJE1 2                                    宏定义,规定三种单元的结点数
#define NJE2 2
#define NJE4 4
#define NFJ 3                                     宏定义,规定结构结点的自由度个数
#define NPROP 3
#define MMATS 5
void Estif1(int ,float ek1[4][4]);                定义程序中调用的函数
void Estif2(int ,float ek2[6][6]);
void Estif4(int ,float ek4[8][8]);
void Ead(int ,int ,int ,int ,int jad[16],int * );
void Fork(int ,int jad[16],float * );
void Gs(int , float x[100]);
void Result(float x[100]);

int NE1,NE2,NE4,NJ,NCJ,NPJ,NMATS;                 定义全局变量和全局数组
int IA1[20][2],IA2[20][2],IA4[20][4],MATNO1[20],MATNO2[20],MATNO4[20];
float XY[40][2],K[100][101],R[8],PROPS[MMATS][NPROP],AREA;
```

其中，

NMATS——实际材料种类数；

K[100][101]——结构刚度矩阵和载荷向量的增广矩阵数组，刚度矩阵最大阶数为100；

R[8]——式(7-5)中的数组$\{R\}$；

AREA——剪切板元的面积S.

多数变量和数组已在第七章中进行了说明.

需要注意的是，这里给出的程序开头的说明部分必须放在所有函数程序段(包括主函数)的前面，因为其中包括了程序中用到的标准和非标准函数的说明、为常量指定的值以及全局变量的定义.

函数 Result 的功能是：(1)根据求解刚度方程得到的结点位移向量 x，从中分离出各单元的结点位移，进而根据式(3-6)计算杆元和梁元的结点力，并根据式(7-7)计算剪切板元的剪应力，供强度校核时参考；(2)输出结点位移和内力的计算结果. 函数 Result 中的主要变量，除去已介绍的以外，还有：

d1[4],d2[6],d4[8] — 杆、梁和剪切板元的结点位移数组

p1[4],p2[6],p4[8] — 杆、梁和剪切板元的结点力数组

tau——剪切板元剪应力

outfile[30]——存放输出文件名的字符数组

* fout——输出文件指针

函数的内容:

```
void Result(float x[100])
{int i,j,ie,lmat;
float ek1[4][4],ek2[6][6],ek4[8][8];
float d1[4],d2[6],d4[8],p1[4],p2[6],p4[8];
float g4,tau;
char outfile[30];
FILE *fout;

    printf("Enter the outfile name\n");              提示键入输出文件名
    scanf("%s",&outfile);                            屏幕读入输出文件名
    if((fout=fopen(outfile,"w"))==NULL)              打开输出文件
    {printf("Can't creat the 'outfile'\n");
  exit(0); }
fprintf(fout,"Nodal displacements:\n");
fprintf(fout,"          Ux          Uy              Uxy\n");
for(i=1;i<=NJ;i++)                                   结构结点循环,输出各结点位移
{fprintf(fout,"%3d",i);
for(j=0;j<NFJ;j++) fprintf(fout,"%11.5f",x[(i-1)*3+j]);
fprintf(fout,"\n");
  }
  fprintf(fout,"Nodal forces on bar elements:\n");
  fprintf(fout,"              Pxi              Pyi              Pxj
          Pyj\n");
  for(ie=1;ie<=NE1;ie++)                             杆元循环
  {Estif1(ie,ek1);                                   计算杆元ie的刚度矩阵
  i=IA1[ie-1][0];                                    得到杆元ie的结点位移
  d1[0]=x[(i-1)*NFJ];  d1[1]=x[(i-1)*NFJ+1];
  i=IA1[ie-1][1];
  d1[2]=x[(i-1)*NFJ];  d1[3]=x[(i-1)*NFJ+1];
  fprintf(fout,"%4d",ie);
  for(i=0;i<4;i++)                                   单元自由度循环
  {p1[i]=0.;
 for(j=0;j<4;j++) p1[i]+=ek1[i][j]*d1[j];            按式(3-6)累积计算杆元结点力
 fprintf(fout,"%11.3f",p1[i]);                       输出结点力
    }
    fprintf(fout,"\n");
  }
```

```
  fprintf(fout,"Nodal forces on beam elements:\n");
  fprintf(fout,"                  Pxi                  Pyi                  Mi
Pxj                  Pyj                  Mj\n");
  for(ie=1;ie<=NE2;ie++)                                 梁元循环
  {Estif2(ie,ek2);                                       计算梁元 ie 的刚度矩阵
    i=IA2[ie-1][0];                                      得到梁元 ie 的结点位移
    d2[0]=x[(i-1)*NFJ];
    d2[1]=x[(i-1)*NFJ+1];
    d2[2]=x[(i-1)*NFJ+2];
    i=IA2[ie-1][1];
    d2[3]=x[(i-1)*NFJ];
    d2[4]=x[(i-1)*NFJ+1];
    d2[5]=x[(i-1)*NFJ+2];
    fprintf(fout,"%4d",ie);
    for(i=0;i<6;i++)                                     单元自由度循环
    {p2[i]=0.;
      for(j=0;j<6;j++) p2[i]+=ek2[i][j]*d2[j];  按式(3-6)累积计算梁元结点力
      fprintf(fout,"%11.3f",p2[i]);                      输出结点力
    }
    fprintf(fout,"\n");
  }
  fprintf(fout,"Shear stress and nodal forces on shear-only plate elements:\n");
  fprintf(fout,"                  str                  Pxi                  Pyi
  Pxj                  Pyj                  Pxm                  Pym                  Pxn
      Pyn\n");
  for(ie=1;ie<=NE4;ie++)                                 剪切板元循环
  {Estif4(ie,ek4);                                       计算板元 ie 的刚度矩阵
  i=IA4[ie-1][0];                                        获得单元结点位移
  d4[0]=x[(i-1)*NFJ];  d4[1]=x[(i-1)*NFJ+1];
  i=IA4[ie-1][1];
  d4[2]=x[(i-1)*NFJ];  d4[3]=x[(i-1)*NFJ+1];
  i=IA4[ie-1][2];
  d4[4]=x[(i-1)*NFJ];  d4[5]=x[(i-1)*NFJ+1];
  i=IA4[ie-1][3];
  d4[6]=x[(i-1)*NFJ];  d4[7]=x[(i-1)*NFJ+1];
  fprintf(fout,"%4d",ie);
  lmat=MATNO4[ie-1];                                     第 ie 个单元的材料号
  g4=PROPS[lmat-1][0];                                   剪切弹性模量
```

```
  tau=0.;                                         按式(7-7)累积计算剪应力
  for(i=0;i<8;i++) tau+=R[i]*d4[i];
  tau=tau*0.5*g4/AREA;
  fprintf(fout,"%9.3f",tau);                      输出剪应力
  for(i=0;i<8;i++)                                单元自由度循环
  {p4[i]=0.;
  for(j=0;j<8;j++) p4[i]+=ek4[i][j]*d4[j];        按式(3-6)累积计算板元结点力
  fprintf(fout,"%10.3f",p4[i]);                   输出结点力
  }
  fprintf(fout,"\n");
  }
  fclose(fout);
}
```

程序的主函数将从预先建立的原始数据文件中读入描述结构几何、分元、约束、载荷等的数据和信息,并组织程序的运行.数据文件名自拟,在运行程序中提示键入.数据文件中的变量和数组除以前介绍过的以外,还有:

nofix[20]——存放约束结点号.其中 20 为允许的最大约束结点数.填入具体约束的结点编号.本例中为 10,11,12.

infoc[20][3]——结点约束信息数组.说明受到约束的结点的各自由度是否有约束.其中 20 为允许的最大约束结点数,3 为结点自由度个数.具体填入的数为 0 或者 1."0"表示此自由度方向无约束."1"表示此自由度方向有约束.

presc[20][3]——约束结点设定位移数组.存放约束结点各自由度方向的给定位移值.无约束时给 0.

nopnt[20]——受载结点号数组.最多允许 20 个载荷作用结点,本例为 1,3,7,9 四个结点.

pload[20][3]——结点外载数组.存放受载结点各自由度方向的载荷值.

本算例的原始数据文件的内容参见本章附录 A-1.

应当注意的是,杆元和剪切板元的局部结点自由度个数是 2,不提供转动刚度.当结构自由度取为 3 时,与结构中的 5 和 8 结点的转动自由度(分别对应于结构自由度 15 及 24)有关的刚度系数为零,即总刚的对应行、列的元素均为零,使总刚奇异.这种情况属于约束不足,这里采取的处理方法是,在主函数中处理约束时,人为地使总刚相关行(15 行和 24 行)的对角线元素置大数,消除总刚的奇异性.这样计算出的对应位移量 δ_{15} 和 δ_{24} 等于零.在结果分析时只要明确这种零值是人为处理的结果就行了.凑巧的是,5、8 结点位于对称面上,两个位移量本应为零.

主函数的源程序如下:

```
void main()
```

```
{int i,j,ie,ii,jj,ntf,nopnt[20],nofix[20],infoc[20][3],jad[16];
float x[100],pload[20][3],presc[20][3],ek1[4][4],ek2[6][6],ek4[8][8];
char infile[30];                                    存放输入文件名的字符数组
FILE *fin;                                          输入文件指针

printf("Please Enter Data file name:\n");           提示键入原始数据文件名
scanf("%s",&infile);                                屏幕读入原始数据文件名
if((fin=fopen(infile,"r"))==NULL)                   打开原始数据文件
  {printf("Can't open the 'infile'\n");
  exit(0); }
fscanf(fin,"%d%d%d%d",&NE1,&NE2,&NE4,&NJ);          读入原始数据
for (i=0;i<NE1;i++)
  for (j=0;j<NJE1;j++)
    fscanf(fin,"%d",&IA1[i][j]);
for(i=0;i<NE2;i++)
  for(j=0;j<NJE2;j++)
    fscanf(fin,"%d",&IA2[i][j]);
for(i=0;i<NE4;i++)
  for(j=0;j<NJE4;j++)
    fscanf(fin,"%d",&IA4[i][j]);
for(i=0;i<NJ; i++) fscanf(fin,"%f%f",&XY[i][0],&XY[i][1]);

fscanf(fin,"%d",&NMATS);
for(i=0;i<NMATS;i++)
  for(j=0;j<NPROP;j++)
    fscanf(fin,"%f",&PROPS[i][j]);
for(i=0;i<NE1;i++)
    fscanf(fin,"%d",&MATNO1[i]);
for(i=0;i<NE2;i++)
    fscanf(fin,"%d",&MATNO2[i]);
for(i=0;i<NE4;i++)
    fscanf(fin,"%d",&MATNO4[i]);

fscanf(fin,"%d",&NCJ);
for(i=0;i<NCJ;i++) fscanf(fin,"%d",&nofix[i]);
for(i=0;i<NCJ;i++)
  for(j=0;j<NFJ;j++)
    fscanf(fin,"%d",&infoc[i][j]);
```

```
for(i = 0;i<NCJ;i + + )
  for(j = 0;j<NFJ;j + + )
    fscanf(fin,"%f",&presc[i][j]);
fscanf(fin,"%d",&NPJ);
for(i = 0;i<NPJ;i + + ) fscanf(fin,"%d",&nopnt[i]);
for(i = 0;i<NPJ;i + + )
  for(j = 0;j<NFJ;j + + )
    fscanf(fin,"%f",&pload[i][j]);
fclose(fin);

ntf = NJ * NFJ;                                   结构自由度个数(总刚阶数)
for(ii = 0;ii<ntf;ii + + )                        数组清零
  {x[ii] = 0.0;
    for(jj = 0;jj<ntf + 1;jj + + ) K[ii][jj] = 0.0; }
for(ie = 1;ie< = NE1;ie + + )                     杆元循环
  {Estif1(ie,ek1);                                算杆元刚度矩阵
    Ead(ie,NFJ,NJE1,2,jad,IA1);                   求杆元地址数组 jad
    Fork(4,jad,ek1);                              杆元刚度矩阵入全存总刚
}
for(ie = 1;ie< = NE2;ie + + )                     梁元循环
{Estif2(ie,ek2);                                  算梁元刚度矩阵
Ead(ie,NFJ,NJE2,3,jad,IA2);                       求梁元地址数组 jad
Fork(6,jad,ek2);                                  梁元刚度矩阵入全存总刚
}
for(ie = 1;ie< = NE4;ie + + )                     剪切板元循环
  {Estif4(ie,ek4);                                算板元刚度矩阵
    Ead(ie,NFJ,NJE4,2,jad,IA4);                   求板元地址数组 jad
    Fork(8,jad,ek4);                              板元刚度矩阵入全存总刚
}
for(i = 1;i< = NPJ;i + + )                        受载结点循环
  for(j = 1;j< = 3;j + + )                        结点自由度循环
    {ii = (nopnt[i-1] - 1) * 3 + j;               受载结点自由度对应的结构自由度
    K[ii-1][ntf] = pload[i-1][j-1];               载荷值装入总载荷向量
}
for(i = 1;i< = NCJ;i + + )                        约束结点循环
  for(j = 1;j< = 3;j + + )                        结点自由度循环
    {ii = (nofix[i-1] - 1) * 3 + j;               约束结点自由度对应的结构自由度
    jj = infoc[i-1][j-1];                         约束信息
```

```
    if(jj = = 0) continue;                    只考虑当前自由度上有约束的情况
    K[ii-1][ii-1] * = 10e18;                  用置大数法处理约束
    K[ii-1][ntf] = K[ii-1][ii-1] * presc[i-1][j-1];
}
K[14][14] = 10e18;        用人为置大数的办法处理约束不足(结构自由度 15 和 24)
K[23][23] = 10e18;
Gs(ntf,x);                                    高斯消去法解刚度方程
Result(x);                                    计算结构内力,输出结果
}
```

10.1.2 第二种方法,用因子化法求解

这种方法的原始数据文件以及计算内力和输出结果的 Result 函数与第一种方法完全相同.

程序开头的说明部分为:

```
#include"math.h"
#include"stdio.h"
#include"stdlib.h"
#define NJE1 2
#define NJE2 2
#define NJE4 4
#define NFJ 3
#define NPROP 3
#define MMATS 5
void Estif1(int ,float ek1[4][4]);
void Estif2(int ,float ek2[6][6]);
void Estif4(int ,float ek4[8][8]);
void Ead(int ,int ,int ,int ,int jad[16],int * );
void Forad(int ,int ,int ,int ,int * );
void Fora(int ,int ,int ,int ,int * ,float * , float a[]);
void Ldlt(int ,float a[],float x[]);
void Result(float x[100]);

int NE1,NE2,NE4,NJ,NCJ,NPJ,NMATS;
int IA1[20][2],IA2[20][2],IA4[20][4], MATNO1[20],MATNO2[20],MATNO4[20],IAD[100];
float XY[40][2],R[8],PROPS[MMATS][NPROP],AREA;
```

主函数中,数组 a[ ]代表一维总刚,允许的最大长度暂定为 8000. 数组 x[100]暂时用作为总载荷向量,求解刚度方程后存放结点位移. 主函数源程序如下:

```
main( )
```

```
{int i,j,ii,jj,kk,ie,ntf;
  int nopnt[20],nofix[20],infoc[20][3];
  float x[100],pload[20][3],presc[20][3],a[8000];
  float ek1[4][4],ek2[6][6],ek4[8][8];
  char infile[30];
  FILE * fin;

  ...... ......
   (打开原始数据文件读入原始数据部分和 10.1.1 节高斯消去法求解时完全一样,故省略)
  ...... ......
ntf = NJ * NFJ;
for(ii = 0;ii<ntf;ii + + )                    有关数组清零
  {IAD[ii] = 0;
  x[ii] = 0; }
for(ii = 0;ii<8000;ii + + ) a[ii] = 0.0;
Forad(NE1,NFJ,NJE1,2,IA1);                   确定总刚半带宽数组 IAD
Forad(NE2,NFJ,NJE2,3,IA2);
Forad(NE4,NFJ,NJE4,2,IA4);
IAD[0] = 1;                                  将 IAD 的内容转化成总刚对角
                                             元的一维地址
for(i = 1;i<ntf;i + + ) IAD[i] + = IAD[i-1] + 1;
for(ie = 1;ie< = NE1;ie + + )                杆元循环
  {Estif1(ie,ek1);                           计算杆元刚度矩阵
    Fora(ie,NFJ,NJE1,2,IA1,ek1,a);           杆元刚度矩阵入一维总刚
  }
for(ie = 1;ie< = NE2;ie + + )                梁元循环
  {Estif2(ie,ek2);                           计算梁元刚度矩阵
    Fora(ie,NFJ,NJE2,3,IA2,ek2,a);           梁元刚度矩阵入一维总刚
  }
for(ie = 1;ie< = NE4;ie + + )                板元循环
  { Estif4(ie,ek4);                          计算板元刚度矩阵
    Fora(ie,NFJ,NJE4,2,IA4,ek4,a);           板元刚度矩阵入一维总刚
}
for(i = 0;i<NPJ;i + + )                      受载结点循环
  for(j = 0;j<NFJ;j + + )                    结点自由度循环
    {ii = (nopnt[i] - 1) * 3 + j;            受载结点自由度对应的结构自由度
    x[ii] = pload[i][j];                     载荷值装入总载荷向量
  }
```

```
for(i=0;i<NCJ;i++)                     约束结点循环
  for(j=0;j<NFJ;j++)                   结点自由度循环
    {ii=(nofix[i]-1)*3+j;              约束结点自由度对应的结构自由度
    jj=infoc[i][j];                    自由度约束信息
    if(jj==0) continue;                仅考虑受约束自由度
    kk=IAD[ii];                        约束自由度对应的总刚对角元地址
    a[kk-1]*=10e18;                    置大数法处理约束
    x[ii]=a[kk-1]*presc[i][j];
  }
a[IAD[14]-1]=10e18;                    人为置大数处理结点 5、8 的约束
a[IAD[23]-1]=10e18;                    不足(对应结构自由度 15 和 24)
Ldlt(ntf,a,x);                         因子化法解刚度方程
Result(x);                             计算内力,输出结果
}
```

平面薄壁结构的计算结果放在输出数据文件中,参见本章附录 A-2.

顺便指出,在本算例中如果将坐标系向右平移,使坐标原点位于结点 11 处,则结构的几何、材料、约束、载荷均关于 Y 轴对称,就可以利用结构的对称性,取结构的一半进行分析,从而缩小问题的规模. 在分析任何结构时,都应尽量考虑对称性. 这里按完整结构进行分析,主要是因为结构本身比较简单,分析规模小,另外可以将结果是否关于结构具有对称性作为判断计算是否合理的一个标准. 作为练习,请读者自己考虑本算例的对称性进行分析.

§10.2 平面应力问题的算例分析

问题:用总刚下三角变带宽一维存储和因子化法求解受单向拉伸中心带圆孔方板的应力场.

结构如图 7-3 所示,板边长 100mm,板厚 1mm,孔半径 10mm,弹性模量 $E=205800$ MPa,泊松比 $\nu=0.3$,均布载荷 $p=100$ MPa.

10.2.1 用常应变三角元离散化求解平面应力问题

利用结构及载荷的对称性,取 1/4 部分,从孔边向周围放射状地划分网格,共分成 111 个三角形平面应力元,72 个结点,见图 7-4. 为保证计算的准确度,孔附近应力梯度较大的区域的单元尺度小,网格较密,随着到孔边的距离的增加网格逐渐稀疏. 沿 X 轴的对称截面上只允许存在 X 方向的位移而不允许有 Y 方向的位移,沿 Y 轴的对称截面上只允许存在 Y 方向的位移而不允许有 X 方向的位移. 根据此真实的位移情况,在两个对称面上各布置 9 个活动铰支座,以提供单方向的约

束.均布的外载作用在右端部边界上,涉及4个单元.因为只有一种单元,结点的局部自由度和结构自由度均为2,故总刚为2×72=144阶.由于应用了对称条件,使得解题的规模和对计算机内存的占用均大幅降低.

程序的结构和平面薄壁结构算例的因子化法程序相似.

程序的说明部分:

```
#include"math.h"
#include"stdio.h"
#include"stdlib.h"
#define NJE3 3                                定义单元结点数
#define NFJ 2                                 定义结点自由度个数
#define NPROP 3                               材料参数的个数
#define MMATS 5                               可允许五种不同材料
#define MJ 500                                结点数上限
#define MPJ 100                               受集中力结点数上限
#define MCJ 100                               受位移约束结点数上限
#define MPRJ 100                              受分布力结点数上限
#define ME3 200                               单元数上限
#define MLEN 10000                            规定一维总刚的最大长度

void Smat3(int ie,float se[3][6]);            定义需调用的函数
void Estif3(int mm,float ek3[6][6]);
void Ead(int,int,int,int,int jad[],int *);
void Forad(int,int,int,int,int *);
void Fora(int,int,int,int,int *,float *, float a[]);
void Load3(int noprs[],float press[][NFJ],int nopnt[],float pload[][NFJ],float x[]);
void Ldlt(int,float a[],float x[]);
void Input (int nofix[],int infoc[][NFJ],float presc[][NFJ],int nopnt[], float pload[]
        [NFJ],int noprs[],float press[][NFJ]);
void Result(float x[]);

int IA3[ME3][3],IAD[MJ*NFJ],MATNO3[ME3];      定义全局变量
int NE3,NJ,NCJ,NPJ,NEDGE,NMATS,IPLOD,IEDGE;
float XY[MJ][2],PROPS[MMATS][NPROP];
```

需要说明的全局变量还有:

MATNO3[ME3]——存放各个常应变元材料号的数组;

IPLOD——集中力信息变量.IPLOD=1时,有集中力,当IPLOD=0时,无集中力;

IEDGE——分布力信息变量. IEDGE＝1 时，有分布力，当 IEDGE＝0 时，无分布力；

NEDGE——分布力作用的单元边数.

准备原始数据文件，内容和格式参见本章附录 B－1.

和平面薄壁结构算例不同，对本算例提供了从原始数据文件中读入数据的专用函数 Input，其中的主要变量及意义，除了以前遇到的以外，还有：

njedg——受分布力单元边的结点数；

noprs[]——存放所有受分布力作用的单元边上的结点编号；

press[][NFJ]——所有受分布力单元边上每个结点处的载荷集度值（两个坐标分量）.

函数 Input 源程序如下：

```
void Input(int nofix[],int infoc[][NFJ],float presc[][NFJ],int nopnt[],
                    float pload[][NFJ],int noprs[],float press[][NFJ])
{int i,j,njedg;
FILE *fin;
char infile[30];

  printf("\nPlease input the data file name:\n");
  scanf("%s",&infile);
  if((fin=fopen(infile,"r"))==NULL)                    打开原始数据文件
    {printf("Can't open the'infile'\n");
    exit(0);
    }
    fscanf(fin,"%d%d%d%d", &NE3,&NJ,&IPLOD,&IEDGE);      读入原始数据

    for(i=0;i<NE3;i++)
      for(j=0;j<NJE3;j++)
      fscanf(fin,"%d",&IA3[i][j]);

  for(i=0;i<NJ;i++) fscanf(fin,"%f%f",&XY[i][0],&XY[i][1]);

  fscanf(fin,"%d",&NMATS);
  for(i=0;i<NMATS;i++)
    for(j=0;j<NPROP;j++)
      fscanf(fin,"%f",&PROPS[i][j]);
  for(i=0;i<NE3;i++)
    fscanf(fin,"%d",&MATNO3[i]);
```

```
  fscanf(fin,"%d",&NCJ);
  for(i=0;i<NCJ;i++) fscanf(fin,"%d",&nofix[i]);
  for(i=0;i<NCJ;i++)
    for(j=0;j<NFJ;j++)
      fscanf(fin,"%d",&infoc[i][j]);
  for(i=0;i<NCJ;i++)
    for(j=0;j<NFJ;j++)
      fscanf(fin,"%f",&presc[i][j]);

  if(IPLOD>0)
  {fscanf(fin,"%d",&NPJ);
    for(i=0;i<NPJ;i++) fscanf(fin,"%d",&nopnt[i]);
      for(i=0;i<NPJ;i++)
        for(j=0;j<NFJ;j++)
          fscanf(fin,"%f",&pload[i][j]);
    }

  if(IEDGE>0)
    {fscanf(fin,"%d%d",&NEDGE,&njedg);
    for(i=0;i<NEDGE*njedg;i++)
      fscanf(fin,"%d",&noprs[i]);
    for(i=0;i<NEDGE*njedg;i++)
      for(j=0;j<2;j++)
        fscanf(fin,"%f",&press[i][j]);
    }
  fclose(fin);
}
```

计算应力和输出结果的函数 Result 的内容与薄壁结构算例略有不同，它用来输出结点位移，计算并输出单元应力和结点应力，结点应力通过绕结点相关单元的应力的平均值来近似表示. 其中出现的主要变量有

sx——当前结点应力分量 σ_x

sy——当前结点应力分量 σ_y

sxy——当前结点应力分量 τ_{xy}

se[3][6]——当前单元的应力矩阵数组

d3[6]——当前单元的结点位移向量

sel[ME3][3]——单元应力数组

Result 函数的源程序如下：

```
void Result(float x[])
{int i,j,num,ie;
float sx,sy,sxy,se[3][6],d3[6],sel[ME3][3];
char outfile[40];
FILE *fout;

printf("Enter the outfile name\n");                       提示键入输出文件名
scanf("%s",&outfile);                                      屏幕读入输出文件名
if((fout=fopen(outfile,"w"))==NULL)                        打开输出数据文件
  {printf("Can't creat the 'outfile'\n");
  exit(0);
}

fprintf(fout,"Nodal displacements:\n");                    输出结点位移
fprintf(fout,"  i        x          y          Ux          Uy\n");
for(i=1;i<=NJ;i++)
  {fprintf(fout,"\n");
    fprintf(fout,"%3d%9.3f%9.3f",i,XY[i-1][0],XY[i-1][1]);
    for(j=0;j<2;j++)
      fprintf(fout,"%11.5f",x[(i-1)*2+j]);
}

fprintf(fout,"\n");
fprintf(fout,"Element stresses:\n");
fprintf(fout,"  ie        sigmax        sigmay        torxy\n");
for(ie=1;ie<=NE3;ie++)                                     单元循环
  {Smat3(ie,se);                                           计算单元应力矩阵
  for(j=1;j<=NJE3;j++)                                     确定单元位移向量
  {i=IA3[ie-1][j-1];
  d3[2*(j-1)]=x[(i-1)*2];
  d3[2*(j-1)+1]=x[(i-1)*2+1];
    }
  fprintf(fout,"%4d",ie);
  for(i=0;i<3;i++)                                         按式(3-4)累积计算并输出单元应力
{sel[ie-1][i]=0.;
  for(j=0;j<6;j++) sel[ie-1][i]+=se[i][j]*d3[j];
  fprintf(fout,"%10.3f",sel[ie-1][i]);
}
```

```
  fprintf(fout,"\n");
  }

fprintf(fout,"\n");
fprintf(fout,"Stresses on nodes:\n");
fprintf(fout,"  i          x                y              sigmax            sigmay
        torxy\n");
for(i=1;i<=NJ;i++)                                    结构结点循环
  {fprintf(fout,"\n");
    fprintf(fout,"%3d%9.3f%9.3f",i,XY[i-1][0],XY[i-1][1]);
    num=0; sx=0.; sy=0.; sxy=0.;                      结点应力清零
    for(j=1;j<=NE3;j++)                               单元循环
      if(IA3[j-1][0]==i||IA3[j-1][1]==i||IA3[j-1][2]==i)
      {sx+=sel[j-1][0];sy+=sel[j-1][1];               结点相关单元应力累加
      sxy+=sel[j-1][2];num++;
      }
    sx=sx/num; sy=sy/num; sxy=sxy/num;                计算绕结点平均应力并输出
    fprintf(fout,"%10.3f %10.3f %10.3f",sx,sy,sxy);
  }
fclose(fout);
}
```

采用常应变三角元离散和因子化法求解平面应力问题的主函数如下：

```
main()
{int i,j,ii,jj,kk,ie,ntf,len;
int nofix[MCJ],infoc[MCJ][NFJ],nopnt[MPJ],noprs[MPRJ];
float x[MJ*NFJ],a[MLEN],ek3[6][6],
    presc[MCJ][NFJ],pload[MPJ][NFJ],press[MPRJ][NFJ];

Input(nofix,infoc,presc,nopnt,pload,noprs,press);  读入原始数据
ntf=NJ*NFJ;                                          结构自由度个数(总刚阶数)
  for(ii=0;ii<ntf;ii++)                              有关数组清零
    {IAD[ii]=0;
    x[ii]=0.0;
  }
  for(ii=0;ii<MLEN;ii++) a[ii]=0.0;
  Forad(NE3,NFJ,NJE3,2,IA3);                         计算总刚半带宽数组 IAD
  IAD[0]=1;                                          IAD 转化成总刚对角元一维地址
```

```
for(i=1;i<ntf;i++) IAD[i]+=IAD[i-1]+1;
len=IAD[ntf-1];                                          一维总刚实际长度
printf("The length of 1-D stiffness array: %7d\n",len);
if(len>MLEN)                                             一维总刚实际长度超出限度时中断运行
  {printf("The length of array a exceeds limit\n");
  printf("Set the length from %d to great than %d\n",MLEN,len);
  exit(0);
}

for(ie=1;ie<=NE3;ie++)                                   单元循环
  {Estif3(ie,ek3);                                       算单元刚度矩阵
    Fora(ie,NFJ,NJE3,2,IA3,ek3,a);                       单元刚度矩阵入一维总刚
}

Load3(noprs,press,nopnt,pload,x);                        处理载荷,生成总载荷向量
for(i=0;i<NCJ;i++)                                       置大数法处理约束
  for(j=0;j<NFJ;j++)
    {ii=(nofix[i]-1)*NFJ+j;
    jj=infoc[i][j];
    if(jj==0) continue;
    kk=IAD[ii];
    a[kk-1]*=10e18;
    x[ii]=a[kk-1]*presc[i][j];
  }
Ldlt(ntf,a,x);                                           因子化法解刚度方程
Result(x);                                               计算应力并输出结果
return(0);
}
```

计算结果放在输出数据文件中,参见本章附录 B-2.

10.2.2　用八结点四边形等参元离散化求解平面应力问题

仍然利用结构及载荷的对称性,取图 7-3 所示带孔板的 1/4 部分,用八结点等参元划分网格,共分成了 120 个单元,405 个结点,网格疏密度变化的原则与常应变元划分时类似,划分的网格和单元、结点的编号情况见图 10-1. 在沿 X 轴的对称截面上和沿 Y 轴的对称截面上各布置 21 个活动铰支座,以提供单方向的约束. 均布的外载作用在右端部边界上,涉及 6 个单元. 每个结点的局部自由度和结构自由度均为 2,故总刚为 2×405=810 阶.

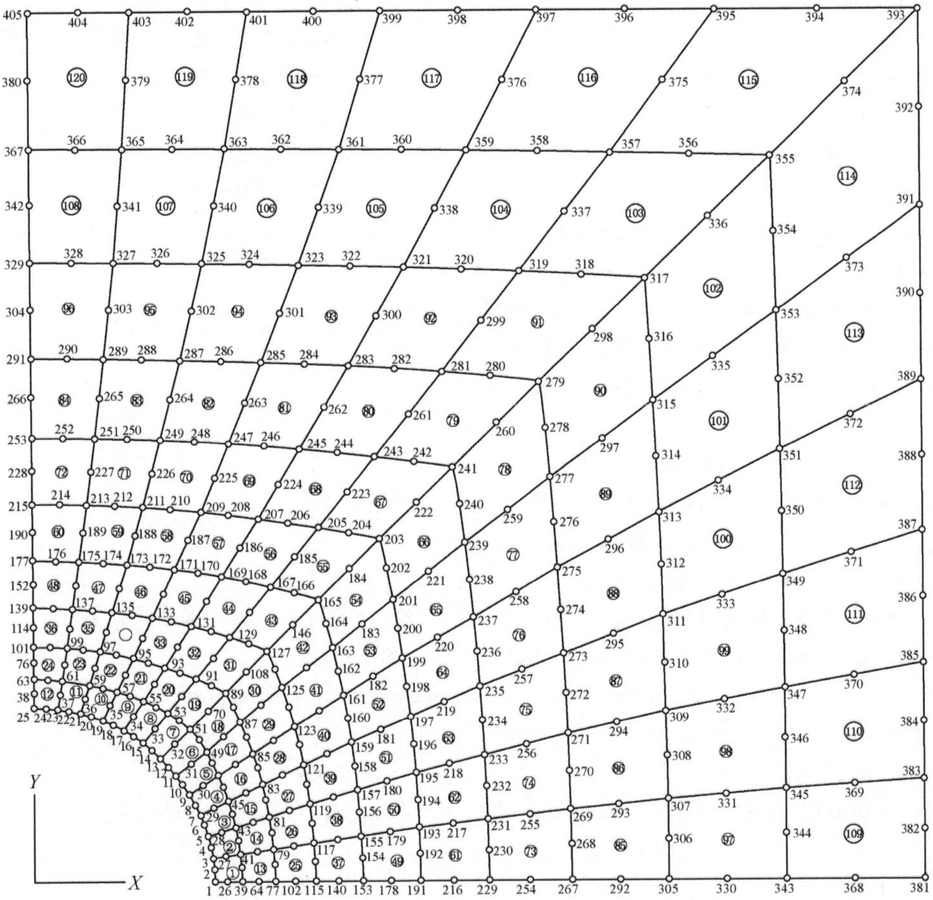

图 10-1 平面应力问题算例的八结点等参元离散化

程序的总体结构和采用常应变三角元时一致.

程序的说明部分:

```
#include <math.h>
#include <stdio.h>
#include <stdlib.h>
#define NJE8 8                      定义单元结点数
#define NFJ 2                       定义结点自由度个数
#define NGS 2                       规定高斯数值积分阶次(2×2)
#define NPROP 3                     材料参数的个数
#define MMATS 5                     可允许五种不同材料
#define MJ 500                      结点数上限
```

```
#define MPJ 100                                受集中力结点数上限
#define MCJ 100                                受位移约束结点数上限
#define MPRJ 100                               受分布力结点数上限
#define ME8 200                                单元数上限
#define MLEN 60000L                            规定一维总刚的最大长度
void Gaussq();                                 定义需调用的函数
void Sfr(float,float,float shape[],float deriv[][8]);
void Bmat(float bmatx[][16],float cartd[][8]);
void Smat8(int, float se[][16],float bmatx[][16]);
void Estif8(int mm,float ek8[16][16]);
void Ead(int,int,int,int,int jad[],int *);
void Forad(int,int,int,int,int *);
void Fora(int,int,int,int,int *,float *,float a[]);
void Load8(int noprs[],float press[][NFJ],int nopnt[],
                float pload[][NFJ],float x[]);
void Ldlt(int,float a[],float x[]);
void Gstres(float x[],float gpxy[][NGS*NGS][2],float strsg[][NGS*NGS][3]);
void Jstres(float strsj[][3],float strsg[][NGS*NGS][3]);
void Input(int nofix[],int infoc[][NFJ],float presc[][NFJ],int nopnt[],
float pload[][NFJ],int noprs[],float press[][NFJ]);
void Result(float x[]);
float Jacobi(float elcod[][8],float gpcod[2],float cartd[][8], float shape[],
                  float deriv[][8]);
long IAD[MJ*NFJ];                              定义全局变量
int IA8[ME8][8],MATNO8[ME8];
int NE8,NJ,NCJ,NPJ,NEDGE,NMATS,IPLOD,IEDGE;
float XY[MJ][2],POSGP[NGS],WEIGP[NGS],PROPS[MMATS][NPROP];
```

采用八结点等参元时原始数据文件的内容和格式参见本章附录 B—3.

Input 函数用于从原始数据文件中读入数据，它的结构和 10.2.1 节中采用的 Input 函数完全一样，只需将其中关于常应变三角元的一些变量名，如 NE3、NJE3、IA3 和 MATNO3 对应地改成八结点等参元专用的 NE8、NJE8、IA8 和 MATNO8 即可，源程序不再列出.

确定八结点等参元单元应力的过程是，求解总刚平衡方程得到结构位移向量 $\{\delta\}$，从中分离出所考虑的单元的结点位移向量 $\{\delta\}^e$，再计算得到该单元的应力矩阵 $[S]$，根据式(7-18)计算得出单元各高斯点上的应力. 在积分点上算得的应力具有最好的精度，要确定单元边缘和结点上的应力近似值，可以在每个单元内用最小二乘法修匀.

函数 Gstres 用来计算各个单元高斯点上的应力，程序中有关变量的意义如下：

gpxy[][NGS* NGS][2]——高斯点坐标数组(按每个单元给出)；

strsg[][NGS* NGS][3]——按单元给出的高斯点应力数组；

eldis[2][8]——当前单元结点位移数组(临时)；

elcod[2][8]——当前单元结点坐标数组(临时)；

gpcod[2]——当前考虑的高斯点坐标临时数组；

gpstr[3]——当前考虑的高斯点应力临时数组；

se[3][16]——单元应力矩阵.

函数 Gstres 的源程序：

```
void Gstres(float x[],float gpxy[][NGS * NGS][2],float strsg[][NGS * NGS][3])
{int i,j,k,ie,ii,jj,kgasp,kevab,lnode,nposn;
float exisp,etasp;
float eldis[2][8],elcod[2][8],gpcod[2],gpstr[3],se[3][16],
    shape[8],bmatx[3][16],deriv[2][8],cartd[2][8];

for(ie = 1;ie< = NE8;ie + + )            按单元循环建立结点坐标和结点位移数组
  {for(i = 1;i< = NJE8;i + + )
    {lnode = IA8[ie-1][i-1];
      nposn = (lnode - 1) * NFJ;
        for(j = 1;j< = NFJ;j + + )
          {elcod[j-1][i-1] = XY[lnode-1][j-1];
                  nposn = nposn + 1;
            eldis[j-1][i-1] = x[nposn-1];
            }
    }

  kgasp = 0;
  for(i = 1;i< = NGS;i + + )                          当前单元高斯点循环
    for(j = 1;j< = NGS;j + + )
    {kgasp + + ;
      exisp = POSGP[i-1];                             高斯点局部坐标
      etasp = POSGP[j-1];
      Sfr(exisp,etasp,shape,deriv);                   确定形函数及其导数
      Jacobi(elcod,gpcod,cartd,shape,deriv);   确定高斯点坐标和形函数对整体坐标导数
      Bmat(bmatx,cartd);                              确定几何矩阵
```

```
      Smat8(ie,se,bmatx);                          计算应力矩阵
      for(k=1;k<=3;k++)               按式(7-18)计算高斯点应力,建立高斯点坐标数组
      {gpstr[k-1]=0.0;
        kevab=0;
        for(ii=1;ii<=NJE8;ii++)
        for(jj=1;jj<=NFJ;jj++)
        {kevab++;
        gpstr[k-1]+=se[k-1][kevab-1]*eldis[jj-1][ii-1];
              }
              strsg[ie-1][kgasp-1][k-1]=gpstr[k-1];
          }
      for(k=1;k<=2;k++)
    gpxy[ie-1][kgasp-1][k-1]=gpcod[k-1];
    }
  }
}
```

函数 Jstres 针对 2×2 高斯积分,在每个单元内根据所得到的四个高斯点上的应力,用最小二乘法修匀近似计算单元结点上的应力.而在不同单元公共边界结点上,不同单元可能有不同的结点应力数值,可在公共结点上取相关单元结点应力的平均值.

设 $\sigma_1,\sigma_2,\sigma_3,\sigma_4$ 是四个高斯积分点上的未修匀应力,则用

$$\begin{Bmatrix}\widetilde{\sigma}_1\\ \widetilde{\sigma}_2\\ \widetilde{\sigma}_3\\ \widetilde{\sigma}_4\end{Bmatrix}=\begin{bmatrix}a & c & c & b\\ c & b & a & c\\ b & c & c & a\\ c & a & b & c\end{bmatrix}\begin{Bmatrix}\sigma_1\\ \sigma_2\\ \sigma_3\\ \sigma_4\end{Bmatrix} \tag{10-1}$$

计算修匀后的四个角点应力 $\widetilde{\sigma}_1,\widetilde{\sigma}_2,\widetilde{\sigma}_3,\widetilde{\sigma}_4$,式中

$$a=1+\frac{\sqrt{3}}{2},\quad c=-\frac{1}{2},\quad b=1-\frac{\sqrt{3}}{2} \tag{10-2}$$

各边中点的修匀应力可以由相邻角点的修匀应力取平均值而得到.

函数 Jstres 的程序中用到的变量有:

trans[4][4]——应力平滑矩阵数组;

strsm[4][3]——单元角结点应力数组;

nea[MJ]——各结点的相关单元数数组;

strsj[MJ][3]——结构结点应力数组.

函数 Jstres 的源程序:

```
void Jstres(float strsj[MJ][3],float strsg[][NGS*NGS][3])
```

```
{int i,j,ie,ic,js,kg,nc,nsta,nmid,nea[MJ];
    float strsm[4][3],trans[4][4],a,b,sm;

    a = 1.0 + sqrt(3)/2.0; b = 1.0 - sqrt(3)/2.0;      确定应力平滑矩阵
    trans[0][0] = a; trans[0][1] = -0.5; trans[0][2] = -0.5; trans[0][3] = b;
    trans[1][0] = -0.5; trans[1][1] = b; trans[1][2] = a; trans[1][3] = -0.5;
trans[2][0] = b; trans[2][1] = -0.5; trans[2][2] = -0.5; trans[2][3] = a;
trans[3][0] = -0.5; trans[3][1] = a; trans[3][2] = b; trans[3][3] = -0.5;

for(i = 1;i< = NJ;i + + )
  {nea[i-1] = 0;
    for(j = 1;j< = 3;j + + )
      strsj[i-1][j-1] = 0.0;
  }
nc = 4;
for(ie = 1;ie< = NE8;ie + + )                            单元循环
  {for(ic = 1;ic< = nc;ic + + )                           计算单元角点应力
    for(js = 1;js< = 3;js + + )
      {strsm[ic-1][js-1] = 0.0;
        for(kg = 1;kg< = 4;kg + + )
          strsm[ic-1][js-1] + = trans[ic-1][kg-1] * strsg[ie-1][kg-1][js-1];
    }
    for(ic = 1;ic< = nc;ic + + )                         单元角点循环
  {nsta = IA8[ie-1][2 * (ic - 1)];
    nmid - IA8[ie-1][2 * (ic - 1) + 1];
    for(js = 1;js< = 3;js + + )
    {strsj[nsta-1][js-1] + = strsm[ic-1][js-1];      角点应力装入结点应力数组
        if(ic == 4)                                      计算单元边缘中结点应力
          sm = 0.5 * (strsm[ic-1][js-1] + strsm[0][js-1]);
        else
          sm = 0.5 * (strsm[ic-1][js-1] + strsm[ic][js-1]);
        strsj[nmid-1][js-1] + = sm;
      }
        nea[nsta-1] ++ ;                                 累积结点相关单元数
      nea[nmid-1] ++ ;
    }
}
for(i = 1;i< = NJ;i + + )                              计算绕结点平均应力
```

```
    for(js = 1;js< = 3;js + + )
      strsj[i-1][js-1]/ = nea[i-1];
}
```

计算应力和输出结果的函数 Result 的内容与 10.2.1 节中的 Result 函数略有不同，它用来输出结点位移，调用函数 Gstres 和 Jstres 计算并输出单元高斯点上的应力和结点应力. Result 函数的源程序如下，其中出现的主要变量已在前面陆续介绍过：

```
void Result(float x[])
  {int i,j,ie,kg;
    float strsj[MJ][3],strsg[ME8][NGS * NGS][3],gpxy[ME8][NGS * NGS][2];
    char outfile[40];
    FILE * fout;

    printf("Enter the outfile name\n");                  提示键入输出文件名
    scanf(" % s",&outfile);                              屏幕读入输出文件名
    if((fout = fopen(outfile,"w")) = = NULL)             打开输出数据文件
      {printf("Can't creat the 'outfile'\n");
      exit(0);
      }

    fprintf(fout,"Nodal displacements:\n");              输出结点位移
    fprintf(fout,"   i          x                 y                 Ux
    Uy\n");
    for(i = 1;i< = NJ;i + + )
      {fprintf(fout,"\n");
      fprintf(fout," % 3d % 9.3f % 9.3f",i,XY[i-1][0],XY[i-1][1]);
      for(j = 0;j<NFJ;j + + )
      fprintf(fout," % 11.5f",x[(i - 1) * NFJ + j]);
      }
    Gstres(x,gpxy,strsg);                                计算并输出单元高斯点应力及坐标
    fprintf(fout,"\n");
    fprintf(fout,"Element stresses on gauss points:\n");
           fprintf(fout,"   i        x                 y             sigmax
       sigmay           torxy\n");
    for(ie = 1;ie< = NE8;ie + + )
      {fprintf(fout," % 4d\n",ie);
      for(kg = 1;kg< = NGS * NGS;kg + + )
        {fprintf(fout," % 3d",kg);
```

```
        for(j = 1;j< = 2;j + + )
          fprintf(fout," % 9.3f",gpxy[ie-1][kg-1][j-1]);
        for(j = 1;j< = 3;j + + )
          fprintf(fout," % 10.4f",strsg[ie-1][kg-1][j-1]);
        fprintf(fout,"\n");
      }
    }
  switch(NGS)
    {case 2:
      Jstres(strsj,strsg);                  对 2×2 高斯积分,计算并输出结点应力
      fprintf(fout,"\n");
      fprintf(fout,"Stresses on nodes:\n");
          fprintf(fout,"   i          x                  y              sigmax
                 sigmay             torxy\n");
      for(i = 1;i< = NJ;i + + )
        {fprintf(fout,"\n");
        fprintf(fout," % 3d % 9.3f % 9.3f",i,XY[i-1][0],XY[i-1][1]);
        for(j = 1;j< = 3;j + + )
          fprintf(fout," % 10.4f",strsj[i-1][j-1]);
        }
      case 3: break;
    }
  fclose(fout);
}
```

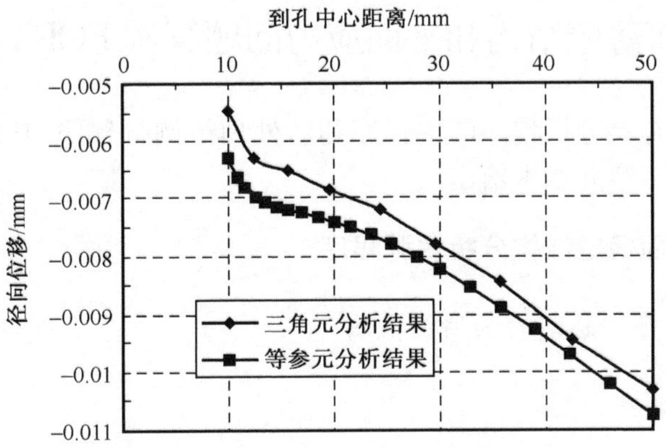

图 10-2　带孔板沿 Y 轴截面的径向位移

平面应力问题采用八结点等参元离散化和因子化法求解的主函数程序和 10.2.1 节用常应变三角元时的主函数程序几乎一致，只要将后者和常应变元相关的变量名和函数名略作改动，譬如，将 NJE3、NE3、IA3、ek3[6][6]、Estif3、Load3 相应地改作 NJE8、NE8、IA8、ek8[16][16]、Estif8、Load8. 此外，还需要在适当的地方调用 Gaussq 函数，生成高斯积分中需要的高斯点位置坐标和加权系数数组. 作为练习，请读者自己编写这个主函数.

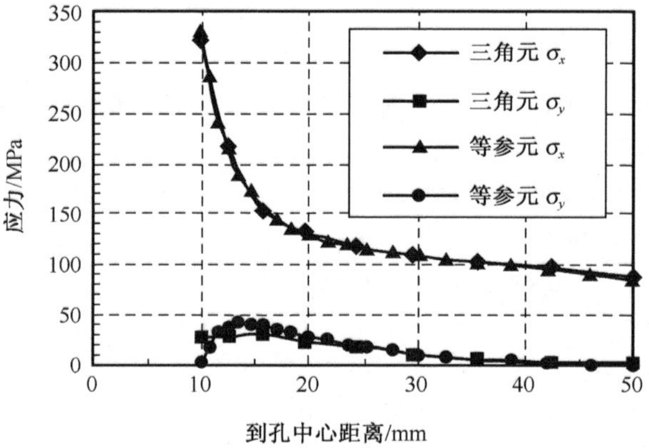

图 10-3 带孔板沿 Y 轴截面的应力

带孔板平面应力问题的计算结果放在输出数据文件中，参见本章附录 B-4. 图 10-2 和图 10-3 分别给出了最薄弱截面(沿 Y 轴)上的位移和应力分布，可见用两种单元离散化所得的结果吻合得很好. 等参元本身计算精度较高，且能适应孔边曲线边界，结果应更合理.

§10.3 平面薄壁结构和平面应力问题算例 FORTRAN 源程序

本节只提供有关分析程序的主程序和后处理子例行程序. 其他需调用的子程序已分别在第七～第九章中给出.

10.3.1 平面薄壁结构分析用源程序

1. 采用整体存储总刚的高斯消去法

主程序：

```
PROGRAM MAIN
CHARACTER * 30 INFILE
REAL K
```

```
      DIMENSION NOPNT(20),NOFIX(20),INFOC(20,3),JAD(16),X(100),
     #     PLOAD(20,3),PRESC(20,3),EK1(4,4),EK2(6,6),EK4(8,8)
      COMMON /LIMT/ME1,ME2,ME4,MJ
      COMMON /CTRL/NE1,NE2,NE4,NJE1,NJE2,NJE4,NJ,NCJ,NPJ,NFJ
      COMMON /TOPL/IA1(20,2),IA2(20,2),IA4(20,4),XY(40,2)
      COMMON /STIF/K(100,101)
      COMMON /C/PROPS(5,3)
      COMMON /C1/MATNO1(20)/C2/MATNO2(20)/C4/MATNO4(20),AREA,R(8)

      ME1 = 20
      ME2 = 20
      ME4 = 20
      MJ = 40
      NJE1 = 2
      NJE2 = 2
      NJE4 = 4
      NFJ = 3
      NPROP = 3
      WRITE( * , * ) 'PLEASE ENTER DATA FILE NAME:'
      READ( * ,'(A)') INFILE
      OPEN(1,FILE = INFILE,STATUS = 'OLD')
      READ(1, * ) NE1,NE2,NE4,NJ
      READ(1, * ) ((IA1(I,J),J = 1,NJE1),I = 1,NE1)
      READ(1, * ) ((IA2(I,J),J = 1,NJE2),I = 1,NE2)
      READ(1, * ) ((IA4(I,J),J = 1,NJE4),I = 1,NE4)
      READ(1, * ) ( XY(I,1),XY(I,2),I = 1,NJ)
      READ(1, * ) NMATS
      READ(1, * ) ((PROPS(I,J),J = 1,NPROP),I = 1,NMATS)
      READ(1, * ) (MATNO1(I),I = 1,NE1)
      READ(1, * ) (MATNO2(I),I = 1,NE2)
      READ(1, * ) (MATNO4(I),I = 1,NE4)
      READ(1, * ) NCJ
      READ(1, * ) (NOFIX(I),I = 1,NCJ)
      READ(1, * ) ((INFOC(I,J),J = 1,NFJ),I = 1,NCJ)
      READ(1, * ) ((PRESC(I,J),J = 1,NFJ),I = 1,NCJ)
      READ(1, * ) NPJ
      READ(1, * ) (NOPNT(I),I = 1,NPJ)
      READ(1, * ) ((PLOAD(I,J),J = 1,NFJ),I = 1,NPJ)
```

```
CLOSE(1)

NTF = NJ * NFJ
DO II = 1,NTF
  X(II) = 0.0
  DO JJ = 1,NTF + 1
    K(II,JJ) = 0.0
  END DO
END DO
DO IE = 1,NE1
  CALL ESTIF1(IE,EK1)
  CALL EAD(IE,ME1,NFJ,NJE1,2,JAD,IA1)
  CALL FORK(4,JAD,EK1)
END DO
DO IE = 1,NE2
  CALL ESTIF2(IE,EK2)
  CALL EAD(IE,ME2,NFJ,NJE2,3,JAD,IA2)
  CALL FORK(6,JAD,EK2)
END DO
DO IE = 1,NE4
  CALL ESTIF4(IE,EK4)
  CALL EAD(IE,ME4,NFJ,NJE4,2,JAD,IA4)
  CALL FORK(8,JAD,EK4)
END DO
DO I = 1,NPJ
  DO J = 1,3
    II = (NOPNT(I) - 1) * 3 + J
    K(II,NTF + 1) = PLOAD(I,J)
  END DO
END DO
DO I = 1,NCJ
  DO J = 1,3
    II = (NOFIX(I) - 1) * 3 + J
    JJ = INFOC(I,J)
    IF(JJ.NE.0)THEN
        K(II,II) = K(II,II) * 10E18
        K(II,NTF + 1) = K(II,II) * PRESC(I,J)
    ENDIF
```

```
  END DO
END DO
K(15,15) = 10E18
K(24,24) = 10E18
CALL GS(NTF,X)
CALL RESULT(X)
END
```

内力计算和结果输出子例行程序：

```
SUBROUTINE RESULT(X)
CHARACTER * 30 OUTFILE
DIMENSION X(100),EK1(4,4),EK2(6,6),EK4(8,8)
DIMENSION D1(4),D2(6),D4(8),P1(4),P2(6),P4(8)
COMMON /CTRL/NE1,NE2,NE4,NJE1,NJE2,NJE4,NJ,NCJ,NPJ,NFJ
COMMON /TOPL/IA1(20,2),IA2(20,2),IA4(20,4),XY(40,2)
COMMON /C/PROPS(5,3)/C4/MATNO4(20),AREA,R(8)

WRITE( * , * )  'ENTER THE OUTFILE NAME:'
READ( * ,'(A)') OUTFILE
OPEN(2,FILE = OUTFILE,STATUS = 'UNKNOWN')
WRITE(2, * )  'NODAL DISPLACEMENTS:'
WRITE(2, * )  '                    UX            UY            UXY'
DO I = 1,NJ
  WRITE(2,'(1X,I3,2X,3F11.5)') I, (X((I-1) * 3 + J),J = 1,NFJ)
END DO
WRITE(2, * )  'NODAL FORCES ON BAR ELEMENTS:'
WRITE(2, * )
'PXI              PYI              PXJ              PYJ'
DO IE = 1,NE1
  CALL ESTIF1(IE,EK1)
  I = IA1(IE,1)
  D1(1) = X((I-1) * 3 + 1)
  D1(2) = X((I-1) * 3 + 2)
  I = IA1(IE,2)
  D1(3) = X((I-1) * 3 + 1)
  D1(4) = X((I-1) * 3 + 2)
  DO I = 1,4
    P1(I) = 0.
    DO J = 1,4
```

```
          P1(I) = P1(I) + EK1(I,J) * D1(J)
        END DO
      END DO
      WRITE(2,'(1X,I3,4F11.3)') IE,(P1(I),I = 1,4)
      END DO
    WRITE(2, * )  'NODAL FORCES ON BEAM ELEMENTS:'
    WRITE(2,1)
1 FORMAT(12X,'PXI',8X,'PYI',8X,'MI',9X,'PXJ',8X,'PYJ',8X,'MJ')
    DO IE = 1,NE2
      CALL ESTIF2(IE,EK2)
      I = IA2(IE,1)
      D2(1) = X((I - 1) * 3 + 1)
      D2(2) = X((I - 1) * 3 + 2)
      D2(3) = X((I - 1) * 3 + 3)
      I = IA2(IE,2)
      D2(4) = X((I - 1) * 3 + 1)
      D2(5) = X((I - 1) * 3 + 2)
      D2(6) = X((I - 1) * 3 + 3)
      DO I = 1,6
        P2(I) = 0.
        DO J = 1,6
          P2(I) = P2(I) + EK2(I,J) * D2(J)
        END DO
    END DO
    WRITE(2,'(1X,I3,6F11.3)') IE,(P2(I),I = 1,6)
END DO

    WRITE(2, * )
#   'SHEAR STRESS AND NODAL FORCES ON SHEAR-ONLY PLATE ELEMENTS:
'WRITE(2,2)
2 FORMAT(9X,'STR',7X,'PXI',7X,'PYI',7X,'PXJ',7X,'PYJ',7X,'PXM',
#   7X,'PYM',7X,'PXN',7X,'PYN')
      DO IE = 1,NE4
        CALL ESTIF4(IE,EK4)
          I = IA4(IE,1)
        D4(1) = X((I - 1) * 3 + 1)
        D4(2) = X((I - 1) * 3 + 2)
        I = IA4(IE,2)
```

```
   D4(3) = X((I - 1) * 3 + 1)
   D4(4) = X((I - 1) * 3 + 2)
   I = IA4(IE,3)
   D4(5) = X((I - 1) * 3 + 1)
   D4(6) = X((I - 1) * 3 + 2)
   I = IA4(IE,4)
   D4(7) = X((I - 1) * 3 + 1)
   D4(8) = X((I - 1) * 3 + 2)
   LMAT = MATNO4(IE)
   G4 = PROPS(LMAT,1)
   TAU = 0.
   DO I = 1,8
     TAU = TAU + R(I) * D4(I)
   END DO
   TAU = TAU * 0.5 * G4/AREA
   DO I = 1,8
     P4(I) = 0.
     DO J = 1,8
       P4(I) = P4(I) + EK4(I,J) * D4(J)
     END DO
 END DO
 WRITE(2,'(1X,I3,F9.3,8F10.3)') IE,TAU,(P4(I),I = 1,8)
 END DO
 CLOSE(2)
 END
```

2. 采用一维总刚的因子化法

内力计算和输出结果子例行程序 RESULT 与 10.3.1 小节的 1 中相同.

主程序：

```
 PROGRAM MAIN
 CHARACTER * 30 INFILE
 DIMENSION NOPNT(20),NOFIX(20),INFOC(20,3),A(8000),X(100),
#    PLOAD(20,3),PRESC(20,3),EK1(4,4),EK2(6,6),EK4(8,8)
 COMMON /LIMT/ME1,ME2,ME4,MJ
 COMMON /CTRL/NE1,NE2,NE4,NJE1,NJE2,NJE4,NJ,NCJ,NPJ,NFJ
 COMMON /TOPL/IA1(20,2),IA2(20,2),IA4(20,4),XY(40,2)
 COMMON /ADDR/IAD(100)
 COMMON /C/PROPS(5,3)
```

```
COMMON /C1/MATNO1(20)/C2/MATNO2(20)/C4/MATNO4(20),AREA,R(8)
ME1 = 20
ME2 = 20
ME4 = 20
MJ = 40
NJE1 = 2
NJE2 = 2
NJE4 = 4
NFJ = 3
NPROP = 3
WRITE( * , * )  'PLEASE ENTER DATA FILE NAME:'
READ( * ,'(A)') INFILE
OPEN(1,FILE = INFILE,STATUS = 'OLD')
READ(1, * ) NE1,NE2,NE4,NJ
READ(1, * ) ((IA1(I,J),J = 1,NJE1),I = 1,NE1)
READ(1, * ) ((IA2(I,J),J = 1,NJE2),I = 1,NE2)
READ(1, * ) ((IA4(I,J),J = 1,NJE4),I = 1,NE4)
READ(1, * ) (XY(I,1),XY(I,2),I = 1,NJ)
READ(1, * ) NMATS
READ(1, * ) ((PROPS(I,J),J = 1,NPROP),I = 1,NMATS)
READ(1, * ) (MATNO1(I),I = 1,NE1)
READ(1, * ) (MATNO2(I),I = 1,NE2)
READ(1, * ) (MATNO4(I),I = 1,NE4)
READ(1, * ) NCJ
READ(1, * ) (NOFIX(I),I = 1,NCJ)
READ(1, * ) ((INFOC(I,J),J = 1,NFJ),I = 1,NCJ)
READ(1, * ) ((PRESC(I,J),J = 1,NFJ),I = 1,NCJ)
READ(1, * ) NPJ
READ(1, * ) (NOPNT(I),I = 1,NPJ)
READ(1, * ) ((PLOAD(I,J),J = 1,NFJ),I = 1,NPJ)
CLOSE(1)
NTF = NJ * NFJ
DO II = 1,NTF
  IAD(II) = 0
  X(II) = 0
END DO
DO II = 1,8000
  A(II) = 0.0
```

```
END DO
CALL FORAD(NE1,ME1,NFJ,NJE1,2,IA1)
CALL FORAD(NE2,ME2,NFJ,NJE2,3,IA2)
CALL FORAD(NE4,ME4,NFJ,NJE4,2,IA4)
IAD(1) = 1
DO I = 2,NTF
  IAD(I) = IAD(I) + IAD(I - 1) + 1
END DO
DO IE = 1,NE1
  CALL ESTIF1(IE,EK1)
  CALL FORA(IE,8000,ME1,4,NFJ,NJE1,2,IA1,EK1,A)
END DO
DO IE = 1,NE2
  CALL ESTIF2(IE,EK2)
  CALL FORA(IE,8000,ME2,6,NFJ,NJE2,3,IA2,EK2,A)
END DO
DO IE = 1,NE4
  CALL ESTIF4(IE,EK4)
  CALL FORA(IE,8000,ME4,8,NFJ,NJE4,2,IA4,EK4,A)
END DO
DO I = 1,NPJ
  DO J = 1,NFJ
    II = (NOPNT(I) - 1) * NFJ + J
    X(II) = PLOAD(I,J)
  END DO
END DO
DO I = 1,NCJ
  DO J = 1,NFJ
    II = (NOFIX(I) - 1) * NFJ + J
    JJ = INFOC(I,J)
    IF(JJ.NE.0) THEN
      KK = IAD(II)
      A(KK) = A(KK) * 10E18
      X(II) = A(KK) * PRESC(I,J)
    END IF
  END DO
END DO
A(IAD(15)) = 10E18
```

```
A(IAD(24)) = 10E18
CALL LDLT(NTF,8000,A,X)
CALL RESULT(X)
END
```

10.3.2 平面应力问题用常应变三角元离散化时源程序

数据输入子例行程序：

```
 SUBROUTINE INPUT(NOFIX,INFOC,PRESC,NOPNT,PLOAD,NOPRS,PRESS)
 DIMENSION NOPNT(100),NOFIX(100),INFOC(100,2),PLOAD(100,2),
#     PRESC(100,2),NOPRS(100),PRESS(100,2)
 CHARACTER * 30 INFILE
 COMMON /CTRL/NE3,NJE3,NJ,NCJ,NPJ,NFJ,NEDGE,IPLOD,IEDGE,NPROP
 COMMON /TOPL/IA3(200,3),XY(500,2)
 COMMON /C3/PROPS(5,3),MATNO3(200)
 WRITE( * , * )  'PLEASE ENTER DATA FILE NAME:'
 READ( * ,'(A)') INFILE
 OPEN(1,FILE = INFILE,STATUS = 'OLD')
 READ(1, * ) NE3,NJ,IPLOD,IEDGE
 READ(1, * ) ((IA3(I,J),J = 1,NJE3),I = 1,NE3)
 READ(1, * ) (XY(I,1),XY(I,2),I = 1,NJ)
 READ(1, * ) NMATS
 READ(1, * ) ((PROPS(I,J),J = 1,NPROP),I = 1,NMATS)
 READ(1, * ) (MATNO3(I),I = 1,NE3)
 READ(1, * ) NCJ
 READ(1, * ) (NOFIX(I),I = 1,NCJ)
 READ(1, * ) ((INFOC(I,J),J = 1,NFJ),I = 1,NCJ)
 READ(1, * ) ((PRESC(I,J),J = 1,NFJ),I = 1,NCJ)
 IF(IPLOD.GT.0) THEN
   READ(1, * ) NPJ
   READ(1, * ) (NOPNT(I),I = 1,NPJ)
   READ(1, * ) ((PLOAD(I,J),J = 1,NFJ),I = 1,NPJ)
 END IF
 IF(IEDGE.GT.0) THEN
   READ(1, * ) NEDGE,NJEDG
   READ(1, * ) (NOPRS(I),I = 1,NEDGE * NJEDG)
   READ(1, * ) ((PRESS(I,J),J = 1,2),I = 1,NEDGE * NJEDG)
 END IF
 CLOSE(1)
```

```
END
```

内力计算和结果输出子例行程序：

```
SUBROUTINE RESULT(X)
DIMENSION X(1000),SE(3,6),D3(6),SEL(200,3)
COMMON /CTRL/NE3,NJE3,NJ,NCJ,NPJ,NFJ,NEDGE,IPLOD,IEDGE,NPROP
COMMON /TOPL/IA3(200,3),XY(500,2)
CHARACTER * 30 OUTFILE
WRITE( * , * ) 'ENTER THE OUTFILE NAME:'
READ( * ,'(A)') OUTFILE
OPEN(2,FILE = OUTFILE,STATUS = 'UNKNOWN')
WRITE(2, * ) 'NODAL DISPLACEMENTS:'
WRITE(2, * )  'I          X                    Y               UX               UY'
DO I = 1,NJ
  WRITE(2,'(I3,2F9.3\)') I,XY(I,1),XY(I,2)
  WRITE(2,'(2F11.5)') (X((I - 1) * NFJ + J),J = 1,NFJ)
END DO
WRITE(2, * )
WRITE(2, * )  'ELEMENT STRESSES:'
WRITE(2, * )  'IE             SIGMAX             SIGMAY                TORXY'
DO IE = 1,NE3
  CALL SMAT3(IE,SE)
  DO J = 1,NJE3
    I = IA3(IE,J)
    D3(2 * J - 1) = X(2 * I - 1)
    D3(2 * J) - X(2 * I)
    END DO
    DO I = 1,3
    SEL(IE,I) = 0.
    DO J = 1,6
      SEL(IE,I) = SEL(IE,I) + SE(I,J) * D3(J)
    END DO
  END DO
  WRITE(2,'(I4,3F11.3)') IE,(SEL(IE,I),I = 1,3)
END DO
WRITE(2, * )
WRITE(2, * ) 'STRESSES ON NODES:'
WRITE ( 2,  * )  ' I             X                   Y               SIGMAX          SIG-
MAY            TORXY'
```

```
DO I = 1,NJ
  NUM = 0
  SX = 0.
  SY = 0.
  SXY = 0.
  DO J = 1,NE3
    IF(IA3(J,1).EQ.I.OR.IA3(J,2).EQ.I.OR.IA3(J,3).EQ.I) THEN
      SX = SX + SEL(J,1)
      SY = SY + SEL(J,2)
      SXY = SXY + SEL(J,3)
      NUM = NUM + 1
    END IF
  END DO
  SX = SX/NUM
  SY = SY/NUM
  SXY = SXY/NUM
  WRITE(2,'(I3,2F9.3,3F10.3)') I,XY(I,1),XY(I,2),SX,SY,SXY
END DO
CLOSE(2)
END
```

主程序：

```
 PROGRAM MAIN
 PARAMETER (ME3 = 200,MJ = 500,MMATS = 5,MLEN = 10000)
 PARAMETER (MCJ = 100,MPJ = 100,MPRJ = 100)
 DIMENSION NOFIX(MCJ),INFOC(MCJ,2),PRESC(MCJ,2),NOPNT(MPJ),
#     PLOAD(MPJ,2),NOPRS(MPRJ),PRESS(MPRJ,2)
 DIMENSION EK3(6,6),A(MLEN),X(MJ * 2)
 COMMON /CTRL/NE3,NJE3,NJ,NCJ,NPJ,NFJ,NEDGE,IPLOD,IEDGE,NPROP
 COMMON /TOPL/IA3(ME3,3),XY(MJ,2)
 COMMON /C3/PROPS(MMATS,3),MATNO3(ME3)
 COMMON /ADDR/IAD(MJ * 2)
 NJE3 = 3
 NFJ = 2
 NPROP = 3
 CALL INPUT(NOFIX,INFOC,PRESC,NOPNT,PLOAD,NOPRS,PRESS)
 NTF = NJ * NFJ
 DO I = 1,NTF
   IAD(I) = 0
```

```
  X(I) = 0
END DO
DO I = 1,MLEN
  A(I) = 0.0
END DO
CALL FORAD(NE3,ME3,NFJ,NJE3,2,IA3)
IAD(1) = 1
DO I = 2,NTF
  IAD(I) = IAD(I) + IAD(I - 1) + 1
END DO
LEN = IAD(NTF)
WRITE( * ,'("THE LENGTH OF ARRAY A IS",I5)') LEN
IF(LEN.GT.MLEN) THEN
  WRITE( * , * ) 'THE LENGTH OF ARRAY "A" EXCEEDS LIMIT!'
  WRITE( * ,'("SET THE LENGTH LIMIT FROM",I,
#      " TO GREAT THAN",I)') MLEN,LEN
  STOP '!!!'
END IF
DO IE = 1,NE3
  CALL ESTIF3(IE,EK3)
  CALL FORA(IE,MLEN,ME3,6,NFJ,NJE3,2,IA3,EK3,A)
END DO
CALL LOAD3(NOPRS,PRESS,NOPNT,PLOAD,X)
DO I = 1,NCJ
  DO J = 1,NFJ
    II = (NOFIX(I) - 1) * NFJ + J
    JJ = INFOC(I,J)
    IF(JJ.NE.0) THEN
      KK = IAD(II)
      A(KK) = A(KK) * 10E18
      X(II) = A(KK) * PRESC(I,J)
      END IF
    END DO
END DO
CALL LDLT(NTF,MLEN,A,X)
CALL RESULT(X)
END
```

10.3.3　平面应力问题用八结点等参元离散化时源程序

数据输入子例行程序：

```
SUBROUTINE INPUT(NOFIX,INFOC,PRESC,NOPNT,PLOAD,NOPRS,PRESS)
DIMENSION NOPNT(100),NOFIX(100),INFOC(100,2),PLOAD(100,2),
#     PRESC(100,2),NOPRS(100),PRESS(100,2)
CHARACTER * 30 INFILE
COMMON /CTRL/NGS,NE8,NJE8,NJ,NCJ,NPJ,NFJ,NEDGE,IPLOD,IEDGE,NPROP
COMMON /TOPL/IA8(200,8),XY(500,2)
COMMON /C3/PROPS(5,3),MATNO8(200)
WRITE( * , * ) 'PLEASE ENTER DATA FILE NAME:'
READ( * ,'(A)') INFILE
OPEN(1,FILE = INFILE,STATUS = 'OLD')
READ(1, * ) NE8,NJ,IPLOD,IEDGE
READ(1, * ) ((IA8(I,J),J = 1,NJE8),I = 1,NE8)
READ(1, * ) (XY(I,1),XY(I,2),I = 1,NJ)
READ(1, * ) NMATS
READ(1, * ) ((PROPS(I,J),J = 1,NPROP),I = 1,NMATS)
READ(1, * ) (MATNO8(I),I = 1,NE8)
READ(1, * ) NCJ
READ(1, * ) (NOFIX(I),I = 1,NCJ)
READ(1, * ) ((INFOC(I,J),J = 1,NFJ),I = 1,NCJ)
READ(1, * ) ((PRESC(I,J),J = 1,NFJ),I = 1,NCJ)
IF(IPLOD.GT.0) THEN
  READ(1, * ) NPJ
  READ(1, * ) (NOPNT(I),I = 1,NPJ)
  READ(1, * ) ((PLOAD(I,J),J = 1,NFJ),I = 1,NPJ)
END IF
IF(IEDGE.GT.0) THEN
  READ(1, * ) NEDGE,NJEDG
  READ(1, * ) (NOPRS(I),I = 1,NEDGE * NJEDG)
  READ(1, * ) ((PRESS(I,J),J = 1,2),I = 1,NEDGE * NJEDG)
END IF
CLOSE(1)
END
```

高斯点应力计算子例行程序：

```
SUBROUTINE GSTRES(X,GPXY,STRSG)
REAL JACOBI
```

```
DIMENSION X(1000),GPXY(200,9,2),STRSG(200,9,3),ELDIS(2,8),
#     ELCOD(2,8),GPCOD(2),GPSTR(3),SE(3,16),SHAPF(8),
#     BMATX(3,16),DERIV(2,8),CARTD(2,8)
COMMON /CTRL/NGS,NE8,NJE8,NJ,NCJ,NPJ,NFJ,NEDGE,IPLOD,IEDGE,NPROP
COMMON /TOPL/IA8(200,8),XY(500,2)
COMMON /GSP/POSGP(3),WEIGP(3)
DO IE = 1,NE8
  DO I = 1,NJE8
    LNODE = IA8(IE,I)
    NPOSN = (LNODE - 1) * NFJ
    DO J = 1,NFJ
      ELCOD(J,I) = XY(LNODE,J)
      NPOSN = NPOSN + 1
      ELDIS(J,I) = X(NPOSN)
    END DO
  END DO
  KGASP = 0
  DO I = 1,NGS
    DO J = 1,NGS
      KGASP = KGASP + 1
      EXISP = POSGP(I)
      ETASP = POSGP(J)
      CALL SFR(EXISP,ETASP,SHAPF,DERIV)
      DJACB = JACOBI(ELCOD,GPCOD,CARTD,SHAPF,DERIV)
      CALL BMAT(BMATX,CARTD)
      CALL SMAT8(IE,SE,BMATX)
      DO K = 1,3
        GPSTR(K) = 0.0
        KEVAB = 0
        DO II = 1,NJE8
          DO JJ = 1,NFJ
            KEVAB = KEVAB + 1
            GPSTR(K) = GPSTR(K) + SE(K,KEVAB) * ELDIS(JJ,II)
          END DO
        END DO
        STRSG(IE,KGASP,K) = GPSTR(K)
      END DO
      DO K = 1,2
```

```
          GPXY(IE,KGASP,K) = GPCOD(K)
        END DO
      END DO
    END DO
  END DO
  END
```

结点应力计算子例行程序：

```
  SUBROUTINE JSTRES(STRSJ,STRSG)
  PARAMETER (A = 1.866025404, B = 0.133974596)
  DIMENSION STRSJ(500,3),STRSG(200,9,3),
#     NEA(500),STRSM(4,3),TRANS(4,4)
  COMMON /CTRL/NGS,NE8,NJE8,NJ,NCJ,NPJ,NFJ,NEDGE,IPLOD,IEDGE,NPROP
  COMMON /TOPL/IA8(200,8),XY(500,2)
  DATA TRANS/A, - 0.5,B, - 0.5, - 0.5,B, - 0.5,A, - 0.5,A, - 0.5,B,
#     B, - 0.5,A, - 0.5/
  DO I = 1,NJ
    NEA(I) = 0
    DO J = 1,3
      STRSJ(I,J) = 0.0
    END DO
  END DO
  NC = 4
  DO IE = 1,NE8
    DO IC = 1,NC
      DO JS = 1,3
        STRSM(IC,JS) = 0.0
        DO KG = 1,4
          STRSM(IC,JS) = STRSM(IC,JS) + TRANS(IC,KG) * STRSG(IE,KG,JS)
        END DO
      END DO
    END DO
    DO IC = 1,NC
      NSTA = IA8(IE,2 * IC - 1)
      NMID = IA8(IE,2 * IC)
      DO JS = 1,3
        STRSJ(NSTA,JS) = STRSJ(NSTA,JS) + STRSM(IC,JS)
        IF(IC.EQ.4) THEN
          SM = 0.5 * (STRSM(IC,JS) + STRSM(1,JS))
```

```
            ELSE
              SM = 0.5 * (STRSM(IC,JS) + STRSM(IC + 1,JS))
            END IF
            STRSJ(NMID,JS) = STRSJ(NMID,JS) + SM
          END DO
          NEA(NSTA) = NEA(NSTA) + 1
          NEA(NMID) = NEA(NMID) + 1
        END DO
      END DO
      DO I = 1,NJ
        DO JS = 1,3
          STRSJ(I,JS) = STRSJ(I,JS)/NEA(I)
        END DO
      END DO
      END
```

内力计算和结果输出子例行程序：

```
      SUBROUTINE RESULT(X)
      DIMENSION X(1000),STRSJ(500,3),STRSG(200,9,3),GPXY(200,9,2)
      COMMON /CTRL/NGS,NE8,NJE8,NJ,NCJ,NPJ,NFJ,NEDGE,IPLOD,IEDGE,NPROP
      COMMON /TOPL/IA8(200,8),XY(500,2)
      CHARACTER * 30 OUTFILE
      WRITE( * , * )  'ENTER THE OUTFILE NAME:'
      READ( * ,'(A)') OUTFILE
      OPEN(2,FILE = OUTFILE,STATUS = 'UNKNOWN')
      WRITE(2, * )'NODAL DISPLACEMENTS:'
      WRITE(2, * )  'I            X                    Y                UX                UY'
      DO I = 1,NJ
        WRITE(2,'(I3,2F9.3\)') I,XY(I,1),XY(I,2)
        WRITE(2,'(2F11.5)') (X((I - 1) * NFJ + J),J = 1,NFJ)
      END DO
      CALL GSTRES(X,GPXY,STRSG)
      WRITE(2, * )
      WRITE(2, * ) 'ELEMENT STRESSES ON GAUSS POINTS:'
      WRITE(2, * ) '    I            X                Y              SIGMAX        SIGMAY            -
TORXY'
      DO IE = 1,NE8
        WRITE(2,'(I4)') IE
        DO KG = 1,NGS * NGS
```

```
      WRITE(2,'(I3,2F9.3,3F10.4)') KG,(GPXY(IE,KG,I),I=1,2),
   #     (STRSG(IE,KG,I),I=1,3)
    END DO
  END DO
  IF(NGS.EQ.2) THEN
    CALL JSTRES(STRSJ,STRSG)
    WRITE(2,*)
    WRITE(2,*) 'STRESSES ON NODES:'
    WRITE(2,*) '  I         X          Y          SIGMAX     SIGMAY     TORXY'
    DO I=1,NJ
      WRITE(2,'(I3,2F9.3,3F10.4)')
   #     I,XY(I,1),XY(I,2),(STRSJ(I,J),J=1,3)
    END DO
  END IF
  CLOSE(2)
  END
```

主程序：

```
  PROGRAM MAIN
  PARAMETER (ME8=200,MJ=500,MMATS=5,MLEN=60000)
  PARAMETER (MCJ=100,MPJ=100,MPRJ=100)
  DIMENSION NOFIX(MCJ),INFOC(MCJ,2),PRESC(MCJ,2),NOPNT(MPJ),
   #     PLOAD(MPJ,2),NOPRS(MPRJ),PRESS(MPRJ,2)
  DIMENSION EK8(16,16),A(MLEN),X(MJ*2)
  COMMON /CTRL/NGS,NE8,NJE8,NJ,NCJ,NPJ,NFJ,NEDGE,IPLOD,IEDGE,NPROP
  COMMON /TOPL/IA8(ME8,8),XY(MJ,2)
  COMMON /C3/PROPS(MMATS,3),MATNO8(ME8)
  COMMON /GSP/POSGP(3),WEIGP(3)
  COMMON /ADDR/IAD(MJ*2)
  NJE8=8
  NFJ=2
  NGS=2
  NPROP=3
  CALL INPUT(NOFIX,INFOC,PRESC,NOPNT,PLOAD,NOPRS,PRESS)
  NTF=NJ*NFJ
  DO I=1,NTF
    IAD(I)=0
    X(I)=0.0
  END DO
```

```
      DO I = 1,MLEN
        A(I) = 0.0
      END DO
      CALL FORAD(NE8,ME8,NFJ,NJE8,2,IA8)
      IAD(1) = 1
      DO I = 2,NTF
        IAD(I) = IAD(I) + IAD(I - 1) + 1
      END DO
      LEN = IAD(NTF)
      WRITE( * ,'("THE LENGTH OF ARRAY A IS",I5)') LEN
      IF(LEN.GT.MLEN) THEN
          WRITE( * , * ) 'THE LENGTH OF ARRAY "A" EXCEEDS LIMIT!'
          WRITE( * ,'("SET THE LENGTH LIMIT FROM",I,
     #     "TO GREAT THAN",I)') MLEN,LEN
          STOP '!!!'
      END IF
      CALL GAUSSQ(NGS,POSGP,WEIGP)
      DO IE = 1,NE8
        CALL ESTIF8(IE,EK8)
        CALL FORA(IE,MLEN,ME8,16,NFJ,NJE8,2,IA8,EK8,A)
      END DO
      CALL LOAD8(NOPRS,PRESS,NOPNT,PLOAD,X)
      DO I = 1,NCJ
        DO J = 1,NFJ
          II = (NOFIX(I) - 1) * NFJ + J
          JJ = INFOC(I,J)
          IF(JJ.NE.0) THEN
              KK = IAD(II)
              A(KK) = A(KK) * 10E18
              X(II) = A(KK) * PRESC(I,J)
          END IF
        END DO
      END DO
      CALL LDLT(NTF,MLEN,A,X)
      CALL RESULT(X)
      END
```

附录 A 平面薄壁结构算例原始数据文件及计算结果

A-1 平面薄壁结构算例原始数据文件

说明:建立文件时只应该出现有关数据,打“ * ”号的行是为解释方便而增添的.所有数据用自由格式.

```
* NE1(杆元数) NE2(梁元数) NE4(板元数) NJ(结构结点数)
7 10 6 12
* IA1(杆元结点号)
4 5
5 6
7 8
8 9
2 5
5 8
8 11
* IA2(梁元结点号)
1 2
2 3
3 6
6 9
9 12
12 11
11 10
10 7
7 4
4 1
* IA4(板元结点号,逆时针顺序)
4 5 2 1
5 6 3 2
7 8 5 4
8 9 6 5
8 7 10 11
9 8 11 12
* XY(结点坐标)
200. 900.
400. 900.
```

```
600. 900.
0. 750.
400. 750.
800. 750.
0. 300.
400. 300.
800. 300.
100. 100.
400. 0.
700. 100.
* NMATS(材料种类数)
3
* PROPS(材料特性数据数组)
* e1(杆元弹性模量),f1(杆元截面积)
* e2(梁元弹性模量),f2(梁元截面积),aj2(梁元截面惯性矩)
* g4(板元剪切弹性模量),t4(板元厚度)
7000. 25. 0.
7000. 100. 800.
2700. 2. 0.
* MATNO1(杆元材料号数组)
1 1 1 1 1 1 1
* MATNO2(梁元材料号数组)
2 2 2 2 2 2 2 2 2 2
* MATNO4(剪切板元材料号数组)
3 3 3 3 3 3
* NCJ(约束结点数)
3
* nofix(约束结点)
10 11 12
* infoc(结点约束信息)
1 1 0
1 1 0
1 1 0
* presc(约束位移值)
0 0 0
0 0 0
0 0 0
* NPJ(受载结点数)
```

```
4
* nopnt(受载结点)
1 3 7 9
* pload(结点载荷值)
     0.   -500.    0.
     0.   -500.    0.
 -1000.     0.     0.
  1000.     0.     0.
```

A-2 平面薄壁结构算例计算结果

输出数据文件的内容：

Nodal displacements：

	Ux	Uy	Uxy
1	0.02117	-2.26884	-0.00242
2	0.00000	-2.12966	0.00000
3	-0.02118	-2.26884	0.00242
4	-0.84678	-0.76548	-0.00720
5	0.00000	-1.87365	0.00000
6	0.84677	-0.76547	0.00720
7	-1.11946	-0.70745	0.00562
8	0.00000	0.23358	0.00000
9	1.11945	-0.70745	-0.00562
10	0.00000	0.00000	0.00353
11	0.00000	0.00000	0.00000
12	0.00000	0.00000	-0.00353

Nodal forces on bar elements：

	Pxi	Pyi	Pxj	Pyj
1	-370.464	0.000	370.464	0.000
2	-370.464	0.000	370.464	0.000
3	-489.762	0.000	489.762	0.000
4	-489.761	0.000	489.761	0.000
5	0.000	-298.675	0.000	298.675
6	0.000	-819.476	0.000	819.476
7	0.000	136.253	0.000	-136.253

Nodal forces on beam elements：

	Pxi	Pyi	Mi	Pxj	Pyj	Mj
1	74.107	-3.199	-387.530	-74.107	3.199	-252.221
2	74.107	3.199	252.221	-74.107	-3.199	387.529

3	463.810	−350.662	−387.529	−463.810	350.662	−173.268
4	0.061	−90.259	173.268	−0.061	90.259	−145.733
5	−183.394	−370.747	145.733	183.394	370.747	250.210
6	−0.375	1.126	−250.210	0.375	−1.126	−125.105
7	−0.375	−1.126	125.105	0.375	1.126	250.210
8	−183.395	370.750	−250.210	183.395	−370.750	−145.733
9	0.061	90.261	145.733	−0.061	−90.261	−173.268
10	463.811	350.662	173.268	−463.811	−350.662	387.529

Shear stress and nodal forces on shear-only plate elements:

	str	Pxi	Pyi	Pxj	Pyj	Pxm	Pym	Pxn	Pyn
1	0.974	−194.852	−146.139	−389.704	146.139	194.852	146.139	389.704	−146.139
2	−0.974	389.704	146.139	194.852	−146.139	−389.704	−146.139	−194.852	146.139
3	0.254	−101.567	−114.263	−101.567	114.263	101.567	114.263	101.567	−114.263
4	−0.254	101.567	114.263	101.567	−114.263	−101.567	−114.263	−101.567	114.263
5	−1.974	−789.503	−592.128	−592.128	394.752	789.503	592.128	592.128	−394.752
6	1.974	592.127	394.751	789.503	−592.127	−592.127	−394.751	−789.503	592.127

附录B　平面应力问题算例的原始数据文件及计算结果

B-1　平面应力问题算例采用常应变三角元离散化的原始数据文件

说明:带“*”号的文字行供注释用,不包含在数据文件中.

```
* NE3(单元数),NJ(结点数),IPLOD(集中力信息),IEDGE(分布力信息)
111  72  0  1
* IA3(单元结点号,逆时针顺序)
 1  9  2    2  9 10    2 10  3    3 10 11    3 11  4    4 11 12    4 12  5
 5 12 13    5 13  6    6 13 14    6 14  7    7 14 15    7 15  8    9 16 17
 9 17 10   10 17 18   10 18 11   11 18 19   12 11 19   12 19 20   13 12 20
13 20 21   14 13 21   14 21 22   15 14 22   15 22 23   16 24 17   17 24 25
17 25 18   18 25 26   19 18 26   19 26 27   20 19 27   20 27 28   21 20 28
21 28 29   22 21 29   22 29 30   23 22 30   24 31 32   24 32 25   25 32 33
25 33 26   26 33 34   27 26 34   27 34 35   28 27 35   28 35 36   29 28 36
29 36 37   30 29 37   30 37 38   31 39 32   32 39 40   32 40 33   33 40 41
34 33 41   34 41 42   35 34 42   35 42 43   36 35 43   36 43 44   37 36 44
37 44 45   38 37 45   39 46 47   39 47 40   40 47 48   40 48 41   41 48 49
41 49 42   42 49 50   43 42 50   43 50 51   44 43 51   44 51 52   45 44 52
45 52 53   46 54 47   47 54 55   47 55 48   48 55 56   49 48 56   49 56 57
49 57 50   50 57 58   51 50 58   51 58 59   52 51 59   52 59 60   53 52 60
```

```
54 61 62   54 62 55   55 62 63   55 63 56   56 63 64   56 64 57   57 64 65
58 57 65   58 65 66   59 58 66   59 66 67   60 59 67   60 67 68   64 63 69
64 69 70   65 64 70   65 70 71   65 71 66   70 69 72   70 72 71
* XY(结点坐标)
      10.000      0.000      9.914      1.305      9.239      3.827
       7.934      6.088      6.088      7.934      3.827      9.239
       1.305      9.914      0.000     10.000     12.500      0.000
      12.074      3.235     10.825      6.250      8.839      8.839
       6.250     10.825      3.235     12.074      0.000     12.500
      15.714      0.000     15.580      2.051     14.518      6.014
      12.467      9.566      9.566     12.467      6.014     14.518
       2.051     15.580      0.000     15.714     19.643      0.000
      18.974      5.084     17.011      9.821     13.890     13.890
       9.821     17.011      5.084     18.974      0.000     19.643
      24.286      0.000     24.078      3.170     22.437      9.294
      19.267     14.784     14.784     19.267      9.294     22.437
       3.170     24.078      0.000     24.286     29.643      0.000
      28.633      7.672     25.671     14.821     20.961     20.961
      14.821     25.671      7.672     28.633      0.000     29.643
      35.714      0.000     35.409      4.662     32.996     13.667
      28.334     21.741     21.741     28.334     13.667     32.996
       4.662     35.409      0.000     35.714     42.500      0.000
      41.052     11.000     36.806     21.250     30.052     30.052
      21.250     36.806     11.000     41.052      0.000     42.500
      50.000      0.000     50.000      6.583     50.000     20.711
      40.223     30.864     30.864     40.223     20.711     50.000
       6.583     50.000      0.000     50.000     50.000     38.366
      42.681     42.681     38.366     50.000     50.000     50.000
* NMATS(材料种类数)
1
* PROPS(材料特性数组)
* e3(弹性模量),mu3(泊松比), t3(厚度)
205800. 0.3 1.
* MATNO3(常应变元材料号数组)
1 1 1 1 1 1 1 1 1 1 1 1 1 1 1 1 1 1 1 1 1 1 1
1 1 1 1 1 1 1 1 1 1 1 1 1 1 1 1 1 1 1 1 1 1 1
1 1 1 1 1 1 1 1 1 1 1 1 1 1 1 1 1 1 1 1 1 1 1
1 1 1 1 1 1 1 1 1 1 1 1 1 1 1 1 1 1 1 1 1 1 1
1 1 1 1 1 1 1 1 1 1 1 1 1 1 1 1 1 1 1 1 1 1 1
1
* NCJ(约束结点数)
18
```

```
* nofix(约束结点号)
1 9 16 24 31 39 46 54 61 8 15 23 30 38 45 53 60 68
* infoc(结点约束信息)
0 1  0 1  0 1  0 1  0 1  0 1  0 1  0 1  0 1
1 0  1 0  1 0  1 0  1 0  1 0  1 0  1 0  1 0
* presc(约束自由度设定位移)
0 0  0 0  0 0  0 0  0 0  0 0  0 0  0 0  0 0
0 0  0 0  0 0  0 0  0 0  0 0  0 0  0 0  0 0
* NEDGE(受分布力单元边数),njedg(每个受分布力单元边的结点数)
4 2
* noprs(所有受分布力作用的单元边上的结点编号)
61 62 62 63 63 69 69 72
* press(所有受分布力单元边上每个结点处的载荷集度值(两个坐标分量))
100.  0.  100.  0.  100.  0.  100.  0.  100.  0.  100.  0.  100.  0.  100.  0.
```

B-2 平面应力问题算例采用常应变三角元离散化的计算结果

输出数据文件的内容：

Nodal displa cements:

i	x	y	Ux	Uy
1	10.000	0.000	0.01530	0.00000
2	9.914	1.305	0.01526	−0.00070
3	9.239	3.827	0.01411	−0.00201
4	7.934	6.088	0.01202	−0.00324
5	6.088	7.934	0.00914	−0.00433
6	3.827	9.239	0.00572	−0.00517
7	1.305	9.914	0.00199	−0.00567
8	0.000	10.000	0.00000	−0.00547
9	12.500	0.000	0.01574	0.00000
10	12.074	3.235	0.01485	−0.00066
11	10.825	6.250	0.01266	−0.00164
12	8.839	8.839	0.00963	−0.00303
13	6.250	10.825	0.00631	−0.00458
14	3.235	12.074	0.00307	−0.00583
15	0.000	12.500	0.00000	−0.00631
16	15.714	0.000	0.01607	0.00000
17	15.580	2.051	0.01582	−0.00020
18	14.518	6.014	0.01412	−0.00083
19	12.467	9.566	0.01120	−0.00202
20	9.566	12.467	0.00778	−0.00369
21	6.014	14.518	0.00445	−0.00537
22	2.051	15.580	0.00143	−0.00643

23	0.000	15.714	0.00000	−0.00650
24	19.643	0.000	0.01701	0.00000
25	18.974	5.084	0.01597	−0.00051
26	17.011	9.821	0.01348	−0.00145
27	13.890	13.890	0.01007	−0.00296
28	9.821	17.011	0.00646	−0.00476
29	5.084	18.974	0.00310	−0.00624
30	0.000	19.643	0.00000	−0.00687
31	24.286	0.000	0.01838	0.00000
32	24.078	3.170	0.01806	−0.00030
33	22.437	9.294	0.01621	−0.00112
34	19.267	14.784	0.01301	−0.00245
35	14.784	19.267	0.00919	−0.00422
36	9.294	22.437	0.00535	−0.00595
37	3.170	24.078	0.00174	−0.00703
38	0.000	24.286	0.00000	−0.00718
39	29.643	0.000	0.02042	0.00000
40	28.633	7.672	0.01926	−0.00084
41	25.671	14.821	0.01646	−0.00205
42	20.961	20.961	0.01256	−0.00373
43	14.821	25.671	0.00828	−0.00562
44	7.672	28.633	0.00407	−0.00713
45	0.000	29.643	0.00000	−0.00780
46	35.714	0.000	0.02290	0.00000
47	35.409	4.662	0.02254	−0.00046
48	32.996	13.667	0.02031	−0.00160
49	28.334	21.741	0.01650	−0.00321
50	21.741	28.334	0.01189	−0.00519
51	13.667	32.996	0.00706	−0.00708
52	4.662	35.409	0.00233	−0.00829
53	0.000	35.714	0.00000	−0.00847
54	42.500	0.000	0.02599	0.00000
55	41.052	11.000	0.02450	−0.00099
56	36.806	21.250	0.02094	−0.00254
57	30.052	30.052	0.01613	−0.00457
58	21.250	36.806	0.01074	−0.00677
59	11.000	41.052	0.00529	−0.00860
60	0.000	42.500	0.00000	−0.00943
61	50.000	0.000	0.02927	0.00000
62	50.000	6.583	0.02904	−0.00018
63	50.000	20.711	0.02742	−0.00121
64	40.223	30.864	0.02119	−0.00361
65	30.864	40.223	0.01523	−0.00615
66	20.711	50.000	0.00921	−0.00886
67	6.583	50.000	0.00280	−0.01015

68	0.000	50.000	0.00000	−0.01031
69	50.000	38.366	0.02489	−0.00348
70	42.681	42.681	0.02074	−0.00504
71	38.366	50.000	0.01773	−0.00665
72	50.000	50.000	0.02337	−0.00518

Element stresses:

ie	sigmax	sigmay	torxy
1	3.233	−108.910	−1.631
2	−1.024	−37.336	−7.101
3	11.367	−81.998	−1.577
4	17.283	−23.929	−18.244
5	45.482	−31.764	−16.360
6	55.631	−5.078	−31.581
7	111.423	15.538	−42.392
8	107.378	8.940	−39.295
9	200.551	39.220	−57.092
10	158.949	14.496	−33.922
11	280.585	42.175	−41.051
12	192.923	19.543	−14.837
13	322.138	27.353	−13.804
14	16.725	−14.801	−9.294
15	29.966	−31.103	−14.574
16	23.193	−21.146	−24.133
17	64.311	−30.392	−29.541
18	65.386	−25.091	−32.521
19	111.939	−24.066	−31.277
20	109.207	−18.493	−23.317
21	156.823	−7.087	−21.198
22	138.886	2.098	−7.899
23	187.615	16.369	−8.901
24	151.780	27.046	0.924
25	201.584	34.192	−1.765
26	154.025	33.970	2.286
27	47.689	−5.512	−8.585
28	39.480	−8.750	−14.250
29	68.107	−10.100	−23.330
30	63.282	−18.868	−27.961
31	102.721	−21.555	−29.570
32	101.020	−24.100	−23.094
33	135.460	−22.399	−17.301
34	127.189	−13.165	−5.879
35	151.715	−6.677	−0.404
36	135.179	11.347	6.695
37	152.741	15.549	6.039

38	133. 241	30. 173	5. 437
39	151. 740	26. 353	2. 112
40	60. 153	− 1. 384	− 6. 506
41	72. 248	1. 227	− 12. 313
42	65. 069	− 8. 651	− 17. 751
43	94. 283	− 8. 840	− 22. 825
44	92. 046	− 17. 726	− 21. 436
45	119. 505	− 18. 949	− 18. 295
46	116. 144	− 17. 789	− 9. 853
47	134. 130	− 15. 674	− 3. 375
48	125. 632	− 3. 216	4. 355
49	133. 994	− 0. 106	7. 015
50	123. 506	16. 870	7. 934
51	129. 018	15. 274	5. 466
52	119. 757	21. 937	3. 481
53	79. 882	4. 535	− 6. 053
54	75. 224	− 0. 349	− 8. 973
55	91. 545	0. 431	− 13. 668
56	87. 382	− 8. 388	− 16. 660
57	108. 054	− 9. 863	− 16. 366
58	106. 667	− 14. 285	− 12. 363
59	121. 643	− 14. 414	− 7. 464
60	117. 606	− 9. 842	− 0. 489
61	124. 309	− 7. 891	3. 457
62	117. 496	3. 953	7. 146
63	119. 192	3. 691	6. 192
64	113. 084	14. 215	4. 906
65	116. 591	11. 383	3. 238
66	85. 621	5. 475	− 4. 018
67	92. 727	5. 398	− 6. 723
68	87. 429	0. 045	− 10. 563
69	101. 889	− 0. 978	− 11. 863
70	100. 083	− 7. 208	− 12. 054
71	112. 013	− 8. 359	− 9. 143
72	110. 420	− 9. 475	− 4. 542
73	116. 709	− 8. 714	− 0. 697
74	112. 571	− 3. 231	4. 087
75	113. 824	− 2. 632	4. 697
76	108. 783	6. 686	5. 806
77	109. 763	4. 095	3. 609
78	105. 410	8. 761	2. 558
79	96. 330	8. 688	− 3. 773
80	92. 381	9. 390	− 5. 730
81	100. 774	6. 099	− 6. 433
82	96. 867	0. 571	− 9. 600

83	105.523	-0.971	-8.194
84	104.542	-5.151	-6.470
85	110.106	-5.314	-3.507
86	108.087	-4.687	0.501
87	109.305	-4.082	2.111
88	105.246	0.771	5.160
89	105.127	-1.005	3.191
90	100.029	4.851	3.623
91	103.365	1.945	2.401
92	96.882	23.393	-2.737
93	100.860	13.098	-1.955
94	97.050	14.165	-4.753
95	102.130	7.735	-3.917
96	99.826	0.097	-4.137
97	105.129	0.839	-3.913
98	103.641	-2.631	-1.666
99	104.952	-2.493	-0.475
100	103.011	-0.732	1.876
101	100.809	-1.427	1.515
102	93.942	1.809	2.910
103	97.542	-0.676	0.957
104	88.075	2.207	1.937
105	101.780	4.041	-2.511
106	99.659	-0.442	-0.986
107	102.044	0.347	-1.294
108	101.163	0.051	0.174
109	99.090	-0.654	0.765
110	100.809	0.175	-0.295
111	99.788	-0.088	0.051

Stresses on nodes:

i	x	y	sigmax	sigmay	torxy
1	10.000	0.000	3.233	-108.910	-1.631
2	9.914	1.305	4.525	-76.081	-3.437
3	9.239	3.827	24.710	-45.897	-12.060
4	7.934	6.088	70.845	-7.101	-30.111
5	6.088	7.934	139.784	21.233	-46.260
6	3.827	9.239	213.362	31.964	-44.022
7	1.305	9.914	265.215	29.691	-23.230
8	0.000	10.000	322.138	27.353	-13.804
9	12.500	0.000	12.225	-48.038	-8.150
10	12.074	3.235	24.183	-37.651	-15.862
11	10.825	6.250	60.005	-23.386	-26.587
12	8.839	8.839	108.734	-5.041	-31.510
13	6.250	10.825	158.367	12.339	-28.051

14	3.235	12.074	195.573	25.637	−16.592
15	0.000	12.500	217.667	28.765	−7.030
16	15.714	0.000	32.207	−10.156	−8.940
17	15.580	2.051	37.527	−15.235	−15.694
18	14.518	6.014	64.500	−21.192	−27.843
19	12.467	9.566	104.289	−22.617	−26.180
20	9.566	12.467	136.547	−10.954	−12.666
21	6.014	14.518	152.986	10.955	−0.591
22	2.051	15.580	157.518	27.881	2.505
23	0.000	15.714	152.883	30.162	2.199
24	19.643	0.000	54.893	−3.605	−10.414
25	18.974	5.084	67.078	−8.997	−19.739
26	17.011	9.821	95.476	−18.340	−23.864
27	13.890	13.890	122.241	−18.679	−12.966
28	9.821	17.011	134.640	−4.582	1.401
29	5.084	18.974	134.613	14.851	6.431
30	0.000	19.643	133.439	23.435	4.124
31	24.286	0.000	70.018	1.575	−6.280
32	24.078	3.170	74.020	−0.698	−10.877
33	22.437	9.294	89.730	−8.839	−18.118
34	19.267	14.784	110.676	−15.504	−14.296
35	14.784	19.267	123.244	−11.471	−2.228
36	9.294	22.437	124.021	2.217	6.016
37	3.170	24.078	120.191	13.895	5.203
38	0.000	24.286	118.174	16.660	3.359
39	29.643	0.000	83.363	3.765	−6.442
40	28.633	7.672	89.366	−0.640	−11.408
41	25.671	14.821	102.681	−8.180	−13.075
42	20.961	20.961	114.176	−10.848	−5.783
43	14.821	25.671	117.086	−4.726	3.033
44	7.672	28.633	113.690	5.001	5.393
45	0.000	29.643	111.212	9.614	3.578
46	35.714	0.000	90.975	7.082	−3.896
47	35.409	4.662	92.544	5.849	−6.207
48	32.996	13.667	98.761	−0.407	−9.784
49	28.334	21.741	107.114	−6.080	−7.318
50	21.741	28.334	111.200	−5.917	−0.341
51	13.667	32.996	109.143	−0.582	4.175
52	4.662	35.409	105.413	4.222	3.531
53	0.000	35.714	104.387	5.353	2.479
54	42.500	0.000	96.613	13.642	−3.549
55	41.052	11.000	98.344	8.509	−5.398
56	36.806	21.250	102.336	0.520	−6.039
57	30.052	30.052	106.076	−3.240	−2.588
58	21.250	36.806	105.235	−2.108	1.781

59	11.000	41.052	100.449	0.720	2.893
60	0.000	42.500	97.253	2.082	2.230
61	50.000	0.000	96.882	23.393	-2.737
62	50.000	6.583	98.264	16.885	-3.148
63	50.000	20.711	100.197	6.509	-3.830
64	40.223	30.864	102.013	0.375	-2.418
65	30.864	40.223	102.317	-1.019	-0.103
66	20.711	50.000	99.213	-0.251	1.767
67	6.583	50.000	93.186	1.113	1.935
68	0.000	50.000	88.075	2.207	1.937
69	50.000	38.366	100.749	1.258	-1.264
70	42.681	42.681	100.693	0.009	-0.470
71	38.366	50.000	100.014	-0.230	0.330
72	50.000	50.000	100.299	0.044	-0.122

B-3　平面应力问题算例采用八结点等参元离散化的原始数据文件

* NE3(单元数),NJ(结点数),IPLOD(集中力信息),IEDGE(分布力信息)

120　405　0　1

* IA8(单元结点号,逆时针顺序)

1	26	39	40	41	27	3	2
3	27	41	42	43	28	5	4
5	28	43	44	45	29	7	6
7	29	45	46	47	30	9	8
9	30	47	48	49	31	11	10
11	31	49	50	51	32	13	12
13	32	51	52	53	33	15	14
15	33	53	54	55	34	17	16
17	34	55	56	57	35	19	18
19	35	57	58	59	36	21	20
21	36	59	60	61	37	23	22
23	37	61	62	63	38	25	24
39	64	77	78	79	65	41	40
41	65	79	80	81	66	43	42
43	66	81	82	83	67	45	44
45	67	83	84	85	68	47	46
47	68	85	86	87	69	49	48
49	69	87	88	89	70	51	50
51	70	89	90	91	71	53	52
53	71	91	92	93	72	55	54
55	72	93	94	95	73	57	56
57	73	95	96	97	74	59	58
59	74	97	98	99	75	61	60
61	75	99	100	101	76	63	62

77	102	115	116	117	103	79	78
79	103	117	118	119	104	81	80
81	104	119	120	121	105	83	82
83	105	121	122	123	106	85	84
85	106	123	124	125	107	87	86
87	107	125	126	127	108	89	88
89	108	127	128	129	109	91	90
91	109	129	130	131	110	93	92
93	110	131	132	133	111	95	94
95	111	133	134	135	112	97	96
97	112	135	136	137	113	99	98
99	113	137	138	139	114	101	100
115	140	153	154	155	141	117	116
117	141	155	156	157	142	119	118
119	142	157	158	159	143	121	120
121	143	159	160	161	144	123	122
123	144	161	162	163	145	125	124
125	145	163	164	165	146	127	126
127	146	165	166	167	147	129	128
129	147	167	168	169	148	131	130
131	148	169	170	171	149	133	132
133	149	171	172	173	150	135	134
135	150	173	174	175	151	137	136
137	151	175	176	177	152	139	138
153	178	191	192	193	179	155	154
155	179	193	194	195	180	157	156
157	180	195	196	197	181	159	158
159	181	197	198	199	182	161	160
161	182	199	200	201	183	163	162
163	183	201	202	203	184	165	164
165	184	203	204	205	185	167	166
167	185	205	206	207	186	169	168
169	186	207	208	209	187	171	170
171	187	209	210	211	188	173	172
173	188	211	212	213	189	175	174
175	189	213	214	215	190	177	176
191	216	229	230	231	217	193	192
193	217	231	232	233	218	195	194
195	218	233	234	235	219	197	196
197	219	235	236	237	220	199	198
199	220	237	238	239	221	201	200
201	221	239	240	241	222	203	202
203	222	241	242	243	223	205	204
205	223	243	244	245	224	207	206
207	224	245	246	247	225	209	208

```
209  225  247  248  249  226  211  210
211  226  249  250  251  227  213  212
213  227  251  252  253  228  215  214
229  254  267  268  269  255  231  230
231  255  269  270  271  256  233  232
233  256  271  272  273  257  235  234
235  257  273  274  275  258  237  236
237  258  275  276  277  259  239  238
239  259  277  278  279  260  241  240
241  260  279  280  281  261  243  242
243  261  281  282  283  262  245  244
245  262  283  284  285  263  247  246
247  263  285  286  287  264  249  248
249  264  287  288  289  265  251  250
251  265  289  290  291  266  253  252
267  292  305  306  307  293  269  268
269  293  307  308  309  294  271  270
271  294  309  310  311  295  273  272
273  295  311  312  313  296  275  274
275  296  313  314  315  297  277  276
277  297  315  316  317  298  279  278
279  298  317  318  319  299  281  280
281  299  319  320  321  300  283  282
283  300  321  322  323  301  285  284
285  301  323  324  325  302  287  286
287  302  325  326  327  303  289  288
289  303  327  328  329  304  291  290
305  330  343  344  345  331  307  306
307  331  345  346  347  332  309  308
309  332  347  348  349  333  311  310
311  333  349  350  351  334  313  312
313  334  351  352  353  335  315  314
315  335  353  354  355  336  317  316
317  336  355  356  357  337  319  318
319  337  357  358  359  338  321  320
321  338  359  360  361  339  323  322
323  339  361  362  363  340  325  324
325  340  363  364  365  341  327  326
327  341  365  366  367  342  329  328
343  368  381  382  383  369  345  344
345  369  383  384  385  370  347  346
347  370  385  386  387  371  349  348
349  371  387  388  389  372  351  350
351  372  389  390  391  373  353  352
353  373  391  392  393  374  355  354
```

355	374	393	394	395	375	357	356
357	375	395	396	397	376	359	358
359	376	397	398	399	377	361	360
361	377	399	400	401	378	363	362
363	378	401	402	403	379	365	364
365	379	403	404	405	380	367	366

* XY(结点坐标)

10.	0.	9.97858	0.654032
9.91444	1.30526	9.80785	1.95090
9.65925	2.58819	9.46929	3.2144
9.23879	3.82684	8.96872	4.42289
8.66025	5.00000	8.31469	5.55571
7.93352	6.08762	7.51839	6.59346
7.07106	7.07106	6.59345	7.51839
6.08761	7.93353	5.5557	8.31469
4.99999	8.66025	4.42288	8.96873
3.82682	9.23879	3.21438	9.46930
2.58818	9.65926	1.95089	9.80785
1.30525	9.91445	0.654025	9.97858
0.0	10.	10.7865	0.
10.7036	1.43379	10.4558	2.84918
10.0461	4.22515	9.48019	5.54117
8.76634	6.77744	7.91520	7.91520
6.77743	8.76635	5.54116	9.48020
4.22514	10.0461	2.84916	10.4558
1.43377	10.7036	0.0	10.7865
11.5730	0.	11.5530	0.782455
11.4929	1.56231	11.3925	2.34014
11.2524	3.11016	11.0726	3.87185
10.8534	4.62347	10.5958	5.36056
10.3001	6.08234	9.96774	6.78502
9.59917	7.46727	9.19601	8.12599
8.75934	8.75934	8.12598	9.19601
7.46726	9.59917	6.78500	9.96774
6.08233	10.3001	5.36054	10.5958
4.62346	10.8534	3.87183	11.0726
3.11015	11.2524	2.34013	11.3925
1.56230	11.4929	0.782448	11.5530
0.0	11.5730	12.5136	0.
12.4365	1.71154	12.2045	3.41474
11.8181	5.09087	11.2798	6.72109
10.5944	8.28660	9.76877	9.76877
8.28658	10.5944	6.72108	11.2798
5.09086	11.8181	3.41473	12.2045

1.71153	12.4365	0.0	12.5136
13.4542	0.	13.4356	0.931568
13.3802	1.86077	13.2871	2.79183
13.1567	3.71932	12.9884	4.64307
12.7828	5.55827	12.5394	6.46589
12.2595	7.35983	11.9434	8.23891
11.5897	9.10593	11.2020	9.95088
10.7782	10.7782	9.95087	11.2020
9.10591	11.5897	8.23890	11.9434
7.35982	12.2595	6.46587	12.5394
5.55826	12.7828	4.64306	12.9884
3.71931	13.1567	2.79181	13.2871
1.86076	13.3802	0.931561	13.4356
0.0	13.4542	14.5789	0.
14.5084	2.03284	14.2947	4.07281
13.9355	6.10444	13.4299	8.11165
12.779	10.0777	11.9853	11.9853
10.0777	12.7790	8.11164	13.4299
6.10443	13.9355	4.07280	14.2947
2.03283	14.5084	0.0	14.5789
15.7036	0.	15.6869	1.10350
15.6367	2.20491	15.5519	3.31668
15.4327	4.42630	15.2777	5.54185
15.0881	6.65062	14.8615	7.76291
14.6003	8.86347	14.3024	9.96073
13.9682	11.0495	13.5979	12.1280
13.1923	13.1923	12.1280	13.5979
11.0495	13.9682	9.96071	14.3024
8.86345	14.6003	7.76290	14.8615
6.65060	15.0881	5.54184	15.2777
4.42629	15.4327	3.31666	15.5519
2.20490	15.6367	1.10349	15.6869
0.	15.7036	17.0486	0.
16.9856	2.40155	16.7928	4.83366
16.4651	7.28552	15.9983	9.74535
15.3891	12.2002	14.6358	14.6358
12.2002	15.3891	9.74533	15.9983
7.28551	16.4651	4.83365	16.7928
2.40154	16.9856	0.	17.0486
18.3936	0.	18.3788	1.29999
18.3345	2.59819	18.2590	3.92115
18.1529	5.24102	18.0135	6.58178
17.8421	7.92042	17.6354	9.27722
17.3963	10.6272	17.1200	11.9924
16.8100	13.3509	16.4620	14.7187

16.0793	16.0793	14.7186	16.4620
13.3509	16.8100	11.9924	17.1199
10.6272	17.3963	9.27721	17.6354
7.92041	17.8421	6.58177	18.0135
5.24101	18.1529	3.92114	18.2590
2.59817	18.3345	1.29999	18.3788
0.	18.3936	20.0019	0.
19.9473	2.82028	19.7782	5.70621
19.4869	8.65360	19.0657	11.6572
18.5073	14.7106	17.8054	17.8054
14.7106	18.5073	11.6572	19.0657
8.65360	19.4869	5.7062	19.7782
2.82027	19.9473	0.	20.0019
21.6103	0.	21.5977	1.52193
21.5600	3.04237	21.4950	4.60776
21.4035	6.1714	21.2817	7.77871
21.1317	9.38679	20.9481	11.0388
20.7351	12.6873	20.4855	14.3798
20.2046	16.0704	19.8838	17.8047
19.5315	19.5315	17.8047	19.8839
16.0704	20.2047	14.3798	20.4855
12.6873	20.7352	11.0387	20.9481
9.38678	21.1317	7.77870	21.2817
6.17139	21.4035	4.60775	21.4950
3.04236	21.5600	1.52192	21.5977
0.	21.6103	23.5335	0.
23.4881	3.2893	23.3456	6.69632
23.0959	10.2263	22.7283	13.8840
22.2318	17.6732	21.5956	21.5956
17.6732	22.2318	13.8840	22.7283
10.2263	23.0959	6.69631	23.3456
3.28928	23.4881	0.	23.5335
25.4568	0.	25.4466	1.76869
25.4162	3.53622	25.3629	5.37886
25.2876	7.22124	25.1856	9.14528
25.0600	11.0658	24.9036	13.0731
24.7214	15.0808	24.5037	17.1804
24.2589	19.2759	23.9738	21.4683
23.6597	23.6597	21.4683	23.9738
19.2759	24.2589	17.1803	24.5037
15.0808	24.7214	13.0731	24.9036
11.0658	25.0600	9.14527	25.1856
7.22123	25.2876	5.37885	25.3629
3.53621	25.4162	1.76868	25.4466
0.	25.4568	27.7567	0.

27.7212	3.80482	27.6078	7.80413
27.4052	12.0166	27.1003	16.4618
26.6794	21.1593	26.1280	26.1280
21.1593	26.6794	16.4618	27.1003
12.0166	27.4052	7.80412	27.6078
3.80481	27.7212	0.	27.7567
30.0566	0.	30.0490	2.03713
30.0262	4.07342	29.9856	6.23165
29.9281	8.38702	29.8486	10.6777
29.7503	12.9674	29.6250	15.4073
29.4792	17.8429	29.3009	20.4432
29.0998	23.0427	28.8603	25.8198
28.5962	28.5962	25.8198	28.8603
23.0427	29.0998	20.4432	29.3009
17.8429	29.4792	15.4073	29.6250
12.9674	29.7503	10.6777	29.8486
8.38701	29.9281	6.23164	29.9856
4.07341	30.0262	2.03712	30.0490
0.	30.0566	32.8068	0.
32.7817	4.35647	32.6998	9.01999
32.5495	14.0284	32.3177	19.4229
31.9891	25.2474	31.5478	31.5478
25.2473	31.9891	19.4229	32.3177
14.0284	32.5495	9.01998	32.6998
4.35646	32.7817	0.	32.8068
35.5570	0.	35.5520	2.32002
35.5372	4.63953	35.5100	7.14718
35.4715	9.65296	35.4167	12.3717
35.3488	15.0894	35.2601	18.0451
35.1561	21.0029	35.0258	24.2279
34.8784	27.4521	34.6984	30.9748
34.4994	34.4994	30.9748	34.6985
27.4520	34.8784	24.2279	35.0258
21.0029	35.1561	18.0451	35.2601
15.0894	35.3488	12.3717	35.4167
9.65295	35.4715	7.14717	35.5100
4.63952	35.5372	2.32002	35.5520
0.	35.5570	38.8457	0.
38.8311	4.92349	38.7820	10.3183
38.6892	16.2497	38.5416	22.7903
38.3263	30.0206	38.0290	38.0290
30.0206	38.3263	22.7903	38.5416
16.2497	38.6892	10.3183	38.7820
4.92348	38.8311	0.	38.8457
42.1345	0.	42.1321	2.60383

```
42.1250        5.20744    42.1117         8.09602
42.0926       10.9837     42.0646        14.1978
42.0296       17.4100     41.9826        20.9938
41.9271       24.5777     41.8555        28.5844
41.7742       32.5892     41.6720        37.0719
41.5586       41.5586     37.0719        41.6720
32.5892       41.7742     28.5844        41.8555
24.5777       41.9271     20.9938        41.9826
17.4099       42.0296     14.1978        42.0646
10.9837       42.0926      8.09601       42.1117
 5.20743      42.1250      2.60383       42.1321
 0.           42.1345     46.0672         0.
46.0625        5.46904    46.0463        11.6485
46.0148       18.6425     45.9635        26.5694
45.8871       35.5640     45.7793        45.7793
35.5639       45.8871     26.5694        45.9635
18.6425       46.0148     11.6485        46.0463
 5.46904      46.0625      0.            46.0672
50.            0.         50.             2.86532
50.            5.73064    50.             9.02203
50.           12.3134     50.            16.0942
50.           19.8750     50.            24.2180
50.           28.5610     50.            33.5499
50.           38.5387     50.            44.2693
50.           50.         44.2693        50.
38.5387       50.         33.5499        50.
28.5610       50.         24.2180        50.
19.8750       50.         16.0942        50.
12.3134       50.          9.02203       50.
 5.73064      50.          2.86532       50.
 0.           50.
* NMATS(材料种类数)
1
* PROPS(材料特性数组)
205800. 0.3 1.
* MATNO8(等参元材料号数组)
1 1 1 1 1 1 1 1 1 1 1 1 1 1 1 1 1 1 1 1 1 1
1 1 1 1 1 1 1 1 1 1 1 1 1 1 1 1 1 1 1 1 1 1
1 1 1 1 1 1 1 1 1 1 1 1 1 1 1 1 1 1 1 1 1 1
1 1 1 1 1 1 1 1 1 1 1 1 1 1 1 1 1 1 1 1 1 1
1 1 1 1 1 1 1 1 1 1 1 1 1 1 1 1 1 1 1 1 1 1
1 1 1 1 1 1 1 1 1 1
* NCJ(约束结点数)
```

42
* nofix(约束结点号)
1 26 39 64 77 102 115 140 153 178 191 216 229 254 267 292 305 330 343 368 381
25 38 63 76 101 114 139 152 177 190 215 228 253 266 291 304 329 342 367 380 405
* infoc(结点约束信息)
0 1 0 1 0 1 0 1 0 1 0 1 0 1 0 1 0 1 0 1 0 1 0 1 0 1 0 1 0 1 0 1 0 1 0 1 0 1 0 1 0 1
1 0 1 0 1 0 1 0 1 0 1 0 1 0 1 0 1 0 1 0 1 0 1 0 1 0 1 0 1 0 1 0 1 0 1 0 1 0 1 0 1 0
* presc(约束自由度设定位移)
0 0 0 0 0 0 0 0 0 0 0 0 0 0 0 0 0 0 0 0 0 0 0 0 0 0 0 0 0 0 0 0 0 0 0 0 0 0 0 0 0 0
0 0 0 0 0 0 0 0 0 0 0 0 0 0 0 0 0 0 0 0 0 0 0 0 0 0 0 0 0 0 0 0 0 0 0 0 0 0 0 0 0 0
* NEDGE(受分布力单元边数),njedg(每个受分布力单元边的结点数)
6 3
* noprs(所有受分布力作用的单元边上的结点编号)
381 382 383 383 384 385 385 386 387 387 388 389 389 390 391 391 392 393
* press(所有受分布力单元边上每个结点处的载荷集度值(两个坐标分量))
-100. 0. -100. 0. -100. 0. -100. 0. -100. 0. -100. 0. -100. 0. -100. 0. -100. 0.
-100. 0. -100. 0. -100. 0. -100. 0. -100. 0. -100. 0. -100. 0. -100. 0. -100. 0.

B-4 平面应力问题算例采用八结点等参元离散化的计算结果

Nodal displacements:

i	x	y	Ux	Uy
1	10.000	0.000	0.01640	0.00000
2	9.979	0.654	0.01637	-0.00041
3	9.914	1.305	0.01626	-0.00082
4	9.808	1.951	0.01608	-0.00122
5	9.659	2.588	0.01584	-0.00162
6	9.469	3.214	0.01552	-0.00202
7	9.239	3.827	0.01514	-0.00240
8	8.969	4.423	0.01470	-0.00278
9	8.660	5.000	0.01419	-0.00314
10	8.315	5.556	0.01362	-0.00349
11	7.934	6.088	0.01299	-0.00383
12	7.518	6.593	0.01230	-0.00414
13	7.071	7.071	0.01157	-0.00445
14	6.593	7.518	0.01078	-0.00473
15	6.088	7.934	0.00996	-0.00499
16	5.556	8.315	0.00908	-0.00524
17	5.000	8.660	0.00817	-0.00546
18	4.423	8.969	0.00723	-0.00565
19	3.827	9.239	0.00625	-0.00583
20	3.214	9.469	0.00525	-0.00597

21	2.588	9.659	0.00423	−0.00609
22	1.951	9.808	0.00319	−0.00619
23	1.305	9.914	0.00213	−0.00626
24	0.654	9.979	0.00107	−0.00630
25	0.000	10.000	0.00000	−0.00631
⋮	⋮			⋮
⋮	⋮			⋮
381	50.000	0.000	0.02978	0.00000
382	50.000	2.865	0.02973	−0.00003
383	50.000	5.731	0.02958	−0.00007
384	50.000	9.022	0.02931	−0.00016
385	50.000	12.313	0.02893	−0.00029
386	50.000	16.094	0.02841	−0.00052
387	50.000	19.875	0.02782	−0.00083
388	50.000	24.218	0.02711	−0.00129
389	50.000	28.561	0.02639	−0.00183
390	50.000	33.550	0.02559	−0.00250
391	50.000	38.539	0.02482	−0.00322
392	50.000	44.269	0.02397	−0.00406
393	50.000	50.000	0.02314	−0.00490
394	44.269	50.000	0.02036	−0.00573
395	38.539	50.000	0.01758	−0.00655
396	33.550	50.000	0.01515	−0.00725
397	28.561	50.000	0.01274	−0.00795
398	24.218	50.000	0.01065	−0.00855
399	19.875	50.000	0.00860	−0.00913
400	16.094	50.000	0.00687	−0.00961
401	12.313	50.000	0.00518	−0.01004
402	9.022	50.000	0.00376	−0.01034
403	5.731	50.000	0.00237	−0.01057
404	2.865	50.000	0.00118	−0.01068
405	0.000	50.000	0.00000	−0.01072

Element stresses on gauss points:

i	x	y	sigmax	sigmay	torxy
1:					
1	10.329	0.288	−3.2598	−110.5368	2.2563
2	10.280	1.073	−3.5550	−105.6880	7.7343
3	11.237	0.320	−5.8435	−73.7691	−0.3598
4	11.190	1.190	−4.4482	−70.9970	−1.7526
2:					
1	10.209	1.645	−4.0157	−98.8077	10.9831
2	10.063	2.418	−4.0542	−85.5061	13.2349
3	11.121	1.826	−2.3553	−66.9368	−3.1147
4	10.981	2.687	2.2903	−59.5996	−5.9856

3：					
1	9. 921	2. 977	− 3. 7459	− 73. 4933	13. 1697
2	9. 681	3. 725	− 1. 3721	− 55. 0749	10. 1985
3	10. 844	3. 311	7. 0929	− 52. 8824	− 8. 8020
4	10. 611	4. 151	15. 9101	− 43. 3434	− 13. 5503
4：					
1	9. 472	4. 262	1. 5937	− 40. 8094	6. 0231
2	9. 141	4. 974	8. 8384	− 21. 5540	− 2. 2355
3	10. 407	4. 756	24. 0812	− 36. 0139	− 17. 5992
4	10. 084	5. 563	37. 5017	− 26. 7729	− 23. 1827
5：					
1	8. 866	5. 480	16. 1661	− 8. 1171	− 9. 8081
2	8. 450	6. 144	30. 1043	8. 1872	− 21. 4236
3	9. 816	6. 140	48. 9266	− 20. 5300	− 27. 3211
4	9. 408	6. 903	66. 2112	− 13. 1393	− 31. 9985
6：					
1	8. 115	6. 610	42. 7709	18. 4173	− 30. 5855
2	7. 620	7. 215	63. 2377	28. 8553	− 42. 9029
3	9. 080	7. 444	79. 6209	− 8. 7449	− 34. 5167
4	8. 592	8. 152	98. 7358	− 2. 7683	− 36. 5311
7：					
1	7. 215	7. 620	80. 2297	35. 5380	− 51. 3735
2	6. 610	8. 115	104. 7493	41. 9335	− 62. 3562
3	8. 152	8. 592	110. 4629	1. 2824	− 37. 3707
4	7. 444	9. 080	127. 1811	9. 5523	− 39. 3589
8：					
1	6. 144	8. 450	125. 0615	44. 3814	− 69. 1520
2	5. 480	8. 866	154. 7495	44. 8942	− 75. 7260
3	6. 903	9. 408	139. 7056	14. 9558	− 40. 7993
4	6. 140	9. 816	158. 0314	21. 1482	− 42. 3997
9：					
1	4. 974	9. 141	177. 4080	42. 9126	− 78. 2836
2	4. 262	9. 472	208. 3684	38. 3591	− 78. 0285
3	5. 563	10. 084	172. 1271	24. 7328	− 43. 1088
4	4. 756	10. 407	191. 4781	27. 9436	− 42. 4517
10：					
1	3. 725	9. 681	230. 2761	33. 5827	− 74. 8369
2	2. 977	9. 921	257. 7981	26. 7429	− 66. 3690
3	4. 151	10. 611	205. 6042	29. 2739	− 40. 8041
4	3. 311	10. 844	223. 3611	29. 7757	− 36. 3796
11：					
1	2. 418	10. 063	275. 2612	21. 5113	− 57. 2246
2	1. 645	10. 209	294. 3482	15. 6144	− 41. 4187
3	2. 687	10. 981	235. 1074	29. 5139	− 31. 5965
4	1. 826	11. 121	247. 7967	28. 7208	− 23. 0479

12:					
1	1.073	10.280	304.0615	12.2691	−27.7854
2	0.288	10.329	310.8907	9.9633	−7.6469
3	1.190	11.190	254.5371	28.1159	−15.5284
4	0.320	11.237	259.1708	27.6172	−4.3010
⋮	⋮				⋮
⋮	⋮				⋮
109:					
1	43.796	1.124	98.0232	16.4249	−0.6912
2	43.792	4.194	98.2141	15.8040	−2.4629
3	48.338	1.188	99.7996	24.3482	−0.2284
4	48.337	4.432	99.8292	23.3885	−0.8066
110:					
1	43.785	6.575	98.5171	14.9901	−3.6613
2	43.771	10.008	99.0573	13.1119	−4.9273
3	48.335	6.975	99.8449	21.8648	−1.2088
4	48.331	10.677	99.9438	18.9130	−1.6039
111:					
1	43.755	12.674	99.5352	11.5825	−5.4935
2	43.726	16.523	100.1712	8.9228	−5.6210
3	48.327	13.580	99.9518	16.0182	−1.7746
4	48.319	17.807	100.0773	11.8304	−1.7649
112:					
1	43.699	19.513	100.5421	7.0846	−5.2944
2	43.652	23.837	100.9058	4.6108	−4.3057
3	48.312	21.122	100.0720	8.6300	−1.5980
4	48.299	25.951	100.1225	4.8930	−1.2202
113:					
1	43.610	27.201	100.9565	3.0502	−3.3711
2	43.541	32.066	100.9097	1.5698	−2.0508
3	48.288	29.740	100.1083	2.7692	−0.8654
4	48.269	35.261	100.0703	0.8428	−0.4357
114:					
1	43.480	35.852	100.6970	0.6870	−1.1596
2	43.381	41.335	100.4416	0.2295	−0.4325
3	48.253	39.592	100.0608	0.2775	−0.1762
4	48.227	45.905	99.9992	−0.0123	0.0453
115:					
1	41.335	43.381	100.4668	0.0887	−0.2839
2	35.852	43.480	100.9109	−0.2324	−0.1414
3	45.905	48.227	99.9591	−0.0102	−0.0038
4	39.592	48.253	100.0487	0.0256	−0.0286
116:					
1	32.066	43.541	101.0341	−0.5671	0.2653
2	27.201	43.610	100.9525	−0.7207	1.0976

3	35.261	48.269	100.1441	0.0038	0.0118
4	29.740	48.288	99.7679	−0.0856	0.2579
117：					
1	23.837	43.652	100.4649	−0.7492	1.8471
2	19.513	43.699	99.5188	−0.5611	2.7453
3	25.951	48.299	99.0620	−0.0944	0.5347
4	21.122	48.312	97.2870	−0.0660	0.8544
118：					
1	16.523	43.726	98.6876	−0.3248	3.1581
2	12.674	43.755	97.3032	0.1385	3.3147
3	17.807	48.319	95.5290	−0.0714	1.0311
4	13.580	48.327	93.0421	0.0168	1.1123
119：					
1	10.008	43.771	96.4925	0.5020	3.0720
2	6.575	43.785	95.3984	0.9220	2.3499
3	10.677	48.331	91.2113	0.0238	1.0398
4	6.975	48.335	89.3016	0.1044	0.8068
120：					
1	4.194	43.792	94.9372	1.1611	1.5992
2	1.124	43.796	94.5607	1.3120	0.4528
3	4.432	48.337	88.2845	0.1166	0.5436
4	1.188	48.338	87.6442	0.1402	0.1558

Stresses on nodes：

i	x	y	sigmax	sigmay	torxy
1	10.000	0.000	−1.9796	−126.0476	0.2882
2	9.979	0.654	−2.7711	−121.1903	7.2103
3	9.914	1.305	−3.7722	−116.2370	14.3826
4	9.808	1.951	−5.5000	−102.7309	18.2067
5	9.659	2.588	−7.3685	−89.1447	21.9210
6	9.469	3.214	−7.7055	−70.2032	20.0516
7	9.239	3.827	−8.0769	−51.1961	18.0463
8	8.969	4.423	−4.1452	−31.1042	10.0506
9	8.660	5.000	−0.1536	−10.9949	1.9168
10	8.315	5.556	10.5316	6.2098	−10.4754
11	7.934	6.088	21.5761	23.5481	−22.9959
12	7.518	6.593	39.7637	34.3948	−37.1908
13	7.071	7.071	58.5303	45.4176	−51.1989
14	6.593	7.518	82.8511	50.9311	−63.6363
15	6.088	7.934	106.9356	55.8005	−76.2280
16	5.556	8.315	136.6249	54.3689	−83.7270
17	5.000	8.660	166.1952	52.6431	−91.0974
18	4.423	8.969	196.9458	45.8691	−91.1045
19	3.827	9.239	227.6815	39.0557	−90.9729
20	3.214	9.469	254.8548	30.3964	−82.3198

21	2.588	9.659	281.9500	21.7851	−73.5338
22	1.951	9.808	300.6729	14.6996	−57.3741
23	1.305	9.914	319.3128	7.7648	−41.1110
24	0.654	9.979	326.0051	4.9852	−20.5716
25	0.000	10.000	332.6153	2.4155	−0.3065
⋮	⋮				⋮
⋮	⋮				⋮
381	50.000	0.000	100.4607	27.6449	−0.0073
382	50.000	2.865	100.4351	26.7065	−0.1297
383	50.000	5.731	100.3817	25.6867	−0.2677
384	50.000	9.022	100.2997	22.7087	−0.3493
385	50.000	12.313	100.1861	19.5957	−0.4253
386	50.000	16.094	100.0736	15.2682	−0.3834
387	50.000	19.875	99.9720	10.9449	−0.3166
388	50.000	24.218	99.8678	7.0960	−0.1679
389	50.000	28.561	99.8114	3.4452	−0.0103
390	50.000	33.550	99.7805	1.6215	0.1036
391	50.000	38.539	99.7875	0.0115	0.1820
392	50.000	44.269	99.8326	0.0134	0.2020
393	50.000	50.000	99.8143	−0.1459	0.1818
394	44.269	50.000	99.7532	0.0368	0.0556
395	38.539	50.000	99.8570	0.2089	−0.0556
396	33.550	50.000	99.5763	0.1798	−0.0652
397	28.561	50.000	99.2332	0.1395	−0.0116
398	24.218	50.000	97.5093	0.1302	0.1083
399	19.875	50.000	95.5701	0.0718	0.2173
400	16.094	50.000	92.9277	−0.0032	0.2794
401	12.313	50.000	90.2555	−0.0905	0.3208
402	9.022	50.000	88.1741	−0.1731	0.2690
403	5.731	50.000	86.1904	−0.2340	0.2098
404	2.865	50.000	85.4810	−0.2772	0.1022
405	0.000	50.000	84.8429	−0.2971	0.0069

第十一章　有限元结构分析程序系统特点

有限元法的实现必须通过计算机. 全部有限元法的计算原理和数值方法集中反映在有限元法的程序中,因此有限元法的程序极为重要,它应具有分析准确可靠、计算效率高、使用方便、易于扩充和修改等特点. 本书第七章至第十章在前六章阐述的有限元基本理论的基础上初步介绍了有限元法程序设计的基本原理和方法. 随着科学技术的不断发展,有限元法的理论、程序设计和应用水平有了巨大的飞跃. 它与计算机辅助设计和制造(CAD/CAM)技术、数据管理技术和先进的软件设计技术相结合,形成计算机辅助工程(CAE)软件系统,直接融入结构产品的设计、定型和制造过程. 本章将概要性地介绍有限元软件开发的相关技术和大型有限元结构分析软件系统的特点、结构和功能,以帮助读者从总体上了解有限元法软件的开发和应用的现状.

§11.1　有限元软件技术

有限元软件是随计算机软硬件技术和有限元方法的发展而发展的,从软件技术来说,一个比较完整、高效和使用方便的有限元软件,至少应包括以下几个方面:

(1) 数据管理技术;

(2) 用户界面与系统集成技术;

(3) 软件自动化技术;

(4) 智能化技术;

(5) 可视化技术;

(6) 面向对象的有限元软件技术.

11.1.1　数据管理技术

数据管理技术是有限元软件,以及基于有限元软件的 CAD/CAM 乃至 CIMS 系统的基础之一,有限元软件的进步与其数据管理技术的更新密切相关. 有限元软件的发展过程正是有限元软件中数据管理技术的发展过程. 对传统的有限元软件来说,数据管理技术是一种在有限元分析各算法模块之间传递或交换数据的技术,但是从有限元软件的应用角度来看,数据管理不仅作为一种数据传递或交换的工具,还应作为一种辅助分析和设计的手段,比如有关数据的显示操作和管理,在 CAD/CAM 中尤为重要.

11.1.2 用户界面与系统集成技术

用户界面是专门处理人—机交互活动的软件成分，例如，有限元软件的前处理系统一般就是一个用户界面系统. 用户界面已经成为软件开发中一个独立的、内容丰富的领域.

一方面，同一般的应用软件一样，有限元软件的用户界面不单是提供一种使用方便和能交互式地输入和输出有关信息，而且要提供一个高效的系统集成能力. 系统集成技术与用户界面技术密切相关，就现在软件技术的发展来说，以"事件"驱动为基础的交互式动态集成软件技术已经成为用户界面技术和系统集成技术的基础；另一方面，由于有限元软件主要是解决大型的科学与工程问题的计算工作，它具有数据类型复杂和输入量大的特点，因此有限元软件的用户界面技术应该能提供一种高效的数据压缩技术，即用户只需输入少量的信息就能描述清楚有限元分析所需的全部数据.

11.1.3 智能化技术

从应用的角度来说，有限元软件作为工程结构分析的主要工具，已经成为结构设计的一个重要组成部分，它要求有限元方法及其软件本身具有较高的可靠性. 由于有限元分析软件和结构分析问题本身的复杂性，使得整个结构分析的可靠性不但要靠软件本身的可靠性，而且要靠用户使用的可靠性. 这就促使了专家系统技术在结构分析领域中的应用，主要表现在如下两个方面：

(1) 前端智能化. 即采用智能化方法帮助用户使用有限元软件，如针对特定的问题选择分析策略和准备输入数据以及正确地调用软件的相关部分来完成相应的分析策略；

(2) 模型化系统. 即辅助用户建立特定问题的力学模型和有限元模型.

由于传统的有限元结构分析软件是以数值计算为主，相应的辅助系统是围绕数值计算展开的，因而自动化程度不高，使用不便和分析问题的周期太长. 这使得有限元软件在 CAD 中的地位不是指导设计，而是对设计结果的验证. 这样的软件已经不能适应 CAD 系统，特别是智能化 CAD，以及将 CAD 扩充成为 CAD/CAM 乃至计算机集成制造系统 CIMS 的要求. 事实上，有限元分析的目的是为了弄清楚结构在承受一定荷载下的物理响应，如刚度、强度、稳定性等，以指导结构设计. 因此，应该围绕设计过程，综合考虑有限元模型化过程、模型求解过程以及对模型求解结果的解释评价过程，来研制智能化有限元结构分析软件.

11.1.4 软件自动生成技术

有限元软件的算法是极其复杂的，开发有限元软件是非常繁琐的且工作量是很大的,为此人们考虑到有限元方法的通用性,开发了一批通用有限元软件系统.虽然通用有限元软件的发展已经很成熟了,但是仍然不能包罗万象,对于一个特殊的工程应用来说,为了进行有效的结构分析,工程师常常不得不做一些修改,加入新的材料和新的单元.再者,有限元方法及其应用领域仍在继续发展,新材料、新方法层出不穷,为了适应这些变化,除了开发可扩充、可再用的有限元软件系统外,更重要和更根本的是开发有限元软件的自动生成系统,以满足有限元方法研究和应用的需要.

就今天的软件自动化技术而言,还不可能完全由计算机自动生成一个完整的有限元软件.对于有限元软件来说,用户界面和单元分析对于不同领域或针对不同问题其需求是不同的,而其他部分相对是固定的.因此在现阶段,研究这两个方面软件的自动生成是有意义的,采用这两种技术的有限元软件也必将具有更广泛的实用性和适应性.

11.1.5 可视化技术

有限元计算涉及的数据类型多,数据量大,产生的结果数据量也大而且复杂,这是有限元软件的又一特点.随着计算机处理能力的提高和问题规模的扩大,这个特点将尤为明显.由此产生的对输入信息的检查和对结果数据的理解的困难迫使人们去探求更新的软件技术.科学计算的可视化技术正是在这一背景下发展起来的软件技术,它凭借计算机自身及其配套设备的图形能力,把计算中产生的数字信息转变为直观的、易于为研究和工程人员理解的图形或图像形式.它们可以是静态或动态的画面,并可以交互式地呈现于研究者和工程师面前,以加快与加深他们对被模拟对象的分析理解.

11.1.6 面向对象的有限元软件方法

有限元方法及其应用领域仍在日新月异地发展,这要求反映它的有限元软件具有高度的可扩充性和可再用性,同时有限元软件越来越成为CAD/CAM软件不可分割的一部分,这又要求有限元软件具有更高的可嵌入到其他系统的能力,而传统的以结构化分析、结构化设计和结构化编程为主的软件工程方法,虽然从一定程度上提高了软件开发效率和软件系统的可维护性,但对于提高软件的可重用性、可扩充性以及嵌入其他系统的能力方面,仍然不能满足开发新的软件系统的需要,其原因在于,传统软件工程方法是采用“面向任务”设计的观点,即为某项任务而设计.这种方法论产生了分析与设计阶段的鸿沟,导致了分析阶段的问题域与设计阶段的求解域不一致.面向对象方法正是为了摆脱这种不一致性而建立起来的新型软件工程方法.这种方法采用“建模”的观点,采用统一的概念和术语使得分析、设计和实现协调一致,极大地提高了软件成果的可再用性和可扩充性.

§11.2　有限元分析程序

有限元法程序总体可分为三个组成部分

(1) 前处理部分；

(2) 有限元分析本体程序；

(3) 后处理部分.

有限元分析本体程序是有限元分析程序的核心，它根据离散模型的数据文件进行有限元分析. 有限元分析的原理和采用的数值方法集中于此，因此它是有限元分析准确可靠的关键，选用计算方法的合理与否决定了有限元分析程序的计算效率和结果的精度及可靠性. 离散模型的数据文件主要应包括：离散模型的结点数及结点坐标；单元数及单元结点编码；载荷信息等，对于一个实际的工程问题离散模型的数据文件十分庞大，靠人工处理和生成一般是不可能的，除工作量大不能忍受外，还不可避免地出现数据错误，包括数据精度的不足. 为了解决这一问题，有限元分析程序必须有前处理程序. 前处理程序是根据使用者提供的对计算模型外形网格要求的简单数据描述，自动或半自动地生成离散模型的数据文件，并要生成网格图供使用者检查和修改. 这部分程序的功能很大程度上决定了程序使用的方便性.

同样，有限元分析程序的计算结果也是针对离散模型得到的. 例如对静力平衡问题可以得到离散模型各结点的位移，各单元的应力等. 输出的文本文件量很大，但却不易得到所分析对象的全貌，例如位移哪里最大，应力集中发生在什么部位以及变化趋势如何，因此一个使用方便的有限元分析程序不仅要有可供选择输出内容的文本文件，还需有结果的图形显示，如位移图、等应力线图或截面应力分布图等. 这部分程序称为后处理程序，与前处理程序相似，后处理程序对程序使用的方便性有举足轻重的作用.

有限元分析程序的三个组成部分对于一个较好的用于实际问题分析的有限元程序来说，前后处理的程序量常常超出有限元分析的本体程序. 前后处理功能越强，程序的使用就越方便. 有限元分析程序中前后处理程序一般可占全部程序条数的 2/3～4/5. 有的近期发展的通用程序更注重程序的“包装”和使用功能，有限元分析本体程序以外部分的比例更高.

11.2.1　本体程序

有限元分析本体程序的内容取决于采用有限单元法分析的问题类型，可以是静力学的或动力学的，可以是温度场或流场等其他场问题的，可以是稳态场问题或瞬态场问题的，也可以是线性的或非线性的等等.

以静力学问题为例，讨论有限元分析本体程序的组成和流程可以了解到一般有限元分析本体程序的结构特点，其中采用的编程技巧也具有普遍意义.

静力问题的有限元分析是依据离散模型的数据，以形成有限元求解方程$[K]\{\delta\}=\{P\}$的系数(刚度)矩阵$[K]$、等效结点载荷列阵$\{P\}$、并解方程得到结点位移$\{\delta\}$为其主要分析过程，主框图如图 11-1 所示.

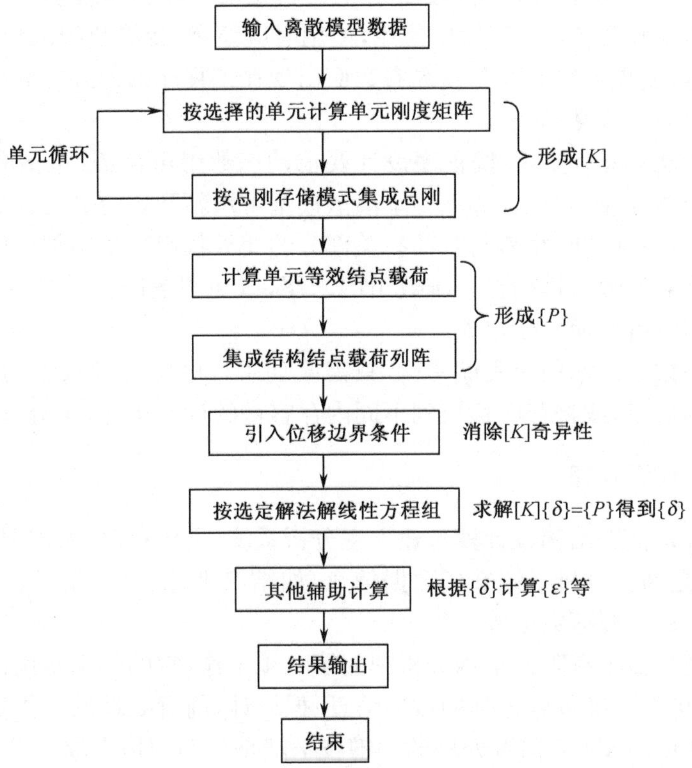

图 11-1 有限元分析的流程

主要编程技巧：

1. 程序结构模块化

有限单元法中各部分计算可分解成若干模块，每个模块可由 1 个或多个子程序组成. 子程序的功能应简单，便于调用或扩展. 主程序主要是按模块结构的顺序正确地组织和调用子程序. 主程序应条理清晰，不应夹杂复杂的具体计算.

2. 动态数组技术

由于有限元离散模型的规模有很大的差别，每次分析时离散模型的结点数、单元数、作用载荷情况都不相同，因此结构刚度矩阵、载荷列阵等的规模可能差别很大. 为了尽可能充分地利用计算机内存，许多数组都应定义为变界数组(界随具体分析对象而变化)，并共用一个大型数组，这就是动态数组技术，具体要点如下：

(1) 主程序中按整型和实型定义二个一维大型数组，分别存放整型和实型的变界数组. 数组的界应在可能情况下尽量大些，以充分利用计算机内存以扩大解题规模.

(2) 设计动态数组表：将变界数组按界可确定的顺序在一维数组中排列次序.

(3) 变界数组只能在子程序中使用，使用时应注意：变界数组的界应在进入子程序前已确定；变界数组名及其变界参数应出现在子程序的形式参数中；子程序中的变界数组可为 n 维数组.

(4) 动态数组覆盖技术：按程序设计要求动态数组可覆盖，包括全部覆盖(如连续计算多个离散模型时，计算下一个离散模型可重新开始定义变界数组)和部分覆盖(如计算多组载荷时覆盖与载荷有关部分的变界数组). 采用部分覆盖技术时，必须将要被覆盖的数组排列在一维数组的末尾，以免覆盖时由于界的变化而使其他数组的数据被占用而发生错误.

采用动态数组技术便于程序移机，只需改动主程序中一维数组的界便可扩大和缩小解题的规模，或将程序移植到不同内存容量的计算机上，十分方便.

11.2.2 前置处理

前置处理是根据结构设计模型建立主分析系统(主体程序)所需要的有限元数据模型，目的是为主分析系统准备数据信息，如结点坐标、单元编号、几何参数、材料参数、约束条件、载荷数据等.

前置处理是整个有限元结构分析中的第一步工作，它的作用是用快捷、可靠的方法，为主分析系统准备好正确的数据信息. 据统计，前置处理的工作量，占整个有限元分析工作量的 45%. 前置处理的关键技术就是自动网格生成技术.

前置处理主要功能

(1) 从二维或三维设计模型直接转换为有限元模型；

(2) 提供完整的建立几何模型的工具，形成与通用有限元程序连接的接口；

(3) 有限元模型网格的自动生成、网格的修改、拼接和结点编号的优化；

(4) 定义边界条件，如载荷、位移、接触等约束条件；

(5) 诊断、修改错误模型和动、静态模型显示.

为了实现上述功能，前置处理必须具有较强的数据存贮和管理能力. 一般的前置处理程序，都要建立数据库，以便存放和管理几何图形数据、材料参数、工程技术规范数据及其各种解法、优化方法控制数据等. 但是，目前市场上流行的大多数前置处理软件仍使用数据文件的传递与管理方式.

有限元网格的自动生成是建立有限元模型的重要技术，也是前置处理的重要环节. 前置处理程序的主要功能就是能方便地将有限元分析的计算模型进行网格划分，得到离散模型的有关数据，例如结点数、结点编码、结点坐标，以及单元数，单元结点编码等.

网格生成的方法很多，各有长处. 现以二维问题为例，介绍一种网格生成的方法——几何分区生成法，以示启迪.

图 11-2 所示为二个二维有限元分析实例：带孔矩形板（二向对称，取 1/4 作计算模型）和压力容器封头接管，它们的外形轮廓可按几何特征划分成若干区，如梯形区、不同心圆弧区、圆弧—直边区等，见图 11-2(a)和 11-2(b). 这种特点普遍存在于计算模型中，因此可以选择若干种典型的几何区，解决它们的网格生成及各几何区的连接问题，可较方便地对计算模型进行网格划分并得到相应的离散模型数据.

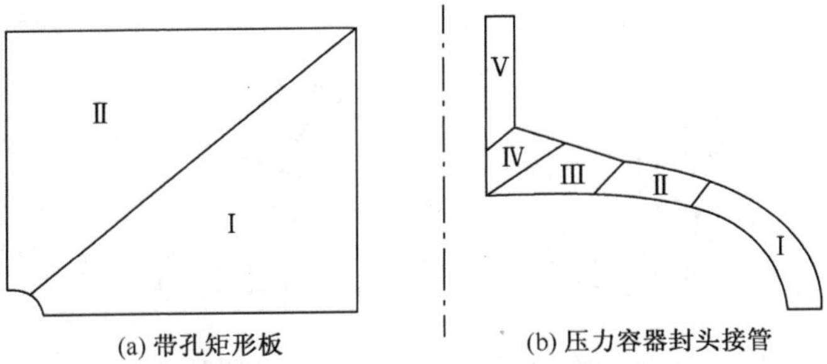

(a) 带孔矩形板　　(b) 压力容器封头接管

Ⅰ、Ⅱ为圆弧-直边区　　Ⅰ、Ⅱ为不同心圆弧区　Ⅲ、Ⅳ、Ⅴ为梯形区

图 11-2　二维问题实例

对二维问题，典型的几何区可选择为：梯形区、不同心圆弧区、直边-圆弧区及圆弧-直边区等四个几何区，见图 11-3. 每个几何区当 4 个端点坐标及有关圆弧的半径和圆心坐标确定时，几何区便惟一确定，对几何区即可进行网格生成.

有了各几何区的网格生成方案后，还需解决各几何区的联结问题，联结方案也应从实际问题出发. 一般可分为

(1) 前后二个几何区首尾结点相联，如图 11-4(a)所示；

(2) 前后二个几何区非首尾结点相联（包括只有首结点或尾结点相联），如图 11-4(b)所示. 其中首结点指图 11-3 中各几何区的 1，3 结点，尾结点指 2，4 结点. 不同的几何区联结给出不同的信息. 按组成计算模型的顺序，逐个几何区生成网格时，后一几何区网格应在前一几何区网格生成的基础上进行，结点和单元的计数进行累计，其他有关数组的形成按序进行.

11.2.3　后置处理

后置处理是指有限元分析计算结果的输出处理. 早期的后置处理只停留在输出大量的数据，然后要靠人工分析数据，绘成需要的图形和曲线，这种工作量也是

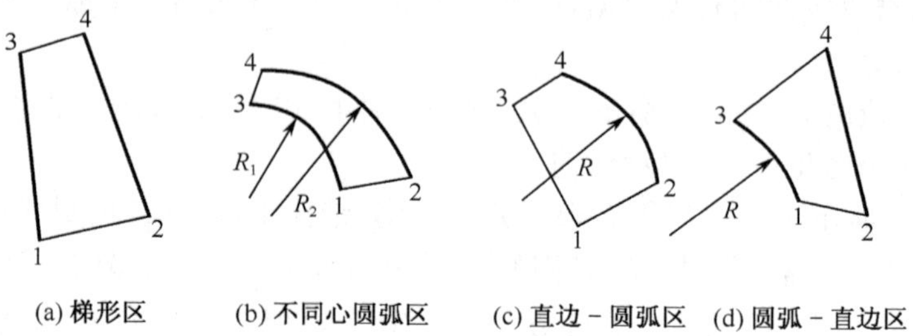

图 11-3 二维问题几何分区图

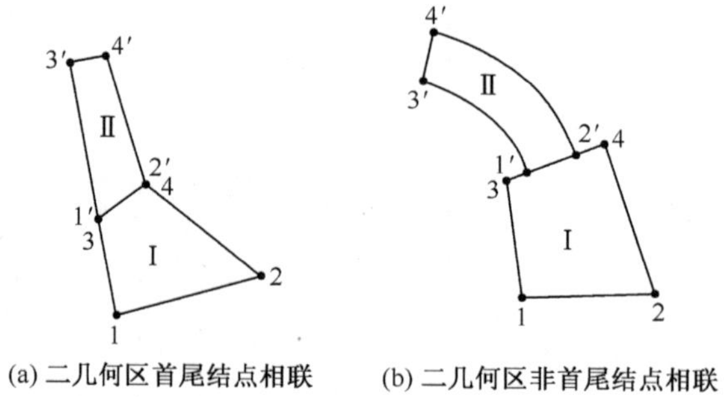

图 11-4 几何区的联结

相当大的，约占有限元工作量的 50%. 为使输出结果转化为直观、明了的图形，需要建立图形显示，如绘制等值线.

后置处理主要功能

(1) 检查、校核应力和位移是否超出规定值；

(2) 应力集中部位是否正确；

(3) 分析结果的分类、编目及报告生成.

为使后置处理的输出直观、明了，一般采用下列几种图形显示：

(1) 网格显示 网格显示是前、后置处理都必须具备的显示功能. 它是通过结点坐标找出所有结点的最大值 x_{max}，y_{max} 和最小值 x_{min}，y_{min} 建立屏幕坐标. 记录每个单元的结点的编号和坐标，同时由屏幕坐标，通过画线语句画出网格连线.

(2) 显示结构变形和位移 为了直观起见，结构的变形和结点的位移大小最好通过变形前的图和变形后的图将它们重叠在一起比较(图 11-5). 为得到结点变形后的新位置坐标，需逐步计算变形后的位移量，并适当按比例放大位移量. 所以新的变形后的坐标值为变形前的坐标加上按比例放大的位移量，这样就能看到清晰的变形图.

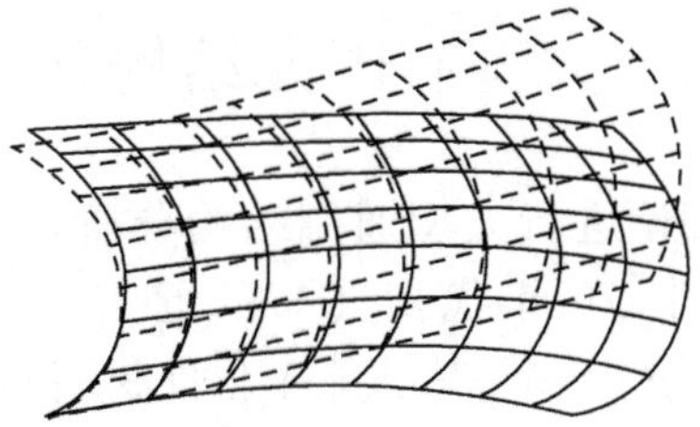

图 11-5　结构变形与位移的显示

(3) 应力的显示　应力的显示包括结点应力的显示、主应力的显示、单元应力的分布显示和应力等值线或云图的显示.

分析结果的表格化输出:①位移输出表;②应力输出表;③支反力输出表.

有限元前、后置处理的发展趋势:

(1) 自动化　有限元前置处理的关键是网格生成. 它经历了手工、半自动两个阶段,正朝着全自动化发展. 尽管对一些复杂结构,做全自动网格生成会出现畸形单元这样的问题,但随着这些问题的解决,网格的自动化会做得更合理、更有效.

(2) 智能化　网格生成不仅要自动化,更重要的是要利用该领域专家的经验和知识,帮助一般工程设计人员正确、迅速地建立有限元模型,生成有限元网格,所以前、后置处理的智能化将是发展的趋势.

(3) 标准化　所谓标准化,是指有限元前置处理、后置处理输入或输出都是符合当前数据转换标准的数据格式. 只有数据传输标准化,才能保证与其他系统的集成性.

(4) 可视化　可视化是指将有限元前、后置处理的输入、输出都变为"图形化",实现"图、数、意"为一体,可视化使网格自动生成,结果输出变得简单、直观、明了.

(5) 文档化　分析结果不仅要显示,打印输出,还要生成计算报告是一件很麻烦的事. 将显示结果、数字结果用计算机 Windows 技术经过编辑、剪切、生成一个图文并貌、符合工程上要求的技术文档资料,这也是后置处理所要发展的一个重要功能.

(6) 集成化　前、后置处理的集成化有两层含义. 一是内部集成,将多种有限元建模方式和多种后置处理方式集成在一起,能方便灵活、快速准确地生成多个有限元分析程序所需要的有限元模型,形成一个自动连接工程分析各个环节所必需的集成环境. 其二是向 CAD/CAM 集成(主要靠标准化的数据转换格式),能把前后置及分析程序集成到 CAD/CAE/CAM 这样的大系统中去,提高有限元分析在产品设计、分析、加工整个过程中的应用效果.

§11.3　大型有限元结构分析程序

在国外，利用有限元理论进行大型通用结构分析程序的开发是从 20 世纪 60 年代中期开始的. 根据统计，70 年代初公布的近 10 万条和超过 10 万条 FORTRAN 语句的程序就有不下 10 个. 其功能不仅能进行线性结构分析，也能进行非线性结构分析；不仅能进行静力分析，而且也能进行动力分析. 到目前为止，有些程序虽然也在不断增加新功能，但基本上还保持着原来的程序结构，这反映了当时的有限元理论以及数值方法的研究已达到了相当水平.

表 11-1　典型结构分析程序

程序名称	程序用途	研制国别	首次公布时间	程序语言	程序规模(条)
ADINA	通用	美	1975	FORTRANIV	40000
ANSYS	通用	美	1970	FORTRANIV	100000
ASKA	通用	德	1970	FORTRANIV	660000
DIAL	通用	美	1975	FORTRANIV	85000
HAJIF-Ⅰ	通用	中	1979	FORTRANIV	30000
HAJIF-Ⅱ	通用	中	1981	FORTRANIV	28000
HAJIF-Ⅲ	通用	中	1985	FORTRANIV	80000
HAJIF-X	通用	中	1993	FORTRANIV	500000
MSC. MARC	通用	美	1970	FORTRANIV	75000
MSC. NASTRAN	通用	美	1969	FORTRANIV	500000
SAMCEF	通用	比利时	1970	FORTRANIV	18000
SESAM-69	通用	挪威	1969	FORTRANIV	90000
SMART	通用	德	1976	FORTRANIV	410000
VEP	通用	中	1990	FORTRANIV	130000

如前所述，许多程序在维护过程中，功能不断增加，版本不断更新. 今天介绍的内容，明天就可能发生了变化，所以本节的目的是通过对几个典型程序的介绍，了解程序功能，便于使用. 我们知道，即使是分析功能很强的程序，它的某些功能的分析能力也是有限的，或者说是有选择性的. 如果不去详细了解，只是按照一般的介绍有时会满足不了自己的要求. 比如单元类型、材料特性、处理方法不具备所要求的功能等，这时往往一些不太有名气的程序可能会解决所提出的问题，所以如果需要选用程序还必须再去查阅更多的资料，表 11-1～表 11-4 介绍了国内外一些大型通用分析程序. 仔细研究这些程序就可以发现每个程序都具有自己的特点，因此在选用程序(不仅仅是这几个程序)时，要特别注意研究该程序能否完成自己的分析

任务.

表 11-2　程序主要分析功能

程序名称	线性静力	非线性静力	屈曲	固有模态	线性动力响应	非线性动力响应	频振	突风响应	飞机滑跑响应	飞机着陆响应	鸟撞响应	热传导
ADINA	—	—	—	—	—	—						—
ANSYS	—	—	—	—	—	—						—
ASKA	—	—	—	—	—	—						
DIAL	—	—	—	—	—	—						
HAJIF-Ⅰ	—											
HAJIF-Ⅱ				—			—	—				
HAJIF-Ⅲ	—	—	—									
HAJIF-X	—	—	—	—	—	—	—	—	—		—	—
MSC. MARC	—											—
MSC. NASTRAN	—	—	—	—	—	—	—	—	—		—	—
SAMCEF	—	—	—	—	—	—						—
SESAM-69	—	—	—	—	—	—						
SMART	—	—	—									—
VEP	—	—	—	—	—	—	—	—	—	—	—	

表 11-3　主要单元种类

程序名称	杆元	梁元	薄膜元	剪切板元	板元	薄壳元	厚壳元	体元	间隙元
ADINA	LGM	LGM	LGM	LGM	LGM	LGM	LGM	LGM	LGM
ANSYS	LGM	L,G	LGM	LGM	LGM	LGM	LGM	LGM	G
ASKA	L,G,M	L,G,M	L,G,M	L	L,G,M	L,G,M	L,G,M	L,M	
DIAL	L,GM	L,GM	L,GM		L,GM	L,CM	L,CM	L,GM	L,G
HAJIF-I	L	L	L	L	L	L		L	
HAJIF-II	L	L	L	L	L				
HAJIF-III	L,GM	L,GM	L,GM	L	L,GM	L,GM		L,GM	
HAJIF-X	L,GM	L,GM	L,GM	L	L,GM	L,GM	L,GM	L	GM
MSC. MARC	L,GM	L,GM	L,GM	L	L,GM	L,GM	L,GM	L,GM	L,GM
MSC. NASTRAN	L,GM	L,GM	L,GM	L	L,GM	L,GM	L,GM	L	GM
SANCEF	L,G	L	L,G	L	L	L	L	L,M	L
SESAN-69	L,M	L,GM	L,M		L,GM	L,GM	L,GM	L,M	
SMART	L,M		L,M					L,M	
VEP	L,GM	L,GM	L,GM	L,GM	L,GM	L,GM		L,GM	

注:L:线性;G:几何非线性;M:材料非线性;GM:几何材料非线性.

表 11-4 材料特性表

程序名称	各向同性	正交异性	热弹性	非线性弹性	弹性-理想塑性	弹-塑性应变硬化	热弹性	热塑性	多层模式
ADINA	—	—	—	—	—	—	—	—	—
ANSYS	—	—	—	—	—	—	—	—	—
ASKA	—	—	—	—	—	—	—	—	—
DIAL	—	—	—	—	—	—	—	—	—
HAJIF-I	—		—						
HAJIF-II	—		—						
HAJIF-III	—	—	—	—	—	—	—		—
HAJIF-X	—	—	—	—	—	—	—		—
MSC. MARC	—	—	—	—	—	—	—	—	—
MSC. NASTRAN	—	—	—	—	—	—	—		—
SANCEF	—	—	—	—	—	—	—	—	—
SESAN-69	—	—	—	—	—	—			—
SMART	—	—	—	—	—	—	—	—	
VEP	—	—	—	—	—	—	—		—

§11.4 MSC. PATRAN/NASTRAN 有限元分析程序系统简介

如上节所述，世界上有多种不同规模的结构有限元分析程序系统. 每种系统有其各自的特点，更有着大量的共同的特征和相似性. 创建于 1963 年的 MSC 公司，总部设在美国洛杉矶，是享誉全球最大的工程校验、有限元分析和计算机仿真预测应用软件(CAE)供应商，也是 CAE 领域内具有代表性的大型通用有限元程序系统 MSC. NASTRAN 的开发者. 本节拟以 MSC. NASTRAN 和 MSC. PATRAN 软件系统为例，简述大型有限元分析软件和有限元前、后置处理软件的特点和功能.

11.4.1 MSC. NASTRAN 软件系统

MSC. NASTRAN 软件拥有上百万条源程序语句，可对结构进行各种静、动力分析、敏度分析和优化设计，覆盖了绝大多数工程应用领域. MSC. NASTRAN 具有先进的计算结构技术，能够处理数百万个自由度的大型工程问题. 每一种版本都要经过几千个例题的测试考证，具有极高的软件可靠性. 其输入输出格式已经成为 CAE 领域的公认标准. MSC. NASTRAN 为用户提供了方便的模块化功能选项，其主要功能模块有：基本分析模块(含静力、模态、屈曲、热应力、流固耦合及数据库管理等)、动力学分析模块、热传导模块、非线性分析模块、设计灵敏度分析及优化模块、气动弹性分析模块及高级对称分析模块. 因此，MSC. NASTRAN 可以解决各类结构的强度、刚度、屈曲、模态、动力学、热力学、非线性、(噪)声学、流体/结构耦合、气动弹性及结构优化等问题. 通过 MSC. NASTRAN 的分析可确保各个零件及整个系统在最合理的环境下正常工作,获得最佳性能. 此外,程序还提供了开放式用户开发环境,以满足用户的特殊要求.

MSC. NASTRAN 主要功能如下:

(1) 静力分析 除通常的线性静力分析外,还具有惯性释放的静力问题和一系列具有非线性属性的静力问题的分析功能.

(2) 屈曲分析 线性和非线性屈曲分析,主要有:线弹性失稳分析、弹塑性失稳分析、几何非线性失稳分析、非线性屈曲分析.

(3) 动力学分析 结构动力学分析是 MSC. NASTRAN 的主要强项之一. 其主要分析功能如:固有模态分析、直接复特征值分析、直接瞬态响应分析、模态瞬态响应分析、响应谱分析、模态复特征值分析、直接频率响应分析、模态频率响应分析、非线性瞬态分析、模态综合、动力灵敏度分析、(噪)声学分析、随机响应分析、冲击谱分析等.

(4) 非线性分析 非线性分析也是 MSC. NASTRAN 的主要强项之一. 除提供几何、材料、边界非线性外,还提供了具有非线性属性的各类分析单元:如非线性阻尼、弹簧、三维接触单元等. 并且拥有丰富的迭代和运算控制方法.

(5) 热传导分析 基于一维、二维、三维热分析单元,MSC. NASTRAN 可以解决包括热传导、对流、辐射、相变、热控系统在内所有的热传导现象,并真实地仿真各类边界条件,构造各种复杂的材料和几何模型、模拟热控系统,进行热-结构耦合分析.

(6) 空气动力弹性及颤振分析 气动弹性分析功能主要包括:静态和动态气弹响应分析、颤振分析及气弹优化.

(7) 流-固耦合分析 流-固耦合分析主要用于解决流体(含气体)与结构之间的相互作用效应.

(8) 多级超单元分析 超单元法又称为子结构法,它是把复杂的结构划分成许多结构进行分析,多级超单元分析是 MSC. NASTRAN 的主要强项之一,适用于所有的分析类型,如线性静力分析、刚体静力分析、固有模态分析、几何和材料非线性分析等.

(9) 先进的对称分析 针对结构的对称、反对称、轴对称或循环对称等不同的特点,MSC. NASTRAN 提供了不同的算法,可大大压缩大型结构分析问题的规模,提高计算效率.

(10) 设计灵敏度及优化分析 MSC. NASTRAN 拥有强大、高效的设计优化能力,其优化过程由设计灵敏度分析及优化两大部分组成. 设计变量包含形状和尺寸两大部分. 优化过程时间短、效率高、优化结果可靠.

(11) 层状复合材料分析 MSC. NASTRAN 拥有很强的复合材料分析功能,

并有多种可应用的平面单元供用户选择. 层内失效准则包括：Hill 理论、Hoffman 理论、Tsai-Wu 理论和最大应变理论. MSC. NASTRAN 的复合材料分析适用于所有的分析类型.

(12) P 单元及 H、H-P 自适应分析 H 法是有限元分析中经常使用的算法，它是通过不断自动加密细化高应力区的有限元网格来满足分析精度. P 法是通过减少单元划分数量自动提高形函数的阶次来保证求解精度. 在 MSC. NASTRAN 中，允许同一模型中 H 法与 P 法混合使用(即 H—P 法)而不存在单元相容性问题，且求解速度快. 这三种方法已引入到 MSC. NASTRAN 68 版及其以后的版本中.

11.4.2 MSC. PATRAN 软件系统

MSC. PATRAN 是 MSC 公司开发的著名的有限元前后置处理软件，它具有以下主要功能和特点：

(1) 开放的工程分析架构

MSC. PATRAN 不仅可以直接生成分析结构的几何模型，也可以直接从 Pro/ENGINEER、CATIA、Unigraphics 等 CAD/CAM 软件中抓取几何模型，然后直接快速地创建有限元模型，提供给 MSC. NASTRAN 等进行结构分析.

(2) 强有力的网格生成功能

拥有先进的网格自动划分技术和方便的网格处理能力.

(3) 逼真的可视化环境

提供了多种有限元分析结果的可视化工具，使用条纹、等值线和向量图等方式直观地显示计算结果，并可通过动画形象地显示结果.

(4) 开放的软件开发环境

有好的图形用户界面和 PCL 语言，为专用软件的二次开发提供了强有力的软件环境.

执行 MSC. PATRAN 软件进行工程分析的一般流程为：

(1) 建立几何模型

几何模型可直接在 PATRAN 中建立，也可直接从 CAD 软件中读入，或先从 CAD 软件中读入，再在 PATRAN 中进行编辑修改.

(2) 选择分析程序

MSC. PATRAN 支持多种不同种类的分析程序，包括 MSC. NASTRAN、MSC. DATRAN、MSC. MARC、MSC. ADVANCED-FEA、ANSYS、ABAQUS 和 DYNA3D 等. 这些分析程序都有其各自的特点，因此在创建分析模型前，一定要先设定分析程序.

(3) 建立分析模型

创建分析模型的过程一般包括以下几个步骤：

✚ 划分网格

✚ 创建或从标准材料库中获取材料

✚ 指定单元特性

✚ 施加载荷及约束条件

(4) 递交分析

根据计算要求设置与分析程序相关的求解参数和控制参数，例如，与计算类型(静力、动力或非线性等)、载荷工况和输出结果相关的参数. 直接递交运算或产生计算文件.

(5) 评价分析结果

对计算结果进行可视化显示，提供计算结果的云纹图、等值线、曲线图或矢量图等，并可以动画显示.

11.4.3　MSC. PATRAN/NASTRAN 应用实例

MSC. PATRAN 软件的用户界面如图 11-6 所示. 同时，作为示例也绘出了用其生成的某大型加筋壳体结构的有限元几何模型和网格图. 在这个网格中，共有 24000 多个四结点壳单元和空间梁单元，15000 多个结点. 在 MSC. PATRAN 中针对模型进一步完成了创建材料、赋予单元材料特性、施加约束和载荷条件等项步骤，然后调用 MSC. NASTRAN 程序对该结构进行线性静力和模态分析，并对计算结果进行后处理. 图 11-7 给出了计算结果应力分布的云纹图.

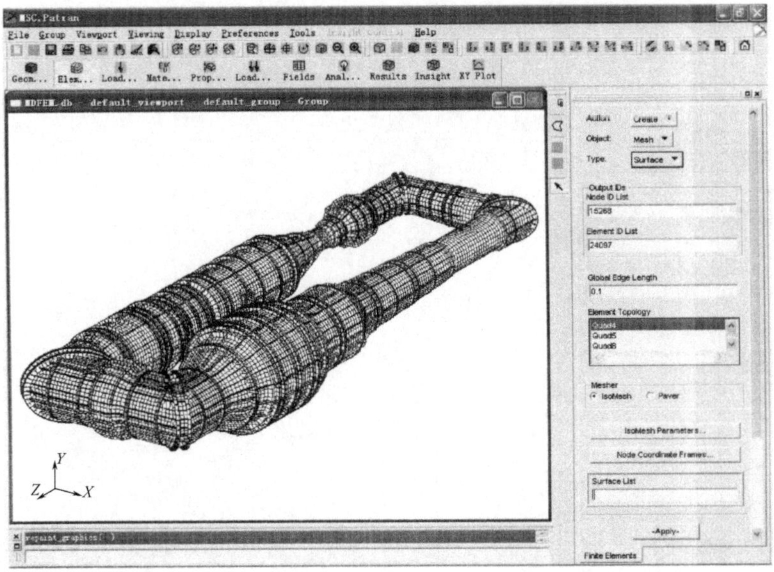

图 11-6　MSC. PATRAN 的用户界面和网格划分示例

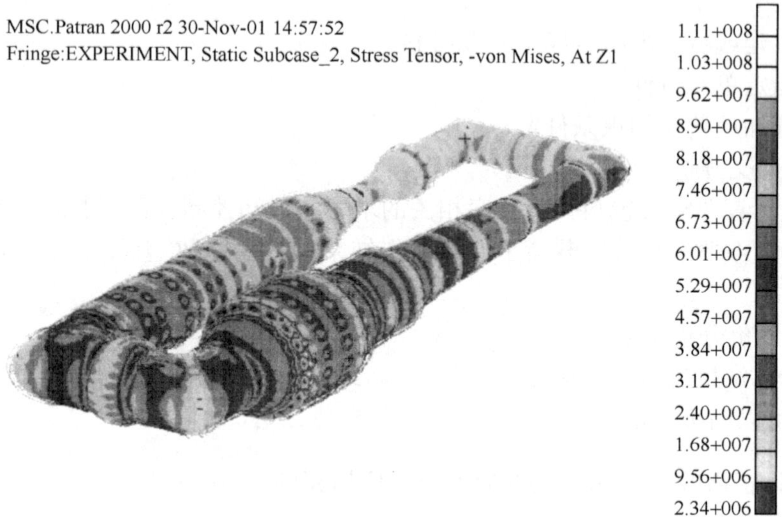

图 11-7　MSC. PATRAN 后处理云纹图示例

第十二章　飞机结构有限元分析

§12.1　航空组合结构有限元分析模型的建立

在航空组合结构有限元分析中，结构有限元分析模型的建立是最为重要的一步，因为有限元程序工作的对象并不是真实的航空结构，而只是理想化了的有限元模型. 如果所建立的有限元模型不能合理地反映航空组合结构的实际情况，则无论所采用的有限元理论如何完备，所应用的有限元程序如何正确，都不能很好地解决工程实际问题，从这个意义上讲，建立结构有限元分析模型的总则就是要使所建立的有限元模型能在力学上合理地模拟实际的工程结构，这里的“合理”指的是：首先它必须满足工程精度要求，即真实性要求，模型应能如实地反映结构的几何形状、材料特性、传力路线、承载方式及边界约束条件；其次，作为一工程计算模型，还应满足经济性的要求，即计算量要尽可能小.

12.1.1　建模准则

建模的总则是根据工程分析精度要求去建立合适的能模拟实际结构的有限元模型. 有限元模型在将连续体离散化及用有限个参数表征无限个性态自由度过程中不可避免地引入了近似. 为使结构有限元分析有足够的精度，所建立的有限元模型必须在能量上与原连续系统等价. 具体地应满足下述条件或准则：

(1) 有限元模型　应满足平衡条件，即结构的整体和任一单元在结点上都必须保持静力平衡.

(2) 变形协调条件　交汇于一个结点上的各单元在外力作用下，引起单元变形后必须仍保持交汇于一个结点，整个结构上的各个结点，也都应同时满足变形协调条件.

(3) 除上述两个基本条件外，还必须满足边界条件（包括整个结构边界条件及单元间的边界条件）和材料的本构关系.

(4) 刚度等价原则　有限元模型的抗弯、抗扭、抗拉及抗剪刚度应尽可能等价.

(5) 认真地选取单元，使之能较好地反映结构构件的传力特点，尤其对主要受力构件，应做到尽可能不失真. 在单元内部所采用的应力和位移分布函数必须是当单元大小递减时，有限元解趋于连续系统的精确解. 对于非收敛元，应避免使用.

(6) 应根据结构特点，应力分布情况，单元性质，精度要求及计算量大小等仔细划分计算网格.

(7) 在几何上要尽可能地逼近真实的结构体,其中特别要注意曲线与曲面的逼近问题.

(8) 仔细地处理载荷模型,正确地生成结点力,同时载荷的简化不应跨越主要受力构件. 经验表明,所建立的有限元模型如能较好地满足上述诸项准则,它们将能较好地应用于工程实际结构分析.

12.1.2 单元分析

单元形态是有限元分析的核心,它包括了有限元方法离散化的全部精华. 它描述了构件的材料特征,单元的几何特征以及单元内逼近函数的形式和精度,因此,它是有限元分析成功与否的关键之一,是所有用有限元方法解决实际问题的人首先关注的.

经过近 40 年的发展,已经形成了十分丰富的单元形态库,可以说,无论是多么复杂的问题,在现有单元形态库中,总可以找到适合于它的单元形态. 按基本构件形态,现行有效的单元形态可归纳为如下 11 类:

(1) 杆梁单元:直杆、直梁和曲梁元;

(2) 管单元:直管、弯管;

(3) 平面元与板弯曲元:三结点三角形、六结点三角形、抗剪切面元(四边形)、四结点四边形、八结点四边形、高精度三角形如六结点二次三角形以及各类层合板单元;

(4) 薄壳曲壳元:三结点三角形、六结点三角形和四结点四边形以及各类层合壳单元;

(5) 轴对称单元:旋转壳曲线环、三结点三角形环、六结点三角形环、四结点四边形环和八结点四边形环;

(6) 断裂单元:三角形断裂元、奇性断裂单元和裂隙单元;

(7) 接触单元:无摩擦接触元、有摩擦接触元和裂隙接触单元;

(8) 厚壳元:简化到中面厚壳元、六结点三角形楔、十二结点三角形楔和十六结点四边形棱柱元;

(9) 空间实体元:四结点四面体元、六结点楔形体元、十五结点楔形体元、八结点六面体元、二十结点六面体元;

(10) 特殊单元:标量弹簧元、边界罚单元和一般相关约束单元;

(11) 过渡元:直杆与平面元过渡元、直杆与三维块体过渡元、梁与平面体过渡元和梁与三维体过渡元等.

一般应按如下原则选择单元形态:对结构类型的适应性;对构件几何形状的适应性;单元逼近精度;计算量;单元分析的复杂性. 作为通用的有限元软件,要求单元库配备的单元形态能覆盖有限元软件应用领域的所有方面，即对于该软件所面临的问题集合中的每个具体问题，不管其几何形状与材料组合多么复杂，总可以在单元库里找到一些单元，使用它们可以对问题进行有效的离散化. 因此，装配计算量小、精度高、适应性强又稳定可靠的单元库是开发有限元软件的一项十分重要的工作. 为了保证有限元分析结果的精度，在选择单元形态时，除了按上面的原则综合考虑外，还应考察单元插值函数是否通过分片检验，是否具有坐标不变性，无伪零能模式，对网格畸变的灵敏度小和适应于不可压缩材料等.

12.1.3　航空结构模型中单元的选取

要建立航空组合结构的一个好的有限元模型，单元的选取是十分关键的一环. 单元的选用要立足于所模拟构件的受力特点. 针对航空组合结构的受力情况，下面将介绍一些在航空组合结构分析中行之有效的一些单元及其适用范围.

1.　航空结构常用单元及其应用

(1) 等轴力杆

这种单元如图 12-1 所示

$$F_{6\times1} = [F_{ix} \quad F_{iy} \quad F_{iz} \quad F_{jx} \quad F_{jy} \quad F_{jz}]^{\mathrm{T}}$$
$$\delta_{6\times1} = [\bar{u}_i \quad \bar{v}_i \quad \bar{w}_i \quad \bar{u}_j \quad \bar{v}_j \quad \bar{w}_j]^{\mathrm{T}}$$

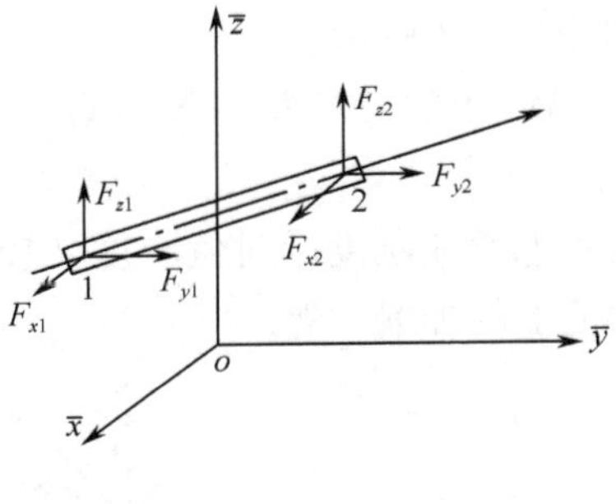

图 12-1　等轴力杆

在飞机结构上，这种单元常用于模拟可略去弯曲刚度的杆件，如机身及翼面结构长桁，梁、肋中的凸椽以及支柱等构件.

(2) 匀变轴力杆

对于板厚较薄的杆、板结构，轴力杆一受剪板模型是较有效的. 在这种模型中，杆单元处于匀变轴力状态. 但流行使用的却是上面介绍的等轴力杆单元，虽然应用这种单元的程序，也常输出变轴力的结果，但那只是对杆轴力的一种表面上的剪力修正，而作为其计算基础的位移值仍是从等轴力杆元而非变轴力杆元计算的，这就不可避免地影响了计算精度.

为提高计算精度,发展了一种三结点变轴力杆单元.这种单元如图 12-2 所示.

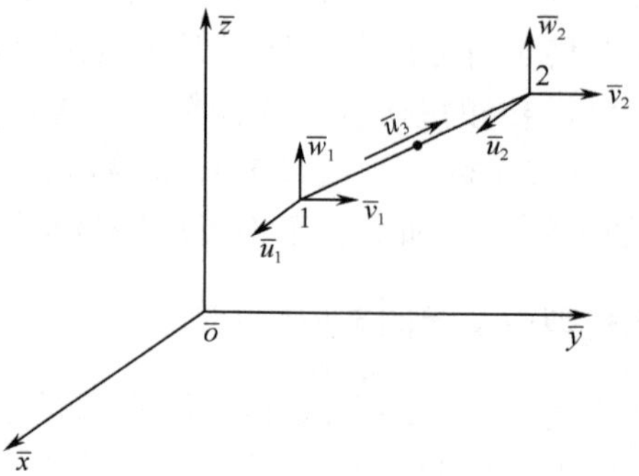

图 12-2　变轴力杆

总体坐标系下

$$\bar{F}_{7\times1}=[F_{x1}\quad F_{y1}\quad F_{z1}\quad F_{x2}\quad F_{y2}\quad F_{z2}\quad F_3]^{\mathrm{T}}$$
$$\bar{\delta}_{7\times1}=[\bar{u}_1\quad \bar{v}_1\quad \bar{w}_1\quad \bar{u}_2\quad \bar{v}_2\quad \bar{w}_2\quad u_3]^{\mathrm{T}}$$

此单元可在轴力杆-受剪板模型中取代等轴力杆单元,具有很好的精度.

(3) 梁元

这里介绍 2 种单元,空间梁元与偏心梁元

空间梁元,这种单元如图 12-3 所示

$$F_{12\times1}=[N_1\quad Q_{y1}\quad Q_{z1}\quad M_{x1}\quad M_{y1}\quad M_{z1}\quad N_2\quad Q_{y2}\quad Q_{z2}\quad M_{x2}\quad M_{y2}\quad M_{z2}]^{\mathrm{T}}$$
$$\delta_{12\times1}=[u_1\quad v_1\quad w_1\quad \theta_{x1}\quad \theta_{y1}\quad \theta_{z1}\quad u_2\quad v_2\quad w_2\quad \theta_{x2}\quad \theta_{y2}\quad \theta_{z2}]^{\mathrm{T}}$$

这种单元常用于必须考虑弯曲刚度同时偏心度又较小的杆件,如机身梁,环形框缘条,座舱骨架,气密端框上的加筋件等.

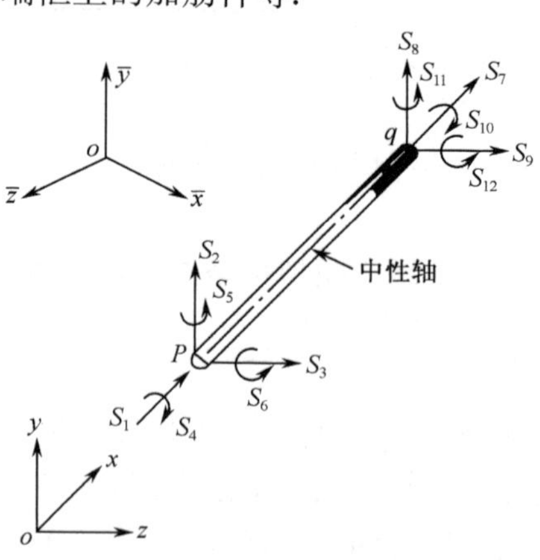

图 12-3　空间梁元

偏心梁元,偏心梁元如图 12-4 所示

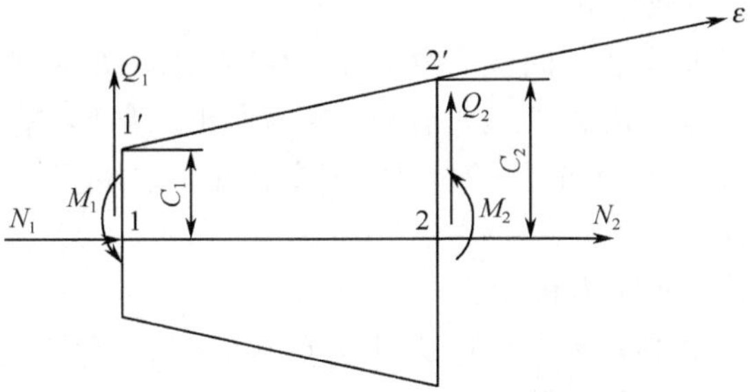

图 12-4 偏心梁元

本单元主要用于梁单元结点与形心有较大偏离的梁缘条上,此时若不考虑偏心影响,计算结果误差将较大.

(4) 梯形受剪板元

这种单元如图 12-5 所示

$$F_{12\times1}=\{F_{x1}\quad F_{y1}\quad F_{z1}\quad \cdots\quad F_{x4}\quad F_{y4}\quad F_{z4}\}^{\mathrm{T}}$$

$$\delta_{12\times1}=\{\overline{u}_1\quad \overline{v}_1\quad \overline{w}_1\quad \cdots\quad \overline{u}_4\quad \overline{v}_4\quad \overline{w}_4\}^{\mathrm{T}}$$

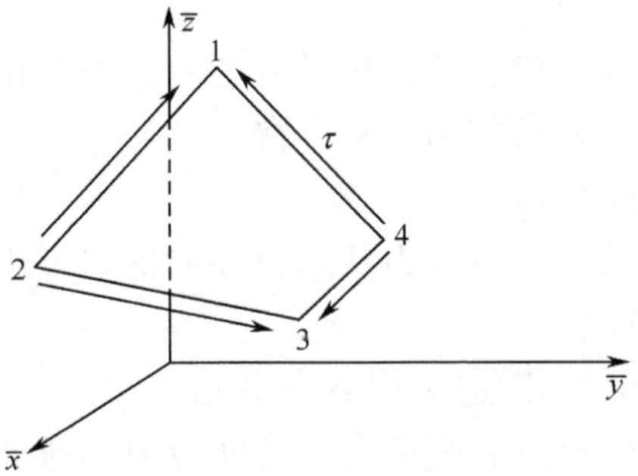

图 12-5 梯形受剪板元

本单元常用于厚度较薄的蒙皮及梁、肋腹板,其承受正应力能力折算到相邻的杆单元上.这种单元与轴力杆单元一起,构成轴力杆-受剪板模型.由于这种模型简单易行,所以在飞机薄壁结构中广泛应用.但需注意:1)板承受正应力的等效面积的折算虽有一些经验的算法,如 30δ,40δ 等,但严格说来,这种等效面积与板中应力密切相关,在未求得应力分布情况下,是很难准确确定的.确定这种等效面积的途径应采用迭代法.2)这种模型略去了平面受力状态两个方向受力的相关性,有时会引起严重误差,特别是当纵向应力处于高水平时,对这种模型算得的横向构件内力需加以修正.

(5) 平面应力三角板单元

本单元可用于模拟处于平面应力状态且形状难以用矩形或梯形逼近的蒙皮.这种单元在三角形的形状接近等边时较好,越偏离正三角形,精度就愈差.而且,这种单元是一种常应力单元,不能反映应力、应变在单元内部变化情况,所以在结构简化时尽量少用为好.

(6) 任意四边形平面应力板单元

这种单元可用于模拟处于平面应力状态且几何形状可用任意四边形逼近的蒙皮及加强框的框板和加强肋的肋板.

(7) 六结点平面三角形板元

本单元可用于模拟处于平面应力状态且几何形状需用直边或曲边三角形逼近,而精度又要求较高的蒙皮及框、肋板.

(8) 八结点四边形等参元

此单元可用于模拟处于平面应力状态且边界为曲线的孔边蒙皮或框、肋板.

(9) 八结点六面体等参元

本单元是分析三维应力状态最常用单元之一,它适用于在几何形状上可用六面体形状来逼近且精度要求不高的块体结构.

(10) 二十结点六面体等参元

本单元是分析三维应力状态最常用单元之一,它适用于在几何形状上可用直或曲六面体来逼近且精度要求较高的复杂接头.

(11) 矩形、三角形板弯元

本单元可用于模拟处于弯曲应力状态且几何形状可用矩形逼近或难以用矩形逼近的厚蒙皮及厚的框肋板.

(12) 薄壳三角形、矩形、四边形等参壳单元

本单元可用于模拟同时具有膜应力与弯曲应力的薄壳应力状态的蒙皮机身壳体及机头罩等飞机结构部分.

2. 过渡单元的构造和使用方法

需要构造和使用过渡单元主要是由于下面的原因.

为了真实地模拟航空组合结构各部位的几何形状及受力状况,需对组合结构各不同部位选择适当的单元,由于组合结构的复杂性,各部分之间单元性质,结点数及自由度均很不相同,难以直接连接,这就需要构造若干类型过渡单元来实现不同单元之间的连接.典型的如体元—壳单元之间的过渡单元.

典型过渡单元举例——梁元与薄壁结构之间的过渡单元:

空间梁元每个端点处有 6 个自由度,而空间薄壁结构每个结点只有 3 个线位

移自由度，当空间梁元与空间薄壁结构相连时，就需要通过一种过渡梁单元来实现，这种梁单元一端为 6 个自由度，而与薄壁结构相连的一端则为 3 个自由度（见图 12-6）. 这种过渡单元可以将一般空间梁单元松弛掉 3 个与转角有关的自由度来实现. 设需将 B 端的 3 个转角 θ_{x2}，θ_{y2}，θ_{z2} 进行松弛，则可将单元刚度方程分块如下：

$$\begin{Bmatrix} F_e \\ F_0 \end{Bmatrix} = \begin{bmatrix} K_{ee} & K_{e0} \\ K_{0e} & K_{00} \end{bmatrix} \begin{Bmatrix} \delta_e \\ \delta_0 \end{Bmatrix}$$

式中

$$\delta_e = [u_1 \quad v_1 \quad w_1 \quad \theta_{x1} \quad \theta_{y1} \quad \theta_{z1} \quad u_2 \quad v_2 \quad w_2]^{\mathrm{T}}$$

$$\delta_0 = [\theta_{x2} \quad \theta_{y2} \quad \theta_{z2}]^{\mathrm{T}}$$

$$F_0 = [M_{x2} \quad M_{y2} \quad M_{z2}]^{\mathrm{T}} = [0,0,0]^{\mathrm{T}}$$

于是有

$$F_{e9\times 1} = K^*_{e9\times 9} \delta_{e9\times 1}$$

式中

$$K^*_{e9\times 9} = K_{ee} - K_{e0} K_{00}^{-1} K_{0e}$$

此即为松弛 B 端 3 个转角自由度后的过渡梁元的刚度矩阵.

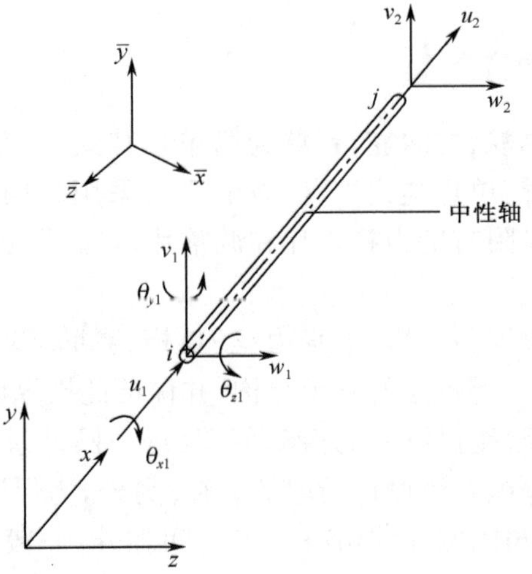

图 12-6 过渡梁元

3. 航空结构常用单元组合

有限单元法在用于实际航空结构分析时，不可避免地要遇到各种结构单元的组合问题，单元组合的一个必要准则是，在所用不同种类单元结点处的自由度数量必须相同. 要从数学上严格论证单元组合问题存在一定困难，但在工程实践中已积累了大量经验，认为下述常用组合在工程上是可行的：①受剪板元与轴力杆元；②平面应力板元与轴力杆元；③梁元与受弯板元；④梁元与壳元. 其他如梁-薄壁结构，板、壳元-薄壁结构以及体元-壳元连接等，则需借助过渡单元.

§12.2 飞机舵面结构的有限元分析

飞机的舵面即操纵面是用来控制飞机的速度、姿态、飞行方向等的可动翼面的总称，分为主操纵面和辅助操纵面两部分.

主操纵面是指升降舵，方向舵和副翼 3 个翼面. 依靠这 3 个翼面的操纵，可以直接使飞机作俯仰、滚转以及偏航运动.

辅助操纵面是指除主操纵面以外的其他可动翼面、包括襟翼、补偿片、阻力板等.

12.2.1 典型结构简介

大多数飞机的升降舵、方向舵、副翼为简单悬挂式，襟翼比较多见的是支持在滑轮上的后退式，也有简单悬挂式襟翼. 有的飞机采用可操纵的全动式水平尾翼. 像运七飞机内副翼上又附有助力补偿片和调整片，它们都是可操纵的翼面. 舵面的形式是多种多样的.

舵面除与一般固定翼面一样，本身由梁、长桁、翼肋、蒙皮等组成翼盒，形成闭室外，它们的特点是有一组较强的支承结构，并保证此操纵面以及支承结构能绕某一转轴运动. 为切实地限制操纵面的活动范围，每一操纵系统还有止动件，这些止动件应能承受对应的操纵系统设计情况的载荷. 另外，为保证舵面在受力变形后仍能活动自如，除活动面与固定面间留有一定的间隙外，一般来说，舵面都有较大的刚度.

某大型飞机的襟翼结构如图 12-7 所示. 为定轴转动式的简单襟翼，有两个液压操纵作动筒，四个悬挂接头. 整个襟翼的结构形式比较复杂，可分为三大运动部件：襟翼本体、整形板和折流板.

襟翼本体，由前梁和后墙将襟翼本体分为前缘、中段和后缘三部分，前缘和中段构成双闭室，后缘为胶接铝合金无孔蜂窝.

前缘为铆接结构，有 10 个加强肋，12 个普通肋和 5 个支撑肋、每个加强肋前

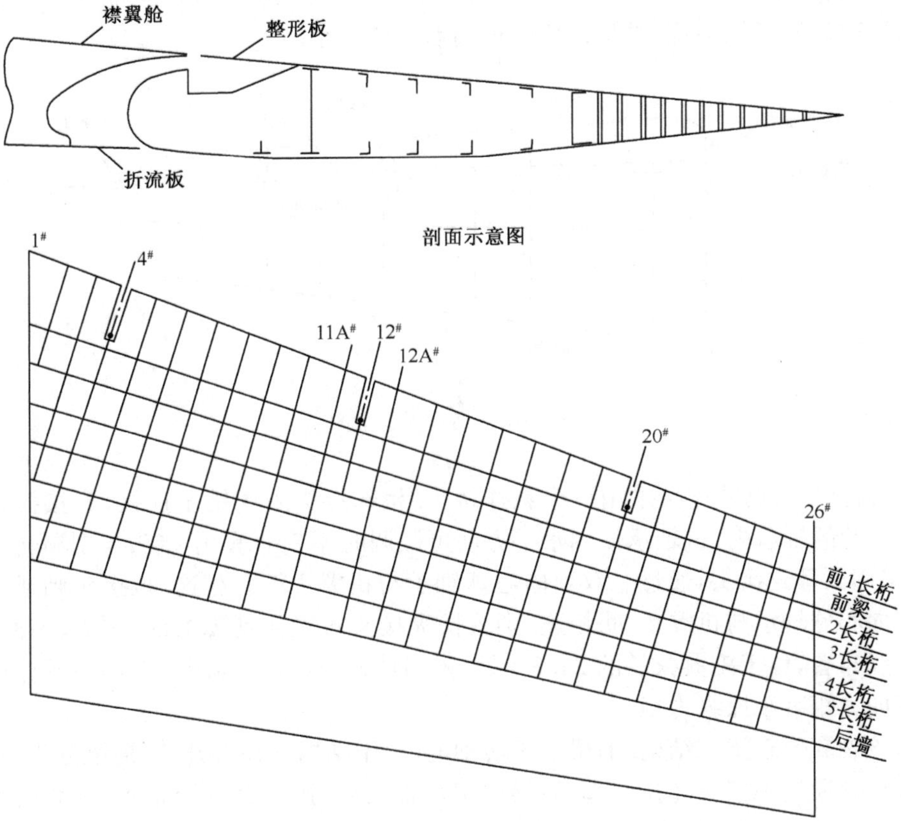

图 12-7　襟翼结构示意图

端分别固定一个折流板操纵接头.

中段由胶接壁板、前梁、后墙和翼肋组成受力盒段. 上、下翼面各有 4 根长桁，蒙皮、垫板、长桁间均为胶接. 前梁为铆接，后墙为板弯件. 中段有 24 个翼肋，垂直梁轴线方向布置，根肋和翼尖肋为顺气流方向.

蜂窝后段是与墙连接为一体的胶接铝合金无孔蜂窝结构.

襟翼梁上连有 4 个接头悬挂在机翼后梁伸出的支臂上，在第二个悬挂接头上连有两个操纵接头，襟翼的两个操纵作动筒分别与之相连.

整形板位于襟翼前梁上缘条之前，沿展向分为 3 块，通过合页、通条与梁的上缘条相连，每块整形板两端分别连有 2 个操纵支臂.

折流板位于下翼面襟翼前缘前，沿展向分为 4 块，通过合页、通条与襟翼舱纵墙相连，在襟翼梁上装有 10 个滚轮与襟翼前缘的 10 个鸭嘴形接头相连.

飞机副翼是飞机的重要操纵面之一，用于产生附加升力，以帮助飞机完成滚转等动作. 某小型飞机的副翼如图 12-8 所示. 副翼位于机翼后缘 7# 肋与 12# 肋之间,前缘后掠,后缘前掠,结构高度自前向后逐渐减小.

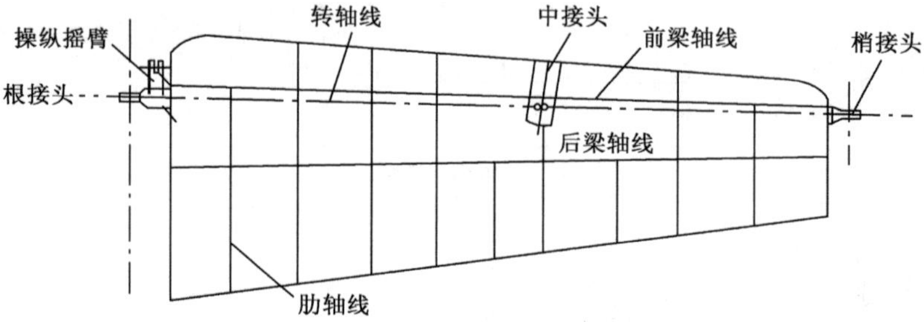

图 12-8　某副翼示意图

副翼与机翼的连接采用三个悬挂接头. 梢部接头采用销子连接,直接插入机翼 12# 肋的轴承内,该轴承使用水平方向可微调的关节轴承. 中接头与副翼转轴垂直,采用叉耳式接头,通过一双列向心球轴承与机翼 10# 肋相连. 根接头则通过一双列向心球轴承与机翼 7# 肋相连. 副翼操纵接头布置在副翼根部. 副翼转轴按等百分线布置,位于副翼弦长的 24.9%处,采用轴式补偿,可利用转轴前面部分产生的反向力矩减小操纵力矩.

该副翼为双梁式结构. 前梁位于转轴前,由于结构存在大开口,前梁分为两段,在开口处通过中接头连在一起. 后梁位于转轴之后,按等百分线布置. 副翼的前后梁均用 1.5mm 厚的铝合金板弯而成.

副翼结构共有 4 个隔板,5 个普通前肋,9 个普通后肋,两端为加强端肋. 普通肋为厚 0.8mm 的铝合金板弯件.

蒙皮以后梁为界分成前后两部分,前蒙皮受力较大,采用 1.5mm 的 LY12 铝合金板,后蒙皮受力相对较弱,化学铣切成厚 0.8mm。

12.2.2　舵面结构传力分析

舵面无论是在中立位置或者是偏离中心的位置都作用有气动载荷. 这些载荷是以压或吸的形式附加在蒙皮上的空气动力,由蒙皮承受,并将它传到肋上. 肋以弯曲承载,并将它传给梁. 梁则是一个支持在接头或者滑轮上的变刚度多支点梁. 整个剪力、弯矩通过各个支点的支点反力传给固定翼面,扭矩由蒙皮、梁、墙等形成的单闭室或双闭室承受. 铰链力矩则由操纵拉杆的力和由此力引起的支点反力组成的力偶来平衡. 有些接头处布置有侧撑杆,用来传递沿展向的侧向力.

12.2.3　有限元模型的选取

在有限元分析当中，建立一个与真实的连续结构等价的离散单元的数学模型是很重要的一步. 一个结构简化出的计算模型也不是惟一的.

（1）一般说来，有限元模型的网格是由纵向梁、长桁、墙和翼肋来划分的，为避免有的板元长度比过大，可加虚元来划小单元的尺寸.

（2）结点，一般具有 6 个自由度，3 个方向位移和 3 个方向的转角，对于特殊点，如边界点等，在指定方向上限制其位移.

（3）梁和墙缘条简化成等剖面杆元，见图 12-9.

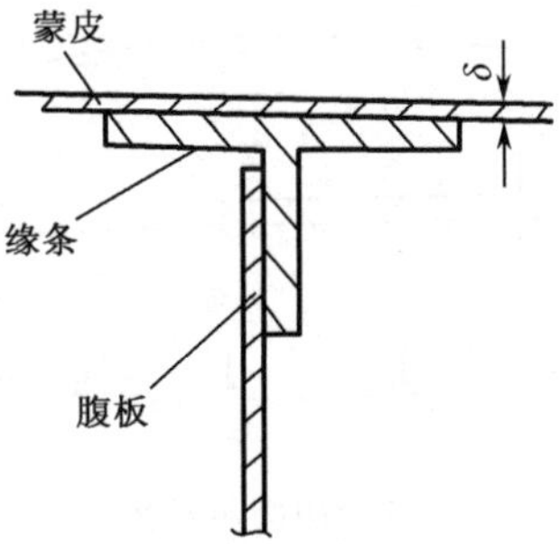

图 12-9　梁缘条示意图

当蒙皮取为正应力板元时，只计算梁缘条本身的面积，梁腹板取梁高度的 1/6 计算. 当蒙皮简化成剪应力板时，应计及蒙皮的面积，等效宽度一般可取为 30δ，当长桁间距较小时，也可按与蒙皮相连的缘板同宽度计算.

（4）长桁简化成等剖面杆元. 计算方法同梁缘条.

（5）肋缘条简化成杆元.

（6）梁、墙、肋的腹板简化成剪力板元.

（7）蒙皮较薄时可取为剪力板，较厚时可简化成正应力板元.

（8）接头划分成由杆、板单元组成的小部件.

（9）操纵作动筒的拉杆简化成杆元.

（10）滑轨一般应简化成空间梁元.

（11）不同材料的零件：

如果此零件自己可以单独简化成杆元、板元、梁元时，在材料卡上填入不同的材料性能即可. 如果不同材料的零件连接在一起，组成梁元、杆元、板元时（见图 12-10），可根据刚度不同，换算成同一种材料的当量面积. 当量面积

$$F = F_{\mathrm{Al}} + \frac{E_G}{E_{\mathrm{Al}}} F_G$$

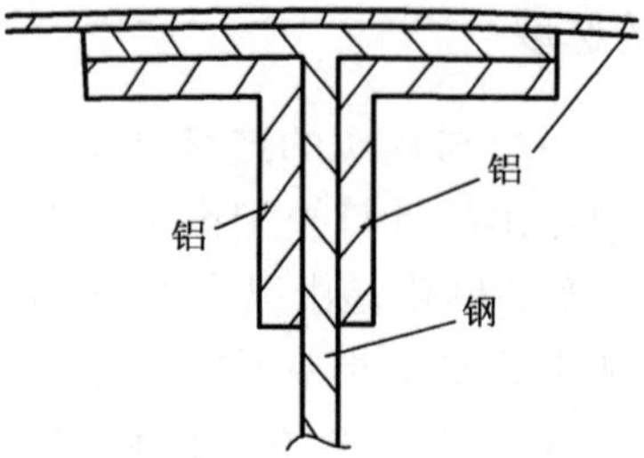

图 12-10　不同材料的零件的组合

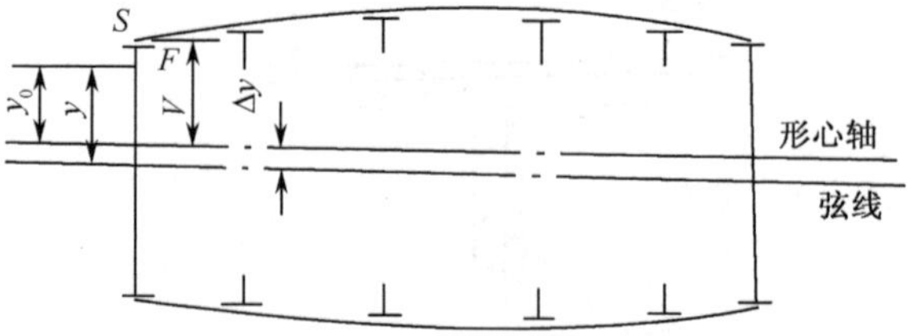

图 12-11　切面示意图

式中 F 为单元的当量面积(mm^2)；F_{Al}为铝零件的面积(mm^2)；F_G 为钢零件的切面面积(mm^2)；E_G 为钢的弹性横量(MPa)；E_{Al}为铝的弹性横量(MPa). 注意：这里折算成当量面积后计算出的应力，在校核计算时应折算回去.

(12) 结点坐标

结点的 x,z 坐标自然是梁、长桁的轴线与肋线的交点的坐标，y 坐标的取法则视情况而定.

如按梁元、杆元的形心给出结点的 y 坐标，这样由于元件的形心位置差别较大，画出的模型图可能不光顺. 如按抗弯刚度对面积进行修正，计算出切面各元件的面积形心后，在保证切面抗弯刚度不变的情况下，将面积减缩到光滑的理论外形上或蒙皮内表面. 如按下式

$$\Delta y = \frac{\sum_{i=1}^{8} F_i y_i}{\sum_{i=1}^{8} F_i}$$

求出剖面形心 Δy，按 $y_{0i} = y_i - \Delta y$ 求出元件形心到形心轴的距离，然后按下式算出减缩面积

$$S_i = F_i \frac{y_{0i}^2}{V_i^2}$$

式中：F_i 为元件的原始面积；y_i 为元件的形心到弦平面距离；Δy 为弦平面与形心轴距离；V_i 为理论外形到形心轴距离；y_{0i} 为元件形心到形心轴距离；S_i 为减缩后的面积.

这样能更准确地计算出由弯矩引起的正应力，但由于梁腹板和肋腹板的高度增加了，可能对梁腹板的剪应力稍有影响.

12.2.4　边界条件

有限元模型边界条件的简化，对计算结果的影响也是很大的，一般说来，最好取一段支持端的结构作为模型的弹性支持进行计算. 或者与固定翼面一起求解. 在计算时分两步走，即在计算机翼时求出悬挂支点及操纵接头处的位移，将这几点的位移结果加到舵面结构的结点上，以模拟其弹性支持.

在没有位移结果的情况下，在悬挂点和操纵接头处按固支进行计算. 从计算结果看，刚性支持和弹性支持还是有区别的.

12.2.5　载荷

对于舵面应计算不同状态下的受载情况，既应计算舵面在中立位置时，作为固定面的一部分时的载荷情况，也应计算在偏转位置舵面的受载情况. 以某飞机的襟翼为例：

(1) 舵面在中立位置　襟翼在中立位置，作为机翼后缘的一部分，整形板、折流板作为联动机构全部打开，襟翼前缘上翼面被襟翼舱覆盖，这部分仅承受下翼面的载荷. 整形板上的载荷一部分通过合页受剪传到襟翼梁上，另一部分通过操纵支点传到与之连接的襟翼肋上. 折流板上的载荷，一部分通过合页传到襟翼舱上，另一部分通过 10 个操纵支点传到襟翼前缘的接头上.

(2) 起飞、着陆时襟翼处于偏转位置　当飞机起飞、着陆时，襟翼偏转，整形板、折流板全部关闭，整形板作为襟翼面的一部分受力，折流板上的载荷很小，这部分载荷不再传到襟翼上，而是通过 10 个拉伸弹簧传到机翼上.

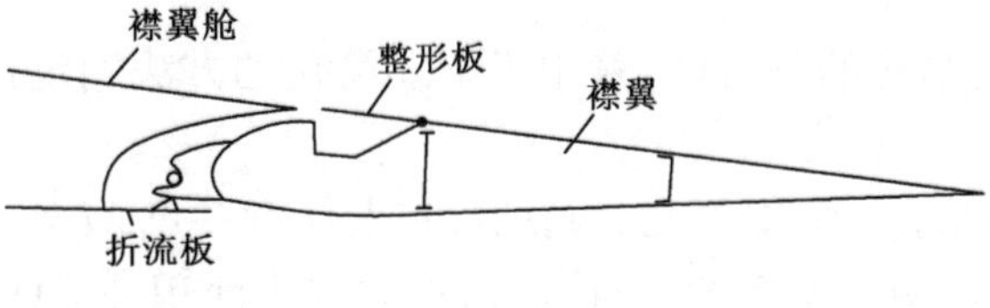

图 12-12　襟翼中立位置示意图

一般说来，对于舵面仅考虑气动力，而忽略它的惯性力. 无论按规范算出的载荷，或者按吹风结果给出的气动载荷，都是气动压力分布，即单位面积上的压力系

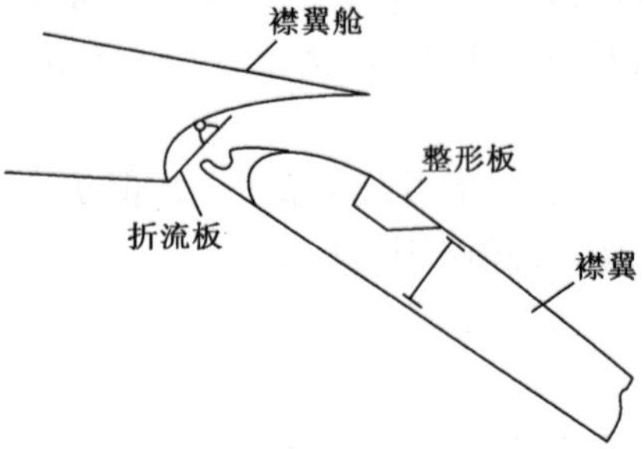

图 12-13　襟翼偏转位置示意图

数. 如何将它们加到有限元模型上，一般有两种方法：

① 分布载荷法　当所选用的有限元模型为整个舵面(包括前、后缘)，采用 NASTRAN 程序时，可用分布载荷法. 即在蒙皮的四边形板元的每个结点给出压力系数 P，根据有限元模型中各结点的坐标值，程序可算出各板元的面积，进而算出板元上的气动力. 采用这种方法比较复杂，因为一般给出的压力系数不一定在模型的结点上，如若按此方法计算，需预先算出各结点的压力系数 P，另外每个结点连接四块板元，每块板元填一遍，每个结点要填四次，工作量较大.

② 结点载荷法　一般采用结点载荷法，当所选取的模型仅为翼箱部分(不包括前、后缘)时，前、后缘上的气动力要等效到前、后梁上，采用结点载荷法比较方便.

在实际计算中，将整个翼面或舵面(包括前、后缘)按平面形状分成若干区，在压力系数有突变的部位一定要划分成双编号结点，在不同的区域按结点连成三角形. 根据已知的压力系数 P 按二元 3 点插值公式求出每个小三角形上的力和压心，然后再将力分到三角形的 3 个角点上，每个结点上的力为所有与之连接的三角形所分配力的总和. 前、后缘上的结点力分别等效到前、后梁上. 将所计算的结点力加到有限元模型上，这里应注意，这些结点力的作用点必须是有限元模型的结点，虚元上不能加载荷.

对图 12-8 副翼结构的分析中，采用了下述简化的方法确定计算分布气动载荷的等效结点载荷：

设有图 12-14 所示一蒙皮单元 i、j、k、l，其上任意一点 M 处小面积上作用有气动载荷 Y_m，过该点作两条交叉的等百分线，把蒙皮小面积分成四块，设其面积分别为 S_i、S_j、S_k 和 S_l，则该点的力分到四个结点的等效力为 $P_i=Y_m\cdot S_i/S$. 该结点总的气动力为所有小面积在该结点气动力的叠加. 最后将等效结点载荷直接加到相应的结点上.

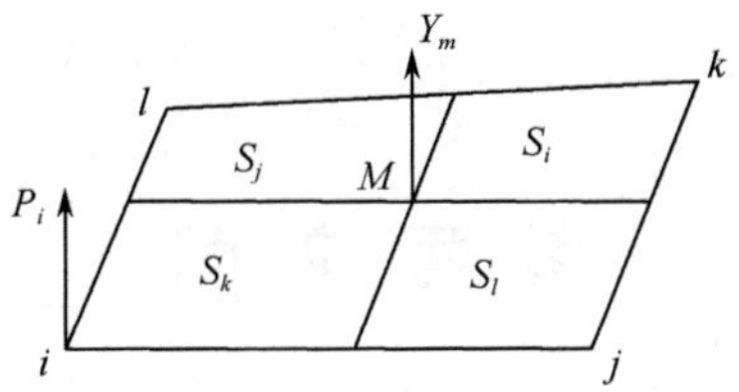

图 12-14　气动力等效结点力分配

参 考 文 献

1. 刘新顺　葛守廉．结构分析中有限单元法(计算结构力学)．西安:西北工业大学讲义,1992
2. 王成　邵敏．有限单元法基本原理和数值方法．北京:清华大学出版社,1997
3. 〔美〕S　S　劳尔．工程中的有限元法．北京:科学出版社,1991
4. 叶天麒　周天孝．航空结构有限元分析指南．北京:航空工业出版社,1996
5. 崔俊芝　梁俊．现代有限元软件方法．北京:国防工业出版社,1995
6. 朱伯芳．有限单元法原理和应用．北京:水利电力出版社,1978
7. 杨菊生　揽声瑞．有限元法程序设计．西安:西安交通大学出版社,1990
8. 俞铭华　吴剑国　王林．有限元法与C程序设计．北京:科学出版社,1998
9. E Hinton and D R J Owen. Finite Element Programming. Academic Press, London, 1977
10. 大型通用有限元程序系统 MSC. NASTRAN 基础培训教程．The MacNeal-Schwendler Corporation
11. MSC. PATRAN 基础培训教程．The MacNeal-Schwendler Corporation